TIM BOUVERIE

绥靖时代
APPEASING HITLER

Chamberlain, Churchill and
the Road to War

希特勒、张伯伦、丘吉尔与通往战争之路

后浪出版公司

[英] 蒂姆·布弗里 著
吕芃 译

贵州出版集团
贵州人民出版社

目 录

前　言　"不要重蹈覆辙！"　　　　　　　　v
序　幕　暴风雨来袭　　　　　　　　　　　ix

1　希特勒的实践　　　　　　　　　　　　1
2　"我歌颂武器和那个男人"　　　　　　　15
3　与希特勒饮茶　　　　　　　　　　　　35
4　阿比西尼亚乱局　　　　　　　　　　　63
5　越过莱茵河　　　　　　　　　　　　　75
6　王国的防御　　　　　　　　　　　　　87
7　希特勒的仙境　　　　　　　　　　　　99
8　张伯伦登场　　　　　　　　　　　　　113
9　猎取和平　　　　　　　　　　　　　　129
10　"圆顶礼帽回来了！"　　　　　　　　 143
11　抢夺奥地利　　　　　　　　　　　　 161
12　柏林的最后一趟火车　　　　　　　　 181
13　贵族派与造反派　　　　　　　　　　 199
14　一个遥远的国度　　　　　　　　　　 209
15　危机爆发　　　　　　　　　　　　　 219
16　濒临边缘　　　　　　　　　　　　　 245

17	一张纸	263
18	我们时代的和平	283
19	遭到背弃的张伯伦	301
20	威慑独裁者	319
21	最后一季	331
22	最终时刻	345
23	绥靖的鬼魂	359
24	张伯伦的垮台	373
25	绥靖的背水一战	387
后　记	"罪人们"	393
注　释		401
出版后记		447

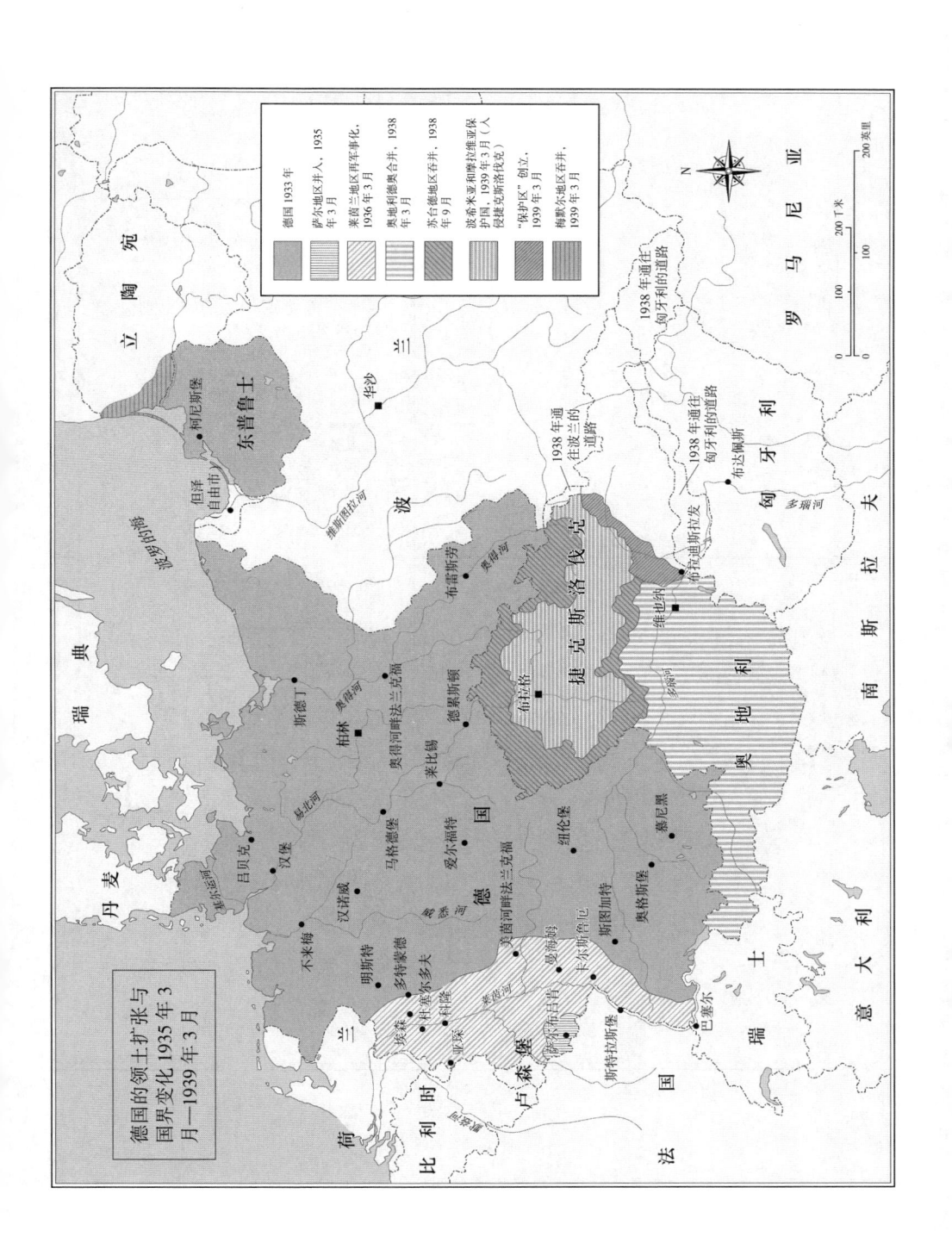

德国的领土扩张与国界变化 1935年3月—1939年3月

图例

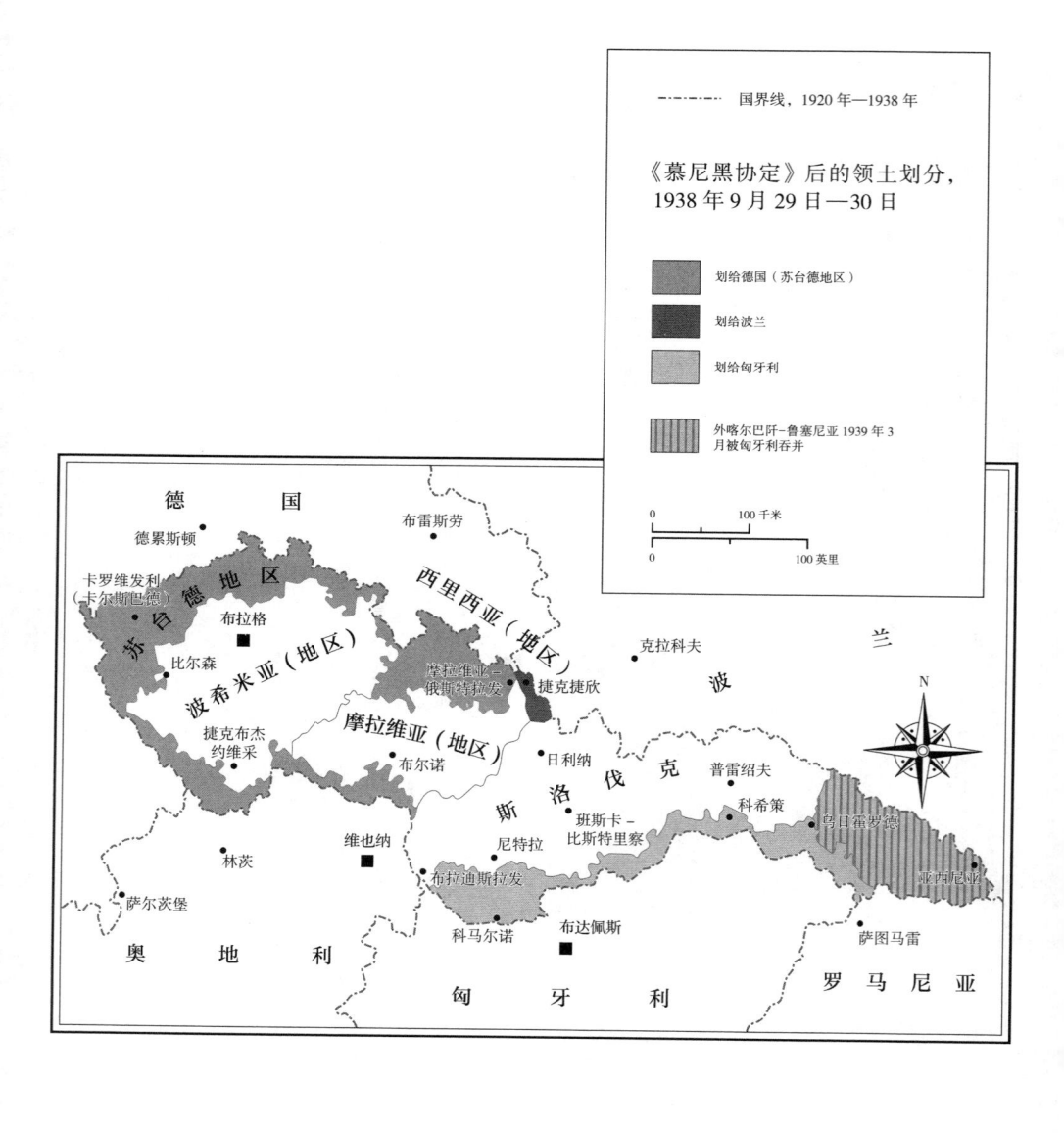

------- 国界线，1920年—1938年

《慕尼黑协定》后的领土划分，1938年9月29日—30日

- 划给德国（苏台德地区）
- 划给波兰
- 划给匈牙利
- 外喀尔巴阡-鲁塞尼亚1939年3月被匈牙利吞并

0 ——— 100千米
0 ——— 100英里

地图标注

国家： 德国、波兰、奥地利、匈牙利、罗马尼亚

地区： 苏台德地区、波希米亚（地区）、摩拉维亚（地区）、西里西亚（地区）、斯洛伐克

城市：
- 德累斯顿
- 布雷斯劳
- 卡罗维发利（卡尔斯巴德）
- 布拉格
- 比尔森
- 克拉科夫
- 捷克布杰约维采
- 摩拉维亚-俄斯特拉发
- 捷克捷欣
- 布尔诺
- 日利纳
- 普雷绍夫
- 科希策
- 班斯卡-比斯特里察
- 蒙卡奇
- 亚西尼亚
- 维也纳
- 尼特拉
- 林茨
- 萨尔茨堡
- 布拉迪斯拉发
- 科马尔诺
- 布达佩斯
- 萨图马雷

前　言
"不要重蹈覆辙！"

　　在历史上，渴望避免发生第二次世界大战或许是最容易被理解和最普遍的愿望了。在第一次世界大战中，超过1650万人丧生。英国的死亡人数为72.3万人，法国170万人，苏联180万人，大英帝国23万人，德国超过200万人。2万名英国士兵在索姆河战役的第一天便牺牲了，而杜奥蒙公墓则安葬着大约13万法德士兵的尸骨——其中仅在历时302天的凡尔登战役中被杀害的便占到了1/3。在幸存者中，几乎没有一个人未受影响，几乎每个人都会遇到父亲、丈夫、儿子、兄弟、堂表兄弟、未婚夫或朋友被杀害或致残的情况。当一切结束时，甚至连战胜国都无法感觉到胜利的喜悦。战争纪念碑于1919年6月19日在白厅揭幕，它不同于凯旋门，而是作为一种亡故的象征。每年的停战纪念日，成千上万英国人在悲伤的静默中从它旁边缓步经过；与此同时，在英吉利海峡两岸，人们在学校、村庄、城镇和火车站以他们自己的仪式纪念着因这场战争故去的朋友和同事。在随后的年月里，这句口号被坚定地一以贯之："不要重蹈覆辙！"

　　可战争确实再一次发生了。尽管英法两国用心良苦、使出浑身解数以和解与威慑并施，但在"为终结一切战争而进行的战争"仅仅21年后，他们发现自己又被卷进了战争，并且面对的是与上次相同的对手。我写作这本书的目的便是为了帮助我们理解这一切究竟是如何发生的。

　　关于绥靖（在20世纪30年代，英法两国为避免战争而尝试对德国和意大利的不满做出的"合理"让步）的辩论，就如它本身的争议一样旷日持久。一方面，它被谴责为一场"道德与物质的灾难"，要对这场历史上最为致命的战斗负责；另一方面，它又被形容为"一个崇高的理念，植根于基督教精神、勇气和常理"。[1] 在这两个对立面之间充斥着大量的细微差别、次论点和小的历史冲突。历史很少是清晰明确的，而迄今为止这个阶段所谓的教训一直被政治家及专家援引，尤其是在英国和美国，以此来为一系列的对外干预辩护——在朝鲜半岛、苏伊士、古巴、越南、福克兰群岛、科索沃和伊拉克（两次）——而反过来，任何与前对手达成共识的尝试都总会被比作臭名昭著的1938年《慕尼黑协定》。当我在2016年的春天开始展开对本书的研究时，内维尔·张伯伦的幽灵正在被美国保守派援引，作为他们反对奥巴马总统的伊朗核协议运动的一部分；而如今随着西方国家努力应对俄国的一系列行动，绥靖的概念正在迎来新一轮的流行。因此，重新考虑这个政策最初的构思和执行是及时的，也是合理的。

当然，针对这一主题早已存在大量的文献——尽管不如人们有时认为的那样广博或与时俱进。确实，虽然关于第二次世界大战的书籍在过去的20年中成倍增加，但那场灾难的发展和原因一直相对被忽略了。此外，虽然关于绥靖政策已经出版了很多优秀的书籍，但其中绝大部分都是倾向于关注某一特定事件，譬如慕尼黑阴谋，或者某一特定人物，譬如内维尔·张伯伦。相比之下，我想要做的是撰写一本涵盖这整个时期的书——从希特勒被任命为德国总理到"假战"的结束——来审视政策是如何发展的以及态度是如何改变的。我还想关注一张比仅围绕着主要的领袖人物要更广阔的画面。通过与独裁国家达成一个暂行协定来规避战争的愿望远远超出了政府的界限，因此，尽管张伯伦、哈利法克斯、丘吉尔、达拉第和罗斯福是这个故事的核心角色，但我还研究了知名度稍低的一些人物的行动，特别是业余外交官。最后，我想撰写一部叙述史来捕捉这个时期的不确定性、戏剧性和困境。因此，尽管通篇贯穿了评论和分析，但我的主要目的是以日记、信件、报纸文章以及外交文书为基础，构建一个依据时间顺序的线性叙事结构，从而指引读者穿行于这些动荡不安的年月。在追求这个目标的过程中，我有幸接触到了超过40份私人档案，其中有一些提供了激动人心的新素材。为了不打乱我的叙述，我没有在正文中强调这些发现，但还是尽可能在顾及篇幅与出现频率的前提下，更倾向于使用尚未发布过的资料而非已经发布过的。

一本关于国际关系的书籍自然是有一个国际视野。不过这本书主要讲的还是英国政治、英国社会、英国外交。尽管现在看起来或许有些陌生，但在20世纪30年代，英国在名义上仍是全世界最强大的国家——一个覆盖了地球面积1/4的帝国的骄傲核心。而美国即将成为未来强国的势头也是显而易见的。可是，美国在第一次世界大战结束后退回到孤立主义，同时法国——剩下的唯一有能力制约德国野心的国家——宁愿选择放弃其外交和军事主动权，支持英国的领导地位。由此，尽管英国人并不愿意被卷入欧洲大陆的种种问题，但他们意识到他们成为且被视为唯一有能力提供必要的外交、道德和军事领导的强国，从而阻止希特勒和他夺取欧洲霸权的企图。

在英国国内，这些不仅会影响这个国家，而且还会潜在地影响整个世界的抉择，是由屈指可数的几个人完成的。正因如此，接下来的章节或许看上去像是对"高级政治"学派历史的终极辩护。不过这些人（并且他们几乎都是男人）并非与世隔绝。英国的政治领袖们敏锐地意识到了政治、财政、军事和外交上的诸多限制——无论是真实的还是假想的——他们对舆论的考虑也同样周全。在一个民意调查尚处在初级阶段的年代，这自然是一个模糊的概念。不过它的确存在——从信件到报纸、选区通信和对话中便可以揣度出来——并且受到了最严肃的对待。在20世纪30年代的大部分时间里，英法两国的民选领袖们都相信，他们的国民不会支持一个冒险涉战的政策，并且采取了相应的行动。可是如果战争无法避免怎么办？如果希特勒最终贪得无厌怎么办？如果恰好是规避战争的愿望使战争的发生更有可能怎么办？

序　幕

暴风雨来袭

1939年9月1日星期五的晚上，前英国第一海军大臣阿尔弗雷德·达夫·库珀像往常一样换上了他的无尾礼服，前往萨沃伊烧烤店与他的妻子黛安娜和三位保守党同僚共进晚餐。阳光灿烂的白昼退去后，迎来了温暖惬意的夜晚，在这间华丽的装饰艺术风格的餐厅内，没有任何迹象预示有危机存在。然而危机随后便浮现了出来，库珀夫妇困惑地发现他们自己置身于一片漆黑之中——这是匆忙强制停电的结果。出租车无处可寻，这对夫妇开始思考他们该如何回家，这时第二任威斯敏斯特公爵"本多"·格罗夫纳坐着他的劳斯莱斯汽车出现了，并且邀请他们搭顺风车。库珀夫妇欣然接受，只不过当这位公爵开始痛斥犹太人时，他们开始后悔自己的决定，公爵坚称犹太人该为即将到来的战争负责。库珀不断提醒着自己，他和妻子是公爵车子上的客人，于是有着火暴脾气的库珀保持了缄默。然而，当公爵表示他很高兴英国还没有与德国开战，因为"我们"确实是希特勒"最好的朋友"时，这位前第一海军大臣再也克制不住自己了。就在库珀夫妇匆匆在维多利亚车站下车前，他爆发了，告诉公爵他希望希特勒"很快便能发现我们是他最坚决、最无情的死对头"。第二天，库珀听说威斯敏斯特公爵正在四处说：如果英国最终真的参与到战争中去，那么这一切都是"犹太人和达夫·库珀"的过错。他被这一说法逗笑了。[1]

就在12个小时前，150万名德国士兵、2000架飞机和2500多辆坦克从北面、南面和西面入侵了波兰。纳粹德国空军轰炸机时下正在肆意损毁机场和城市，同时装甲师正在闪电般地穿过波兰乡村。在伦敦，政客和公众都确信他们已经身处战争的边缘。基于6天前刚刚签署的《英波协定》的条款，英国承诺在波兰遭遇攻击后立即给予援助。"现在我们在同一条船上了，"那天上午，英国财政大臣约翰·西蒙爵士向波兰大使爱德华·拉琴斯基伯爵保证道，"英格兰从不对它的朋友们食言。"[2]

当天晚些时候，首相内维尔·张伯伦在下议院掀起了一阵喝彩声，当时他一拳重击在长桌上的公文递送箱上，宣称"这场可怕灾难的责任全在于一个人——德国总理，是他毫不犹豫地让整个世界陷入苦难，只为满足他自己那愚蠢的野心"。听到这一席话，保守党议员爱德华·"路易斯"·斯皮尔斯禁不住回想起张伯伦在仅仅一年前的慕尼黑会议上吹嘘的，要保证"我们时代的和平"。然而现在，这位首相表现得坚定，甚至好战。那天上午内阁已经批准全面动员，同时英国驻柏林大使则已经告知德国外交部长，如果德国政府不准备停止战争行为并且撤出它的军队，那么"英王陛下政府"将"毫不犹豫地履行他们对波兰的义务"。然而，英国政府显然没有给这个半最后通牒设定一个期限。[3]

第二天，9月2日星期六，天气变得闷热难耐。当不习惯在市区度周末的议员们奋力让自己愉悦起来时，乌云开始在地平线上聚拢，显然一场暴风雨正在酝酿中。与此同时，针对英国宣战后预计会迎来的轰炸袭击的预防措施正在持续进行中。女人们正在被撤离至乡下，跟随着她们的孩子（其中大部分前一天已经离开）以及来自国家美术馆的绝大部分大师画作。政府大楼前堆满了沙袋，同时，头顶上方，一支防空气球舰队无精打采地飘浮在空中。温莎公爵，也就是前爱德华八世，以一种妄想的徒劳姿态给希特勒发去一封电报，敦促他"为和平竭尽所能"。[4]

下午，随着内阁大臣们抵达唐宁街以及议员们匆匆赶至议会，人群开始在白厅里汇集。据刘易斯镇保守党议员、海军少将塔夫顿·比米什指出，当时的气氛与25年前英国参加第一次世界大战时明显不同。"当时白厅挤满了欢呼的人群，他们不去想那些面临屠戮的上百万条生命、即将到来的征兵、肮脏的环境和苦难，还有混乱……现在我看到了沉重的心情、清晰的头脑和坚定的决心。"[5]

议会议员们则没有那么镇静了。他们被张伯伦前一晚欠缺严谨性的发言搅乱了心绪，于下午2点45分汇集到下议院议事厅，期待听到英国已经投入战争。约翰·西蒙爵士代替首相站出来解释说，首相要事缠身，将在晚上晚些时候发表声明。令人不安的谣言四起：意大利独裁者贝尼托·墨索里尼已经提出要召开一次国际会议，而英国内阁正在考虑加入；工党已经拒绝加入任何联盟；法国人正准备叛变。

为了打发时间并让他们紧张的神经镇定下来，议员们在下议院的吸烟室里大肆放纵。"饮酒的量之大简直惊人！"前内阁秘书汉基勋爵记录道。[6]"人们议论纷纷，"一名保守党议员回忆道，"对于我们对波兰的担保，每个人心里都感到焦虑万分。"[7]另一名见证者指出："我们感觉到英国的名誉正在我们眼前消失殆尽。"[8]终于，钟声响起，议员们怀着满腔"酒胆"挤回了议事厅，去聆听他们以为的迟来的战争宣言。[9]当时的气氛"就像一个正在等候陪审团裁决的法庭"。[10]

晚上7点42分，张伯伦走进议事厅，他的支持者们报以欢呼。两分钟后，他站了起来。议员们都前倾着身子。路易斯·斯皮尔斯写道："所有人的心都提到了嗓子眼，等待宣布战争已经打响。"[11]但是期待落了空。在疲倦地谈到英国政府近期与德国的交涉之后，首相证实了关于意大利提议召开五国会议来解决德波争端的传闻。当然，他解释道，当波兰"遭受侵略"时，便不可能在这件事情上再深思熟虑了。然而，如果德国政府"同意撤出他们的部队，那么英王陛下政府将愿意认为他们的立场和德国部队越过波兰边界之前一样"。的确，他们对于随后的任何谈判都做好了参与的准备。[12]

整个下议院对此感到震惊。波兰人已经遭受了超过36小时的最可怕的狂轰滥炸，而英国政府居然还在搪塞。更糟糕的是，许多议员推断首相正在积极寻求一个并不光彩的妥协方案——第二个慕尼黑阴谋。"议员们坐在那里仿佛变成了石像。"斯皮尔斯回忆道。"人们是如此震惊，以至于有那么一刻，在首相坐下时，都没有半点声音和动作。"[13]在张伯伦的发言结束后，连一声"说得好，说得好"都没有。

当代理工党领袖亚瑟·格林伍德起身回应时，周围的声音密集得像一堵墙一样向他压倒过来。他自己的议员们像往常一样为他鼓劲，可反常的是来自议会保守党那边的大声鼓励。"为英格兰发言！"前殖民地大臣利奥·埃默里（Leopold Amery）大声叫嚷道。[14] 格林伍德大吃一惊，诧异到差点跟跄。不过他抓住机会顺势而为，宣称"每一分钟的拖延"都意味着"危及我们的国家利益……我们的国家荣誉的根基"。首相的犹豫或许是有合理原因的（他知道英国政府要让法国人就最后通牒的时间范围做出承诺是很困难的），但是这种情形不能再继续下去了。

> 在我们看起来动摇的时候，就在那一刻，独裁政府便知晓我们被打败了。我们没有被打败。我们不会被打败。我们不能被打败。但拖延是危险的，而我希望首相……在明天中午议会开会时能够告诉我们最终的决定是什么。[15]

格林伍德坐下时，议事厅内一阵骚动。通常很顺从的保守党后座议员们挥舞着他们的议程文件为这位工党领袖喝彩直到他们的喉咙沙哑。"所有那些想去死的人都在滥用恺撒大帝这个形容。"初级外交大臣亨利·"奇普斯"·钱农（Henry 'Chips' Channon）记录道，这是"过去对慕尼黑事件的愤怒的卷土重来"。[16] 一名支持和平主义的工党议员试图揍他的一名主战的同僚。张伯伦脸色惨白。或许他应该如此，国民工党议员哈罗德·尼科尔森（Harold Nicolson）心想："此时此刻，这位首相最热忱的拥护者们正全力以赴地为他的对手喝彩。前座议员们看上去仿佛有人狠狠揍了他们的脸。"[17]

在过道下方的席位上，有一个人保持着沉默。

没有人比温斯顿·丘吉尔更能证明纳粹德国构成的危险了。在他一生中最漫长、最绝望的政治斗争里，从1932年开始，他便一直在为重整军备、坚决反对德国的侵略而大声疾呼。如今，在这最紧要的关头，他却沉默了。现在使他进退两难的是，他已经在前一天同意加入战时内阁，并且从某种意义上讲，已将自己视为政府的一员。另一方面，在那之后他没有从张伯伦那里听到任何消息，而现在看来，英国正在对波兰的承诺上犹豫不决。他情绪激动地召集志同道合的资深议员们，于当天晚上10点半在他的公寓里开会。在那里，安东尼·艾登（Anthony Eden）、鲍勃·布思比（Bob Boothby）、布伦丹·布拉肯（Brendan Bracken）、达夫·库珀（Duff Cooper），还有邓肯·桑兹（Duncan Sandys）共同考虑着全面起义的问题。依布思比看来，张伯伦已经永久地失去了保守党，而当下丘吉尔有责任在明天走进下议院去为他自己攫取政权。

这时，暴风雨真正地袭来了。当雷声似大炮般炸裂开来，雨水猛烈地击打着哥特式的窗户时，12名内阁成员在约翰·西蒙爵士位于威斯敏斯特宫的办公室里上演了一场哗变。那天下午早些时候，内阁已经同意应对意大利关于召开会议的提议予以驳回，并且给德国发布一份最后通牒，而且不管法国人做出何种决定，这份通牒的期限截止到午夜。现在，这12名大臣——超过了内阁人数的一半——认为首相在这个决定上出尔反尔，他们拒绝离开大臣办公室，除非张伯伦同意组建新的内阁。这是史无前例的，农业部大臣雷金纳德·多尔曼-史密斯爵士回忆道："我们是在罢工。"[18]

最终，在和巴黎通过多次电话并与法国大使进行了一次会面后，张伯伦在晚上11点半再次召开会议。疲惫不堪的持异见的大臣们冒着暴雨来到唐宁街10号，在那里他们尴尬地发现外交大臣哈利法克斯勋爵已经抽空换上了晚宴装。张伯伦冷淡地为误解向内阁致歉，并解释了他与法国人之间一直存在的问题，法国人拒绝在完成他们的动员并且将他们的妇女和儿童撤离之前考虑最后通牒。然而他愿意接受他的同僚们的观点，即英国应当发布一份最后通牒，并且这份通牒将在明天中午议员们再次召开会议之前到期。英王陛下政府驻柏林大使将遵照指示，于次日上午9点钟拜访德国外交部长，并递送一份将于英国夏令时上午11点整到期的最后通牒。有人对此表示反对吗？没人回应。"好吧，先生们，"张伯伦作结道，"这意味着战争。"多尔曼-史密斯回忆道："他话音未落，便响起了一声最巨大的雷声，整间内阁会议室被一道刺眼的闪电照亮。这是我人生中听到过的最震耳欲聋的雷鸣声。它真的撼动了整座大楼。"[19]

11个小时后，张伯伦向全国广播了这一决定。

1

希特勒的实践

> 我有种感觉,希特勒政府里的那些指导政策的人都不太正常。事实上,我们当中有许多人都认为,我们正生活在一个由极端分子、流氓和怪物主导的国家。
>
> ——英国驻柏林大使致英国外交大臣,
> 1933 年 6 月 30 日 [1]

泰晤士河上的冰给来自牛津大学的划艇队员造成层层阻碍。在约克郡,东霍尔德内斯的猎狐犬们冒着严寒出动,可霜冻期微弱的气味使它们难以嗅闻到猎物。赫灵汉姆俱乐部新成立了一个马球委员会;职业足球的风行正在给业余赛带来不尽如人意的影响。《泰晤士报》几页体育版的后面是"国内新闻",一名"特派记者"报道了白金汉郡急需一间档案室存放资料的消息;还有一则温暖人心的故事,讲的是一名医生的汽车后备箱里装有几箱"血清和细菌",之前被偷,而今物归原主。"帝国内外"版块的顶部头条在谈论新西兰的汇率问题。直至翻到第 10 页,在有关最近法国内阁危机的专栏边上,才能看到这则新闻:德意志国总统——85 岁的陆军元帅保罗·冯·兴登堡接见民族社会主义德意志工人党领袖阿道夫·希特勒,并委任他为德国总理。[2]

在 1933 年 1 月 30 日对希特勒的任命,比起《泰晤士报》不合时宜的排版所暗示的那样微不足道,尽管程度有限,却仍是引人注目的。自从战争结束后,德国历任总理平均任期不满一年,德国经济持续处于大萧条状态——国民失业率达到 24%。纳粹党在 1930 年的选举中取得了突破,并在1932年7月取得了喜人的收获，这些使德国政坛产生了一丝恐慌，然而同年末，纳粹党的支持率有所下滑，许多人认为他们的人气已过巅峰。刚好像是为了印证这情形，希特勒被迫接纳了一个联合政府，由前总理、天主教保守派弗朗茨·冯·巴本担任副总理。正如在内阁人数上超过纳粹党的保守党相信自己能够掌控希特勒一样，他们的存在也缓解了其他国家的焦虑。英国保守党议员卡思伯特·黑德勒姆（Cuthbert Headlam）写下了这样的话："希特勒当上了德国总理，但他不能一手遮天——因为副总理是冯·巴本，况且他的内阁中还有一大票德意志其他党派人士——我不认为他能肆意妄为。"①3

希特勒本人的形象也未必会让那些热爱和平的民主人士感到恐惧。《每日电讯报》诧异道，一个看上去如此不起眼的、"蓄着可笑的小胡髭"的男人，怎么会对德意志人民"如此有魅力且有影响力"。4 自由党支持者《新闻纪事报》嘲讽这是一场"那个奥地利房屋装饰师"的胜利，而工党支持者《每日先驱报》也嘲弄着这位"矮矬的小奥地利佬，握起手来软弱无力，透出狡诈的棕色眼睛，留着查理·卓别林似的小胡髭"。《先驱报》继续道："在小阿道夫·希特勒的公共事业中，他像个姑娘般神经高度紧张，同时又如偶像派演员般虚有其表，没有任何迹象能表明他可以逃脱其前任们的命运。"5

就在前一天，也就是陆军上将库尔特·冯·施莱谢尔倒台，结束了其55天的总理任期之后，《泰晤士报》指出，一个由希特勒领导的政府"被认为是解决一个危难重重的问题的危险系数最低的决策"。6 这位纳粹党领袖承诺废除《凡尔赛和约》，这样做必会引发"外国的某种焦虑"。不过，该报次日继续写道："讲句公道话，我们必须承认，实际上纳粹党在德国的不利局面上并没有多做文章……和德国最遵守宪法约束的政党相比也不相上下。"7《经济学人》杂志和《观察家报》也一致认同，而支持工党的《新政治家》周刊甚至更是个乐天派，该杂志于1933年2月3日评论

---

① 事实上，阿尔弗雷德·胡根贝格（经济部长）和弗朗茨·居特纳（司法部长）是德意志民族人民党（DNVP）仅有的成员，而有5个席位是由不隶属于任何正规党派的部长们占据。

道:"我们不要指望看到犹太种族的灭绝,抑或是金融巨鳄的倾覆。""毫无疑问,一场针对共产主义者的猛烈攻击即将展开;但是如果事态趋于极端化,则会引发强烈的反抗,甚至有可能形成一个'马克思主义统一战线',这将使纳粹党及其同盟吃不了兜着走。"[8] 而事实证明,帝国主义拥护者《晨邮报》的说法更为准确,它主张德国政坛最近的变动对国内的祥和不是一个好兆头,并且预测这个新政府很有可能会"以对外扩张的方式来寻求解决本国问题的途径"。[9]

在法国,正如接下来的 6 年中频繁发生的那样,德国的重大事件总是与国内政局危机同时发生。1 月 28 日,也就是施莱谢尔辞职当天,法国社会党人撤回了对总理约瑟夫·保罗-邦库尔的支持,因为他计划通过将所有直接税上调 5% 来"挽救"法国财政。① 保罗-邦库尔下台后,激进社会党的国防部长爱德华·达拉第首次出任总理。② 尽管如此,希特勒的上台也并非没有引起注意。"德国现如今露出了它的真面目。"法国《辩论报》如是说。与此同时,颇具影响力的《巴黎晚报》认为,德国已经朝着复辟君主制迈近了一步,并且进一步推行"更加不妥协的外交政策"。[10] 尽管一些法国报纸(尤其是那些左翼报纸)对此显示出担忧,但其他报纸还在给予更加暧昧的回应。正如在英国,有些人倾向于轻视这位"资质平庸的煽动家"和"油漆工",而法国右翼人士正在他们传统的反普鲁士主义和对希特勒的反共产主义政策的崇拜之间左右为难。由此,即便法国《人民之友报》——其所有者是超级富有的香水大亨兼法国法西斯联盟的创始人弗朗索瓦·科蒂——认清了希特勒"对法兰西无法消解的仇恨",该报依然坚信纳粹党正在通过镇压"令人生厌的布尔什维主义实践",而为"人类文明进程"做出伟大贡献。[11] 类似的观点还出现在《巴黎回声报》《小日报》《十字架报》上,不过表达方式没有那么极端。

法国驻柏林大使安德烈·弗朗索瓦-庞塞和英国驻柏林大使霍勒

---

① 按照当时的汇率,法国财政赤字达到了 1 亿英镑,并以每天 25 万英镑的速度在增长。《泰晤士报》于 1933 年 1 月 30 日评论称,这个国家"正在过着朝不保夕的生活"。

② 激进社会党创建于 1901 年,起源于激进共和主义传统。最初是一个左翼党派,在 1905 年社会党成立之后它趋于中立。在 1933 年至 1939 年间,法国的 8 位总理中有 4 位是激进社会党人。

斯·朗博尔德爵士（Sir Horace Rumbold）均在1932年底表示过不看好希特勒。现如今，他们在面对自己的预言被推翻时仍安之若素。"希特勒的实践早晚要到来，"朗博尔德在写给儿子的信中谈道，"而我们当下要做的就是观望接下去会发生什么。"[12] 这与弗朗索瓦-庞塞不谋而合。"法兰西没有理由惊惶失措"，他在1933年2月1日为打消巴黎方面的疑虑时表示，但是"必须静待这些新上任的帝国统治者采取行动"。[13] 他们无须久等。

希特勒连一个星期都没停歇，便向世界展示出，迫害与暴力这两个他通往权力之路的特征，也将成为他统治的标志。在德国议会中没有获得多数席位的情况下，他说服兴登堡来召集新一轮选举，而纳粹党如今有了国家政权的支持，便发起了一场暴力与恐怖的运动。身着褐色衬衫的突击队员驱散政治会议，摧毁共产党和社会民主党总部，并且殴打反对者。德国新闻界被封锁了言论，不过外国记者报道了每天遭谋杀、暴打与镇压而死亡的人数，内容的恐怖程度与日俱增。1933年2月27日，投票日的6天前，德国国会大厦遭人纵火。一名荷兰共产党员当场被捕，纳粹党宣称这起纵火案是一场未遂的布尔什维克革命的开端。这给希特勒建立独裁统治提供了借口。公民自由被搁置，共产党员和其他政治反对派人士全体被捕。在3月23日，新选举产生的德国议会通过了《授权法》，从而将自己的权力拱手让人，授予希特勒根据法令实行统治的权力。当月，就在巴伐利亚州达豪县这个中世纪古城的北面，一个荒废的炸药厂，被改建成了一处用于对政治犯实施"保护性拘留"的营地。

然后接下来就轮到犹太人了。

在希特勒看来，犹太人既非德国人也非真正的人类，他们要为德国绝大部分的弊病负责。从纳粹党接管政权之初，他们就是冲锋队迫害的对象。冲锋队肆意破坏他们的财产，并且对他们实施袭击和谋杀而不受惩罚。1933年4月1日，纳粹党颁布了抵制犹太人经营的店铺及企业的规定，这是第一次全国性的迫害行动。国际舆论震怒了。4万民众在海德公园举行抗议活动，在曼彻斯特、利兹、格拉斯哥以及纽约也举行了其他示威游行。《苏格兰人报》称之为"仇恨的高水位线"，而前外交大臣雷丁勋爵，也是第二位名义上信奉犹太教的内阁成员，①辞去了英德协会（Anglo-German Association）主席的职务。14 一天之后，纳粹党内的小个子宣传部长约瑟夫·戈培尔撤销了抵制，但是这并没有阻止他们从德国公共生活的所有领域大规模清除犹太人以及其他"不受欢迎的人"。对于绝大多数人来说，他们不可能找到其他的工作了，成千上万的人被迫流亡。英国大使指出，这次清洗也不排除享有国际声誉的犹太人，譬如作曲家阿诺尔德·勋伯格、指挥家布鲁诺·瓦尔特和奥托·克伦佩勒，还有物理学家阿尔伯特·爱因斯坦。即便是已于1847年逝世的门德尔松也没能逃过纳粹革命的影响，他的肖像被从柏林爱乐乐团的大厅里移走了。

当然，有些人选择不去相信这些出现在报纸上和书里的残暴故事，譬如1933年8月出版的《关于希特勒恐怖和国会纵火案的褐皮书》。面向大众市场的《每日快报》和《标准晚报》的所有者比弗布鲁克勋爵（Lord Beaverbrook）曾在1933年3月访问过柏林，回来时确信"关于犹太人遭受迫害的故事被夸大了"。15 这不出所料正是由德国政府和它的支持者们灌输给所有探访者的台词——尽管大多数人懒得去，或是没有足够的勇气去探询。热心的纳粹党人恩斯特·海涅上校在1933年4月1日写给英国第一次世界大战陆军上将伊恩·汉密尔顿爵士（Sir Ian Hamilton）的信中表示："国外所有的报道都是欺骗和谎言。""我敢肯定，没有国家会像我们这样对那群人（犹太人）如此容忍。"海涅继续要求汉密尔顿"竭尽全力在你的社交圈内防止气氛因新闻界（原文如此）对这样一场反德运动的散布而变得紧张"。16 汉密尔顿直到10月才回复，然而在他的回信里，他在鼓励并恭维海涅的"新纳粹制服，有着极其整洁的马裤和绑腿"。"现在每个人为你们在德国的所有人感到兴奋，并且想知道你们下一步的行动。至于我，你知道我是你们国家真正的朋友，而且我相当有信心，从长远来看，你们会如愿以偿的。"17 几周过后，汉密尔顿的语气更加明确坚定了，他在写给另一名德国记者的信中表态道："我是伟大的阿道夫·希特勒的崇拜者，并且一直尽己所能地支持着他度过一些困难时期。"18

---

① 第一名是赫伯特·塞缪尔（1909—1910年任兰开斯特公爵领地事务大臣，后来担任邮政总局局长和内政大臣），尽管他名义上信奉，但众所周知他是个无神论者。

汉密尔顿既不是法西斯主义者，也不是常见的反犹主义者。尽管他拒绝在一封谴责迫害德国犹太人的信上签字，理由是他已参与太多的公共事业，但他还是向记者兼作家丽贝卡·韦斯特保证，他没有"反犹偏见"，并曾两次被选中在停战纪念日带领犹太裔世界大战老兵前往战争纪念碑。[19] 当希特勒上台时，汉密尔顿已经80岁了，作为英国退伍军人协会的一名领导人，在过去的15年中，他一直为各种战争纪念碑揭幕，并尽力帮助退伍军人。他热切地相信有必要让过去的敌人和解——尤其是通过退伍军人协会，并在1928年同雷丁勋爵一起成为英德协会的创始成员。最后不得不提的是，他长期以来一直认为，德国可能因布尔什维克主义而崩溃是"欧洲最致命的不幸"。[20] 由于所有这些原因，他不准备谴责纳粹对待犹太人的方式，相反，他成了这个政权著名的辩护人。

汉密尔顿的态度在他的阶层里相当典型。尽管绝大多数英国的社会政治精英认为纳粹肆意迫害犹太人令人反感，甚至令人憎恶，可在一些人中还存在一种为其找寻借口的倾向。1933年中期，格洛斯特主教在他的教区杂志中写道："我们都谴责在德国发生的那些对犹太人的愚蠢和暴力的攻击。"但重要的是要记住，"许多犹太人对苏联共产党的暴力行为负有责任，尤其是在一开始；许多犹太人帮助鼓舞了社会主义团体的暴行；（并且）他们在德国，特别是在柏林的社会生活中，并不完全是一个友善的组成部分"。[21]

然而，人们对纳粹大屠杀的压倒性反应依然是厌恶，正如外交大臣约翰·西蒙爵士对纳粹党密使阿尔弗雷德·罗森堡所说的那样："在两个月的时间里，德国已经失去了它过去十年在这里获得的同情。"[22] 西蒙嘱托霍勒斯·朗博尔德爵士将这一点复述给希特勒，但是除此之外，英国政府无能为力，他们不得不认同在随后一年发行的电影版《红花侠》中的"威尔士亲王"这个角色的观点，他哀叹道："如果一个国家陷入疯狂，那么它有权利在自家围墙内做出任何可怕的事。"[23] 此外，有个更为紧迫的问题是，这个新德国打算在它的围墙之外推行何种政策。

* * *

早在希特勒上台以前，任何认为《凡尔赛和约》能担保欧洲和平的想法都已被摒弃。事实上，主要的参与者们甚至在文件签署前就已经警告过这将会导致灾难。"你们可以夺走德国的殖民地，将它的武装减至仅够建立一支警察部队，将它的海军降至五等国家的水平"，英国首相大卫·劳合·乔治在1919年3月的所谓《枫丹白露备忘录》中写道，但是"如果它感觉到自己在1919年的和平中受到了不公正的对待，它会找到办法对它的征服者进行报复"。[24] 不幸的是，劳合·乔治与美国总统伍德罗·威尔逊（他倡导最宽大的处理）都没能劝阻法国总理乔治·克里孟梭，他决心要捆缚住德国的腿脚。因此，20世纪20年代他们一直在寻找能够矫正《凡尔赛和约》缺陷的方法。

1925年，《洛迦诺公约》重申了德国的西部边界——这一次德国人是自愿签署的——次年，德国获准进入国际联盟。1928年的《凯洛格-白里安公约》宣布以战争作为一种解决国际争端的手段是非法的，同时《道威斯计划》与《杨格计划》重新调整并减少了德国的战争赔款，直到它们在1932年的洛桑会议被实际废除。尽管各个条约缔造者获得了大量诺贝尔和平奖，但这一切都还不够。人们认为，只有废除战争武器本身，才能保证和平。因此，1932年2月2日，一场国际裁军会议在日内瓦大张旗鼓地开幕了。富兰克林·D.罗斯福总统在一则给他的国家首脑同僚们的信息中写道："如果所有国家都能完全同意排除拥有以及使用这些能够发动成功袭击的武器，防御自然会变得坚不可摧，并且每个国家的边界和独立都会变得安全稳定。"[25] 遗憾的是，等到罗斯福写下这则信息时，裁军会议已经陷入停滞状态了。没有人能够就由什么构成"防御性"武器而不是"进攻性"武器的问题达成一致，而更根本的是，德国人正在要求与他们邻国的军备平等——这是法国人绝对不会允许的事。

正如它所指出的那样，法国在过去的60年间经历了两次德国的入侵，其中第二次已经"榨干了它"。因此，它在凡尔赛宫势不可挡的决心始终是要让德国为它曾经的所作所为付出代价，并且削弱它的力量以使它再也不能威胁到法国的安全。因为这个原因，与其他交战国形成鲜明对比，法国人在整个20世纪20年代始终保持全副武装，并且在1933年拥有了世界上最强大的陆军。这不仅仅是妄想和多疑。即便是被大块砍去了它的领土并划分给了其他国家，德国依然拥有大约6500万人口，而相比之下法国只有4000万。第二局（法国军事情报机构）甚至在希特勒出现之前，就已经提供了德国非法重整军备的海量证据，并且正如参谋长们不断提醒他们的政治领袖的那样，法国不久便要经历"萧条期"，作为第一次世界大战期间低出生率的结果，应征入伍的人数将会减半。

调解法德立场的任务落到了英国人头上，而英国人大多是同情德国人的，并且对法国人越来越恼火。在某种程度上，这是一种对传统民族偏见的回归。在1914年以前，许多英国人觉得他们与德国人比与法国人有着更多的共同点，这种感觉并没有因为第一次世界大战完全消散。正如罗伯特·格雷夫斯在《向一切告别》中写到的，"大多数退伍士兵的反法情绪几乎达到了执念的程度"，而诗人埃德蒙·布伦登（他参加过索姆河和帕斯尚尔两场战役）立誓，他再也不要参与到另一场战争中去，"除非是攻打法国人。如果有一天和他们打起仗来，我将立刻出征"。[26] 在政界，反法情绪被一种希望在为时已晚之前用军备公约束缚住德国的渴望激发起来，而英国政府被迫考虑替代方案：大规模重整军备。因此，英国首相拉姆齐·麦克唐纳在1930年2月将法国形容为"欧洲的和平隐患"；亲墨索里尼的《观察者报》编辑加文抨击英国的前协约国盟友妄想维护其"虚假的统治地位"；甚至连亲法派的外交部常务次官罗伯特·范西塔特爵士（Sir Robert Vansittart）也认为法国人在与德国人的关系上"报复心过度"。[27] 希特勒的到来起初也没有改变这种情形。"我不认为是希特勒主义让我们的民众支持法国人，"前内阁副秘书长托马斯·琼斯（Thomas Jones）写道，"但是它已经让他们停下来，质疑自第一次世界大战结束以来一直稳步增长的对德国的信心是否明智。"[28]

有一个人的信心被严重动摇了，那就是英国大使霍勒斯·朗博尔德爵士。他垂着双眼，留着一抹整洁的小胡髭，面无表情，看起来就是一个彻底的老伊顿人，就像"鸡蛋和培根一样的英国式"。[29] 前任外交大臣寇松勋爵一直认为他"对柏林不够警惕",但在那副稍显空洞的外表之下是一颗敏锐的头脑,正如范西塔特后来所思考出的那样:"他的警告比我们后来得到的任何消息都更加明确。"[30] 被希特勒建立独裁统治的无情态度所震撼,这位大使从一开始便看到了这种巩固纳粹本国政策的意识形态是如何能被转移至国际层面的。然而,朗博尔德是在分析希特勒的自传及宣言《我的奋斗》的过程中,觉察到了未来的希特勒式外交政策的真正本质。在一篇撰写于 1933 年 4 月,也就是希特勒掌权后仅 3 个月的精湛的长达 5000 字的文件中,朗博尔德赤裸裸地揭露了希特勒的社会达尔文主义:

> 他首先断言,人类是一种好战的动物;由此,他推断出国家是一个战斗单位,是一个由战士组成的团体。他断言,任何停止为生存而战斗的生命有机体都注定走向灭绝。一个停止战斗的国家或种族同样注定会灭亡。一个种族的战斗能力有赖于它的纯洁性。因此有必要使其摆脱外来的污染。犹太种族,由于它遍布广,必然会是和平主义与国际主义的拥护者。和平主义是最致命的罪行,因为和平主义意味着这个种族为了它的生存而在战时投降……德意志民族如果及时团结起来,现在就会成为当今全球的主宰。这个新帝国必须将所有散布在欧洲的德意志人召集到它的队伍中来。一个已经遭受过失败的种族可以通过修复它的自信心来获得拯救。最重要的是,必须教育军队坚信自己是所向披靡的。为了再次使德意志民族复元,"只需让民众相信,通过武力来恢复自由是有可能的"。

朗博尔德接着强调了希特勒对建立一支强大的军队方面的重视,因为"德国失去的省份不能靠向上天庄严呼吁来获得……而只能通过武力",他还主张德国决不能重复它在上次战争中的错误,即同时向它的所有敌人发起战斗,而必须逐个地来。当然,希特勒究竟打算将这些想法执行到何种程度是不确定的,但是朗博尔德告诫不要把希望寄托在理念的彻底改变上。希特勒会不时地抛出关于其和平意向的严正声明,但这仅仅是要"让外界麻痹在一种安全感中"。最后,朗博尔德确信,当下正在推行"一个谋划已久的政策",其目的就是"让德国进入准备阶段,让它在对手们能够干涉之前便到达稳固阵地的起点"。[31] 他告诫德国的邻国们一定要保持警惕。

这份被称作"《我的奋斗》公文"的文件在英国外交部引起了一阵骚动。外交部将其交给麦克唐纳审阅,他继而将其传递给内阁。这并不是唯一传达至最高领导人的警告。1933年5月10日,参加裁军会议的英国代表团成员之一坦珀利准将给外交部发去一份建议书,敦促英国政府中止裁军,并谴责德国的非法军事行动。坦珀利表示,在德国正处于一种"重新觉醒的民族主义和最公然且危险的军国主义的狂热状态"之中时,前协约国要考虑进一步裁军,这真是疯了。整个德意志民族正在被注入斗志,而所谓的灌输纪律的诸多方案,例如"国防体育",仅仅是"集中的军事训练的伪装"。坦珀利写道,德国人已经拥有125架战斗机了——这违反了禁止德国拥有空军的《凡尔赛和约》,而秘密情报显示,德国已经向多尼尔公司下了36架双引擎夜间轰炸机的订单。

那么英王陛下政府的态度是什么?它准备若无其事地进行下去吗?它能够承担忽视德国所发生的事而带来的后果吗?在坦珀利看来,只有一个解决办法。英国和法国,连同美国一起,应该告诉德国《凡尔赛和约》不会放宽,并且不会朝着地位平等的方向发展,除非它完全逆转目前的军事准备和倾向。诚然,这样做有引发战争的风险,不过正如坦珀利指出的,这是一次小风险,因为德国根本不可能与法国陆军和英国皇家海军联合起来的力量相抗衡。因此,德国的虚张声势应该要被戳穿了,而希特勒,尽管他一直在夸夸其谈,但也必须作罢。这位陆军准将断定,唯一的可能就是让事情随波逐流个5年,到时候德国要么有了一个新政权,要么就是战乱。"国外又出现了一只疯狗,"他在文章的最后总结道,"而我们必须坚决地联合起来,确保它要么被消灭,要么至少把它关到这个疾病痊愈。"[32]

在外交部里,罗伯特·范西塔特爵士完全赞同坦珀利的文章,并将其传递给了内阁。他此前已经写下他自己的备忘录,警告道,当前的德国政权"从过去和目前的状况来看,一旦它觉得自己足够强大,便会立即打响又一场欧洲战争"。他承认,这或许看上去是一个粗略的分析,但时下

"我们正在考量非常粗鲁的人，在他们的脑袋里几乎只有野蛮暴力和军国主义"。[33]内阁赞同国际形势"确实令人不安"，不过除此之外，这些警告并没起太大作用。[34]英国政府致力于裁军会议，而通过一场"预防性战争"来阻止德国重整军备的想法——由于公众舆论爱好和平的性质——甚至不在讨论范围之内。

* * *

英国人一直保持着他们能与德国达成某种形式的一致的希望，正如朗博尔德所预言的，希特勒给了他们信心，他不失时机地将自己表现为一个和平人士。1933年5月17日，在一次对德国议会发表的广为人知的演说中，他向全世界声明了他的和平主义信念。这位新总理宣称：我们"不喜欢德国化的想法"。"上个世纪的思维方式让人们相信，他们能够将波兰人和法国人制造成德国人，这对我们来讲是全然陌生的。"[35]更加鼓舞人心的是，他表明他愿意接受英国最新的国际裁军提议。

这对伦敦来说是个好消息，不过在巴黎就不那么受欢迎了。法国军方坚决反对削减他们自己的武器储备或增加德国实力。法国陆军总司令马克西姆·魏刚上将告诫道，德国人对平等的要求是个圈套："事实上不会有平等，但鉴于这个国家的军事文化，以及已为德国军备工业重整所做的大量努力，德国的优势非常明显。"[36]另一方面，在德国非法重整军备完全失控前，是否有尽量与希特勒达成一项协议的余地？戈培尔后来声称，对法国总理来说，唯一明智的对策就是在希特勒一上台便立即压制他，并援引了《我的奋斗》作为这位德国元首侵略意图的证据。[37]但这个分析是基于若干假想之上的：法国人已经读过了《我的奋斗》；他们相信它里面的话；他们准备在必要时候通过武力来阻止德国重整军备。事实上，这些假想几乎都没有任何现实依据。

第一部法文版《我的奋斗》直到1934年才面世，随后只短短发行了几个月，便在希特勒打赢一场官司后被召回。此书已于前一年在美国出版了一个英文版本，但是其中最具煽动性的段落被删除了，包括希特勒号召将"摧毁"法国作为德国在东部扩张的必要前提。[38] 法国的情报机构已经读过了原文,甚至早在1932年就警告道,希特勒的目标是消灭法国并统领欧洲。可法国驻柏林大使却感到很矛盾。尽管弗朗索瓦-庞塞已经读过这本书并能讲一口流利德文,他承认"希特勒的和平主义是相对的、暂时的和有条件的",但是他仍在两种考量间举棋不定,即《我的奋斗》究竟是希特勒的统治蓝图,还是一名年轻狂热分子濒临崩溃的怒吼。[39] 总体来说,他倾向于后者。

对法国的政治家们来说,这场讨论很大程度上是学术性的。很少有人读过这本书,而愿意深入思考军事对策的人就更少了。众所周知,这早在1923年就已经尝试过了,当时为了应对近期德国拖欠它的战争赔款,总理雷蒙·普恩加莱下令法国军队占领鲁尔区。他这样做的后果是让法国蒙受了广泛的谴责,并且大大激发了对德国的同情。10年之后,德国不再是一个羸弱的共和国,而且普恩加莱也不在了。他的继任者爱德华·达拉第不得不在巨额预算赤字的限制之内行事,并且他还需要保留住社会党的支持。这两者都由不得他去考虑进行预防性战争或是军备竞赛。因此在1933年3月,法国人勉强接受了英国人的计划,将欧洲大陆军队标准化为20万人。德国人将被允许将魏玛防卫军的规模翻一番,同时法国人将被迫大刀阔斧地砍掉他们自己的军营数量。但"麦克唐纳计划"的影响就止于此。希特勒从不打算让自己受到裁军会议的限制,况且法国人在管控和审查上的坚持给他提供了中断协商所需的借口。1933年10月14日星期六——希特勒的首次周末"奇袭"——他宣布德国不仅要退出裁军会议,还要退出国际联盟。

外国舆论对此感到震惊和愤怒。法国人认为他们的不信任是合理的,而英国人则认为他们的诚意被扔回到自己脸上。然而,尽管德国人大发脾气,英国的政策却并没有变化。7月,英国驻柏林大使霍勒斯·朗博尔德退休了。虽然他已经64岁,到了退休的年纪了,但英国政府会在这种情况下中途换马,似乎仍然很奇怪。新就任的埃里克·菲普斯爵士(Sir Eric Phipps)很有洞察力,又机敏。帝国航空部部长、纳粹党内第二号人物赫尔曼·戈林在"长刀之夜"(在这期间许多纳粹高层遭谋杀)后不久的晚宴中迟到了，他托词道，他一直在狩猎。"我希望他说的是动物。"菲普斯对此回应道。[40] 然而，尽管菲普斯反感纳粹党，他仍赞同英国政府的观点，即除了尝试将希特勒带回谈判桌外别无选择。"我们不能仅仅把他看作是《我的奋斗》的作者，"他在 1933 年 11 月写道，"因为在这种情形下我们理所应当地必须采取进行'预防性'战争的政策，我们也不能忽视他。因此，尽快尝试约束那个该死的充满活力的男人难道不是明智之举吗？"[41]

在德国所发生的一切当然是动态的，不仅仅只有外交部努力去了解它。在整个 1933 年，许多政治家、记者、事务官和个人都前往德国，去亲自体验这场革命。这些人中有一名是记者弗农·巴特利特（Vernon Bartlett），他为自己购置了一艘可折叠的独木舟，一路用桨顺着莱茵河、摩泽尔河和伊萨尔河划下来。这些溅起的水花被写成了一本书——《解读纳粹德国》，出版于 1933 年秋。作为一名自由主义者和坚定的和平主义者，巴特利特对德国新秩序的本质不抱任何幻想，他预测反犹运动将会继续下去，因为对"雅利安"种族的信仰是纳粹领导人们最深刻的信念之一。然而，他对《我的奋斗》不屑一顾，总的来说，他觉得希特勒并不想打仗。"如果我已经准确理解了民族社会主义的理念，"巴特利特写道，"那么领土的征服已经不再重要了。"[42]

另一名到访者是内阁秘书莫里斯·汉基爵士（Sir Maurice Hankey）。汉基不以他的想象力闻名，而是一名异乎寻常地勤勤恳恳又有才干的行政人员。［帝国国防委员会助理秘书亨利·波纳尔少校（Major Henry Pownall）曾经听他说过的最具人情味的话是："这个（世界经济）大会与内阁一点都不重要，我要一杯茶，快。"[43]］因此，在 1933 年 8 月，他决定携夫人一起前往德国，至少在某种程度上，他度过了一个照常工作的假期。在那里，他们花了几天时间漫步穿过黑森林，目睹了一场盛大的火炬游行，"成千上万的纳粹分子，几乎全部穿着军装，伴随着铜管乐队、鼓笛乐队、军号乐队、高声歌唱等"。汉基印象深刻极了，尤其是德国的青年运动，就"犹如在纳粹军队里入伍、编队、受某种纪律的管束"。"如果德国有意重新武装起来，"他在一份写给内阁的文件中继续道，"它迈出的第一步将无比高效。"[44]

同样的想法也出现在一名年轻的苏格兰保守党议员的脑海里。鲍勃·布思比英俊潇洒、才华横溢且狂妄自大。他在24岁的年纪便已经成为阿伯丁的议员，尽管他对农业一无所知，对渔业甚至更不了解，但还是兴致勃勃地处理他选区的问题。有一天，当斯坦利·鲍德温走进议事厅，发现布思比正以他惯有的热情在侃侃而谈时，他停顿了一下，然后轻声抱怨着"混淆视听，又来了！"，接着便转身离开。[45] 布思比是个重要的旅行者，在1925年至1933年间，他每年都要访问德国，他经常到拜罗伊特去朝圣，即聆听理查德·瓦格纳的乐剧。1932年1月，他在柏林就经济危机问题发表多场演讲，当时尚未成为总理的希特勒要求与他见面。布思比被带到广场酒店的一个房间，在那里"一个有着一抹小胡髭和一双清澈蓝眼睛的、矮小的、阴暗的、瘦削的人"跳起来，将他的鞋跟咔嗒磕在一起，举起一只手臂，然后喊道："希特勒！"这位调皮的议员几乎不带停顿地将他自己的鞋跟咔嗒磕响，敬礼，然后嚷出："布思比！"[46] 在接下来的对话中，布思比询问了希特勒关于犹太人的事，得到了"不会发生集体迫害"的明确保证。然而当他次年回到德国时，他不安地发现村庄外面的许多牌子上都写着"这里严禁犹太人"，卐字饰遍布各处，而拜罗伊特"变成了，或者说被扭曲成了一处纳粹圣地"。[47] 到离开时，他很确信德国正在为战争做准备，并且在1933年10月向他的阿伯丁郡选民发布了一系列警告中的第一个警告。他宣称，德国正在"陷入某种非常类似战争热的状况"，很快它将重新武装起来，并能够威胁到欧洲的和平。在这样的情况之下，英国必须立即为自己提供"保护我们自己国家和施行我们的外交政策所必需的武装力量"。[48]

布思比并不是唯一得出这个结论的人。还有一名政治家，他要有名得多，并且有着无与伦比的口才，尽管他自纳粹党接管以后一直没有去过德国，但他确信纳粹德国意味着危险，而英国在迎接这个新威胁时是欠缺准备的。但是当布思比正处在事业上升期时，这个男人的事业似乎已经进入了黄昏。

2

"我歌颂武器和那个男人"

> 那位尊敬的阁下，当他看清形势，看得非常非常清楚时，他便是那些杰出且难以预测的天才之一；有时他则不然。
>
> ——克莱门特·艾德礼（Clement Attlee），
> 下议院，1934年3月8日

温斯顿·丘吉尔已经见识并经历了一切。作为一名在苏丹的第21枪骑兵团服役的编外陆军中尉，他参与了英国骑兵最后一次重要的突击行动，在1898年的恩图曼战役中攻打"托钵僧"。在布尔战争期间，他从一个战俘营中逃出，进而成了一名民族英雄。作为一名记者兼知名作家，丘吉尔在1900年进入英国议会，开启了变幻无常但耀眼的政治生涯。在接下来的34年中，他担任过贸易委员会主席、内政大臣、海军大臣、陆军大臣、空军大臣、殖民地事务部大臣和财政大臣。仅有两个高级职位他没有担任过，即外交大臣和首相。有时候，这两个职位仿佛都是他触手可及的，因为他的才能即便在他的对手们看来也是显而易见的，但到了1934年，他与他的政党不和，他的政治生涯似乎走向终结了。

丘吉尔从来都不是一个传统的保守党人。1904年，他放弃保守党，转向自由党，并继续与阿斯奎斯和劳合·乔治二人密切合作。许多保守党人永远无法忘记这次背弃，还有许多人永远无法原谅他在1915年灾难性的达达尼尔战役中所扮演的角色。①斯坦利·鲍德温在1924年通过任命他为财政大臣来为他挽回形象——当时丘吉尔也重新加入了保守党——但是在1930年两人因鲍德温支持印度的有限自治权而闹翻。丘吉尔辞去了影子内阁中的职务,1931年,当拉姆齐·麦克唐纳组建国民政府来处理由大萧条引发的危机时,他没有被邀请加入。在与保守党领导层疏远后,丘吉尔同他在保守党右翼中的新盟友在随后的4年里发动了一场喧闹的运动,内容就是反对英国政府的印度法案,还有那位"有煽动性的中殿律师"——印度国民大会党领袖圣雄甘地。[1]

然而印度并不是丘吉尔唯一的事业,甚至在希特勒掌权之前,丘吉尔便一直在就重新武装起来的德国的危险发出警告。他反对裁军会议,并质疑那些支持法德间军备对等的人,挑衅地询问他们是否希望发生战争。1932年11月23日,在一次对下议院的演讲中,他告诫英国政府,不要相信德国所追求的只是与其他欧洲强国在地位上的平等:

> 那可不是德国正在寻求的东西。所有这些健壮的日耳曼青年,沿着德国的大街小巷行进着,在他们的眼睛里闪烁着欲望的火光,想要为他们的祖国鞠躬尽瘁,这些人可不是在寻求地位,他们是在寻求武器,并且当他们拥有了这些武器时,相信我,他们接下来便会要求归还和恢复那些失去的领土和殖民地。[2]

纳粹党的接管仅仅增添了丘吉尔的担忧。起初他采取了一种孤立主义的态度,希望使英国不被卷入欧洲的麻烦事。然而,只有拥有出众的力量才能保持中立的态度。因此在1933年3月,他公开为有法国陆军的存在

---

① 英国皇家海军遭受了广泛责难,因为在1915年2月至3月间,他们进行的注定失败的企图通过强攻达达尼尔海峡进而夺取君士坦丁堡的尝试,以及随后对加里波利半岛的入侵,其结果是造成了协约国18.7万人伤亡。直至20世纪30年代,丘吉尔仍被这次溃败困扰着。的确,就像热尔曼在1931年出版的名为《丘吉尔先生的悲剧》一书中写的:"丘吉尔先生真正的悲剧是,虽然他其实没什么能够给予真正的工党或自由党人士,但他也无法博得真正的保守党人士的信任。因为在国家进入紧急状态时,那些加里波利战役死难者的亡魂总是会复活并再次诅咒他。"

而感谢上帝,并要求加强英国在空中和海上的武装。[3]次月,他抨击了整个纳粹体系——由"严酷的专政"、对犹太人的迫害和"对各种形式的斗志的呼吁"构成——同时要求英国政府放弃裁军的妄想,支持紧急修复英国的防御工事。[4]

丘吉尔面临的难题是,在1933年至1934年底,英国的和平主义精神可能比战争结束后的其他任何时候都更为强烈。在20年代末和30年代初,大量关于战争的书籍、戏剧和电影发行,并且被人们如饥似渴地消费掉。罗伯特·谢里夫的《旅程尽头》、罗伯特·格雷夫斯的《向一切告别》、薇拉·布里顿的《青春誓言》、西格弗里德·萨松的《步兵军官回忆录》和埃里希·玛利亚·雷马克的《西线无战事》让那些有幸不必经历战争的人了解到它的可怕,同时诸多备受瞩目的政治回忆录的出版表明,这场灾难是一次极大的失败。劳合·乔治在他的畅销书《战争回忆录》中写道:"各国从边缘滑进战争这口沸腾的大锅,不带丝毫疑惧或惊愕。"[5]政治家们在1914年已经失败过一次,年轻一代不会允许他们再次失败。1933年2月9日,牛津辩论社的学生们以275票对153票通过了一项动议,决定"本议会在任何情况下都不会为它的国王与国家而战"。

这场"国王与国家"的辩论引起了轩然大波。尽管《每日快报》试图将这次投票驳斥为"头脑发昏的共产主义者""恶作剧者""性别模糊者"的举动,但仍有许多人被深深地震惊了。[6]丘吉尔称其为一个当代"令人不安且令人作呕的症候",《每日电讯报》抨击了"牛津的不忠",还有人将一个装着275根白色羽毛的盒子送到了辩论社的大楼。[7]这股激动的浪潮并没有局限在英国境内。第二年,自由党议员罗伯特·伯奈斯(Robert Bernays)在下议院发言时,回忆了近期他对德国的访问,其间他被问及这次投票的事,"事实上,你们英国人太软弱了",一名纳粹青年领袖评论道,"他眼中闪着丑恶的光"。[8]1933年至1934年间,在18岁的帕特里克·利·弗莫尔徒步穿越德国时,也明显感受到了这种掠夺性的兴趣。而墨索里尼,他在阿比西尼亚危机期间援引了这项动议,称它是英国堕落的证据。[9]

事实上,这场牛津辩论被严重夸大了。正如在场者后来解释的那样,绝大多数成员都不是和平主义者，而仅仅是被特邀演讲人、著名哲学家乔德的雄辩术动摇。这项动议的提出者凯内尔姆·迪格比承认，这个结果既不能代表学校，也不能代表这个国家的青年人。而前德国间谍冯·林特伦上尉在接受《每日见闻报》（Daily Sketch）采访时预测，如果战争在明天爆发，"那些年轻人会第一批参军"。[10] 然而空气中的反叛气息已经弥漫开来，曼彻斯特大学和格拉斯哥大学很快也通过了类似的动议；至于因为这次投票而大胆威胁要退出 1933 年划船比赛的剑桥大学，在 1927 年、1930 年、1932 年和 1933 年都支持了各项拥护和平的动议。

和平主义也不是天真的大学生所专有的。对军备竞赛导致了上一次战争的信念是普遍的，并且反对军火商——所谓的"死亡商人"——的运动被左翼势力一直延续到了这个十年。自由党人全面承诺裁军，而工党领袖、信仰基督教的社会主义者乔治·兰斯伯里（George Lansbury）想要遣散陆军，解散空军，并让这个世界有种就"放马过来吧"！[11] 在 1933 年 10 月的党内大会上，工党代表们投票支持全面裁军，并且在发生战争的情况下要举行大罢工，以此来削弱经济并搞垮政府。就在同一个月里，国民政府遭受了一次严重的打击，当时在富勒姆东区的补选中，将近 1.5 万名的保守党多数票变成了将近 5000 名的工党多数票。诸多国内的和政治上的因素导致了这样的结果，不过，获胜的候选人约翰·威尔莫特一直在裁军与和平主义这两个问题上奔走游说的事实在许多同时代的人看来是决定性的。

3 年后，斯坦利·鲍德温在对议员们解释英国政府为何在 1933 年不愿发起一次重大的军备重整计划时，援引了这次富勒姆补选事件：

> 作为一个伟大政党的领袖，我的处境并不完全是自在的。我问自己还有什么机会——当富勒姆表达的那种情感已在全国普遍存在时——在接下来的一到两年中还有什么机会能使那种情感发生巨大变化，以至于国家会授权重整军备？设想我那时走到全国民众面前，说出德国正在重整军备，并且我们也必须重整军备，会有人认为这个和平的民主国家将会在那一刻团结起来响应那样的呼喊吗？在我看

来，没有什么能让那次［大选］的失败更确定的了。¹²

这次表白的"惊人的坦率"被丘吉尔在他的战争回忆录中无情地利用了，在书中他称之为"我们的议会历史上绝无仅有的"声明，并将其作为参考条目附在"承认把政党摆在国家之上"的索引中。¹³ 但这并不是全部情况。

斯坦利·鲍德温不会被轻易惹恼，他是富有的伍斯特郡钢铁大亨的儿子，自 1908 年以来便一直在议会任职，并两次担任首相。他是一名精明的政治操盘手，有着一种对舆论无可匹敌的直觉，然而他将这些特质隐藏在一种疏离的悠然背后，有时甚至是近乎自嘲。一天，当罗伯特·伯奈斯正在读一则标题里有"上议院"的新闻时，鲍德温出现在他的背后并开口说道："我以为你在看有关板球的报道呢。我总是忘记罗德板球场也可以表示上议院。"¹⁴ 还有一次，在前往爱丁堡的火车旅途中，当鲍勃·布思比心不在焉地拿起这位首相的三明治并将它们狼吞虎咽下去时，这位保守党领袖只是默默看着。¹⁵

然而，鲍德温也是一名浪漫主义者，尽管他出身工业世家，但他喜欢将英格兰营造成一派田园牧歌般的景象。在 1919 年，鲍德温匿名捐赠了 12 万英镑（他财产的 1/5）给英国财政部，来帮助还清国家债务，用实际行动证明了他的爱国精神。他深切意识到战争期间的种种牺牲，因此当左翼革命长期困扰着欧洲大陆时，他下定决心要保护这薄如蝉翼的文明并缓和阶级间的紧张关系。为此，他以机智和宽容的方式应对了 1926 年大罢工，可以说是比其他任何政治家都更有责任让英国"安全地实现民主"①。1931 年，他接受了由一个国民政府来挽救英国经济的需要并大度地同意服膺于工党领袖拉姆齐·麦克唐纳。鲍德温成为枢密院议长，不过有赖于

---

① 威尔逊总统于 1917 年 4 月 2 日在国会联席会议发表的演说中使用了这句话，在这次会议上他试图争取到国会对向德国宣战的认同。1928 年鲍德温指出："民主已经在英格兰飞驰，而我一直觉得它是一场为了生命的竞赛；我们能够在失败来临前将它们驯服吗？"

保守党迄今是下议院第一大政党，①他在随后的4年中实质上是联合首相。

鲍德温不是什么和平主义者。不过他对战争的恐惧是异乎寻常的，而且他赞同"强大的军备会不可避免地导致战争"这一普遍观点。[16]尤其是，他对来自空中的战争产生了深刻的恐惧。他在1932年11月一次广为人知的演讲中对议员们说："任何邻近机场的城镇都有可能在战争的前5分钟被轰炸。"在这位枢密院议长看来，更加令人担忧的，是没有切实可行的防御办法来抵抗这种新型武器。"我认为也要让平民百姓意识到，"他继续道，"根本没有政权可以保护他免遭轰炸。无论人们告诉他什么，轰炸机总会完成任务的。"[17]

这种令人毛骨悚然的说法并不罕见。尽管英国在第一次世界大战期间因空袭造成的人员伤亡不多，但是飞机的改良及其战斗力的潜力——有1932年1月日本对上海的轰炸以及后来在更大程度上体现这一点的西班牙内战为证——让很多人相信在下一次战斗中会看到整座整座的城市近乎瞬间被全部摧毁。军事理论家、未来的法西斯分子和瑜伽爱好者富勒（J. F. C. Fuller）邀请大家"如果可以的话，想象一下"一次现代空袭的后果：

> 伦敦只消几天时间便会成为一个巨大的乱成一团的疯人院，医院都将被袭击，交通将会瘫痪，无家可归的人们将会尖叫着寻求帮助，城市将陷入一片混乱。在威斯敏斯特的政府又将如何呢？它将被雪崩般的恐惧席卷而去。然后将由敌人来发号施令，而这些指令将如溺水之人手中的稻草一样被牢牢抓住。[18]

伦敦是个显眼且肥美的目标——丘吉尔把它比作"一头胖极了的奶牛……被拴起来以便吸引捕食的猛兽"——可是空中的恐怖已经蔓延到了首都之外。[19]在1933年7月的一次花园派对上，进步的保守党议员维

---

① 这次1931年的大选对保守党来说是一次成功，他们在压倒性的胜利中赢得了国民政府中的473个席位。拉姆齐·麦克唐纳领导的国民工党赢得13个席位，而约翰·西蒙爵士领导的自由党-国家党联盟则赢得35个席位。工党锐减至仅剩52个席位。

维安·亚当斯（Vyvyan Adams）警告道，利兹就像伦敦一样脆弱不堪，外国轰炸机使用毒气和燃烧弹能"在15分钟之内"让这个城市无法居住，这让他的选民们大吃一惊。[20]亚当斯强烈支持裁军，并大声游说有关军用飞机的使用禁令。不过，鲍德温是最早的裁军热衷者之一，特别是有关轰炸机的禁令，可是随着一个重新武装起来的德国的魔影的逼近，而英国自己的防御仍尚未完成，他变得愈发举棋不定了。

* * *

在外行人看来，大不列颠似乎正处在它权力的鼎盛时期。《凡尔赛和约》已将德国的殖民领地在战胜国间瓜分，大英帝国增加了将近100万平方英里①的国土面积以及1300万臣民。非洲西南部、坦噶尼喀、伊拉克、外约旦和巴勒斯坦那时已经在地图上被涂成了粉红色。不过，当英国国旗在比以往更多的外国大地上空飘扬时，一次经济滑坡与这次扩张巧合地同时发生，而英国很快即将面临爱尔兰内战、印度独立运动、巴勒斯坦起义，还有20世纪最严重的经济萧条。就像1500年前的罗马一样，大英帝国已经扩张得过大了，因而在20世纪30年代中期遭遇了生存危机。

第一次世界大战已经遗留给英国一笔60亿英镑的国家债务（国家收入的1.35倍），并且在短暂的繁荣过后，经济就急转直下陷入萧条。为了努力平衡收支，战后政府开始步入了大幅度削减开支的时期，国防开支从1920年的6亿400万英镑减少到1922年的1亿1100万英镑——在这10年中它将保持在大致这样的水平上。这样做的理由可以在1919年"十年规则"中找到，凭此，英国政府假定大英帝国将"在接下来的十年中不会参与到任何大战中去"。[21]这个规则在1929年和1930年得到了延续，但是到了1932年，参谋长们发愁了。1931年9月18日，一名日本初级军官故意炸毁了沈阳北郊柳条湖附近南满铁路的一小段铁路路轨。这次损毁极轻，没多久一趟列车便通过了这段轨道，可是日本人以这次"蓄意破

---

① 1平方英里约合2.59平方千米。——编者注

坏"为借口，对中国的东北发起侵略。为解决这样的国际纷争而创办起来的国际联盟被置于考验面前，却发现无能为力。不过远东战争的爆发让白厅集中了精神。

1932年1月，一份"顶级机密"的海军参谋部报告设想了"如果日本表现出将事态推至极端的倾向"将会发生什么，而报告显示，英国在远东的属地极其容易受到攻击，并且推断纵然英国的武装部队能够躲过最初战场上的毁灭，但也没什么能够阻止新加坡和中国香港地区在主舰队到来之前就被占领。[22] 参谋长们认可这个判断，指出"我们在远东的巨大领土和贸易利益，还有我们同自治领与印度的通信"已经被可怕地暴露出来。[23] 因此，这个"十年规则"被废除了，但大萧条带来的影响，加上裁军会议的召开，意味着在1932年至1935年间，英国几乎没有采取任何补救措施来修复破败不堪的防御体系，而到那时，一个新的威胁已经超越了日本帝国所带来的危险。

英国人决心不去理会德国的非法重整军备，同时裁军会议步履维艰地继续进行着。然而，由于德国人漠不关心地执行着自己的计划，这变得愈发艰难。1933年6月，英国驻柏林的空军武官赫林上校（Group Captain J. H. Herring）出席了一场在柏林滕珀尔霍夫机场的民用航空表演。在那里，在与一名重要的德国航空官员的妻子聊天时，他向她指出了新型的海因克尔和容克斯邮政飞机。"噢，"这位女士漫不经心地回答道，"我想那是两架新型单座战斗机。"[24] 接下来的1个月，戈林的表现相当地肆无忌惮，他要求英国政府出于"治安目的"卖给他25架英国飞机；7月，德国飞机还在奥地利上空散发支持纳粹的传单；随后在10月24日，希特勒公布了他自己的"裁军"提议，该提议将允许德国在和平时期拥有30万人的军队——是《凡尔赛和约》允许的3倍之多。英国政府对此表示拒绝，不过事务官们担心事情正在变得无法掌控。

1933年10月，外交部常务次官罗伯特·范西塔特爵士、财政部常务次官沃伦·费希尔爵士（Sir Warren Fisher），还有内阁秘书、帝国国防委员会秘书莫里斯·汉基爵士询问内阁他们是否准备仔细考虑就德国的重整军备计划对德发出任何形式的警告，如果没有，他们是否准备在以后的某个阶段深思这件事,例如在涉及"德国对波兰或奥地利的侵略,或是某次德国在西部的侵略"时。[25] 答案是否定的。英国政府在这个时候不打算做任何事来试图阻止德国违反《凡尔赛和约》,它也不准备去广而告之德国的重整军备,以免看起来是默认了姑息德国的所作所为,或者更糟的,是要激怒法国人来使他们要求采取补救措施。

丘吉尔没有这种顾虑。1933年11月,他留意到大量的废铁、镍以及其他战争金属正在流入德国,并指出正在德国青年中被反复灌输的"嗜血哲学"。[26] 1934年2月,在关于英国政府裁军白皮书的辩论中,他宣称英国比历史上任何时候都更加脆弱,并且敦促英国政府先把自己的事管好,以免人们被迫听到炸弹在伦敦爆炸的轰鸣声,目睹"瀑布般的倒塌的砖石、大火与浓烟"。[27] 这个关于脆弱性的说法有些夸张,不过这次演讲标志着丘吉尔为保护英国免遭德国空袭而进行的坚持不懈的活动的开始。

自1933年夏天以来,英国政府便已经意识到纳粹要建立起一支空军的意图。在赫林上校回忆滕珀尔霍夫航空表演的那份文件中,他报告了与一名德国空军部高级军官的对话,这位军官承认,否认德国正在武装空中力量也是无济于事,因为德国飞机制造商的领军企业之一阿拉多从未建造过"除了高性能军用单座飞机之外的任何东西"。[28] 两个月后,范西塔特传阅了一份汇总了"大量秘密情报"的关于新兴德国空军的备忘录。[29] 然而英国空军部看起来并不担心。他们向内阁保证,最早也要等到1935年末,德国才会拥有任意一种军用飞机。[30] 假若真是这样,可就太幸运了,因为1923年的给英国皇家空军配备52支中队——这被认为是本土和帝国防御所需的最少数量——的计划依然尚未完成,而且空军次官刚刚宣布要进一步削减空军预算。1934年,英国仅是世界上第五大空军强国。

大臣们很快意识到,他们低估了德国空军重整军备的速度和程度。的确,是他们在1934年2月令人难以置信地同意卖给德国人118台阿姆斯特朗·西德利航空发动机,后续还有可能再订购260台,从而促成了这一壮举。起初,英国内阁曾考虑抵制对德国输出航空材料,只要其他国家也能如此行动。但是他们的要求没有被理睬,并且当他们发现法国人和美国人都在向德国人售卖航空发动机时,英国内阁同意了批准这项交易。

的确，正如先前出于道义原因拒服兵役者、最新裁军计划的设计者拉姆齐·麦克唐纳告诉内阁的那样，既然已经做了这个决定，那么努力争取到"尽可能多的［德国］订单份额"是符合英国的利益的。[31]

像是为了对此做出补偿，英国内阁随后得知财政大臣决定批准为皇家空军组建四个新中队。在下议院，招摇的空军次官菲利普·沙逊爵士（Sir Philip Sassoon）形容这是一个"不太显著的上升趋势"。[32]这当然是不太显著的。作为自1930年以来实施强制削减的结果，空军预算仍旧比1931年的数额少了大约100万英镑，而这项"新"计划事实上无异于已经失效的1923年计划的重新开始。然而即便这点象征性的增加对于反对党来说都嫌太多了。克莱门特·艾德礼附和了鲍德温关于轰炸机总会完成任务的断言，代表工党辩论的他否认有防御空袭这回事，并且重申他的政党对"全面裁军"以及集中各国空军资源编成一支国际警察部队所作的承诺。

艾德礼之后发言的是普利茅斯德雷克的保守党议员弗雷迪·格斯特上尉。作为一位获得过勋章和奖牌的军人和奥林匹克运动员，格斯特也是一个航空爱好者，曾在1921年至1922年间短暂地任职过空军大臣。因此当他批评英国空军部的预算既不充足又有误导性时，他的发言是很有权威性的。英国政府正试图用更少的资金建立一支更大的空军，而德国正在尽可能快地武装起来。英国政府没有明确的政策，并正在逐渐走向重大的危险。"如果我错了，"格斯特总结道，"那就更好了。如果我对了，那么愿上帝保佑当今的首相吧。"[33]

丘吉尔接过格斯特的话茬。在致力于裁军的过程中，英国政府已经将这个国家带到"风险的最边缘"。尽管他没有掌握德国空军计划的确切细节，但他并不怀疑那些天赋异禀的人，凭借他们的工厂、纪律性和科研能力，有能力在非常短的时间内创造出一支最强大的空军。"我惧怕这一天，威胁大英帝国心脏的手段会落入当前德国统治者们的手中，"他说，"我惧怕那一天，但或许它并不久矣。或许它距我们只有一年，又或许是18个月。"[34]丘吉尔坚称，还有时间让英国来修补它的防御系统，但它并不会用这些空军预算来这么做，因为它们的净增长仅有13.5万英镑。他迎着来自保守党议员们高涨的喝彩声继续道，英国所需要的，是在空中力量上的对等，他规劝鲍德温提供这一对等。

但是鲍德温还没转向。这位议长解释道，政府政策是为了制定一项可以限制国家空军规模的空中公约。对等是目标，可它是通过降低而非提高规模来对等的。然而，他在演讲的最后做出了让步："如果我们所有的努力都失败了，如果不可能获得这种平等"，那么英国政府"将确保在空军实力和空中力量上，相较于在我们国家海岸打击距离内的任何国家，这个国家不会再处于劣势地位"。[35] 不多久这个诺言便又回来纠缠它的发起者了。

*　　*　　*

在竭力要求扩充空军的过程中，尽管丘吉尔自己并不知晓，但他有一名财政大臣盟友——内维尔·张伯伦。在德国退出裁军会议之后，英国政府成立了一个委员会来调查英国国防事宜。这个由汉基、范西塔特和沃伦·费希尔还有参谋长们组成的国防需要委员会（DRC）决定，德国，而非日本，才是英国最终的潜在敌人，因此德国应当成为一切"长期"防御计划的焦点。在已经确定了危险后，国防需要委员会建议要尽全力与日本恢复友好关系，同时提出一个7600万英镑的一揽子计划，用来重建英国的防御体系。[36]

作为财政大臣，张伯伦一直站在近年来支持削减军队开支队伍的最前列。然而到1933年秋，他已经判定，由国防方面的缺陷所带来的危险现如今已至少和经济危害等同了。尽管如此，他依然认为7600万英镑是个"不可能的"数字，并提醒内阁"我们必须量布裁衣"。[37] 鲍德温建议筹集一项国防贷款，可张伯伦否决了这个建议，认为这是"通往毁灭的宽阔大道"。[38] 作为一名致力于平衡预算并注意到了大众在增加军备开支问题上压倒性的反对态度的保守党财政大臣，这是预料之中他会做出的反应。特别的是张伯伦——一个从未穿过军装的平民——如何成功地推翻了参谋长们的建议。

随着德国被认定为英国的主要敌人，国防需要委员会希望将绝大部分资金分配给陆军，特别是用于创建一支能够被派往欧洲大陆援助法国并保卫那些低地国家的远征军。与此相反的是，它对空军的建议除了完成组建1923年批准的52支空军中队之外再无其他。张伯伦认为这一切都是错误的。索姆河和帕斯尚尔的可怕经历已经使远征军在政治上变得不可接受——拉姆齐·麦克唐纳后来从所有官方文件中取缔了这个词——然而，如鲍德温所评论的那样，总要做点什么来"满足如今存在的对于空中的半恐慌状态"。[39] 撇开正是这位议长大力煽动了这些恐惧的事实不谈，张伯伦拿走了这份国防需要委员会报告，在1934年6月他扭转了委员会的建议之后才归还。尽管武官和事务官们提议对陆军进行大幅扩充，在空军规模上仅做适度增加，但张伯伦想要的是一支明显规模更大的空军，只准备在陆军方面适度支出。"我们最好的防御，"这位财政大臣宣称，"将是存在一种非常强大的威慑力，使成功袭击的可能性低到不值得。我认为，这最有可能通过在本国建立一支空军来实现，它的规模和效率应能激发潜在的敌人心中的顾虑。"[40]

空中威慑的概念从人们对空战预示着灾祸的构想中自然产生。在鲍德温的"来自空中的恐惧"的演讲中，他宣称抵御轰炸的唯一手段就是进攻，"这意味着如果你们想自救的话，你们不得不用比敌人更快的速度杀掉更多的女人和孩子"。[41] 然而，尽管这个战略有一定的逻辑，参谋长们还是被财政大臣的提议震惊到了，他们认为这些提议源于政治上的而非战略上的考量。汉基在帝国国防委员会秘书处的副手、陆军中校亨利·波纳尔强烈谴责道，张伯伦的"战略思想将让他的小学都会觉得蒙羞"。他认为，假定空军能够取代其他两个军种是极其危险的，尤其是在陆军目前仅适合军事表演，而海军仅供人在"海军周"评论的情况下。[42]

英国海军部同样不安。张伯伦抓住了德国构成主要威胁这个国防需要委员会的结论，想要削减在海军方面提出的费用，甚至争论到认为一旦和日本开战，英国不可能将舰队派到远东去。英国第一海军大臣博尔顿·艾尔斯-蒙塞尔爵士（Sir Bolton Eyres-Monsell）抱怨道："在即将到来的海军会议上不得不与全世界对抗就已经够糟糕了，可令人痛心的是，在同一时间被这位财政大臣从背后捅了刀子。"[43] 然而，张伯伦还是得偿所愿了。

他战胜了艾尔斯-蒙塞尔，他还战胜了正在为防止陆军变成"军种中总被忽视的灰姑娘"而抗争的英国战争大臣黑尔舍姆勋爵（Lord Hailsham）。[44]陆军方面拟议支出费用被砍掉一半，从4000万英镑减到2000万英镑；海军要求的长期重建计划被否决；而好的一面是，空军即将拥有38支新中队。

这就是张伯伦的"有限责任"战略。[①]英国将要重新武装起来，但优先要做的，是用一支强大的空军来震慑住德国，而不是储备部队到欧洲大陆去战斗。如果战争真的来临，英国将提供空中支援和海上封锁，而法国则在陆地上牵制住德国。从多方面来看，这都不过是一次对传统英国防御政策的回归。毕竟，英国是个岛国和海事强国，而法国拥有世界第二大陆军，并且被张伯伦形容为"坚不可摧的"陆地防御力量。[②]然而，正如1934年的事件所表明的那样，依赖法国的力量逐渐成为一个越来越不稳固的设想。

*　　*　　*

1931年，大萧条姗姗来迟，它袭击了法国。物价暴跌，工业产量骤降，失业率上升。在1930年至1933年间，法国国民收入下跌近30%，而且在1933年2月，法国财政部长乔治·博内（Georges Bonnet）被迫毕恭毕敬地去向荷兰人借贷，以维持法国的财政状况。在这场危机中最突出的受害者要数国防预算了，在1931年至1934年间被削减了25%。尽管来自总参谋部第二局的报告预测德国将有能力在两年内发动一场侵略战争，还提供了德国空军建设计划详细的细目表，但事实依然如此。[45]到1934年，法国人仍拥有着世界第二大空军，但是这其中包括了几十架木质双翼飞机，而法国的飞机制造简直一团糟。

---

① 这个概念由军事理论家巴兹尔·利德尔-哈特（Basil Liddell-Hart）提出并普及，他主张在未来的战争中，英国应当避免将大量陆军派往欧洲大陆，而是应当通过轰炸和海上封锁来削弱敌人的核心力量。

② 苏联拥有最大规模的陆军和空军。

1930年，法国议会批准了一笔拨款，用于沿德国边境修筑一系列大型防御工事。以战争部长安德烈·马其诺（André Maginot）的名字命名的马其诺防线——于1936年开始投入使用——俨然是现代化的巅峰之作。在地表下60英尺①处，重型火炮、地堡、各指挥部和营房由电力火车相连接。那里还有多家地下医院，一条有混凝土保护的电话通信网和多个电影院。这条防线不会受空袭或炮火轰炸的影响，而它的大炮每分钟能够发射4吨子弹。不过，无论马其诺防线看起来有多像某种由威尔斯（H. G. Wells）想象出来的东西，它的整体构想都是与现代相反的。从瑞士一直延伸到英吉利海峡的西线战场痕迹，尤其是凡尔登大屠杀一役，使法国人长期备受精神困扰，而他们正在这样的情况下准备着下一个静态防御战。对于像陆军中校夏尔·戴高乐（Charles de Gaulle）这样富有想象力的战士们来说，这是一个可怕的错误。戴高乐认为，战争的未来在于机动性和坦克。马其诺防线是一个华丽的妄想：一支"混凝土军队"，它无法随机应变，耗尽金钱——从战略考量上来讲这些钱本可以花在陆军机械化上面，还阻碍了战略思维。⁴⁶

马其诺防线至少看起来很牢固，法国的政局却并不是这样的。为防止再出现一个拿破仑，法兰西第三共和国的宪法以牺牲行政部门为代价分权给了议会。其结果是，在1930年1月至1933年11月间，不少于10个行政部门都忙得团团转。随后在1933年12月，一个名叫塞尔日·亚历山大·斯塔维斯基（Serge Alexandre Stavisky）的金融诈骗者，在卖掉了价值上亿法郎的伪债券之后潜逃了。斯塔维斯基事件引发的骚乱起因于他与第三共和国的几名著名政治家间的密切联系以及他的犹太出身。法国右派嗅到了阴谋，而当斯塔维斯基自杀时，他们便对外宣称他是为了保全法国的贪腐政客而被谋杀的。卡米耶·肖当（Camille Chautemps）的政府倒台，爱德华·达拉第被召回来尝试解决这次危机。1934年2月6日，正当这位新总理奋力要取得众议院的信任投票之际，一场在保皇派、共产主义者和警察之间的血腥战斗在协和广场爆发了。栏杆被当作矛一般猛掷，

---

① 1英尺约为0.3米。——编者注

海军部被纵火焚烧，前总理爱德华·赫里欧险些被扔进塞纳河。在法兰西自巴黎公社以来最严重的暴力事件发生后的第二天清晨，共有15人身亡，2000人受伤。达拉第在仅做了10天总理后便匆忙辞职了，甚至都没来得及通知他的内阁。

* * *

这场在法兰西的动乱引起了英国的注意，不过更令人焦虑的是在德国发生的事情。1934年3月，英国政府震惊地发现德国人已经拥有了大约350架军用飞机，而且他们的产量已经提升至每月60架飞机。这个信息帮助增强了对张伯伦关于扩充空军的提议的支持，7月18日，内阁接受了"A计划"，凭此在接下来的4年中，40支新空军中队将被补充到英国皇家空军的队伍中。在殖民地大臣菲利普·坎利夫-利斯特爵士（Sir Philip Cunliffe-Lister）看来，这个新计划"将会是对战争的一大威慑，也会在和平时期使德国人望而却步"。[47] 然而，正如空军参谋长爱德华·埃林顿爵士（Sir Edward Ellington）指出的那样，财政大臣的这个计划实际上是蒙人的假象。

埃林顿在评估德国的飞机计划时出现了严重的错误。在最初宣布德国在1935年底之前不大可能拥有任何军用飞机后，现在他又满怀信心地预测，截至同一日期，德国人将拥有的一线飞机不会超过500架。然而，他因张伯伦提议要通过取消这些新空军中队的战争储备来节省资金而感到担忧。因为当前的情形是，只有5支皇家空军中队（仅60架飞机）拥有储备，而没有这些，空军"将无法在打起仗来的情况下撑过一两周"。[48] 因此，A计划很大程度上是在粉饰门面，目的是让公众放心并威慑德国。它并不是一个针对进攻的实际防御。

1934年7月30日，当鲍德温在下议院为这些新空军中队辩护时，他激动人心地宣称英国的边界线不再是"多佛尔的白崖"，而是莱茵河。然而这没能动摇反对党，他们提出了一项谴责政府的动议。"我们否认壮大英国空军会有助于世界和平的主张，"克莱门特·艾德礼斥责道，"且我们一并拒绝对平等的要求。"[49]丘吉尔为政府辩护，形容它是历史上最具"和平主义思想的"政府，然后继续在议员们面前提出许多主张。英国政府一直在德国重整军备的话题上小心翼翼，而丘吉尔则直截了当地表示，纳粹党早已建立了一支军用空中部队，违反了《凡尔赛和约》。他声称，到1935年末，这支部队便会和英国皇家空军旗鼓相当，并且以其当前的扩充速度，在1936年的某个时候将会赶超皇家空军。最后，他断言，目前存在一种危险，即一旦德国取得在空中的领先优势，英国将不可能再追赶上。[50]

丘吉尔的警告——从1934年的夏天到秋天以越来越大的声量发出——从议员们那里得到了不同的回应。许多保守党人，尤其是该党派中的右翼势力，都支持他发起的运动，而有些人，比如他的宿敌、印度事务大臣塞缪尔·霍尔爵士（Sir Samuel Hoare），则认为他的鼓动是为了自己的利益，是在试图使他正在衰退的事业起死回生。工党给他贴上了战争贩子的标签，而前自由党领袖赫伯特·塞缪尔爵士则指控他引起了"盲目且无缘由的恐慌"。[51]幸运的是，这些攻击对丘吉尔的影响微乎其微，在他试图把英国政府吓唬得采取更大的行动的过程中，他得到了两位高级事务官的暗中协助。

1917年，德斯蒙德·莫顿少校（Desmond Morton）在阿拉斯战役中被枪击穿肺部，惊人的是，他幸存了下来，并继续担任陆军元帅黑格的副官，而那颗子弹仍旧在他体内。1924年，他因为在20世纪20年代初为英国秘密情报局研究过苏联，成为帝国国防委员会工业情报中心的负责人。莫顿自在西部前线起与丘吉尔相识，而且他在肯特郡的家距离丘吉尔的乡间宅第查特韦尔庄园步行仅需15分钟，两人已经成了亲密的朋友。现在，当丘吉尔力争使英国政府摆脱它麻木的状态时，莫顿正处在一个协助他的理想位置——即便这意味着违反《官方机密法》。

丘吉尔的另一名高级政府线人是拉尔夫·威格拉姆（Ralph Wigram）。威格拉姆是外交部最优秀的人之一，思维敏锐、风度翩翩且英勇无畏。在36岁时，这个热爱网球运动的健壮男人被脊髓灰质炎打倒了。医生们认为他不大可能活下来，但是凭着他坚定的决心，或者说看起来是如此，他不仅活了下来,后来还成了外交部中央部门的负责人,负责德国事宜。威格拉姆赞同范西塔特对纳粹德国的看法。德国正在重整军备的事实是毋庸置疑的,英国只有凭借实力以及积极的外交政策才能有机会遏制住它。通过莫顿的引荐,威格拉姆认识了丘吉尔,在丘吉尔争取重整军备的前几年时间里,此二人共同成了这位前财政大臣的主要情报来源。

与此同时,英国政府正在接收的情报——尤其是从莫顿和威格拉姆这里获得的——引起了严重的关切。空军参谋部一直坚信,德国空军所拥有的一线飞机数量到1935年底不会超过500架,到1939年不会超过1000架。然而,在1934年10月,秘密情报显示,德国计划到1936年秋实现拥有1296架具备一线实力的飞机,并配备充足的储备。面对这个全新的情报,空军大臣伦敦德里侯爵(Lord Londonderry)试图说服内阁将完成A计划的日期从1939年3月提前至1936年末。但是张伯伦反对这样做,他认为"在我们有关德国准备工作的情报中,没什么能够证明这个加速的提议是合理的"。最终,内阁认为,当前形势的严峻程度足以要加速一半数量的新空军中队的建设,不过此时已经不再只是因为正在变得公然到无法忽视的德国空军的发展。[52]

11月20日,帝国国防委员会通知内阁,德国人现已拥有一支30万人的正规军,并计划着进一步扩充以及大规模机械化。一周后,埃里克·菲普斯爵士指出,德国政府的支出增加了1750万英镑。这位大使报告说,德国人已经"在陆上和空中疯狂地重新武装起来",并且这么做的时候"没有受到阻碍甚或抗议":

> 夏秋两季给人留下的印象是持续不断的行军和军事演练。对于任一外国观察家来说,德国民众显然正在带着他们天生对纪律和军事训练的热爱,陶醉于他们新的自由之中。在局外人看来,即便是劳工阵线的示威游行和农民集会,也大体上是阅兵式。我们不得不面对这个现实:当其他国家享受着踢足球或者在树下的小桌旁啜咖啡时,德国青年最乐于玩扮演士兵的游戏,德国的男性最喜欢待在军营边的练兵场上。[53]

大臣们开始担忧起来，可他们最初的担心是政治上的而非战略上的。"我们有可能会遭到攻击，"外交大臣约翰·西蒙爵士写道，"自从德国在1933年10月退出裁军会议以来，我们除了旋弄大拇指以及来回奔走于日内瓦之外什么都没有做。"[54] 尤其是内阁被丘吉尔打算提出一份对忠诚演说的修正案的消息搅得心烦意乱，修正案将指责政府没能为它的公民安全提供保障。大臣们忧虑的根源在于这项指控的公正性。据一位不愿透露姓名的大臣在11月21日的内阁讨论期间所说，现在看起来德国将在一年之内拥有与"大英帝国一样规模庞大的空军"。[55] 不过公开承认这一点从政治角度来讲是不合情理的。因此采取的决定是，既然已经不可能推迟承认德国正在重整军备，那么无论如何要被明确的是"丘吉尔先生的指控过于夸张"。重中之重是，正如塞缪尔·霍尔爵士告诉内阁的那样，"要向全世界表明，英国政府掌握的信息比丘吉尔先生不少反多"，这一点至关重要。[56]

丘吉尔在1934年11月28日的演讲标志着他早期重整军备运动的高潮。面向挤满了人的议会，他重申了这个不容否认的事实，即德国——那个"仅在几年前……几乎与整个世界对抗，并且差点就胜利了的强大国家"——正在重整军备。来自空中的威胁是真实且可怕的。对伦敦上空进行10天的密集轰炸就将导致3万到4万人"丧生或致残"。[57] 考虑到在整个伦敦大轰炸的过程中只有几千人丧生，这是一个极其不准确的预测。然而不论是丘吉尔还是其他议员都无法预知这一点。1936年发行的赫伯特·乔治·威尔斯的《笃定发生》电影版，构想了伦敦在一次意外空袭过后被全部摧毁，正如哈罗德·麦克米伦（Harold Macmillan）后来写道的，"[20世纪30年代时] 我们对空战的看法……就像人们看待今天的核战一样"。[58]

为了保护英国免于这场大灾难，丘吉尔要求政府在未来的10年中都要维持一支远强于德国的空军——他声称德国空军将在明年的某个时候实现与英国对等的规模——并主张"如果允许这支部队远落后于那个国家所可能拥有的潜在力量，哪怕只有一个月，都应当被看作是对国家的严重犯罪"。[59] 当他坐下时，他收到了来自保守党议员们的"低沉且持久的喝彩声"，其中绝大多数人似乎都被深深打动了。[60] 鲍德温站起身来，开始了被《每日邮报》称作"舒缓糖浆"的工作。[61] 他承认德国正在花大笔钱来重整军备，并且的确拥有一支军用空中部队。然而英国没有理由过度担忧，因为英国皇家空军根本没有被赶超的危险。丘吉尔刚刚引用的数字是总数，而不是在一线的数字。在这一点上的对比，德国的实力仅是英国皇家空军的50%，而且这种状态会维持至少一年。鲍德温的数字是由空军部提供的，他表示这个时间是不可能比他所说的更长的。然而空军部自己预测，到1937年11月，德国将会拥有100到200架一线飞机的优势。由此可见，尽管丘吉尔的预测确是夸张了的，但鲍德温的声明是在故意误导。不过，他的演讲确实奏效了。这位议长肯定地表明："在未来德国空军可能增兵方面，英王陛下政府在任何情况下都决不会接受任何劣势地位。"而后丘吉尔撤回了他的修正案。[62]

围绕丘吉尔提交的对忠诚演说的修正案展开的辩论，增加了那些主张德国重整军备合法化的声音。伦敦德里侯爵断言，德国发展军事是无法阻挡的，正因如此，合理的做法是提议删去《凡尔赛和约》中的军备条款，以换取德国重返国际联盟。外交大臣约翰·西蒙爵士对此表示同意，而英国的前战时领袖大卫·劳合·乔治则在同一场辩论的发言中警告不要把德国变成一个"被遗弃者"。这位"威尔士奇才"断言，由于这些协约国拒绝为他们申冤，德国人已经被逼至革命的边缘。现在是时候来纠正之前的错误了；去包容，不要去谴责，让德国加入国际社会中来。鉴于另一种结果是一场军备竞赛，并且很有可能演变为下一场战争，英国政府内外许多人都一致同意并立刻就启动各种任务来驯服希特勒也是不足为奇的了。

3

与希特勒饮茶

> 不论对或错，所有见过希特勒的人都相信他是实现和平的一个要素。
>
> ——托马斯·琼斯，
> 日记，1934年3月1日[1]

英国掌玺大臣身着他剪裁完美的晨礼服，被人引领着沿着一连串设有卫兵把守的通道，来到一个宽敞的房间。在那里接待他的是一个比预想中要更矮小的男人，不过他的衣着很讲究，尽管他的军装"不太协调"，但仍然"近乎是衣冠楚楚的"。[2] 这是来自在伦敦众所周知的穿着最讲究的男人安东尼·艾登的高度赞赏，同时他偶像派演员似的外表为他诚实正直的声誉又镀了一层金。1934年2月，英国政府做出了一个明智的选择，那就是派遣他去试探希特勒。

艾登年仅36岁便已经成为外交部的二把手，是在一群沉闷的人中冉冉升起的新星。在伊顿公学时，他便已经获得过神学奖，后来又取得了牛津大学基督堂学院东方语言专业第一名。这种包括流利的法德双语在内的语言天赋是艾登的外交资本，当他作为英国代表被派往日内瓦出席裁军会议时，他能够很好地把它加以利用。在那里，他的不懈努力赢得了赞誉，并且为他自己确立了作为国际联盟主要支持者的地位。

艾登的"和平资质"，同他的整体威望一样，被他的参战履历进一步加强了。第一次世界大战爆发时，年轻的安东尼还在学校念书，但他尽快离开了伊顿公学，并在1915年加入了国王皇家步枪团。虽然这场战争是一场普遍的悲剧，但是1914年到1918年这几年在安东尼·艾登的生命中显得尤为痛楚。他的长兄约翰于 1914 年 10 月在法国被杀害。他的次兄蒂莫西，在战事爆发时一直待在德国，被关押在柏林城外的一个集中营里。1915 年 2 月，他的父亲去世，第二年，他 16 岁的弟弟威廉在日德兰海战中溺水身亡。艾登在皇家飞行队负责指挥一支空军中队的叔叔被击落并被俘，还有他的姐夫在索姆河战役中受了重伤。因此，正如他后来写到的，在大约两年的光景中，"在战前与我朝夕相处的每一位男性家庭成员，死的死，伤的伤，或者被俘虏了"。[3]

尽管遇到了这一系列的伤心事，艾登并没有退缩，经历了西部前线上部分最严重的战斗。1917 年，他被授予军功十字勋章，并于 1918 年 3 月成为英国陆军部队里最年轻的旅参谋长。这个耀眼的记录，连同他在日内瓦的努力，将他打造成了经历过战争的这代人的抱负的化身——敏锐地意识到已经付出的牺牲，并决心去建设一个更加美好、更加理想化的世界。

这对喜欢缅怀战争的希特勒来说也是有所助益的。在艾登到访德国的第二天，在英国大使馆的午宴上，希特勒看起来对专门为他准备的素食不感兴趣，只有在艾登提及他们在西线战场上的共同经历时才会热络起来。这位总理明显随和了起来，两个人回忆起他们服役过的不同防区，度过了一段愉快的时光。

艾登折服于希特勒的魅力，认为他"远不只是一个蛊惑人心的政客"，甚至还拥有"些许幽默感"。[4] 埃里克·菲普斯爵士告诫过艾登，不要被这位总理在和平问题上的甜言蜜语所引诱，可是尽管如此，这位掌玺大臣依然断言希特勒是真诚的。他向鲍德温汇报道："我觉得很难相信是这个男人自身想要战争。"[5] 他被派往柏林去试探希特勒对于英国政府最新的裁军提议的反应，德国元首的回答让他松了一口气。希特勒表示，他会履行《洛迦诺公约》，并承诺会保证冲锋队和党卫军的"非军事"性质，不会排除德国回到国际联盟的可能性。他的主要诉求是，德国应当获准拥有一支空军。知道德国早已在组建一支非法空军的艾登认为这一点并不是不合理的，并将希特勒的诉求转达给了伦敦，附上评论说："这位总理的提议远比预想的要好得多。"[6] 然而，他的热情撞在了外交部常务次官罗伯特·范西塔特爵士这堵砖墙上。

从很多方面来看，范西塔特和艾登都有很多相似点。范西塔特衣着考究且温文尔雅，也是一名极具天赋的通晓多国语言的人，他曾在伊顿公学赢得过法语和德语的奖项，后来还用法语写过几部戏剧。1903年，他在外交部的考试中名列前茅，并于1930年被任命为常务次官，掌管整个部门。在魏玛共和国时期，范西塔特就曾试图补偿或者说"安抚"德国在《凡尔赛和约》上的不满。然而，随着希特勒的出现，他很快改变了自己的态度，开始变成白厅内部最臭名昭著的"卡珊德拉"。在这种情况下，范西塔特感觉到"年轻的艾登，刚从礼仪学校走出来"，对希特勒以及他的承诺的看法过于乐观美好了。[7] 外交大臣约翰·西蒙爵士对范西塔特的看法表示同意，他在2月23日写给菲普斯的信中说道，英王陛下政府永远不会考虑一个让法国如此反感的提议，并且这个提议必然会导致一场军备竞赛。[8]

艾登对这个指责非常愤怒，他火冒三丈地表示，西蒙"不仅是本国的，还是国际上的一个祸害"。[9] 然而，就在几周后，赫尔曼·戈林给了那些像艾登这样倾向于相信德国的和平主义的人一个菲普斯所说的"强烈的否定"。[10] 1934年3月10日，这位富有传奇色彩的前王牌飞行员、空军部长、普鲁士总理、帝国林业与狩猎部部长在波茨坦的发言中赞颂了曾经与"全世界"对抗并且将会再次如此的普鲁士的军国主义。[11] 这是为重新唤起曾经的恐惧。尽管在1815年，是普鲁士人前来支援威灵顿公爵，并使其在滑铁卢战役中取得了胜利，但在英国和法国，普鲁士主义都等同于卓越的军事力量、钢铁的纪律和两次对法国的侵略。艾登很高兴地发现，希特勒身上"没有普鲁士人的影子"：这位总理是一个"典型的奥地利人"，或者就像艾登的国会私人秘书克兰伯恩勋爵（Lord Cranborne）认为的，是一个"能力卓越的乡巴佬"。[12] 然而对许多观察员来说，纳粹政权似乎是普鲁士主义的极权主义强化版。

1934年2月，前外交官哈罗德·尼科尔森在访问慕尼黑的时候感叹道："这里到处都处于对军事的狂热中。""这种对军装的热情甚至超过了1912年时的情况"，而在统帅堂悬挂着的象征德国所失省份的花圈无疑是一个恶兆。尼科尔森在极度沮丧中上床休息了。"德国再次成了战前的德国"，他在日记中写道，不过"在它的眼中有一种新的狂热的神情"。[13] 前外交大臣奥斯汀·张伯伦爵士（Sir Austen Chamberlain）对此看法一致。他在1933年4月13日，即希特勒上台仅两个半月后，对下议院说道，这场纳粹革命是"所有普鲁士帝国主义中最恶劣的，它更残忍，带有种族自豪感，还有不能给予任何非'纯种日耳曼血统'的同胞平等权利和公民资格的排外性"。[14]张伯伦认为，在这种情况下去考虑修改与德国签订的和平条约简直是疯了。这个看法得到了一些人的认同。但是，还有另一种更流行的观点，即认为德国只有在将《凡尔赛和约》的种种镣铐取掉之后才能安定下来。

* * *

到了20世纪30年代初，《凡尔赛和约》的捍卫者已经寥寥无几。在德国人看来，这场由获胜的协约国"主宰"的和平"羞辱"了德国，他们把挑起战争的责任全部归咎到德国身上，摧毁了它的武装力量，强征了"数额毁灭性巨大的"战争赔偿，夺取了它的殖民地，并且为了捷克斯洛伐克以及重建后的波兰等新兴国家的利益而瓜分了它的部分领土。在20世纪20年代，德国人发起了一场颇具规模且富有成效的宣传运动以反对《凡尔赛和约》的大部分内容，尤其是所谓的战争罪责条款。然而，在英国也有很多人出于自愿准备去谴责这份文件。未来的历史学家爱德华·霍列特·卡尔（E. H. Carr）在1933年1月写道："《凡尔赛和约》强迫他们[德国人]接受这个历史上最无情且最彻底的道德谴责，还要将德国过去的自卑情结的枷锁加诸他们的下一代身上。"[15]

卡尔以笔名在《双周评论》上发表了文章，因为他是一名外交部事务官，也的确是参加巴黎和会的英国代表团的一分子。代表团中的其他两位成员是剑桥经济学家约翰·梅纳德·凯恩斯（John Maynard Keynes）和年轻的哈罗德·尼科尔森。和卡尔一样，两人都深切地感觉到眼前所发生的事让他们不再抱有幻想，凯恩斯从财政部辞职了，以抗议被强加到战败国身上的战争赔偿标准。5个月后的1919年12月，他出版了《和约的经济后果》，在这本书里他严厉批评了"和平缔造者"和他们的"迦太基式的和平"。凯恩斯写道,"这个将德国削弱到在一代人的时间里都要任人摆布的政策",并不仅仅是"可厌和可憎的",而且也播种了"整个欧洲文明生活的腐朽"。[16]这本书成了一本国际畅销书,并为后续一系列包括尼科尔森的著作在内的批评定下了基调。①

因此,到了1933年,在英国涌现出一股强烈的自责忏悔情绪。几乎没有任何一个有影响力的人认为德国要独自对这场战争负全部责任,而且人们对于《凡尔赛和约》也普遍感到内疚。在巴黎和会期间,教育大臣费希尔(H. A. L. Fisher)曾安慰自己般地写道,《凡尔赛和约》之后将会是"绥靖政策,而且能够逐步进行调整和修改,这将给欧洲带来一个稳定的前景"。[17]然而尽管德国获准加入了国际联盟,并被减少和免除了其战争赔款,人们仍然认为协约国,特别是法国,在减轻德国的负担或是修复其严重受损的自尊方面做得还不够。

1933年3月11日,大卫·劳合·乔治对蜂拥至阿什福德的牲畜市场的8000名听众宣称,德国已经尽其所能地"履行和约"了。德国"体面地"履行了"裁军条款",协约国却没能履行协定去削减他们自己的军备。结果就是德国被逼至进入了"一种具有侵略性的军事独裁体制"。[18]劳合·乔治知道,这并非事情的确切情况。英国的军费开支战后已经被大幅削减,而德国人甚至在纳粹党接管之前就一直在违反裁军条款。不过远不止前首相一人将希特勒的崛起归咎于英国和法国。在1933年于巴黎召开的社会主义工人国际的会议上,英国工党领袖乔治·兰斯伯里发现他自己因没有加入攻击德国政府的行列而变成了一个异类,并提前离开了会议,他坚持认为协约国"为希特勒的事负有百分之百的责任"。[19]记者罗伯特·布鲁斯·洛克哈特(Robert Bruce Lockhart)认为亲法派的范西塔特对于在德国发生的事"必须承担主要责任",而《泰晤士报》从不会放过任何机会去抨击这个"给予德国民族主义者内心所想要的一切不满"的条约。[20]

---

① 凯恩斯后来因帮助建立凡尔赛"勒令"的传奇而被反绥靖人士批评。鲍勃·布思比指责这位经济学家写出了"纳粹运动的圣经",美国普利策奖获得者埃德加·莫勒(《芝加哥每日新闻》驻巴黎通讯员)也认为,它是有史以来"最有害的"书籍之一。这些观点得到了近来的学术研究的认可,这些研究表明,《凡尔赛和约》既不像德国人声称的那样苛刻,它本身也不必为第二次世界大战的爆发负责。然而很少有同时代的人认可这个看法。

协约国要对纳粹的行为负责的想法，对于形成绥靖政策的心态是至关重要的。倘若英国和法国"创造了"民族社会主义，那么从逻辑上讲，它们便能够通过解决那些它赖以发展的不满来"绥靖"它。正如艾登在1933年3月时对议会讲的那样，英国政府在裁军会议上的目的是要"为欧洲争取到它所需的绥靖期"。[21] 然而，从那时起，德国人就退出了谈判，而英国人在试图将希特勒哄劝回来一事上也举步维艰。到1934年4月，法国人的耐心耗尽了。3月公布的数字显示，德国的军费开支在前一年的预算上增加了3.56亿帝国马克，其中仅空军开支就增加了1.21亿。法国外交部长路易·巴尔都（Louis Barthou）告诉纳粹特使约阿希姆·冯·里宾特洛甫（Joachim von Ribbentrop），希特勒的言语或许是"出于和平的"，"可行动是出于战争的"。[22] 因此法国人中止了裁军谈判，告诉伦敦，法国对和平的渴望不能以放弃自己的防御为代价。

英国人对接收到法国人的"不"感到愤怒，他们开始认为法国已经浪费了能够束缚住德国这个巨兽的唯一机会。然而，尽管法国的行为事实上终结了达成多边协议的可能性，但它也为绥靖时期一个有趣的现象——业余外交家——打开了大门。

* * *

对于英国和纳粹德国之间的友谊，起初的前景并不乐观。英国人对德国民主的破坏感到震惊，对军国主义的复兴感到惊惧，对德国人对待犹太人的方式感到厌恶。纳粹的意识形态理论家阿尔弗雷德·罗森堡博士（Dr Alfred Rosenberg，一译作阿尔弗雷德·罗森贝格）在1933年5月对伦敦的访问是一场灾难。罗森堡在外交部留下了一个糟糕透顶的印象，而他还在战争纪念碑前摆放了一个巨大的卐字花圈，这激起了公众的强烈抗议。一名退休的陆军军官将那个花圈扔进了泰晤士河中，然后向一名走过来的警员自首，并愉快地表示："我正打算找一个警察来呢。"[23]

然而到1934年时，纳粹革命显然已经牢固确立，甚至连那些温和派左翼人士也认同应当付出一些努力来与这个政权建立联系的想法。有一个由英国首相本人提出来的独特的想法,即希特勒应当被邀请来访问伦敦。正如拉姆齐·麦克唐纳对德国大使强调的,这纯粹是首相的个人想法,内阁对此一无所知,不过"他确信,这位帝国总理在英格兰会受到民众和政府最友好的接待"。德国外交部长康斯坦丁·冯·纽赖特(Konstantin von Neurath,一译作康斯坦丁·冯·诺伊拉特)当然认为这个念头是"荒唐可笑"的。[24] 然而,尽管纳粹党的不得人心限制了英国政府对其的公开示好行为,但在个人方面并没有这样的限制,他们中的一些人即刻便着手改善英德关系的任务了。

英国的业余外交官们来自各个不同的政治派别,动机也各不相同。不过他们因一系列信念而团结起来,这其中最重要的信念是,不论他们个人如何看待,纳粹主义都不应阻碍英国和德国之间的友好关系。相反,绝大多数人将纳粹主义视为对源于《凡尔赛和约》的合理不满情绪所产生的自然反应,尽管这一反应也是暴力的。因此从道德和政治的角度来看,当务之急是修改这项条约,并且允许德国重获其规模及历史赋予它的身份和地位。

在这种看法的持有者中,最著名的要数支持自由党的政治家洛锡安侯爵(the Marquess of Lothian)了。洛锡安侯爵是一名有着夸张的道德感的基督教科学派信徒,他当时的称呼还是菲利普·克尔(Philip Kerr),在1905年至1910年间在南非殖民署工作,后来又编辑了帝国期刊《圆桌》。他的编辑身份使他在战时免于服役,不过在1916年,他成了劳合·乔治的私人秘书,后来陪同他前往巴黎,在那里,他对起草那份和平条约发挥了作用。尽管略微发福,他仍是相貌出众的,但他的使命感有些恼人。鲍德温认为他是个"古怪的家伙",甚至是个"可笑的家伙"。[25] 不过据他们共同的朋友托马斯·琼斯解释,洛锡安侯爵兼有智慧和能力。他的不足是缺乏判断力。

像大多数的自由党人一样,洛锡安侯爵憎恶纳粹主义。然而,他相信它"极端残忍的一面"在很大程度上来源于《凡尔赛和约》以及协约国没能在它们尚有机会时修改它。[26] 因此,重整这个政权的首要条件就是协约国应该"愿意公正对待德国",[27] 这意味着要废除《凡尔赛和约》的第五部分——从而允许德国重新武装至达到其邻国的水准——还有修订或推翻一些领土条款。正如弗农·巴特利特在《解读纳粹德国》中写到的："当德国的邻国不再明显比其强大时，德国对和平的威胁也会更小一些，这是一个悖论，但我相信它是真的。"[28]

1935年1月，洛锡安侯爵到访柏林，他按计划出席了罗德奖学金委员会的会议，去亲自在希特勒身上验证这个理论。这次访问是由极其亲德的康韦尔-埃文斯（T. P. Conwell-Evans）安排的，他是一名来自威尔士的学者，也是里宾特洛甫的朋友，在过去两年里一直在柯尼斯堡大学讲授英德外交史。和洛锡安侯爵一样，康韦尔-埃文斯也相信纳粹德国是有理由的，并且主动承担起了为该政权和英国精英阶级重要人物充当中间人的责任。

洛锡安侯爵的到访让德国人感到很兴奋。他"毋庸置疑是迄今为止要求得到德国总理接见的最重要的英国非官方人士"，大使利奥波德·冯·赫施（Leopold von Hoesch）在通信中如此说道，并补充道，洛锡安侯爵"对德国抱有好感，并且希望为促进德国与英格兰之间更深入的理解做出贡献"。[29] 洛锡安侯爵因此获准得到希特勒的接见，这次见面有两个多小时，在这期间他听取了一场关于苏联的威胁、法国人善意的缺失还有英德友谊的重要性的演讲。洛锡安侯爵被希特勒的真诚打动了，他认为这位德国元首是"一个预言家"，并且热切地将这次谈话的打字稿寄予鲍德温、西蒙和麦克唐纳，并附上总结性评论说："很明显，有一个能达成和解方案的政治基础正摆在眼前，如果我们抓住这次机会，那么将会在平等的基础上维持欧洲十年的和平。"[30] 两天后，他在为《泰晤士报》撰写的一篇文章中宣称，欧洲现今的核心事实是"德国不想发动战争，并且准备彻底摒弃战争，以此作为一种平息它与邻国纷争的手段，前提是它能得到真正的平等"。[31]

洛锡安侯爵不是唯一被希特勒欺骗的非保守党人。就在洛锡安侯爵参加会议的几天前，希特勒接见了国民工党贵族成员赫特伍德的艾伦勋爵（Lord Allen of Hurtwood）。克利福德·艾伦（Clifford Allen）是一名政治斗士，作为一个出于道义原因而拒服兵役者，他在第一次世界大战期间曾三次入狱，并在1914年11月发表了一篇具有煽动性的题为《难道德国是对的而英国是错的？》的演讲。他在国民政府的组建问题上支持麦克唐纳，在 1932 年，他被别人玩笑建议道，该被授予名为"梅德斯通的出于道义拒服兵役勋爵（Lord Conchie of Maidstone）"的爵位。[32] 艾伦对纳粹党感到震惊，不过他同样反对这个"恶毒的"条约和"法国的邪恶政策"，他相信这些构成了对和平的威胁。[33] 1933 年末，他帮助建立了英德小组——一个主要由中左翼人士组成的团体，并在 1935 年 1 月前往德国会见了这个政权的重要人物。

一向警觉的德国外交部在艾伦身上看到了他影响包括首相在内的国家工党重要人物的潜力，并安排他与希特勒进行一次会谈——希特勒当然是呈现了他最出色的表现。"他与英国民众对他的印象是多么大相径庭。"艾伦惊呼。没有长篇大论，没有突然爆发的激情，没有一丝一毫的煽动性。希特勒"平静、克制，不过依然冷酷"。艾伦想象，他的狂热类似于奥利弗·克伦威尔（Oliver Cromwell），并且他毫无疑问地，像老铁骑军一样，已经准备好"为他的信仰去迫害，为它去杀人，为它去赴死"。[34] 尽管有这些见解，艾伦还是接受了希特勒对自己和平意向的声明——他近期和波兰达成的互不侵犯条约以及宣布放弃法国的阿尔萨斯-洛林省就是证明——并且让他的读者相信，他已经为英国外交找到了一位未来的合伙人。"我以最大的警觉观察着他，"他回来之后在《每日电讯报》上写道，"而我相信他是真正地渴望着和平的。"[35]

洛锡安侯爵和艾伦是中间派和中左翼人士，他们认为在修订《凡尔赛和约》的基础上与纳粹德国达成某种形式的协定，既是道德上正确的，也是政治上需要的。这种观点，在自由主义者中有着大量的追随者，也在保守主义者中获得了显著进展。在这一点上，它与英德友谊的另一强大动力——对共产主义的深度恐惧——相融合。

尽管大不列颠的共产党在 1931 年时只有 6000 名成员，但共产主义的幽灵在英国统治阶级的脑海中挥之不去。1917 年的俄国革命是最近期的一个记忆，它给他们留下了可怕的印象，沙皇及其家人的被杀害最能生动概括这一点。紧随其后的是共产主义和社会主义崛起的浪潮，这些都从很大程度上摧毁了旧的欧洲秩序，并且在 1927 年使得中国内战爆发。1924

年，约瑟夫·斯大林（Joseph Stalin）将布尔什维克的目标限制在"一国社会主义"（即苏联），可"世界革命"的原则被许多人视作这次运动的本质，并且让这种对共产主义蔓延的恐惧继续存在。1919 年，苏格兰"红色克莱德赛德"的暴乱导致英国政府派遣 1 万名英格兰士兵去恢复秩序（他们的格拉斯哥同志们的忠诚度遭到了怀疑）。1926 年的全国性大罢工也产生了一次类似的恐慌，而与此同时，英国人目睹甚至参与了那场在前俄罗斯帝国红白两军之间的血腥斗争。这些事件以及驱使它们的意识形态——以废除私有财产和社会等级制度为基础——赋予共产主义以反基督的地位。不言自明，英国的上流社会就处在这种观点的最前列，可他们的恐惧很容易便渗透进了他们思想保守的"下层人士"的脑海中。"你能够试着消灭这个城镇上的共产主义祸害吗？"1932 年 11 月，一名选民询问她的埃塞克斯议员，在这之前她的本地教区牧师已经开始在布道坛上宣讲马克思主义思想了；而克莱夫登——归阿斯特勋爵及勋爵夫人（Lord and Lady Astor）所有的位于泰晤士河畔的意大利风格公馆——的副管家在面对他的女主人责备他又一次忘记给汽车铺上小地毯时，会习惯性地反驳道："好吧，等莫斯科掌控局面时，我们就根本不会有任何地毯了。"[36]

与共产主义相对抗的是法西斯主义。法西斯主义在 1922 年从布尔什维克那里"拯救了"意大利，而这种更具有侵略性的日耳曼主义在德国被广泛认为也是同样的壮举。在这两种主义中，尤其是后者，都有被英国的精英阶层认为具有冒犯性的方面。然而，当在那个"极端时代"面临选择时，法西斯主义似乎相较没那么邪恶，并且的确被视为一道抵御共产主义潮流的屏障。[37]在这种氛围中，温斯顿·丘吉尔于 1927 年向墨索里尼保证，假如他是个意大利人，他一定会在他"对抗列宁主义凶残的欲望和激情的大获全胜的斗争"中支持他；拥护帝国主义的《晨邮报》对那些"穿着修身帅气的黑色衬衫的［意大利］小伙子"表示感谢；而英格兰银行行长蒙塔古·诺曼（Montagu Norman）则将希特勒和德国经济部长亚尔马·沙赫特（Hjalmar Schacht）描述成了为"我们的社会制度"而战的"文明的捍卫者"。[38]

在对抗共产主义的战斗中，报业大亨罗瑟米尔勋爵（Lord Rothermere）是一个先锋。这位"大众新闻"的共同创始人哈罗德·哈姆斯沃思（Harold Harmsworth），和他的哥哥阿尔弗雷德（后来的北岩爵士，Lord Northcliffe）一起，在1896年创办了面向大众的《每日邮报》，随后在1903年创办了《每日镜报》，并收购了《格拉斯哥记录邮报》与《星期日画报》。到1929年，哈罗德——在1919年已被册封为罗瑟米尔子爵——拥有了14家报纸并且成为这个国家最富有的人之一。第一次世界大战使罗瑟米尔子爵进入政坛，当时他短暂地任职过英国第一任空军大臣，不过第一次世界大战也带来了悲剧。罗瑟米尔子爵的第二个儿子维尔在1916年11月的安克河战役中丧生，随后他的长子维维安也于1918年2月去世。丘吉尔回想起有一次，当维维安正休假在家时，这位报业大亨带他走进了这个年轻人的卧室，他证实，罗瑟米尔子爵已经"被对这个男孩的爱所吞噬"，而这双重悲剧给他留下了不可磨灭的印记。[39]

到20世纪30年代初，罗瑟米尔子爵已经确立了自己的保守派极右翼观点。这个由许多著名人物组成的派系认为大英帝国正在走向没落，民主被颓废堕落和大萧条所破坏。相较之下，意大利的法西斯主义和德国的民族社会主义都因其重振了民族自豪感和战胜了共产主义而大放异彩。包括奥斯汀·张伯伦爵士在内的英国著名保守党人士们都向墨索里尼发去颂文，而在1933年4月，圣安德鲁斯大学的学生们通过了一项动议，即"本议会赞许纳粹党，并且祝贺它在德国的改革中取得了杰出的成就"。[40]

罗瑟米尔子爵的反赤偏执是极端的。从个人层面来讲，他将他的部分财富转移到匈牙利，以防布尔什维克接管英国，而从政治上来看，他首先支持墨索里尼，然后是奥斯瓦尔德·莫斯里爵士（Sir Oswald Mosley，英国法西斯联盟的领导人），最后是希特勒。他在1933年7月的一篇《每日邮报》社论中写道："我敦促英国所有年轻的先生女士们去仔细研究德国纳粹政权的发展。"报界严重夸大了暴行，那些只是一些孤立的事件，而忽略了纳粹革命的成果，其中还包括了民族精神的膨胀，"就像在伊丽莎白女王统治下的英国发生的那样"。[41] 1933年11月，他甚至更加直截了当地宣称，那些"坚定的青年纳粹党人"是"欧洲抵御共产主义威胁的卫士"。[42]

罗瑟米尔子爵首次拜访希特勒是在1934年12月，陪同的是他唯一活下来的儿子埃斯蒙德和《每日邮报》的驻外记者乔治·沃德·普赖斯（George Ward Price）。这次访问是由神秘的斯蒂芬妮·冯·霍恩洛厄（Stephanie von Hohenlohe）安排的，她是一位既骗取了希特勒核心集团的信任，又设法打入了伦敦社交圈的奥地利王妃。安保部门确信她是一名德国间谍，不过没能警告罗瑟米尔子爵，他已经受到这位王妃的影响，转变为支持修改匈牙利战后边境线的观点了。

希特勒深知罗瑟米尔子爵对英国舆论的影响力，因此通过首次为一名外国访客举办晚宴的方式来对他表示敬意。包括戈林、戈培尔和里宾特洛甫在内的纳粹党大人物们，还有其他 23 名宾客一起聚集到帝国总理府。几天过后，罗瑟米尔子爵礼尚往来地在阿德龙大酒店亲自设宴。希特勒前来赴宴，外交部长康斯坦丁·冯·纽赖特、戈林（由女演员埃米·松内曼陪同，她很快就会成为第二任戈林夫人）、约瑟夫·戈培尔和玛格达·戈培尔，还有里宾特洛甫也都来了。斯蒂芬妮王妃担当翻译，希特勒就英德友谊的裨益发表了演讲。对罗瑟米尔子爵来说遗憾的是，当时有人意外撞倒一只大花瓶，使其碎了一地，因而当晚是以一场闹剧结束的。党卫军的人唯恐这是一次暗杀企图，挥舞着左轮手枪冲进了房间，而后希特勒在最后一道菜上桌前就被匆匆带走了。

尽管发生了这次失败，罗瑟米尔子爵离开德国时仍是这个政权坚定的朋友。他回国后向《每日邮报》将近 200 万的读者保证，"我们没有理由去和这些人发生争执"，而建立一个英德联盟将被证明是对人类最伟大的裨益之一。[43] 然而不像其他到访德国的人，关于纳粹外交政策的方向他几乎不存幻想。"我不信任作为政客的希特勒，"他在 1935 年 5 月写给丘吉尔的一封信中坦言，"我相当肯定，他那伙人心怀最具野心的计划。他们全力以赴想让德国成为唯一的世界强国。"[44] 正是在这种信念的支配下，罗瑟米尔子爵通过他的报纸发起了一场要求英国重整军备的疯狂的运动。1933 年 11 月，《每日邮报》提出购买 5000 架新军用飞机的要求，后来鉴于纳粹德国空军的扩充，又将这一数字增加到"至少 2 万架"。[45] 这位报业大亨在立场上的矛盾性不是没有被同时代的人注意到。丘吉尔在写给他妻子的一封信中指出，罗瑟米尔子爵"想让我们全副武装起来，而与此同时又极尽巴结逢迎",他批评《每日邮报》"对希特勒的吹捧"。他继续道,对此从最积极的角度来说,这比大多数工党议员所采取的态度更加务实:"他们希望我们保持裁军和极度腐败不变。"[46]

在英国的政治家中不只有罗瑟米尔子爵、艾伦和洛锡安侯爵被纳粹给予他们的款待所迷惑。1933年9月,极右翼保守党议员托马斯·穆尔(Thomas Moore)在与希特勒的会面之后宣称"和平与正义"是这位德国元首的政策口号,而另一名保守党议员阿诺德·威尔逊爵士(Sir Arnold Wilson)声称,这位纳粹党领袖"与所有国家的最出色的社会党人一样,在内心深处是非常保守的,因为他渴望保护最好的东西"。[47]

不出所料,这些业余外交官对于埃里克·菲普斯爵士的生活来说是个不受欢迎的雪上加霜的存在,他徒劳地奋力纠正双方的错误印象。戈培尔描述道,这位大使在一次由里宾特洛甫为罗瑟米尔子爵举办的午宴中"差点儿晕过去",其间后者抨击了《凡尔赛和约》,而那位宣传部长则感谢了他支持对德国所失殖民地的归复。[48]菲普斯急切地(既用英语又用德语)插话,表示英王陛下政府并没有这样的打算。然而还有很多其他场合,英国的访客们能够畅通无阻地给官方外交搅浑水。[49]"事实是,"这位大使在洛锡安侯爵的访问之后抱怨道,"英国不同政治思想的和平传教士们似乎越来越多地来到这里,并且在和许多要人有过对话之后,都带着他们自己的某些计划回到英格兰,凭此去担保一定年限的和平。"[50]罗伯特·范西塔特爵士对此深表同情,并向菲普斯保证,他正在竭尽全力去"阻止这些愚蠢且无礼的好事之徒获得任何国家资质或嘉奖"。[51]不过,就像在许多其他事上一样,在这件事上这位常务次官正在打一场毫无成功希望的仗。

事实是,许多英国访客在这个新德国发现了很多值得赞赏的地方。在1933年的访问中,莫里斯·汉基爵士对乞讨者和其他"流浪汉们"的消失印象深刻,那些人是许多英国的街道上一个相当"令人不快"的景象。[52]更加令人惊叹的似乎是希特勒在解决失业问题上创造出的"奇迹"。对于他自己的政府对失业人员的漠不关心而感到绝望,阿诺德·威尔逊爵士称赞了德国的"干涉主义"政策,它将这么多人带回到工作岗位上,并在这个国家的青年中激发出这般能量和热情。"这个新德国的有些东西值得我们好好研究、调整并采纳。"他于 1934 年 5 月在汉堡的一次演讲中表态道。[53]

几乎所有的英国访客都注意到这个新体制的拥护者们在满怀激情地努力讨好英格兰游客。"我汽车上的'G. B.'（即大不列颠首字母）是个护身符，对要员们、纳粹党和公众来说都一样。"汉基写道。"没人知道我是谁，可每个人看上去都迫切希望能帮上忙并且表现得友好，几乎到了一种令人尴尬的程度。"[54] 年轻的牛津历史学家休·特雷弗-罗珀（Hugh Trevor-Roper）当时肯定是尴尬极了，在 1935 年的一次德国之行中，他在莱茵河畔被一对父子搭讪，他们而后便开始鼓吹新德国的种种奇迹以及德国元首对与英国的友谊的真诚渴望。[55] 特雷弗-罗珀的旅行将他变成了这个政权坚决的反对者，不过还有很多其他人，正如菲普斯向伦敦抱怨的那样，真的看到了一个"世外桃源"，到处都是"幸福的城镇，穿着得体的居民，没有贫穷或失业的迹象，饭店和露天啤酒馆挤满了人，钱花得就像是在布莱克浦苏醒节上一样毫无顾忌"。[56]

菲普斯不是唯一担心英国人正在形成错误印象的人。1935 年 2 月，墨索里尼本人与英国驻罗马大使就纳粹党的真实情形与英国人的理解之间的鸿沟问题进行当面对质。墨索里尼问道，"是否有可能"，在英格兰存在着一个"死亡军团"，正如"当下存在于德国的那样，致力于杀死威胁这个政权的人"？[57] 这话从马泰奥蒂①的谋杀者口中说出来是相当荒唐的，不过由这位意大利独裁者说出倒是合理的。这个政权的恶行是显而易见的，不过英国精英阶层中有许多人基于它的诸多成就和它与共产主义的对抗而选择拥护它。在这样做的过程中，他们常常耽于道德相对主义，或是做出引人反感的比较，譬如劳合·乔治的评价：希特勒在犹太人面前展现出的凶残，连克伦威尔对待爱尔兰天主教徒的一半都不到。[58]

为了解希特勒以及他黑暗的意识形态，调查者们可能会研读《我的奋斗》。然而在英国，正如在法国那样，那本意向声明几乎无人问津，甚至

---

① 贾科莫·马泰奥蒂（Giacomo Matteotti）是一名意大利社会主义政治家，在 1924 年 5 月 30 日，他指控法西斯分子选举舞弊，并且告发他们在近期的选举中使用暴力去获得选票。11 天后，他被法西斯分子绑架并谋杀。墨索里尼在这起谋杀案中的明确的参与仍然是个争端，不过他的道德责任是毋庸置疑的。

更少有人听说过。首先，第一版英文译本直到1933年才面世，并且其中的罪证被大量删减以至于比原版在篇幅上少了1/3。一些有进取心的人，譬如拥护帝国主义的保守党议员陆军准将亨利·佩奇·克罗夫特爵士和阿索尔公爵夫人（the Duchess of Atholl），或将删减的内容翻译过来，或直接阅读原版。他们因自己的发现而警觉起来，尽其所能地在他们的同事中传播他们的发现。另一名通读过全本的人是前殖民地大臣利奥·埃默里，1934年5月，他在柏林一个有雨的下午去买了一本，而后回到他的酒店房间。埃默里认为这本书很振奋人心，不过他也意识到希特勒"对待犹太人和社会主义者相当疯狂"，而且他的"全面成功可能会成为一个巨大的危害"。[59] 历史学家兼德国专家约翰·惠勒-本内特在读过这本书后也得出了类似的观点，并且推翻了他早先的看法，即希特勒是一名仅仅渴望为他的国家赢得自尊的温和派。然而这些都是例外。大多数人没有读过这本书，而在那些读过的人中又有相当多的人，像是陆军上将伊恩·汉密尔顿爵士，倾向于将其仅仅视作少年作品而忽略。[60] 1934年9月，当德国驻伦敦的代办、铁血宰相的孙子奥托·冯·俾斯麦亲王询问《泰晤士报》的亲德外交记者肯尼迪（A. L. Kennedy）英国的民众究竟如何看待德国人时，这位记者回答道，大部分人会说"你们不太文明并且不太正常"。"不太正常，"这位被逗笑的亲王惊呼，"就这些！"肯尼迪解释说："那句'希特勒万岁'给我们留下的印象太怪异了。"[61]

然而有些事情则超越了怪异的范畴。1934年6月30日，希特勒对冲锋队的领导层以及许多其他竞争对手采取了行动。在"长刀之夜"（实际持续了48个小时）期间，至少85人被谋杀，包括希特勒的前战友、冲锋队领袖恩斯特·罗姆（Ernst Röhm），前总理施莱谢尔将军和他的夫人，还有公教进行会的领导人。英国人震惊了。在被这种残忍无情的行为震惊之余，还有关于发生之事的困惑。许多家报纸，特别是《每日邮报》，对希特勒所声称的已经平定了一场阴谋的说法信以为真，甚至表示赞赏。其他人则将其理解为德国军方的胜利以及对希特勒权力的打击。自由党支持者《曼彻斯特卫报》对该事件的可怕性质感到不安，不过依旧欣然接受这个事实，即"这些违法犯罪的疯子，或者其中一些人，已经被消灭了"。

"德国或许会变成一个能让天主教徒、新教教徒或犹太教徒能够更加轻松地呼吸生活的国家。"该报推测道。[62]

对于有的人来说,一想到这些为卐字饰狂热的恶棍相互残杀,便会感到好笑。1934 年 7 月 2 日傍晚,年轻的自由党议员罗伯特·伯奈斯出席了一次"尤为盛大的"晚宴,由阿斯特勋爵及勋爵夫人设宴,出席的有美国大使、洛锡安侯爵和安东尼·艾登。德国事件占据了主要话题,就在晚餐开始之前,阿斯特勋爵夫人将伯奈斯带走去听无线电里播送的最新消息。当他们回到宴会上时,这位年轻的议员宣布,罗姆已经在他拒绝自杀之后被处决。当伯奈斯念出戈培尔的声明,说该事件已经"毫无障碍地顺利结束"时,餐厅里爆发出哄堂大笑。"是啊,那是个小障碍,"有人叫嚷道,"他拒绝自杀!"年轻的保守党议员哈罗德·麦克米伦开玩笑说,这就像是首席党鞭告诉议员们,首相决定去新西兰度假而不是自杀。"这一辈人对待人命是多么冷漠无情啊,"伯奈斯心想,"对于罗姆的死,除了喜悦便没有其他的感情了。"[63] 然而,随着"这是一次针对德国元首的阴谋"的想法崩塌,人们对此愈发厌恶。《每日电讯报》提到了"德国的可怕",并指责希特勒遵循了"无情的东方独裁手册"。[64] 财政大臣内维尔·张伯伦正确地认为这次大清洗将"增加对独裁专政的厌恶",并且就是从这时起,在纳粹党和美国黑帮之间的比较变得普遍起来。[65]

几周后,又一个令人震惊的事件发生了,1934 年 7 月 25 日,在一次未遂政变的开端,奥地利纳粹党人暗杀了奥地利总理恩格尔伯特·陶尔斐斯(Engelbert Dollfuss)。希特勒当天傍晚出席了拜罗伊特《莱茵的黄金》的演出,试图通过与瓦格纳一家共进晚餐来让自己置身事外。但是当由德国支持的恐怖主义和宣传鼓吹已经如此公开时,要阻止鲜血溅到这个政权上是不可能的。"真是一场不祥的惨剧啊,"内维尔·张伯伦给他妹妹写道,"奥地利再次处于局势的中心,几乎就在大公〔弗朗茨·斐迪南〕遭行刺的周年纪念日,又发生了一次谋杀,而且又是德国在背后煽动、提议、怂恿着流血事件和刺杀行动,以满足它自己自私的扩张和骄傲。"尽管这位奥地利总理是一名专制主义者和独裁者——"奥地利法西斯主义"创始人——张伯伦还是欣赏"可怜的小陶尔斐斯"并对他的死深感悲痛。

"那些禽兽最终还是抓到了他,而且他们以如此冷酷无情的残暴手段来对待他,这些使我痛恨纳粹主义及其所有,带着前所未有的憎恶。"①66

同样感到心情低落的还有墨索里尼,尽管他更多是出于战略的而非个人的原因。奥地利的独立对意大利有着重要的利害关系,这位意大利元首将部队调遣到布伦纳山口,以此警告德国,意大利不会对德国与奥地利结盟(即所谓的德奥合并)袖手旁观。这对张伯伦产生了持久的影响,他将继续把墨索里尼视作是对希特勒的一种牵制,直到战争爆发。

纳粹德国政权的负面印象也来自很多从纳粹德国回来而并不那么倾心于这个政权的访客。阿斯特勋爵在1933年9月的一次访问结束后,"比两年前在苏联时更能清楚地意识到恐惧"。[67]他遇到的人们乞求他不要在英国引用他们的话,因为这些报告总会有办法"传回来",而且"他们知道集中营都是非常真实存在的,而统治者们都是冷酷无情的"。阿斯特勋爵会见了希特勒并告诉他,只要德国继续迫害犹太人,那么英国与德国之间就不会有建立友谊的机会。对于另一些人来说,犹太人的困境并没有希特勒对教会的袭击那样重要。1933年7月,在比弗布鲁克勋爵与德皇的孙子路易·斐迪南亲王(Prince Louis Ferdinand)会面时,他解释道,尽管他自然"支持德国",但他不喜欢希特勒,因为希特勒是"一个迫害者"。这位亲王并非标准的纳粹主义信奉者,他紧张地回答道,他认为会有"某些关于犹太人事件的夸大其词"。"让犹太人见鬼去吧!"比弗布鲁克勋爵咆哮道,"他正在迫害路德教会。"[68]

正如这则轶事所显示的那样,英国人对犹太人的态度是复杂的。一方面,在英国人中存在着一种反犹主义倾向。犹太人成了频繁被嘲笑的对象,刻板印象的受害者,并且在整体上被贬低了。约翰·梅纳德·凯恩斯将一个反犹主义者定义为"不讲道理地"厌恶犹太人的人,即使是像交通大臣莱斯利·霍尔-贝利沙(Leslie Hore-Belisha)这样显赫的人,也因为"他的面孔、他的举止和他的名字"而受到影响。[69]"萨珀"的斗牛犬德拉蒙德系列故事中充斥着反犹主义的描述,而约翰·巴肯(John Buchan)

---

① 陶尔斐斯被击穿了喉咙,他没有被施以医疗急救而是慢慢流血身亡。

创作的极受欢迎的理查德·汉内系列小说中则有多部都是关于犹太人的世界阴谋的幻想。这种思想最大程度上受到 1920 年发行了英文版的具有欺骗性的《锡安长老会纪要》①的推动。尽管《泰晤士报》揭露了《纪要》是伪造的一事，可这没能阻止阴谋论的激增，自相矛盾的是，这些阴谋论在谴责犹太人的同时又通过国际金融和共产主义来谋求权力。

与此相反的是，霍尔-贝利沙已经进入内阁（他将在 1937 年被提拔为战争大臣），而犹太裔空军部政务次官菲利普·沙逊爵士是保守党社交圈中最受欢迎的人物之一。当然，也会有一些真正的英国反犹主义者自然倾向于英国法西斯联盟以及其他种族主义组织，但这些只在少数。事实是，英国的反犹主义，尽管在今天看来是糟糕且令人反感的，但大体上是与社会地位有关且势利的，而不是与种族有关或极端主义的——这与纳粹主义形成鲜明的对比。

这种英式反犹主义的典范霍勒斯·朗博尔德爵士就是这种差异的例证。当朗博尔德于 1928 年到达柏林时，他"被这个地方犹太人的数量"震惊到了，并在一封写给当时的常务次官的信中开玩笑说，他正在考虑用火腿骨做一个护身符"来挡住那些邪恶的鹰钩鼻"。[70] 不过朗博尔德还是对纳粹的迫害行径感到惊骇，并极其详尽地汇报了那些解雇、犯罪和暴行；甚至连承认"对犹太人没有什么好感"并且即将成为纳粹政权的重要辩护人之一的伦敦德里侯爵，也对德国的执念大惑不解。他在 1938 年 8 月——即达成"最终解决办法"的万湖会议的 4 年前——写信给陆军上将伊恩·汉密尔顿爵士："为灭绝犹太人而做出的持续努力是他们的政策中我无法理解的一部分，而这正在扭转世界舆论去反对他们并给他们带来危险的后果……我已经和戈林谈论过这个问题，也与里宾特洛甫和希姆莱谈过，他们的回答根本无法使人信服。"[71]

有一个人试图去亲自了解纳粹的迫害行径，那就是罗伯特·伯奈斯，

---

① 《纪要》被认为是要揭示来自"长老们"——一个最初由所罗门国王任命的秘密委员会——的指示，让信仰犹太教的人们起来革命，去摧毁基督教文明，然后创建一个由犹太人和共济会掌管的新世界王国。它们在 1921 年被揭穿是伪造的，但是许多人选择顺着这些字句去解读俄国革命，并且阴谋论一直持续传播到 20 世纪 30 年代。

他是支持自由党的《新闻纪事报》的特派记者，也是北布里斯托尔的议员，在1933年和1934年间多次去往德国。伯奈斯的爷爷是犹太人（他的父亲是一名英国国教牧师），他努力通过尝试从纳粹的角度去看待事物来避免他的报道受到歪曲事实的指控，因此在他1934年出版的《特派记者》这本书中，他不得不承认"有人认为德国犹太人几乎没有尝试去了解德意志民族心理的说法是有道理的"，而且"得罪人的是，自战争开始以来，剧院里最好的座位、最昂贵的餐厅、最豪华的汽车都被犹太人占有"。[72]然而，他所感受到的恐惧氛围还是让他毛骨悚然。"即便是现在，还是在我脑海中挥之不去，"他写道，"在与我交谈过的这么多人脸上的恐怖表情。"犹太家庭全体遭到解雇，被随意殴打——尽管不像在纳粹革命初期那样普遍——依然在发生着，而自杀的事件也层出不穷。纳粹党对待犹太人的方式是"非人道的"，犹太人的苦难是"无法摆脱的"。这位议员写道："我对所发生之事的震惊和憎恶再夸张也不为过。"[73]

在到访之初，伯奈斯曾竭尽全力去争取采访希特勒的机会，于是，他去见了纳粹党对外新闻处处长恩斯特·"普茨"·汉夫施丹格尔（Ernst 'Putzi' Hanfstaengl），据说德国元首是伴着他的钢琴声入睡的。[74]经过一番相当激烈的有关犹太人待遇的争论之后——其间汉夫施丹格尔断言，英国的法律、金融、政治和新闻业都在犹太人的掌控之下——伯奈斯询问他是否能够见到希特勒。"行，当然可以，"这位纳粹新闻发言人热情地回答，"不过要让我告诉他一些关于你的情况。""我是一名拥护民族主义的议员。"伯奈斯说明着，谨慎地省略了"自由党"这个前缀。"谁是你们的领袖？"汉夫施丹格尔打听道。有那么一瞬间，伯奈斯想说劳合·乔治，但事实战胜了记者的野心，他回答道："赫伯特·塞缪尔爵士。"一切就此结束。几天之后，当伯奈斯的一个朋友追问说好的采访时，这位处长咬牙切齿地说："你认为我会为一头犹太猪安排会面吗？"[75]

尽管遭受了这样的待遇，伯奈斯依然认为"纳粹党和英国人之间的联系少得可怜，真是一个真正的悲剧"。[76]洛锡安侯爵对此看法一致，并且在1935年2月从德国回来之后，他便敦促外交大臣约翰·西蒙爵士亲自拜访希特勒。从许多方面来看，这个时机都是有利的。1月，萨尔地区——自战后便成为由英法管辖的保护区——的居民以几近91%的比例投票支持要重新加入德国。这个结果并不令人惊讶,而英国人期望这可能预示着一个德国与前协约国之间共同合作的新时代的来临。就像是为了证明这一点,希特勒宣布他"对法国没有进一步的领土要求",并且告诉《每日邮报》富有同情心的驻外记者乔治·沃德·普赖斯,"德国永远不会主动破坏和平"。[77]

与这个来自柏林的新趋势相辅相成的是巴黎的变化。1934年10月9日,令人敬畏的法国外交部长路易·巴尔都——一名不屈不挠的条约维护者和正在形成中的法苏联盟的发起者——失血过多身亡,他被卷入了保加利亚和克罗地亚的分离主义者刺杀南斯拉夫国王亚历山大一世的行动中。取代巴尔都的是皮埃尔·赖伐尔(Pierre Laval),他是一位颇具野心和才智的前总理,而他标志性的白色领带无法抵消他当之无愧的阴险狡诈的名声。赖伐尔支持与德国恢复友好关系,并且非常愿意与英国人合作共同寻求和解。

1935年2月,英法两国的部长大臣们在伦敦会面,并决定废除《凡尔赛和约》中失效的军备条款。取而代之的是一个新的军备协议——特别是一项航空协定——还有《东方洛迦诺公约》,其中德国将"接受"为其划定的东部边境线。作为交换,希特勒被要求加入一项维护奥地利独立并且让德国重返国际联盟的多边承诺中。受命向德国元首通报讨论情况的埃里克·菲普斯爵士对此并不乐观。他告诉他的政坛领袖们,萨尔地区的全民公决巩固了希特勒的影响,而且这位德国元首已经表明,不管是对奥地利独立的担保还是《东方公约》,他都拒绝加入。此外,这位大使感觉到希特勒已经在留意他的下一个目标了。在2月3日英法公报发表之后,希特勒提及了非军事化的莱茵兰地区问题。他的口吻变得"具有威胁性",并且,正如菲普斯向伦敦汇报的那样,显而易见的是"德国只会在其陆军没有完成扩充时默许那个区域的存在,一天也不会多"。总而言之,希特勒的态度"更像是一个胜利者,而非战败者"。[78]

不过,断然拒绝英法的提议不会有任何好处。因此,希特勒表示他欢迎洽谈,并邀请英国人来访问柏林,却没有邀请法国人。正如英法两国人都意识到的,这是一个要离间他们的粗暴尝试。然而,让后者恼怒的是,英国人决定接受这份邀请。他们决定不再错失良机——就像人们认为法国人在前一年所错失的那样,他们同意由西蒙和安东尼·艾登前往柏林,然后艾登将继续前往莫斯科、华沙和布拉格。

访问莫斯科的想法是由罗伯特·范西塔特爵士和苏联大使伊万·麦斯基(Ivan Maisky)炮制出来的,其争议性不亚于访问柏林。自革命以来,没有政府大臣出访过苏联,苏联被许多人视作是比纳粹德国还要令人反感得多的存在。尽管如此,还是有些人,甚至是右翼人士,鉴于德国的威胁准备勉强与苏联达成合作。顽固的帝国主义者劳合勋爵写道:"我不喜欢艾登访问苏联,但我认为,在此紧要关头让苏联与德国保持距离的重要性,确实证明了这原本极其不明朗的一步是合理的。"[79] 其实,英国外交部在收到苏联邀请时,就提出了这个令人担忧的德国与苏联之间关系缓和的可能性。[80]

同时应付这些五花八门的邀请简直是场噩梦。除了被排除在外的法国人,德国人担心莫斯科一行会削弱他们自己会谈的光彩,而苏联人也同样担心自己会被冷落。而英国外交大臣接连的犹豫,使得这整件事情被搞得极为复杂。

约翰·西蒙爵士是一名瘦高且正直的律师,根据一名记者的描述,他看上去"和他自己的男管家像得可怕"。[81] 正如这个势利的评价所表明的,他的出身相对卑微(他的父亲是一名公理会牧师),而他是依赖其卓越的头脑才达到他现有的地位。他先是获得费蒂斯中学、牛津大学沃德姆学院的奖学金,之后又成为牛津辩论社主席,古典学课程第一名,并获得万灵学院的研究生奖学金。除了这些奖项,他还担任过外交大臣、内政大臣以及财政大臣——这使他成为 20 世纪仅有的任职过国家除首相职位外最重要的三大职位的三名政治家之一。① 他渴望成为首相,可作为名义上的自由党人,且从个人层面来说他也并不受欢迎,这个终极奖项没有眷顾他。各方人士形容他为"冷血的"、"缺乏想象力的"和"傲慢的",他博

---

① 另外两位是拉布·巴特勒(Rab Butler)和詹姆斯·卡拉汉(James Callaghan)。

得人气的努力——譬如让内阁同事们称呼他为"杰克"并为后座议员们买香槟配早餐——都没能奏效。[82] 有一则 20 世纪 40 年代的很有说服力的轶事是，在一列从牛津出发的火车上，社会主义知识分子科尔（G. D. H. Cole）试图通过退避到三等车厢来躲开这位当时的大法官。令科尔惊恐的是，西蒙跟了来，结果两人都向检票员出示了头等厢车票。[83]

在外交部，他不仅不受欢迎，还令同事和观察员们感到绝望。《泰晤士报》记者科林·库特认为，他唯一了解的外国人就是古希腊人，而几乎每一个认识他的人都会评价他有严重的犹豫不决的毛病。[84] 这位外交大臣已经"骑墙太久了"，劳合·乔治打趣道，"导致栅栏上的铁都已经融进了他的灵魂"。[85] 但这并不是一件令人发笑的事。1932 年 12 月，他在国际联盟大会上发表了演讲，其中他未能对日本在中国东北的行径进行明确的公开谴责，使得这次演讲臭名昭著，而更普遍的情况是，他始终无法决定在德国非法重整军备的问题上到底是要斥责还是劝诱。

西蒙在各种外事访问上的优柔寡断最终得到了解决，拉姆齐·麦克唐纳和斯坦利·鲍德温插手并决定西蒙和艾登两人都应奔赴柏林，但是只有艾登会继续前往苏联、波兰和捷克斯洛伐克。这个折中方案成功地惹恼了德国人并侮辱了苏联人，可除非哪里也不去，否则很难想象如何能够让两个政权都保持愉快。德国之行就这样定在了 1935 年 3 月 7 日，但就在外交大臣和掌玺大臣登上他们的飞机前，一场新的外交风暴袭来了。

3 月 4 日，英国政府发表了一份计划已久的白皮书，宣布增加 1000 万英镑支出来弥补英国在防御能力上的"严重不足"。这不是一笔大数目，正如西蒙在他的日记中指出的："我们根本没有在增加军备（除了在空中），而是在修补旧的。"[86] 然而，即便是这样也引起了来自反对党熟悉的强烈抗议，克莱门特·艾德礼认为，英国政府正在助长一场军备竞赛，这将"最终导致战争"。[87] 这反过来激起了奥斯汀·张伯伦爵士的愤怒谴责，他质问工党发言人，如果是由他执政，而伦敦正在遭受轰炸，他是否还敢坚持这样的言论。"如果他敢，"这位前保守党领袖继续道，"他会成为战争的第一批遇难者之一，因为他会被一群愤怒的，并且是有理由愤怒的民众吊死在最近的灯柱上。"[88]

但是最强烈的反对发生在德国。为了证明这项新国防预算的合理性,白皮书明确指出,德国的重整军备以及在该国青年人中对战争精神的培养是对欧洲和平的主要威胁。在戈培尔的领导下,德国新闻界爆发一片愤慨,希特勒则采取了一种"冷"外交的方式,推迟了西蒙的访问。几天过后,戈林正式向外国的空军武官们通报了纳粹德国空军的存在。虽然这并不是什么新闻,但这是德国人首次承认违反《凡尔赛和约》,这表明了他们的信心在日益增强。

随后,在3月16日,也就是法国议员们批准重新设立两年制兵役——为"艰苦岁月"提供必要的补充——的第二天,希特勒引爆了他自己的重磅炸弹。他先后将法国大使和英国大使召至帝国总理府,通知他们他正在重新启用征兵制,且他正在创建一支拥有36个师约50万人的和平时期军队。这样对《凡尔赛和约》的厚颜无耻的抵赖以及对德国军事尊严的修复,在德国激起了一阵欣喜若狂的情绪,与欧洲大陆其余国家和华盛顿的惊愕形成了鲜明对比。法国人尤为惊慌并提请注意"德国公众欢迎这一宣布的喜悦的赞歌"。[89] 意大利人的担心一点也不少,他们同法国人一起强烈要求在英国、法国和意大利政府间进行紧急磋商。总之,正如英国驻巴黎大使馆报告的那样,法国人再也不相信希特勒有丝毫想要缔结军备公约的愿望,并认为所有按照德国的条件达成和解的努力都"等同于为敲诈买单,并且是有意煽动德国采取新的行动,其中排在最首要的就是违反……非军事化[莱茵兰]区域的相关条款"。[90]

因此,当英国人在没有和巴黎或罗马商量的情况下就向德国外交部发布了单独抗议时,法国人和意大利人被惹恼了,而这份抗议完全被最后几句话削弱了,其逆来顺受地询问英国外交大臣的访问是否还能继续进行。德国人大吃一惊。"我们从未料想到,英国人在提出愤怒的抗议之后,会紧接着礼貌地询问他们是否可以来柏林。"德国外交部翻译保罗·施密特写道。[91] 德国新闻界洋洋得意起来,幸灾乐祸地谈论着他们已经成功地将英国从法国那边分离出来了。法国报纸苦涩地赞同了这一说法,谴责英国人打破了统一战线并且纵容了德国的所作所为。"毫无疑问,"几天后克兰伯恩勋爵在柏林写道,"法国人和意大利人非常非常生我们的气,因为他们认为这是我们的背叛。"[92] 不过英国的大多数意见仍是支持谈判。主流保守主义的典型人物卡思伯特·黑德勒姆认为，仅仅因为德国人已经"打开天窗说亮话"便放弃这次行程是"毫无意义"的，甚至连像霍勒斯·朗博尔德爵士这样的持怀疑论者也认为让西蒙，"一名天生的和平主义者"，亲眼看到希特勒并且被"唤起现实感"是会有裨益的。[93]

起初，这似乎就是结果了。当他从飞机上走下来时，言辞激烈的连珠炮似的命令声和一名挥舞着利剑的党卫军军官把他吓了一跳，这位具有平民意识的外交大臣抵达英国大使馆，低声抱怨着"这个地狱的无底深渊已经在他面前敞开"。[94] 这可不是德国人希望传递的印象。根据克兰伯恩的记录，英国访问团受到的欢迎简直过于令人尴尬了，数千名群众沿街站立"就像是为了迎接一位皇帝"。[95] "看来政府已经下定决心认为我们可以脱离法国了。"这位外交大臣写道，然后把这一误解归咎于里宾特洛甫和洛锡安侯爵二人。

第二天，希特勒热烈地欢迎了西蒙、艾登和菲普斯。德国元首新任命的翻译保罗·施密特心想，他是很可能会这样做的，因为"这些英国客人的出现对他来说是一次胜利"。希特勒开始滔滔不绝地发表关于他以救世为目的的长篇大论，西蒙怀着"慈父般的仁爱"聆听了这席话。[96] 复兴德意志民族是他毕生的事业，可他的英国客人们必须明白，"民族社会主义不具有扩张性"。[97] 德国已经因违反《凡尔赛和约》而遭到谴责，但这是一份他（希特勒）宁愿去死也不愿签字的文件。这也不是德国第一次迫不得已打破一项协定了。在1806年，拿破仑将一项协定强加于普鲁士，可他不认为当布吕歇尔元帅骑马前去滑铁卢支援威灵顿公爵时，威灵顿公爵曾有过任何怨言。艾登认为这是"一次不错的进攻"，并且是这次会面中"希特勒最接近幽默的一次"。不过这番话说得"没有一丝笑意"。[98]

西蒙向希特勒施压，要求他接受一份将担保欧洲东部边境线的东方公约，可希特勒很难对付。他厌恶多边协议，并且对立陶宛能够加入任何此类条约的建议大发雷霆，他表示立陶宛正在伤害梅梅尔的少数德国人群体。除此之外，对欧洲的和平有巨大威胁的是苏联。在这一点上，艾登对希特勒提出了质疑，他诧异的表情出卖了他怀疑的态度。"苏联没有能力，也不希望发动战争。"掌玺大臣认定。希特勒恳求艾登不要低估来自苏联的威胁,其已经在陆地和空中拥有了最强实力。然而,他确实向他的客人们保证,他绝不会考虑对苏联或捷克斯洛伐克发动战争。

下午,希特勒否认有任何侵犯奥地利独立的意图,然后将恢复德国作为一个重要强国的地位,包括它的殖民地的归还,与英国自己在世界上的地位联系起来。这位总理解释道,德国渴望与法英两国都达成协议,可是与前者要达成谅解充满复杂性,而与后者达成的谅解可以实现共赢。事实是,希特勒继续道,英国无法保卫其所有的殖民地,因此大英帝国可能会"在未来的某一天非常愿意能够得到德国的帮助并且有德国的武装力量供其使用"。因此,如果两国政府能够找到一种可以"满足德国最迫切且原始的需求"的解决办法,那么很容易便能让德国回到与英国的全面"合作以及友好关系"中来。西蒙反应冷淡。英国的确渴望与德国建立良好关系,可实现这些不能以牺牲它和法国的关系为代价。英国人不希望用一个朋友取代另一个,而是"成为所有国家的忠实朋友",这位外交大臣解释道。[99]

当天傍晚,沮丧的艾登在他的日记中写道:"结果很糟糕。"讨论的整体气氛与前一年截然不同,而"老普鲁士精神"非常显眼。[100]尽管如此,纳粹党人还是讨好心切,在一个豪华的洛可可风格的房间里安排了一场奢华的宴会,有锦缎装饰的墙壁和成群的穿着华丽制服并戴着扑了粉的假发的仆役。第三帝国的整个统治集团都出席了。戈林的装扮尤为出众,一身天蓝色制服,搭配大量金色穗带。在克兰伯恩看来,他似乎心情不错但依然冷酷——"真正的黑帮气派"。在服装上与之形成对比的是,希特勒到场时穿着"一套相当不合身的晚礼服",这给克兰伯恩留下了一个"电影里的滑稽服务员"的印象。克兰伯恩——他的祖父索尔兹伯里勋爵(Lord Salisbury)曾经是维多利亚女王统治末期的首相——坐在柏林市长夫人的旁边,她询问他此次前来是否"要带给我们战争",这令他大为吃惊。克兰伯恩坚决否认了这一点,不料这位夫人竟然主动宣称,在德国人对强大军队的渴望与他们天生热爱和平的性格之间没有矛盾。她解释道,"当兵是他们的国民体育运动",对这一点克兰伯恩反驳道,这可不是英国的。[101]

在餐桌的中间位置,艾登和希特勒则相处得好多了。希特勒注意到了这位年轻人对第一次世界大战中德国的最后一次进攻所发表的言论，而后两人再次讨论起对方军队的阵地来。一个惊人的巧合是，当时希特勒和艾登就在几乎彼此相对的战壕里，就在瓦兹河上的拉费尔附近。他们一起在一份菜单的背面画了一张前线的地图，然后他们都在上面签了名字。晚餐之后，法国大使急忙来到这位掌玺大臣身边，询问在1918年3月他是否真的与希特勒相对过。艾登回答貌似是这样。"而你却没有击中他？"这位法国人惊呼，"你真该被枪毙！"[102]

第二天的会谈并不比第一天的更有成果。艾登和希特勒在德国陆军的扩充问题上争论不休，包括这位德国元首出人意料地声称英国与德国不同，英国有它自己的准军事机构来以步枪训练年轻人，比如伊顿公学。艾登对这个荒谬的比较嗤之以鼻，解释道，这个军官训练团远不是一个严格的军事孵化器，更像是一个提供给男孩子们的在野外活动的日子里抽烟的机会。当讨论进行到空军的话题时，情况也没有改善。希特勒表示他赞成对无差别轰炸的禁令，但是坚决要求获得与实力更强的国家在空中的对等，无论是法国还是英国。在这一点上，西蒙随口问到德国空军目前的规模究竟有多大。希特勒停顿了一下，而后郑重且虚假地回答道，德国已经达到了英国的同等程度。

这给德国这个姜饼人镀了一层金。尽管希特勒丝毫不肯让步，但他实际上已经为其对《凡尔赛和约》的全面否定获得了事实上的认可，并且当下正在嘲弄英国人的无能。艾登和克兰伯恩彻底沮丧了。克兰伯恩给他的保守党同事威廉·奥姆斯比-戈尔（William Ormsby-Gore）写道："恐怕毫无疑问，德国政府正在推行一项他们非常清楚有可能会导致战争的政策，并且他们将不会放弃它。""萨尔人已经完全冲昏了他们的头脑——他们认为自己是这个世界上最强大的国家，而他们的平等概念正在迅速变得与世界霸权难以区分……该死！"[103] 外交大臣在他此行的日记中写道，他承认"迟早"将有必要"叫停"德国的一系列活动，而这将不得不通过武力威胁来实现。"洛锡安侯爵和《泰晤士报》认为，通过向现任德国政府献媚，我们就一定能说服他们缓和态度，这个想法在我看来纯粹是瞎扯。"[104]

艾登持同样的观点。第二天，在从柏林开往莫斯科的火车上，他撰写了一篇此次英方访问的报告，其中他表示，他严重怀疑德国是否准备达成协议，除非德国的殖民地被归还且一系列要求也得到满足。他认为，在这种情况之下只有一种选择：团结起来，重申国际联盟的宗旨，从而形成一条统一战线，以防备未来德国的挑衅。表面上看，西蒙是同意这个观点的。在从柏林回来后不久，这位外交大臣便在笔记中整理了他的想法，表示："如果德国不愿为巩固欧洲的团结而合作，那么欧洲其余国家将共同协作来维护团结而不顾德国。"他继续道，这可能会导致"英国保守党人与苏联共产主义者合作，而国际联盟却报以雷鸣般掌声的奇观"。[105]

然而西蒙还没有完全失去和解的希望。在柏林的时候，他曾稍稍有过允许希特勒向东扩张的想法，但被艾登制止了，他指出，除了这个提议本身的不正当，而且"下一个就会轮到我们"。[106] 尽管如此，这位外交大臣依然准备接受希特勒有关英德海军协定方面的建议。因此，在 1935 年 6 月，身份日益显赫的里宾特洛甫——如今已是希特勒的无任所大使——来到伦敦进行谈判，尽管他表现得像一头"瓷器店里的公牛"，但他发现英国人准备接受希特勒对于拥有一支规模为皇家海军的 35% 的舰队的要求。[107]

为了理解这惊人的举措，有必要回顾一下英国国防政策的大背景。正如已经提到过的，大英帝国在 20 世纪 30 年代中期面临着过多的防御性挑战，不是所有的困难都能得到解决。1934 年 12 月，日本人发出通知，他们不会续签《华盛顿海军条约》——该条约赋予英国和美国各自对日本拥有 5∶3 的海军上的优势。这预示着一场与日本的海军竞赛，而英国已经断定它承担不起。与此同时还要面临德国的挑战简直令人难以想象。由于对海军上将提尔皮茨（Tirpitz）曾试图在第一次世界大战前创建一支超越领先的英国皇家海军的德国海军的记忆耿耿于怀，并且觉察到海军上将雷德尔（Raeder）对建立一支新的德国作战舰队的野心，英国海军部建议内阁接受希特勒的提议，抓住这个机会。法国在前一年的拒绝协商只是增加了德国的要求，而英国人不打算重蹈覆辙。将德国的实力限制在皇家海军的 35%，这与海军上将查特菲尔德（Chatfield）关于新的"两强标准"计划相符，而英国海军部精确地估算出，德国人直到 1942 年才会达到这个限制。然而如果说这些军事上的论据是合理的，那么从外交上来讲，这个英德协定就是一场灾难。

仅仅两个月前,即 1935 年 4 月 11 日至 14 日间,英国首相和法国总理在意大利北部的斯特雷萨镇附近会见了墨索里尼,试图组建一条反对德国扩张的统一战线。法国人希望国际联盟能够通过一项决议,承诺对未来违反条约的行为给予制裁,但这被英国人否决掉了。① 尽管如此,这次会议还是在一种团结和坚决的表象下结束了。代表们重申了他们对《洛迦诺公约》的承诺——其中包括维持莱茵兰地区的非军事化——并宣称他们决心"通过一切可行的手段反对任何有可能威胁到欧洲和平的单边否定条约的行为,并将为此目的进行密切且友好的合作"。[108] 因此,当英国人在 10 周后的 6 月 18 日签署《英德海军协定》,单边否定了《凡尔赛和约》时,法国人和意大利人理所当然地愤怒了。所谓的斯特雷萨战线被揭露为一场骗局,而希特勒那一想起三个重要的欧洲强国联合起来对付他便会随时发作的神经紧张也随之减轻了。在下议院,丘吉尔抨击了这项使国际联盟对违反条约的谴责"变得徒劳且荒谬"的协定,同时还提请注意来自德国 U 型潜艇——它们曾被正式禁止,现在却获准了——的威胁。[109] 更糟糕的是,成功的谈判即将给里宾特洛甫的职业生涯带来影响,凭借给予希特勒"他人生中最幸福的一天",他走上了一条成为驻伦敦大使以及后来的外交部长的事业发展轨道。[110]

但这是一个无法预料的结果。可以预料的是,在昔日的斯特雷萨伙伴国间会发生冲突。在 6 月 7 日成为法国总理,同时仍是外交部长的赖伐尔尽管表面上很平静,但他对于英国的背叛怒不可遏。[111] 法国的安全因为英国的自私自利而被牺牲了,这位现实政治的高手在他自己的游戏中被打败了。英法团结只有当它是权宜之计时才会存在,这位法国总理将此铭记。在罗马,同样被惹恼的墨索里尼得出两个重要的结论:英国不是集体安全问题上的朋友并且会屈服于强权。这位意大利领袖自己在东非冒险的舞台已经准备就绪。

---

① 英国代表团的无能令克兰伯恩勋爵大为惊奇,他是代替艾登出席的。他、麦克唐纳、西蒙和范西塔特见面的第一天,该团队中的那两位职位较低的成员才发现,"不论是首相还是大臣,貌似都对我们应该采取什么政策连最基本的想法都没有"。(Salisbury Papers, Cranborne to Eden, April 1935, box 62.)

4

阿比西尼亚乱局

利比亚的几棵棕榈树便能满足墨索里尼野心的时代已经过去了。
——参议员亨利·德·茹弗内尔（Henry de Jouvenel），
1935 年 3 月 3 日[1]

雾霭已经消散，随着一阵阵微风吹皱了数不清的旗子，太阳也在海面上晃动。从铜管乐器和舷窗上反射出的阵阵闪光与站在 12 英里①长的朴次茅斯码头区的 25 万名观众中一些人携带的望远镜和双筒望远镜的闪烁遥相呼应。从那天早上 8 点钟开始，一大批汽船、明轮船、游艇、汽艇和拖船就一直在运送爱国的船客们登上巨大的战舰。打着阳伞、衣着华丽的女士们最先得到戴着三角帽的军官们的欢迎，而男士们从海岸上观望着，努力从这场船只盛宴中识别出各种船只。2 点钟刚过，有着庄重的黑色船体、奶油色烟囱和金色叶形涡卷装饰的皇家游艇从港湾里出现，后面跟着英国海军游艇"女巫号"。21 响礼炮冒出的浓烟笼罩着海军舰队，成群的乐队奏响了国歌。157 支军舰，地中海和本土舰队的绝大部分，原地待命等待英王陛下的检阅。那里有 8 艘战列舰——包括"纳尔逊号""罗德尼号"和"伊丽莎白女王号"——巡洋舰、驱逐舰、布雷艇、2 艘航空母舰和 1 艘医疗船。当皇家游艇依次驶过这 7 排军舰时，人们连忙脱帽并报以持续且热烈的欢呼声。国王穿着舰队司令的全套制服，站在驾驶台上，向他的每一艘舰艇敬礼致意。这真是一个令人叹为观止的场面。

1935 年 7 月 16 日，为庆贺乔治五世加冕银禧纪念而举行的这次海军

---

① 1 英里约合 1.61 千米。——编者注

阅舰式是帝国最后的壮观景象之一。《每日电讯报》称其为"一次超乎寻常的皇家庆典",而《泰晤士报》则对海军进行了狂热的赞扬,称这支海军"绘制了世界海洋的地图,清除了海盗,在所有地区之间设立了贸易航路,并且在 800 年间保护英国不受侵略"。[2] 然而正如两家报纸都勉强承认的那样,这支舰队并不像起初看上去的那样令人惊艳。如同《电讯报》的海军记者赫克托·拜沃特(Hector C. Bywater)指出的那样,这支舰队"很遗憾地缺少以大炮和装甲为代表的更重型的战斗力要素",此外还"装载了过多不再真正有用的老古董"。保守党议员卡思伯特·黑德勒姆是其中一艘军舰上的客人,他注意到绝大部分舰艇都是在上一次战争之前建造的,而罗伯特·伯奈斯则以为他目睹了"大舰队的幽灵"。[3] 他没有错。1910 年,英国拥有 36 艘战列舰和 23 艘装甲巡洋舰。如今,拜《华盛顿海军条约》所赐,它仅拥有 15 艘主力舰,而这些主力舰几乎全都亟须进行现代化改装。由此,皇家海军的装备不足以参与到任何重大行动中去,然而在 1935 年的夏天,这恰恰成了墨索里尼所威胁之处。

* * *

意大利与阿比西尼亚的争端可以追溯到 1896 年,当时阿比西尼亚人——或者说更鲜有人称呼的"埃塞俄比亚人"——在阿杜瓦战役中彻底击溃了一支意大利军队。意大利的民族主义者们渴望复仇,而为了实现他的帝国抱负,墨索里尼决心要征服这个东非国家。1934 年 12 月,一次在瓦尔瓦尔的边境纠纷提供了借口,很快,大批的意大利部队坐船经苏伊士运河到达厄立特里亚和意属索马里兰。这一切不是没有人注意到,截至 1935 年的春天,英国驻亚的斯亚贝巴公使预测,一旦雨季在 10 月结束,战争"相当肯定"会爆发。[4] 尽管如此,不管是拉姆齐·麦克唐纳还是约翰·西蒙爵士,当他们 4 月在斯特雷萨与墨索里尼会面时,都没有警告他英国可能会反对他的计划。事实上,虽然充分认知到了其可能引发的后果,但他们依然允许墨索里尼将"在欧洲"这一词添加到这三个国家承诺维护国际和平的公报中。[5] 德国是他们的首要担忧对象,而意大利是一个反对德国扩张的宝贵盟友。不过，由于简单地忽视了墨索里尼的非洲野心，这些英国大臣招致了在外交和政治上的惨败。

假如早个几十年，意大利对阿比西尼亚的征服就不会引发国际危机。意大利已经成功地在经济上渗透进了这个国家，并且占有了另外三个北非和东非殖民地——利比亚、厄立特里亚和意属索马里兰——其中的两个国家都与阿比西尼亚有着共同的边界。然而，从第一次世界大战的废墟里，诞生出了新一套被国际联盟奉为神圣不可侵犯的国际原则。肆无忌惮的帝国主义与炮舰外交的时代注定要过去，国际法的时代据信已经开始。《国联盟约》被奉为和平的保证书，由此，国联在某些地区发展出了一种近乎宗教的意义。在英国，很明显就是这种情况，这在很大程度上要归功于罗伯特·塞西尔勋爵（Lord Robert Cecil）和颇有影响力的国联协会的传教。

维多利亚时代的首相索尔兹伯里勋爵的第三个儿子"鲍勃"·塞西尔，从他在伊顿公学时试图阻止学长过分使唤学弟起便一直是一名斗士。作为一名虔诚的安立甘宗高教会派教徒，他对世俗的安逸几乎没有兴趣。未来的坎特伯雷大主教科斯莫·朗（Cosmo Lang）在他们都还是牛津大学本科生时曾规劝他道："如果你不能打扮得像一名绅士，我认为你至少该试着打扮得像一名保守派。"[6] 在第一次世界大战期间，塞西尔在内阁中担任封锁大臣，正是在这里，他开始从事他最伟大的事业：建立一个通过共同协商解决国际纷争的国际联盟。1918 年，国际联盟协会（LNU）成立并很快转变为一个强大的政治压力集团，这在很大程度上要归功于塞西尔。1934 年 10 月，国联协会开始了它迄今为止最有野心的计划。塞西尔相信舆论是国联的坚实后盾，作为对孤立主义的反击，他决定进行一项全国舆论调查。50 万名志愿者——其中许多是女性——展开了大规模的拉票活动，得到的答卷有 1160 万份——占成年人口的 38%。

这些问题并不隐晦。"你是否赞成通过国际协议全面废除各国陆军和海军航空兵部队？"（是：9600274；否：1699989。）这种做法也不是不偏不倚的。尽管如此，这些结果显示出一种对国联和集体安全压倒性的支持。将近 96% 的回答者支持英国仍为国联成员国，而超过 1000 万英国人

（86.6%）支持对侵略国进行经济制裁。重要的是，当被问及在同样的情况下他们是否支持采取集体军事措施时，650万人（58.7%）回答"是"。[7]

许多保守党人士对这个所谓的和平投票感到不满，认为它具有倾向性和干扰性。极端孤立主义者比弗布鲁克勋爵给它起了个"血腥投票"的称号，还警告他的诸多读者，"这个全民公决将代表国际联盟把你们和你们的孩子拖进战争"。[8]然而，它是不容忽视的。这个结果出来后，奥斯汀·张伯伦预测，任何试图摒弃集体安全的政府都将被赶下台，而恰巧，一场大选即将到来。[9]

1935年6月7日，拉姆齐·麦克唐纳从首相的职位上退下。他身体状况不佳已经有一阵子了，而他能力上的不足也招致了同事们的奚落。在前一年的5月，当斯塔福德·克里普斯爵士在公文递送箱的另一边称麦克唐纳为"蠢蛋"时，罗伯特·伯奈斯感到非常震惊。不论议长还是议员们都没有提出抗议。"首相被称作蠢蛋这件事一定是前所未有的，"伯奈斯心想，"可话说回来……首相真是个蠢蛋这件事也是前所未有的。"[10]接替麦克唐纳的是斯坦利·鲍德温，他以一系列改组开始了其作为首相的第三个任期。几乎令每个人都高兴的是，西蒙从外交部被调为内政大臣了，取而代之的是对此热情并不高的印度事务大臣塞缪尔·霍尔爵士——按已故的伯肯黑德勋爵（Lord Birkenhead）的说法，他"是无数老古董中的最后一个"。[11]

无论鲍德温还是霍尔都不打算让英国卷入一场有关阿比西尼亚的战争中。除了在塔纳湖汇集的尼罗河源头之外，一份政府报告断定，英国在这个国家没有极重要的利益。墨索里尼抓住这个结论——多亏一名在英国驻罗马大使馆的间谍，他设法弄到了这份报告的副本——作为英国不会插手的进一步的证据。可是他和英国人都忽略了国际联盟的问题。讽刺的是，是在墨索里尼的坚决要求下，1923年，阿比西尼亚加入了国联，并由此被归入第16项条款的管辖范围——该项条款规定，对任一成员国的攻击均构成对整个国联的攻击。1934年12月，个子矮小但令人印象深刻的阿比西尼亚皇帝海尔·塞拉西（Haile Selassie）呼吁国联仲裁其与意大利的边境冲突，而后在1935年6月，新上任的英国首相宣布国联是"英国政策的靠山"。[12] 鲍德温陷入了困境。

为了设法摆脱现状，安东尼·艾登带着一项提议被派往罗马。"必须收买意大利，"罗伯特·范西塔特爵士特别指出，"否则阿比西尼亚终将灭亡……若不是这意味着国联也将灭亡（同时意大利将会再次转身投入德国的怀抱），它灭亡这事本身可能也没么重要了。"[13] 因此，艾登提议阿比西尼亚人割让大片领土给墨索里尼，作为回报，他们能获得一小部分英属索马里兰领土。墨索里尼对此不屑一顾，他无法理解为什么英国对一个堕落的非洲落后闭塞地区的命运感兴趣，并愤怒地指出，法国外交部长赖伐尔在1月两人缔结《法意协定》时，已经承诺他"不插手"阿比西尼亚的问题。这对艾登来说是个新闻，他插话说，他肯定他的法国同僚仅指"在经济上"——赖伐尔后来自己提出的说法。[14] 然而，即使是这位马基雅维利式的法国人曾避免给墨索里尼一个直接的保证，但他似乎确有可能间接表示了他对墨索里尼的计划的赞同，或者至少是漠不关心。其实，就像法国外交官阿尔芒·贝拉尔在1935年5月告诉美国驻柏林大使的那样，"我们不得不答应他［墨索里尼］吞并阿比西尼亚"，以创建一个反对德国侵略的联盟。"我希望墨索里尼有足够的理智，能一次只吞并这个国家的一小部分，就像我们在摩洛哥做的那样。我们已经敦促意大利人这样做了。"[15]

在眼下没有解决方案的情况下，随着意大利部队在阿比西尼亚的边境持续集结，战争的可能性的阴影笼罩在英国公众之上。报纸讲起了这次自1914年以来最严重的危机，反对党领导人被请至唐宁街进行商讨。从一开始，观点就在干预和孤立主义之间分化开来。《每日邮报》为后者带头冲锋，抨击了热情支持国联的人们，同时宣布英国人的感情"完全与这项意大利所坚定维护的白种人的事业同在"。[16] 这远非普遍的事实，不过也仍有很多人同意伊夫林·沃（Evelyn Waugh）的观点，把阿比西尼亚视为一个仍在从事奴隶贸易的"野蛮国度"；或是赞同保守党议员亨利·"奇普斯"·钱农的看法，他问道，"当我们广布的帝国大部分都是通过征服而赢得的时"，为何英国还要卷入阿比西尼亚的战争？[17] 还有些人只是拒绝接受军事冲突的可能性，而非出于道德上的考量。"我不要有下一场战争。我不要。"明显很苦恼的国王乔治五世对劳合·乔治喊道,"上一场战争不是我要打的,倘若现在又有一场战争,而我们正受到被卷入其中的威胁,如果要让国家被卷进去,我会在此之前亲自到特拉法加广场挥舞起红旗。"[18] 在另一个场合,这位国王威胁道,如果英国与意大利打起仗来的话,他将退位。"我会在一张纸上签字,"这位激动的君主叫嚷着,"我不知道是什么样的纸,但我会找到的。"[19]

另一方面,自由派舆论被墨索里尼的计划行动激怒了。《泰晤士报》评估了其在1935年夏天的通信往来,观察到在"意大利在备战时表现出的无所顾忌的不道德行为"这一问题上他们不存在意见分歧,而《每日先驱报》谴责了墨索里尼想要"谋杀阿比西尼亚人以便盗取他们的土地"的行为。[20] 眼下的困境是究竟要如何处理这个问题。对于绝大多数"小写L"自由意志主义者——其中包括众多保守党人士——而言,答案是显而易见的:英国必须站在《国联盟约》这一边并且支持对意大利的制裁。如果它做不到,那么国联那已经因日本入侵中国东北而被削弱的权威将崩溃,这个世界也将失去一种能够制约侵略者,尤其是德国的手段。这是丘吉尔的主张,不过他也相当赞同另一种观点,即对意大利采取坚定的行动只会破坏斯特雷萨阵线,促使墨索里尼迅速投入希特勒的怀抱。英国政府敏锐地意识到了这些危险,原本更倾向于将它的行动限制在装模作样地表现出对此束手无策上。可是由于舆论已然如此,加上还有计划将于11月份举行的大选,他们别无选择。

1935年9月11日,外交大臣塞缪尔·霍尔爵士明确表达了自己的观点。他在国联大会用清晰、明确的口吻发表了演讲,声明"国联支持集体维护《盟约》的完整,我国亦与国联站在一起,尤其是支持稳固的、集体的对一切无端侵犯行为的抵抗"。[21] 人们的反响很热烈。除了比弗布鲁克勋爵和罗瑟米尔子爵的报纸,英国的报纸都称赞了这个原则性声明,而其他国联成员国,包括法国,都在英国的带领下站到了队伍中。事实上,霍尔并没有打算让英国领头。然而,这是个无法避免的印象,在第二天,当战列巡洋舰"胡德号"和"声望号"在几艘驱逐舰的护航下被派遣至直布罗陀去加强地中海舰队时,这种印象又被强化了。克兰伯恩勋爵在日内瓦撰文描述了这次坚定信心的展示所形成的了不起的效果："所有这些小国都欣喜若狂。在这里，原本傲慢嚣张的意大利人在一定程度上变得平易近人了。"[22]

墨索里尼既不平易近人也没有惊慌失措。他得到了赖伐尔对法国不会支持军事制裁一事的保证，在1935年10月3日，他发动了对阿比西尼亚的入侵。意大利的飞机轰炸了阿杜瓦（包括医院），同时，陆军上将埃米利奥·德·博诺（Emilio de Bono）率领着大约50万名意大利士兵从厄立特里亚越过了边境。国联发现意大利违反了《盟约》，开始了实施制裁的过程。英国和法国对此表示赞同，可贸易禁运清单上的出入——明令禁止了鹅肝，却不包括煤、铁、钢或最关键的石油——揭示出它们极不情愿与意大利首脑作对。英国的参谋长们尤其担心，强势的行动有可能导致墨索里尼陷入对皇家海军或英国在地中海的基地的某种"疯狗式"袭击。这显然会引发一场战争，至于法国是否愿意支持英国，赖伐尔顶多正处在犹豫不决之中。

当所有这一切正在发生时，鲍德温宣布要进行大选。内维尔·张伯伦曾想要作为支持重整军备的候选人参加保守党的竞选，可鲍德温凭借他对舆论的良好倾听而表现得更加敏锐。面对站在国际裁军讲台上的工党，鲍德温在10月31日向选民们保证"不会出现大量军备"，同时不断强调英国防务达到最新水平的必要性。[23]他解释道，这一点是支持国联的必然结果，保守党完全致力于此。在近期的危机中，首相成了一个难以捉摸的人物。霍尔向张伯伦抱怨道："斯坦利什么都不考虑，只想着他的假期，以及考虑几乎不惜一切代价地在整件事中置身事外的必要性。"[24]然而当大选结束时，结果证明鲍德温正确地判断了国民情绪，而国民政府——现在实际上是一个保守党的政府——于11月14日以获得尽管略有减少但又一次的绝大多数选票重新上台执政。①

---

① 工党在1935年的大选中取得了一些收获，最终得到了154个席位，相比之下，保守党是386个，国家自由党是33个。

* * *

选举结束后,阿比西尼亚危机现在有了升级的危险。在 1935 年 11 月 18 日成功地实施了一些惩罚性不强的制裁后,国联考虑的下一步是,是否应该将这些制裁扩大到石油。意大利高度依赖石油进口,毫无疑问,贸易禁运将会对其发动战争的能力产生严重的影响。① 墨索里尼以公开的方式对此进行了回应,称他会将这一举措视为无异于宣战。这使英国的参谋长们警觉起来,他们强烈警告内阁不要冒在地中海开战的风险。这并不是说对于这样一场军事冲突的结果有任何真正的怀疑:意大利人并不以他们非凡的战斗力而闻名,地中海战区总司令、海军上将威廉·沃兹沃斯·费希尔爵士(Sir William Wordsworth Fisher)完全相信他有能力击败意大利海军。然而,有人担心意大利轰炸机有可能会使英国舰队遭受重创,在一个军备匮乏且国际威胁普遍存在的时期,这并不是英国海军部认为它能经受得住的事。除此之外,还有对日本可能会抓住先机并在远东发起进攻的担忧,法国不够坚定的态度,以及来自德国的日益增长的威胁。的确,正如埃里克·菲普斯爵士在 11 月 13 日写给霍尔的信中所说,"相比于在某个不远的未来英王陛下政府即将面临的难题,当前的埃塞俄比亚纠纷〔原文如此〕只是小儿科。"[25] 必须要找到一条出路。

1935 年 11 月底,赖伐尔邀请霍尔前往巴黎洽谈。英国和法国联合起来寻求一个和平的解决方案,即使没有什么其他的问题,他们也一直在就可能会对阿比西尼亚进行的瓜分进行商讨。"我们打算全力以赴结束这次冲突。"自信的霍尔向国王的私人秘书解释道。[26] 这个"我们"包括罗伯特·范西塔特爵士,尽管他后来被誉为最顽固的反绥靖人士,但他当时因为与意开战的可能性而变得十分恐慌——他相信这只会落得一个让希特勒为所欲为的下场——以至于他几乎像赖伐尔一样极度渴望达成协议。不去巴黎的艾登提醒霍尔要警惕赖伐尔和范西塔特,可这位外交大臣放松得很:"别担心,"他在临行前向他的下属保证,"我不会让你承诺任何

---

① 希特勒的口译员保罗·施密特后来声称,墨索里尼曾向希特勒承认,一旦对他实施石油制裁,他将不得不终止在阿比西尼亚的战争。

事的。"[27]

　　巴黎的气氛并不轻松。一群记者包围了法国外交部，而在里面，一根接着一根抽着烟的赖伐尔在为墨索里尼打着算盘。经过24小时紧张激烈的争吵，双方达成了一项协议。阿比西尼亚将割让其大约2/3的领土给意大利，而作为补偿能够获得厄立特里亚的一窄条狭长地带，使其获得一个入海口。心满意足的霍尔敦促他在伦敦的同事们接受这些提议，它们在1935年12月9日的内阁特别会议上获得正式同意。然而在同一天，该方案的细节——几乎可以肯定是由赖伐尔在法国外交部的敌人泄露的——曝光在《巴黎回声报》和《劳动报》上。英国舆论在义愤填膺中如火山般爆发。英国政府一直将自己置于国联的掩护下，现在被披露出来参与了一项不正当的协议，这将使墨索里尼因他的侵略行为而得到回报。议员们遭受了来自选民的信件轰炸，甚至连通常恭顺的《泰晤士报》也站出来反对这些提议，并嘲讽其为一条"骆驼走廊"。[28] 在日内瓦，国联的其他成员国大呼遭到了背叛，美国的报纸则说这是"国际耻辱"和"国际联盟难以置信的失败"。[29] "我们在国内外的外交事务方面的全部威信已经像纸牌屋一样坍塌成了碎片，"内维尔·张伯伦在一封写给他妹妹的信中哀叹道，"如果我们不得不重新进行选举，我们很有可能会被打败，并且票数肯定不会超过勉强多数。"[30]

　　当这场风暴袭来时，霍尔正在瑞士。彻底筋疲力尽的他最近一直受昏厥接连发作的折磨，现在正试图通过滑冰假期来恢复健康。对于一个容易暂时性昏厥的人来说，这并不是最明智的消遣，他第一次上冰没多久就昏了过去，造成鼻子两处骨折。这位外交大臣因此不能工作了，而另一边，鲍德温在奋力为他的政府辩护，不仅要面对舆论，还有他自己的议员们。根据哈罗德·尼科尔森的说法，议会对这起事件感到非常愤怒。[31] "每个人都低着头走来走去，"保守党议员维克托·卡扎勒特（Victor Cazalet）记录道，"耻辱。背叛。3周前我们当选是为了什么？"[32] 最终事情一发不可收拾。12月17日，57位保守党议员签署了一项批判政府的早期动议，还通过保守党后座外交事务委员会的一次激烈会议决定，外交大臣应当辞职。在第二天的内阁会议上，至少5位大臣表达了相同的观点。内维尔·张伯伦被委派将这则消息传达给可怜的霍尔,他当晚便辞职了。第二天,他的鼻子还贴着膏药,他见到了国王,后者试图让他高兴起来,说往好处想他现在可以有更多的时间来打丘鹬了。"你知道他们都在说些什么吗,"这位虚弱的君主开玩笑道,"纽卡斯尔不再有煤炭,巴黎也不再有霍尔。"可以理解的是,这位刚刚辞职的外交大臣不认为这有多好笑。"那家伙甚至都没笑。"国王抱怨道。[33]

* * *

这次霍尔-赖伐尔的垮台是一件丑事,其影响远远超越了当前迫切的政治危机。英国和法国的威望遭受了严重的打击,而这两国之间本就紧张的关系则达到了最低谷。国际联盟受到的创伤是致命的。这个为预防国际危机发生而创建的战后解决方案的最高理想主义发明被这两个欧洲民主大国破坏了。诚然,几乎没有证据表明其他国家准备投入保卫阿比西尼亚的战争,而美国对国联也保持着相当伪善的姿态。可是这没有改变结果。集体安全行不通了,对国联能够保护小国不受侵略的信念也消失了。在阿比西尼亚,墨索里尼有增无减地继续着他的征服。因为意大利人违反了《日内瓦议定书》,在一场"致命的雨"中使用了芥子气,同时还伴随着一系列常规轰炸,这场阿比西尼亚的"圣诞节攻势"被叫停。墨索里尼的一个儿子,一名在阿比西尼亚服役的飞行员,后来还回忆起他看着成群的部落成员"在[他]将一枚炸弹掷在他们中间之后,像一朵玫瑰花般绽放"的"有趣"场面。[34] 1936年5月5日,意大利军队进入亚的斯亚贝巴,4天后,墨索里尼宣布吞并阿比西尼亚和建立法西斯帝国。海尔·塞拉西逃往伦敦,但在6月底又前往日内瓦,去反对撤销对意大利的制裁。在一次动人且庄严的演讲中,这位阿比西尼亚的皇帝穿着一件朴素的黑色斗篷,将利害关系暴露无遗,这次演讲也将成为全世界反法西斯者的集结号:

> 这是每个国家在国际条约中的信心。这是对小国承诺的价值,即它们的完整和独立应当得到尊重和保证。一方面,它是国家平等的原

则，另一方面，它也是小国必须接受附庸身份的义务。简言之，国际道义岌岌可危。[35]

5 天之后，国联大会投票决定撤销对意大利的制裁。

这场意大利-阿比尼西亚之战的胜利者是希特勒，他的胜利甚至胜过墨索里尼。对意大利领袖起初的不适的幸灾乐祸被对斯特雷萨战线的摧毁和对英法遭受万众唾弃的喜悦所取代。本可以被用作团结反对德国扩张的工具的国联威权已经被摧毁了，政权的外交孤立宣告终结了。1936年 1 月 7 日，墨索里尼告诉德国大使乌尔里希·冯·哈塞尔（Ulrich von Hassell），称他不反对奥地利成为事实上的德国卫星国，这是意大利在朝着恢复意德友好关系的一系列举动中的最新举措。墨索里尼展示了通过赤裸裸的侵略可以实现的收获，正如西欧强国证明了它们没能阻止它一样。希特勒注意到了这些并加快了他的计划。

5

越过莱茵河

> 在每一个接连发生的国际问题上,英国政府都有为了不履行我们的义务而令人信服的理由——可事实始终是,每一次屈服都导致了更糟糕的屈服,并导致我们的处境恶化以及文明的堕落。
>
> ——巴兹尔·利德尔-哈特,
> 《泰晤士报》军事记者,1936年9月[1]

1936年3月7日星期六,下午12点50分,德国第6集团军成员踢着正步经过弗里德里希四世和德皇威廉一世的骑马铜像,而后过了科隆横跨于莱茵河之上的霍亨索伦桥。在那里,他们得到了市长的迎接,然后行至该市雄伟的哥特式大教堂,并举办了一场热烈的欢迎仪式。之前隐藏在学校、教区礼堂和海关大楼里的总共2.2万名士兵穿越了莱茵兰——那个最初被协约国占领,紧接着又通过《凡尔赛和约》非军事化的,与法国、比利时及荷兰接壤的德国西北部地区。这次行动在黎明开始,当希特勒在中午抵达柏林克罗尔歌剧院向特别召集的德国议会会议发表演说时,行动已经取得了很大进展。希特勒俯视着台下穿着制服的议员们——他们没有人知道自己为何被召来——发表了对布尔什维主义猛烈的抨击,而后宣称,由法国众议院在9天前的2月27日正式批准的《法苏互助条约》违背了《洛迦诺公约》。① 这一点至关重要,因为虽然这个非军事区是根据《凡尔赛和约》的"强制命令"建立的——作为对法国和比利时安全

---

① 《法苏互助条约》在1935年5月2日达成,签约双方承诺在发生了无端侵犯的情况下相互提供及时的"援助和协助"。

的保证——但它也得到了《洛迦诺公约》的确认，而德国人是这项公约的自愿签署者。

希特勒接下来引用了1小时前被递交给法国、英国、意大利和比利时大使们的备忘录。他声明，德国不再认为自己受《洛迦诺公约》的约束，并且"出于一个民族对其边界安全的原始权利"，决定从今天起要恢复"帝国在莱茵兰非军事区的完整且不受限制的主权"。[2] 对此，这600位议员——正如美国记者威廉·夏勒描述的"大身子、粗脖子、短发、肚子鼓鼓的小个子，穿着褐色制服和沉重的靴子，是他一双巧手中的小泥人"——立马站起来，欣喜若狂地说着"万岁"。当希特勒透露德国士兵此时正在通往禁区驻防地的路上时，场内的情绪强烈爆发，以至于他无法继续讲话。"他们蹦起来，边嚷边叫，"夏勒继续道，"他们的手高举起来，敬着奴性十足的军礼，他们的脸现在因情绪失控而扭曲，他们的嘴巴大张，喊着，叫着，他们的眼睛里燃烧着狂热，目不转睛地望着这个新神，这个弥赛亚。"[3]

* * *

对于西欧强国来说，莱茵兰的重新军事化既是早已预料到的，也是一个十足的意外。埃里克·菲普斯爵士在1935年12月曾预言，有利的时机一旦出现，希特勒将会重新占领这个区域，不过他认为这在德国进一步努力去"摆平"英国之前不会发生。[4] 虽然因霍尔–赖伐尔的垮台而一片混乱的英国外交部对这个警示反应迟钝，但到了1936年2月，几乎每一个人，包括新上任的外交大臣安东尼·艾登——由鲍德温提拔来取代塞缪尔·霍尔——都确信莱茵兰是希特勒议程上的下一项。

这个确信使得英国政府重启与德国的协商的愿望更加迫切。最重要的是，英国外交部一直急于避免造成既成事实。根据《洛迦诺公约》的条款，英国承诺要保卫非军事区。因此，如果德国人重新占领了莱茵兰地区，而法国人要求帮助驱逐他们，那么英国政府将面临不履行英国的条约义务或一场潜在的战争这个令人不快的抉择。问题是，英国能提供给希特勒什么呢？

对于在英国外交部南方司工作的爱德华·霍列特·卡尔来说，答案是准予德国在欧洲中部和东南部自由发展。[5]这个念头遭到了罗伯特·范西塔特爵士的强烈反对，他倾向于选择给予德国某种形式的殖民地归还一类的方案。他写道："我相信德国将在某个时候以某种方式进行扩张……［而且］如果不是在非洲，那便是在欧洲。"[6]然而，这在保守党中的拥护帝国主义派——他们对德国在东欧的扩张持矛盾甚至是支持的态度，但对英国在非洲属地的态度是顽固地死守——还有内阁秘书莫里斯·汉基爵士看来是个可恶的想法，后者担心德国人只会将这种让步看作懦弱。[7]

艾登举棋不定。带着他对独裁者们本能的不信任，这位新任外交大臣甫一上任就分发了一份英国驻柏林大使馆过去发出的题为"德国的危险"的警告汇编。艾登评论道，希特勒已经下定决心要将德国打造成"欧洲的主导力量"，然而，他认为英国在加快国内军备重整进程的同时，还应当设法与德国达成"权宜之计"。[8]为了追求这个目标，艾登准备将莱茵兰的情况摆上桌面。实际上，面对德国即将发生政变这一前景，这位外交大臣正急于趁非军事区尚有价值时将它作为讨价还价的筹码利用。然而，希特勒的动作太快了。

*　　*　　*

同在伦敦一样，德意志国防军进入莱茵兰这件事在巴黎亦被很多人预料到了。一年多以来，法国的军事情报一直在对此行动进行预测，而近期的报告甚至看出法苏联盟的批准可能会成为托词。然而，法国没有任何驱逐德国部队的军事计划。法国的军事参谋们因1935年对军事支出的进一步大幅度削减而感到沮丧，他们确信自己不能冒险与德国开战。第二局尽管在对德国意图的评估上有着先见之明，却大大高估了德国武装部队的规模，同时还正确地认识到，德国的工业潜力要比法国的大得多。

对于防御型思维的法国陆军总参谋长、上将莫里斯·甘末林（Maurice Gamelin）来说，法国要采取军事行动将德国人赶出莱茵兰，恰恰就是那种他认为自己有责任反对的"鲁莽的"计划。[9]因此,他警告他的政治领袖们,任何军事主动都将需要至少部分动员——以每天3000万法郎的成本——还将不可避免地导致一场血腥的消耗战。为了让他的话更有说服力,甘末林歪曲了已经被夸大的据信进入了该区域的德军人数,在训练有素、随时准备战斗的士兵总数中又额外增加了29.5万人——包括德国劳动军团、宪兵队、党卫军和冲锋队。[10]这种失败主义与在政变后席卷法国的愤怒的和平主义相辅相成。左翼抨击那些右翼的战争贩子,而右翼也不甘示弱,且因对与共产主义苏联的联盟感到失望而对那些支持社会主义的黩武主义者进行抨击。几乎每一家法国报纸都宣布反对战争,工会和退伍军人协会也不例外。

法国政府陷入了迷茫和分裂。赖伐尔已经因他的通货紧缩政策和与意大利的私下交易而不得人心,在1936年1月被迫下台。取代他的是激进党人阿尔贝·萨罗（Albert Sarraut）,在4月底举行新的选举之前,他一直领导着一个看守政府。尽管萨罗本人是勇敢的——他是一名经历过几场决斗以及凡尔登战役的老兵——但他不是个能够应对危机的人。1936年3月8日星期天的傍晚,即德国重新占领莱茵兰的第二天,他广播了一则反抗的消息,宣称法国政府"不会允许斯特拉斯堡处于德国的炮火之下"。[11]然而,在同一天的内阁会议中,他对立即做出军事反应的支持——正如邮政部长乔治·曼德尔（Georges Mandel）所主张的——不足以战胜众多来自军事、金融和外交多方面的反对意见。相反,内阁一致认为法国不能陷入"孤立的行动",并且决定当前唯一的即时回应——除了在马其诺防线上进行纯粹防御性配备之外——是要向国际联盟发出呼吁并与其余的《洛迦诺公约》签署国进行磋商。戈培尔评价道:"好极了。"[12]

在伦敦,气氛并不比在巴黎更加好战。"对于希特勒的政变感到非常兴奋,"不久前被选为西莱斯特国民工党议员的哈罗德·尼科尔森在3月9日如此记录道,"艾登在3点40分发表了声明……非常平静。承诺如果法国遇袭将提供帮助,此外则将进行协商。议会的总体情绪是恐惧的。只要不打仗怎么都行。"[13]伦敦城"极其支持德国",而《泰晤士报》则发表了一篇题为《重建的机会》的乐观的社论。[14]这篇文章提及了希特勒在发动其政变的同时提出的那项和平建议，其中包括与德国的邻国签订互不侵犯条约、一项关于西部的航空协定，以及德国回到国际联盟这个诱人的建议。

为了避免战争，许多有影响力的英国人都坚持这些提议。前内阁副秘书托马斯·琼斯在这次重新占领的第二天通过电话敦促鲍德温要"全心全意地欢迎希特勒的宣言"。"对待这件事要相对地把影响降至最低：鉴于随之而来的这些和平提议，不要过于悲观地看待它……把希特勒的宣言当作是出于善意的，并且通过实践来检验他的诚意。"[15] 这些，正如琼斯解释的，是在布利克林庄园——洛锡安侯爵的诺福克乡村宅第——的府邸聚会中绝大多数人的观点，这些人听到消息后，决定自行组建一个"影子内阁"来仔细研究解决这一情况。除琼斯和洛锡安侯爵外，其他的宾客还包括阿斯特勋爵及勋爵夫人、检察总长托马斯·英斯基普爵士（Sir Thomas Inskip）、美国外交官诺曼·戴维斯（Norman Davis）、《经济学人》社长沃尔特·莱顿爵士（Sir Walter Layton）及其夫人、加拿大高级专员及其夫人，还有刚访问希特勒回来的历史学家阿诺德·汤因比（Arnold Toynbee）。

尽管艾登没能按计划前往布利克林庄园，但他所持观点大致相同。虽然他在3月8日——入侵的第二天——在一份给内阁的备忘录中说，即便在德国自愿参与进来的情况下，也不能再相信希特勒会遵守条约了，他依然矛盾地主张，英国政府应该利用这次机会"在希特勒先生仍旧有心情这样做的时候"缔结"一项尽可能深远又持久的解决方案"。艾登总结道，最重要的是，"我们一定要阻止法国对德国采取的任何军事行动"。[16]

正如我们已经看到的，这样做并没有危险。不过，虽然法国政府阻止了单边军事行动的发生，但它也同样急于阻止德国的全面胜利，这将破坏《洛迦诺公约》并把法国的弱点暴露无遗。因此，在巴黎的一次《洛迦诺公约》成员国代表会议上，法国外交部长皮埃尔-艾蒂安·弗朗丹（Pierre-Etienne Flandin）言辞强硬。法国将要求国联理事会确认德国违反了《凡尔赛和约》，在这之后，它要将德国包括经济和军事在内的全部资源都任由国联支配。弗朗丹认为，现在是时候接受德国的挑战了。德国明年会更加强大，可当前是孤立无援的。如果国联实施甚或是威胁施加制裁——首先是经济上，而后是军事上——希特勒肯定会屈服。比利时首相保罗·范泽兰（Paul Van Zeeland）表示同意。如果《洛迦诺公约》各成员国共同行动起来，那么战争的风险"是1/10的可能性"，然而如果这些民主国家任凭希特勒逍遥法外，那么未来的战争似乎无法避免。[17]

艾登因这个表面上的决议感到惊慌，回到伦敦向内阁进行汇报。在内阁中，他发现人们对这些法国的提议感到惊愕，对制裁普遍持反对态度。最重要的是，英国人不相信希特勒会向威胁低头，正因如此，也不认为进行"希望不必付诸行动的威胁"是明智的。[18] 这个态度得到了参谋长们的支持——他们很快获得了这个国家最糟糕的失败主义者的名声，他们声明英国的武装力量没有条件与德国作战，也得到了公众舆论的支持，他们压倒性地表示宣布反对战争并支持德国的行动。在这次重新占领莱茵兰的几天后，维克多·卡扎勒特记录了"到埃文河畔的斯特拉特福参加国联会议"。"200人出席——真是令人激动得喘不过气来。197票支持与希特勒协商，3票反对。"[19] 卡扎勒特被这与意大利入侵阿比尼西亚形成的鲜明对比吓了一跳——在意阿问题上，这些集体安全的热衷者一直在强烈要求做出强有力的国际回应——他断言这个国家永远不会接受采取军事行动将德国人从他们自己的领土上驱逐出去。这个观点与罗伯特·伯奈斯在布里斯托尔的调查结果以及利奥·埃默里在莱斯特的经历相呼应，在这一点上，令他感到惊讶的是，一群退伍军人表明他们自己是完全站在德国人这边的。

一些人把这种态度推向了极端。奇切斯特的座堂牧师相信"普通人听说希特勒进入了这个区域时，几乎都长舒了一口气"，而利物浦大教堂的一名教士被莱茵兰应该由一支国际警察部队占领的建议激怒，以至于他禁止在礼拜时为英国政府祈祷。[20] 事实是，正如陆军大臣达夫·库珀告诉德国大使的那样，大多数英国人"根本不在乎德国人重新占领了他们自己的领土"。[21] 3月9日上午，当艾登问他的出租车司机如何看待这个消息时，他便立刻明白了这个事实。后者的回答是："我认为德国佬在他自己的后花园里想做什么都行。"[22]

*　　*　　*

在这种氛围之中，法国人在采取行动上的坚持引发了一股恐法情绪。数十名议员谈到了其选民们的反法情绪，并且随之出现了对德国支持的激增。一名利物浦保守党人士写道，"总体看法似乎认为，法国在过去的 15 年中一直是和平道路上的绊脚石"，他指出，"我现在遇到的每一个人似乎都是支持德国的，或者至少是反对法国的"。[23] 在议会中，保守党后座外交事务委员会以压倒性的优势反对制裁并支持谈判。哈罗德·尼科尔森慷慨陈词，反对英国不履行义务，可是，正如他在一封写给他妻子——作家薇塔·萨克维尔-韦斯特（Vita Sackville-West）的信中透露的那样，即便是他，也对应该采取哪个最佳方案拿不定主意：

> 法国人不会允许我们不履行哪怕一丝一毫的承诺，……因此，我们面临着要么拒绝履行我们的诺言，要么犯险一战。在这件事上最糟糕的是，在某种程度上，法国人是对的。我们知道，希特勒把赌注押在了这次政变上。我们知道，沙赫特告诉他这会导致金融灾难，纽拉特（Neurath）告诉他这会滋生一个危险的外交处境，还有总参谋部告诉他如果法国和大不列颠采取共同行动，德国将不会有反抗的机会。这样一来，如果我们给德国发去最后通牒，它照理讲该做出让步。可到时候它不让步，我们就会打起仗来。自然，我们会取得胜利并进入柏林。可那有什么好处呢？它只意味着在德国和法国实行共产主义，而这正是为什么苏联人会如此热衷于此。此外，这个国家的民众绝对拒绝开战。如果我们提出这样的建议，我们一定会面临全国性的大罢工。因此我们将不得不可耻地让步，而希特勒将获得胜利……不过这确实意味着国联的终结，而我的确非常介意这一点。非常介意。[24]

鲍德温和内维尔·张伯伦虽然对国联的命运不那么关心，但他们同样相信与德国的战争不会有积极的结果。首相若有所思地说，法国"可能会在苏联的援助下成功地击溃德国","但这很有可能只会导致德国走向布尔什维克"。[25] 因此，当国联理事会于 1936 年 3 月 12 日在伦敦开会时，当务之急便是要阻止法国人，同时避免英国被指责设法摆脱《洛迦诺公约》的束缚。如同教育委员会主席奥利弗·斯坦利（Oliver Stanley）所说的那样，"尽可能少丢脸地维护和平"。[26]

另一方面，弗朗丹竭尽全力地劝说英国人和法国一起要求德国从该区域撤军。"我们知道希特勒一直在虚张声势，如果你们能继续忠于自己的约定，我们将能够获得满意的结果，"他在一次有 20 位国民政府议员出席的晚宴上说，"但如果你们食言了，那么确实会向世界表明，暴力是唯一重要的政治因素，而德国，作为在欧洲大陆上最强大的单一力量，将成为欧洲的女主人。"[27] 虽然议员们被打动了，但是当这位法国外交部长向张伯伦提出同样的论点时——强调了他坚信希特勒会在英法决议面前打退堂鼓——这位财政大臣回答道，英国政府不能"接受这个是对一名疯狂独裁者的反应的可靠判断"。[28]

最终，弗朗丹不得不接受英国人坚决不采取行动的现实。3 月 17 日，苏联外交部长马克西姆·李维诺夫（Maxim Litvinov）在日内瓦发表了态度强硬的演讲，赞成采取集体行动，但是这——还包含了英苏团结的意味——只能助长英国顽固不化的态度。两天后，国联理事会宣布德国违反了《凡尔赛和约》和《洛迦诺公约》，却没有建议进行制裁或者要求德国从该区域撤军。《洛迦诺公约》的签订国提议创建一个新的非军事区域，并敦促希特勒不要增兵，也不要在莱茵兰区域建设防御工事。如果希特勒愿意接受这些条件，那么英国、法国、意大利和比利时也愿意就这个区域的情况以及新的互助协定进行协商。与此同时，保护比利时和法国不受"无端侵犯"的《洛迦诺公约》这份担保得到了重申，而且，作为对法国的担忧做出的最重要的让步，英国人、法国人和比利时人之间将举行参谋会谈。

对于在英国的某些人来说，即便这样也是太过分了的。"我对欧洲的局势真感到绝望，"社会改革家维奥莱特·马卡姆（Violet Markham）在 1936 年 3 月 22 日给托马斯·琼斯写道，"当然（一如既往地），德国尽管在事实上是正确的，可在方法上是全然错误的。然而它用一种糟糕透顶的方式将我们扔进了法国的怀抱……这项新协议意味着，如果法国与德国起了纠纷，我们将不得不去和意大利及苏联并肩作战？"[29]这个观点并不罕见。许多人认为秘密军事联盟是将英国拖进第一次世界大战的罪魁祸首，而人们也普遍反对参与进欧洲大陆的纠葛。在内阁中，约翰·西蒙爵士带头反对参谋会谈，尤其是反对在战争发生时要向欧洲大陆派遣远征军的承诺。他在3月26日写信给鲍德温："我无法相信如果伦敦正在遭遇严重的轰炸，我们还要派遣成批的士兵到那些低地国家去。"[30]

鲍德温让西蒙放心，可在下议院——正如哈罗德·尼科尔森指出的，是"非常'亲德的'，这意味着恐战"——担忧甚至更为严重。[31]"这些家伙们不会让那样的事情发生的。"卫生大臣金斯利·伍德（Kingsley Wood）告知首相。[32]鲍德温向艾登传达了这一警告，后者受到启发，发表了他职业生涯中最值得赞赏的演讲之一。他告诉议员们，参谋会谈是对失去法国-比利时安全的核心的必要补偿。此外，根据《洛迦诺公约》，英国有义务维护这种安全。"我不愿意成为第一个在英国签字之后又反悔的英国外交大臣。"艾登庄严地，甚至是虚伪地宣告道。[33]

事实上，这些参谋会议之于英国议员们或者德国政府——他们对此十分愤怒——来说是无须感到焦虑的事。英国的参谋长们将谈话的技术性发挥到极致，获准告诉法国和比利时的参谋长们英国的家底——亨利·波纳尔中校指出仅"勉强够用"——但是无论如何都无法商定在发生战争时可以或不可以使用何种武力。[34]联合计划被严格禁止，正如一名英国外交部官员承认的那样，这整个活动仅仅是用来安抚法国人的瞎话。[35]

与此同时，希特勒拒绝了伦敦的提议。1936年3月29日，当98.8%的德国选民在公投中表决支持重新占领莱茵兰时，他品尝到了胜利的滋味。他接着重申了他早先的和平提议，强烈要求那些民主国家在1936年8月1日之前接受他的提议。英国的反应是一贯的。他们怀疑这位德国元首的真诚，却又竭力渴望达成一项协议，便给希特勒发去一份调查表，询问他愿意遵守哪些条约。6个月后，英国外交部依然在等待答复。

* * *

事后回溯，莱茵兰的重新军事化被看作是两次世界大战之间的一个分水岭：是在不发动大规模战争的情况下阻止希特勒的最后机会。丘吉尔在《暴风前夕》（The Gathering Storm）中提出的这一解释基于一个认识，即希特勒的大胆举动是一场巨大的赌博，即便是法国陆军的有限行动也足以将德国人赶出该地区。事实上，与甘末林将军汇报的有数十万士兵相反，仅有3000名德国士兵跨越到了莱茵河的西岸。在那里，他们奉命抵抗即将挺进的法国部队，不过在全面大撤退之前这始终只能是一种象征性的努力。"考虑到我们当时的处境，法国的掩护部队就能将我们打得片甲不留。"前德国武装部队最高统帅部作战局局长、陆军大将阿尔弗雷德·约德尔（Alfred Jodl）在1946年的纽伦堡审判上承认道。[36]

然而大致说来，这只是事后诸葛亮。尽管当时有些人意识到了事态的实情，但法国以及特别是英国的绝大多数决策者，都相信军事行动会导致战争。这个结果遭到了参谋长们的强烈反对，而英吉利海峡两岸的国内形势也使得两国几乎不可能做出军事回应。法国正处在那十年中分歧最大的选举的准备阶段，而已经处在崩盘边缘的法郎也不可能在军事动员中回春。在英国，普遍的和平主义与战争借口的不足相辅相成。对莱茵兰的重新占领被认为是既有正当理由又必然会发生的，几乎没有人准备论证它对英国的安全构成了直接威胁。对于保守党外交政策委员会主席保罗·埃姆里斯–埃文斯（Paul Emrys-Evans）来说，这相当于英国政府的渎职。"今年所发生的事无异于灾难，"他在1936年7月13日向首席党鞭抗议道，"在欧洲的每一个人都预料到了莱茵兰被重新占领，不过显然英国政府还没有想出应当采取何种行动。他们肯定从来没有为这个国家做好应对任何危机的准备，而当危机到来时，他们没有给舆论以引导，相反却躲到了它的背后。"[37]

尽管有上述修饰语，但是很难不同意这个观点。虽然当时在英国很少有人重视或担心这个问题，但莱茵兰的重新军事化从很大程度上限制了法国的能力，使其无法通过这个未设防的区域发动对德国的入侵，来援助它在东欧的盟国——捷克斯洛伐克、波兰、罗马尼亚和南斯拉夫,更不要说奥地利了。通往德国的大门被关上了,法国人在此过程中蒙了羞。相反,德国已经变得相当强大了,希特勒在面对来自他自己的将军们的怀疑时也取得了胜利。他对他自己的主角光环的信念增强了,而能阻止他进行在其他国家冒险的更为谨慎的军队能力日渐式微。在阿比西尼亚问题上已被实质摧毁的国际联盟被悄无声息地埋葬。虽然这个日内瓦的机构会继续运转直到战争爆发,但是再也不会有人认真地试图用国联作为胁迫侵略者的手段了。这的确是一个转折点。

6

王国的防御

> 罗马帝国的兵器之可怖给那些皇帝的节制增添了分量和尊严。他们通过持续的备战来维护和平;虽然正义规范了他们的行为,但他们向其周边各国宣告,就像不愿给予伤害一样,他们不愿忍受任何伤害。
>
> ——爱德华·吉本,
> 《罗马帝国衰亡史》

这场阿比西尼亚危机使人们对英国的防务状况产生了担忧。1936年1月,《晨邮报》刊登了一系列文章,曝光了遍及全部三大军种的严重缺陷。这些缺陷包括海军弹药的不足,陆军储备的匮乏,现代化坦克和枪炮的缺乏,防空装备的极少供给,还有和纳粹德国空军相比之下不足的皇家空军的规模。总之,《晨邮报》的结论是:"我们已经远低于安全和审慎的底线。"[1] 议会中的许多人都对此表示同意。2月14日,前外交大臣奥斯汀·张伯伦爵士发表了一番对英国政府在国防事务问题的处理上的犀利抨击,震惊了议会记者席,在日益高涨的呼声中也增添了自己的声音,支持任命一名新大臣来监督英国更有力地进行军备重整。"我的确有点儿引起了新闻界的惊慌,"张伯伦对他同父异母的妹妹说,"我认为也有点儿让斯[坦利]·鲍[德温]大吃一惊。""说实话,我认为早就该试图让他摆脱他的自满了。当然,确实没有人可以完成在这些日子里首相该做的所有工作,可令我气愤的是,当前的首相什么都没做。"至于这位新首相该由谁来担任,张伯伦心中自然有数。只有一个人——因为他的"调查研究和不寻常的能力"——可以胜任,"那个人就是温斯顿·丘吉尔"。[2]

丘吉尔迫切希望重新掌权。1936年2月13日，维克多·卡扎勒特发现他"对没有'进入'[政府]大发雷霆——对当前的政权表示轻蔑，并且对德国的威胁感到不知所措——心里非常不平衡，我如此认为"。[3]丘吉尔曾希望鲍德温或许会在1935年的选举之后让他回来。许多人都认为他会的，这种期待蔓延到了柏林，据说希特勒对这个想法表达了焦虑。可鲍德温决意要将他排除在外。"我感觉我们在这个阶段不应给他一个职位，"这位首相向兰开斯特公爵领地事务大臣戴维森解释道，"任何他着手去做的事，他都会全身心地投入进去。如果将有一场战争——没人能说不会有——我们一定要让他保持精力充沛，到时候成为我们的战时首相。"[4]

尽管有这些居高临下的预言，但在莱茵兰危机前的4个月里，丘吉尔的执政地位在整体上得到了提高。国际形势恶化了，英国政府也因霍尔-赖伐尔事件受了挫。然而，其他的事件则提醒了人们过往的不忠行为。1936年1月，丘吉尔任性的儿子伦道夫·丘吉尔接受了苏格兰北部的罗斯和克罗默蒂的统一派协会的邀请，要在即将到来的补选中做它的候选人。伦道夫的参选已经在前一年导致了工党在利物浦韦弗特里取得胜利，他的对手是国民政府的官方候选人，拉姆齐的儿子、自治领事务大臣马尔科姆·麦克唐纳（Malcolm MacDonald），尽管他在最近的大选中丢掉了席位。[①]局势满是难堪。仍然希望得到英国海军部或者新的国防工作的丘吉尔对他儿子的举动感到震惊，他担心这将被解读为他对鲍德温的宣战。雪上加霜的是，曾鼓励伦道夫冒险开拓的罗瑟米尔子爵决定要派遣首相的儿子奥利弗·鲍德温（Oliver Baldwin）前往苏格兰，去为《每日邮报》撰文赞扬伦道夫并贬低麦克唐纳。绝望的丘吉尔给他的妻子写信说道："这样一来我们就是要让拉姆齐的儿子、鲍德温的儿子和我的儿子——在这个遥远的选区相互撕咬。"[5]

对这三位父亲来说很幸运的是，伦道夫的前景并不乐观。正如保守

---

① 拉姆齐和马尔科姆·麦克唐纳双双在1935年的大选中失去了席位，斯坦利·鲍德温承诺会给他们新的席位。这些席位将来自腾出来的保守党选区，但统一派协会是独立的，而且在这件事上，他们对把这两个背弃信仰的社会主义者强加给他们的想法感到愤怒。

党议员，也是丘吉尔的密友的布伦丹·布拉肯在1月中旬发电报所说的，"社会主义者很可能胜出。在克罗默蒂，投机者多过保守党人"。[6]这是几乎可以肯定的事实。在计算选票时，伦道夫获得了不到2500张选票，相比之下，工党候选人获得了将近6000张，而麦克唐纳获得了近9000张。《爱丁堡晚报》形容这个结果是又一根"楔进了温斯顿·丘吉尔先生的政治棺材的钉子，不论他是作为海军大臣候选人还是作为国防协调大臣候选人"。[7]然而，许多人仍然相信，丘吉尔的才能太过显著，以至于鲍德温是无法忽视的。丘吉尔当然希望如此，并在1936年3月10日的国防辩论中打消了原本想要重拳出击的想法，而他对莱茵兰被重新占领的反应则尤为沉默。

所有这一切都成了徒劳。3月13日，入侵莱茵兰的6天后，当鲍德温透露这位新任国防协调大臣不是丘吉尔而是检察总长托马斯·英斯基普爵士时，他震惊了威斯敏斯特。"伦敦因鲍德温的一事无成——或者说是他的犬儒主义——的最新例证而震惊"，哈姆斯沃思的记者科林·布鲁克斯（Collin Brooks）在他的日记中指出：

> 谁将成为这位新任国防协调大臣，会是多么强大的男人，多么经验丰富的本位主义者或业务硬汉，在几周的悬念之后，最终宣布命运眷顾了托马斯·英斯基普爵士，一名二流的检察总长，其最重要的成名之举是他曾作为一名新教事业的忠实拥护者参与关于公祷书的辩论。[8]

丘吉尔的朋友们义愤填膺。"这是自卡利古拉任命他的马作为执政官以来发生过的最自私的事了！"牛津大学科学家弗雷德里克·林德曼（Frederick Lindemann）教授火冒三丈。[9]那个人同样惊讶。"我可以非常真诚地说，我从未想过我有可能被要求承担这些职责，"英斯基普谦虚地承认，"我从未想过——说实在的——即便我被授予了这些职责，我会有能力去履行它们……我并不宣称自己是一个超人。"[10]

事实上，英斯基普以远超他或他同僚预期的技巧履行了职责。尤其是，他在1937年12月重新排列皇家空军的优先事项，做出支持战斗机而非轰炸机制造这个决策所产生的影响，即便这是出于成本的考虑，后来也证明这个决策对英国在不列颠之战中的幸存至关重要。然而，这位新任大臣没有将他获得这个职位归因于他是谁，而归因于他不是谁——丘吉尔。正如鲍德温告诉维克多·卡扎勒特的那样，他宁愿将丘吉尔排除在外并"吵上 4 个月"，也不愿将他纳入进来并"吵上 4 年"。[11] 8 周之后，他对托马斯·琼斯详细阐述了这个观点：

> 总有一天我会就温斯顿发表几句非正式的评论。不是一场演说——没有华丽的辞藻——只是顺带的几句话。我已经全都准备好了。我会说，当温斯顿出生的时候，很多仙子带着礼物——想象力、口才、勤奋、能力——迅速降临到他的摇篮上，然后来了一位仙子，说："没有一个人有权得到这么多礼物。"便将他抱起并剧烈摇晃旋转他，以至于在得到了所有这些礼物的同时，他被剥夺了判断力和智慧。而这正是为什么当我们在这个议会中以聆听他的发言为乐的同时，并不会采纳他的建议。[12]

许多保守党人士都认同这种评价。1935 年 11 月，普利茅斯萨顿选区的保守党议员，也是首位在下议院拥有席位的女性的南希·阿斯特（Nancy Astor）写信给鲍德温，乞求首相不要让丘吉尔加入他的政府。"它将意味着国内外的战争，"她断言并补充道，"我了解温斯顿的不忠的程度——你无法想象这个国家的所有选民究竟有多么不信任他。"[13] 当莱茵兰危机爆发时，内维尔·张伯伦当然为没有丘吉尔这个同事松了一口气。他在一封写给他妹妹的信中表明："我们应当用我们所有的时间来压制他，而不是继续干我们的事。"不过，作为鲍德温的假定继承人，张伯伦发现在这个问题上首相与他的观点一致，这让他最感宽慰。根据萨姆·霍尔所言，鲍德温拒绝支持丘吉尔当选的可能性，主要是因为"当他（斯坦利·鲍德温）的继任者这个问题变得紧迫时，让他进入内阁会有风险"。[14]

*　　*　　*

丘吉尔很失望，不过依然坚忍。在几周内，他反复强调了有关德国威胁的警告，此外还批评了英国政府在国防问题上的怠惰。1936年5月1日，他指出，德国所进口的进行武器生产必需的原材料进一步大幅增加。"所有这些信号都预示着危险，"他在《标准晚报》中写道，"红灯穿透幽暗闪烁着，让热爱和平的人们当心。是时候集中注意力并做好准备了。"[15]

事实上，尽管为时已晚，英国政府已经采取了重要措施来提升英国的备战状态了。在3月份，它宣布了一项新的五年计划，将建造2艘新型战列舰和1艘航空母舰，现有的主力舰完成现代化改造，巡洋舰的兵力从50艘增加到70艘，并为陆军增添4个新步兵营。其中最重要的是，到1939年3月，空军的前线力量将从1500架飞机增至1750架，还有225%的储备。这项计划是财政大臣和他的"有限责任"战略的又一次胜利。作为对国防需要委员会的第三次报告的回应，张伯伦再次成功地将资源从拟议的远征军转移至扩大的空军。这在一些高层军事人士中间引起了惊慌。"他们不能也不会意识到，如果与德国的战争再次到来（不管是由于集体安全、《洛迦诺公约》，还是其他任何方式），我们将再次为自己的生命而战。"帝国国防委员会军事助理秘书波纳尔中校抱怨道。"这场'半心半意的'战争是世界上最有害、最危险的。它将是全心全意的——即便那样，我们也很有可能会输掉……财政大臣那冷酷、精于算计、半抽身的态度听上去糟糕极了。"[16]

这样的说法过于苛刻了。在迫使鲍德温以重整军备的名义参加1935年的大选后，张伯伦很清楚地知道，重建英国的国防是这个连任政府的首要任务。然而作为财政大臣，他坚决不做任何有可能破坏最近才从大萧条的魔爪之中解脱出来的经济的事。在这样的情况之下，张伯伦对像丘吉尔这样的人感到愈来愈沮丧，他们似乎向公众保证，他们能够拥有一切他们想要的军备而不需要为之花钱。国防支出必须要有明确的目标，张伯伦坚信下一场战争将取决于空中而不是大规模的陆军冲突，他认为空军是最值得，也是最高效的资金接受方。张伯伦和财政部没能意识到的是，重整军备的开支能够有助于复苏经济,就像 1933 年后的德国以及 1941 年后的美国那样。事实上,当英国在 1936—1939 年真正开始大量投入军备时,就业和产能的双丰收是显而易见的。

如果说英国政府在这方面看起来目光短浅,那么反对党也是如此,他们反映了大量的公众意见,继续反对增加任何军备开支。1935 年 10 月,克莱门特·艾德礼取代乔治·兰斯伯里成为工党领袖,事情看起来似乎会有转机。① 可即便是艾德礼少校——他在第一次世界大战中直面过土耳其人和德国人——在这个阶段也不愿支持重整军备。针对英国政府的《1936 年国防白皮书》的工党修正案宣称,"这个国家的安全与世界的和平"不是来自武器,而是来自"遵守《国际联盟盟约》、全面裁军……和经济合作,这样才能消除战争的根源"。[17]

许多渴望围绕国防建立共识的保守党人都对工党这个立场表示遗憾。然而,对于那些从一开始便一直在为重整军备而奔走的高调的保守党人来说,这个首要的敌人依然是英国政府本身。1936 年 4 月底,丘吉尔斥责大臣们未能就一项军备增产计划与工会官员们开会协商,并呼吁成立供给部来监督工业与军队间的重要关系。鲍德温和张伯伦不愿扰乱贸易的正常进程,驳回了这个想法。不过在政府内部有一些人,譬如,工业事务顾问韦尔勋爵(Lord Weir)和莫里斯·汉基爵士认为,倘若真的要实现大规模的重整军备,经济将必须被置于某种战争基础之上。

* * *

在整个 1935 年和 1936 年,丘吉尔持续收到有关德国与日俱增的军事实力的机密情报。德斯蒙德·莫顿提供了德国军备方面的数字,拉尔夫·威格拉姆则使他对外交部的最新情报了如指掌。越来越多现役军官们

---

① 此前,在布莱顿召开的工党大会上,绝大多数人都投票赞成对意大利进行经济制裁。反对制裁的兰斯伯里受到了运输和普通工人工会秘书长欧内斯特·贝文(Ernest Bevin)的一番毁灭性的抨击,贝文说他要停止"到处挨家挨户地兜售你的良心,要别人告诉你该怎么办"。

秘密地接近丘吉尔，他们对其各自部队的状况感到苦恼，纷纷来向他寻求帮助。这些人中最重要的要数空军中队长托尔·安德森（Torr Anderson），他在1936年5月20日致电了丘吉尔的秘书。"作为一名部队军官，你会理解他的处境，"维奥莱特·皮尔曼（Violet Pearman）写给丘吉尔，"他不愿写信，可……他胸有成竹地说，你会对他说的事情很感兴趣。"[18]作为皇家空军培训学校主管的安德森担心教育的标准下滑，而且正在接受训练的观察员和领航员实在太少了。5月25日，他向丘吉尔明确表达了这些担忧，并呈递给他一份长达17页的备忘录，论证了眼下为皇家空军应战而做的准备不足。

丘吉尔已经确信情况如此，在夏天的大部分时间里，他用自己的备忘录和信件对大臣们穷追不舍。尤其是，作为政府防空研究委员会的一员，他能够将他自己变成一个彻底惹人嫌的人。这个组织——帝国国防委员会的一个下属委员会——是为研究如何借助科学试验来改善英国防空能力而设立的。让他的同事们极为恼怒的是，丘吉尔利用了他的职务来对英国政府的整个空中政策进行广泛的批评，同时也游说支持他的朋友林德曼教授的某些更为怪异的想法，譬如航空水雷的研发。

事实上，在斯温顿勋爵（Lord Swinton，即前文中的菲利普·坎利夫-利斯特）领导下，英国空军部正在经历一场变革。1936年2月，英国内阁批准了战间期的最新且持续时间最长的扩充计划——"F计划"。这在很大程度上提升了英国的空中打击能力——用中型轰炸机取代轻型轰炸机——同时也为绝大多数的空军部队重新配备了最新机型。甚至在原型机经过测试之前，汉普登轰炸机、威灵顿轰炸机、韦尔斯利轰炸机、布伦海姆轰炸机、飓风式战斗机和喷火式战斗机就已被批量订购。这将极大程度地加快进程，理论上说，在1939年的春天到来之前，皇家空军可以获得总数达到8000架的新飞机。此外，斯温顿勋爵实施了"影子工厂"计划，凭此英国政府建造了一些工厂或为汽车公司提供赠款以扩张工厂，在这些工厂里员工们会接受制造飞机零部件的培训。这将让飞机制造在战争爆发时快速且无缝地膨胀起来。最后，英国空军部将为罗伯特·沃森-瓦特（Robert Watson-Watt）的实验提供几乎无限的资金，他在无线电波方面的工作将促成无线电测向（RDF）的发明，其更广为人知的名称是它的美式缩写——雷达（RADAR）。

当然，仍有一些严重的问题存在。如今这些定期由托尔·安德森提供给丘吉尔的情报成了对诸多不足的喋喋不休，甚至连沃森-瓦特也不得不抱怨说，英国空军部的繁文缛节一直给他的工作造成无法忍受的拖延。F计划，虽然它雄心勃勃，但还是失败了。到了1938年的春天——战争差点在这一年爆发——那8000架飞机中只有4500架兑现，并且几乎没有一架喷火式战斗机、威灵顿轰炸机、汉普登轰炸机、波弗特轰炸机或莱桑德式联络机可以用。对于1936年的英国空军部，最值得一提的是它将前些年那些粉饰门面的计划取消了，并且正朝着正确的方向缓慢地前进。它当然比英国陆军部的状况要好，陆军部在1935—1936年陆军预算书中暴露了其过时的观念，该预算书增加了4.4万英镑的马匹饲料支出，却只为汽车燃料额外提供了1.2万英镑。[19]

*　　*　　*

随着1936年的夏季议会会议接近尾声，丘吉尔与奥斯汀·张伯伦一道呼吁下议院召开秘密会议。这个会议将允许议员们就英国防务的真实状况进行辩论，同时不会将自身不足广而告之给外国势力。即便免于议会记者席的围观，鲍德温也不情愿与丘吉尔进行决斗，他还是拒绝了这个提议。不过，他倒是同意接纳一个由议员和贵族组成的代表团来讨论他们的担忧。7月28日，18位保守党政要——13位议员和5位贵族——成群结队地走进唐宁街10号的大门，迎接他们的是鲍德温、哈利法克斯勋爵和英斯基普这个平庸的三人领导小组。

丘吉尔主导了会议进程。他在莫顿与安德森的帮助下做了充分的准备，在有关空中防御的几乎每一个方面都向政府提出了质询，同时表示他坚信法国人对德国一线飞机总数在本年底之前达到2000架的预估是远远不够的。在7月29日的第二次会议上，他表达了对军需品、坦克和机枪制造进度异常缓慢的担忧，并在结束时恳请将目前采取的所有决定都当作紧急情况来对待。

鲍德温的回答异乎寻常。他没有回答向他提出的任何具体问题，而是以惊人的坦诚解释了在过去几年中一直指引他的思想：

> 你们中大多数人都坐在安全的席位上。你们不代表工业选区；至少，你们中很多人都不是。战后，在这个国家存在着一种非常强烈的——我不了解和平主义者——爱好和平的情感。他们所有人都再也不想经历战争了，国联也在宣传上下了大功夫，让人们相信他们可以倚赖集体安全，而在 1934 年，问题在于不管你是否设法去做很多或安全或危险的事，你都有可能会在大选中输掉。我个人非常强烈地感觉到了那一点，而在我的脑海中，最重要的事就是必须尽快赢得选举，并得到对军备的完全自主权。

鲍德温解释道，这项重整军备计划进展缓慢是因为它不得不从零开始。（由于英国政府订单的减少，许多军工厂在 20 世纪 20 年代都关闭了。）不过他和张伯伦都反对转变经济方向，甚至转为半战争状态，因为这可能会损害国家的普通贸易。当然，如果出现了紧急状况，那么作为首相，他将完全愿意考虑接受非常时期的权力。主要的区别就在于，丘吉尔认为纳粹德国对欧洲和大英帝国的安全构成了直接威胁，而鲍德温，正如他所表明的那样，并不认为与德国的战争是不可避免的：

> 最糟糕的是，我们没有人知道那个怪人的脑袋里究竟在想什么；我是指希特勒。我们都知道这个德国人的愿望，他在他的书里也已经说了出来，要向东发展。而假如他向东发展，我不会心碎，可那是另一回事。我不相信它［德国］想要向西发展，因为对它来说向西发展会是一个艰难的计划。而假如它在我们准备好之前就已经开始行动，我相当赞同这景象一定糟糕极了。

最后，首相向他的同事们保证，他不打算让这个国家卷入战争——

不为国际联盟或者其他任何人。有一种危险是他可以预见到的，不过即便如此，他也依然相信让英国置身事外是有可能的，也是明智的：

> 假设苏联人和德国人打起仗来，而法国人因为他们签下的那个糟糕的协定作为苏联的盟友也掺和进去，你不会觉得你有义务去帮助法国，对吗？如果在欧洲真要打起仗来，我应该会希望看到布尔什维克和纳粹打起来。[20]

丘吉尔并不满意。鲍德温曾承诺实现空中对等，然而从丘吉尔相当精确的计算来看，皇家空军仍然远远落后于德国空军，并且将在一段时间内继续如此。1936年11月12日，在关于国王演讲的辩论中，他对政府发动了一通"铁锤"般的抨击。[21] 丘吉尔宣称，自从他第一次对《忠诚演说》提交修正案指出这个国家的防御能力不再能够保护自身的安全，已经两年了。两年过去了，此刻他又在这里提出同样的修正案。在这段时间里，德国的实力以指数级成长。德国创建了一支庞大的空军，重新启用了征兵，开始建造一支潜艇舰队，还对莱茵兰进行再军事化。在同一时期，英国做了什么呢？它失掉了空中优势，然后又失去了均势；它没能研发出新型坦克和其他武器；它剥夺了国防义勇军的基本装备；它还准予了德国建造多达皇家海军35%实力的权力。托马斯·英斯基普爵士为此引用《圣经》作为开脱，将1933—1935年形容为"被蝗虫所吃的那些年"。[22]

对丘吉尔来说，补救措施是显而易见且迫在眉睫的。英国政府必须建立一个供给部，以加速重整军备并调整这项工作的优先次序。这将不可避免地需要干涉贸易，不过总比其当前所处的荒唐局势要好，即允许公司优先考虑更有利可图的海外——包括德国——公司的合同而不是英国政府的需要。英斯基普赞同这个想法，然而，他被迫在议会中反对它，同时向议员们保证这个不是最终的决定。丘吉尔奚落了这种优柔寡断的做法：

> 政府简直无法拿定主意，要么就是他们无法让首相拿定主意。因此他们继续处于一种奇特的悖论之中，做出决定只为不做决定，解决

问题只为不去解决，坚定不移只为放任自流，坚实可靠只为易于变化，无所不能只为无能为力。因此我们继续消耗更多的年岁——宝贵的，或许对英国的伟大至关重要的——供蝗虫食用。"[23]

针对这个攻击，鲍德温发表了他"惊人的坦率"的声明，其中他坦承，他认为从选举上来说，当初不可能在1935年大选之前发起大规模的军备重整。国民情感太倾向和平了，也因此，"民主制度总是要落后于那位独裁者两年"。不过现在，英国政府获得了重整军备的权力，在英国民众之中也深信，"为应对任何可能的危险，在我们认为必须重整军备的决议上，决不能走回头路"。[24]

现在的情况很大程度上归功于丘吉尔的活动，在1936年间，他的活动扩大到接受相当一部分自由主义甚至是左翼观点。这是在丘吉尔试图利用人们对国际联盟和集体安全的支持来实现他自己的重整军备政策时发展起来的。他的演讲采用了当时的自由主义用语，很快他便受邀与国际联盟、反纳粹委员会和新英联邦协会等跨党派机构合作。

与此同时，左翼正在缓慢地朝着丘吉尔的立场靠拢。1936年7月，一群西班牙的将军发动了武装起义反对圣地亚哥·卡萨雷斯·基罗加（Santiago Casares Quiroga）的中左翼共和政府。在随之而来的内战中，西班牙的城镇被德国的飞机摧毁，裁军的妄想破灭。世界成了一个危险的地方，而法西斯主义——作为在阿比西尼亚、德国和现在的西班牙的那些暴行的起因——使这些民主国家必须要去捍卫它们自己以及它们的价值观。不过对1936年还有另一种叙述：人们对纳粹德国的钦佩达到了顶峰，新一拨游客和右翼分子也出发去体验那个由一名记者所形容的"希特勒的仙境"。[25]

7

希特勒的仙境

> 我得出的结论是，一般的英国人——尽管在内政方面很有常识——在考虑外交事务时往往是头脑不清、草率又容易受骗的。
>
> ——霍勒斯·朗博尔德爵士给杰弗里·道森的信，
> 1936 年 6 月 10 日[1]

欧内斯特·坦南特（Ernest Tennant）和他的妻子起得很早。他们在 1935 年 9 月 15 日星期天的早上 7 点离开纽伦堡大饭店，向东南方向驱车出城，朝着广阔的集会场而去。在那里，随着太阳升起，12 万名身着军装的冲锋队员早已排成整齐的队伍，就像一片正在绽放的"巨大的郁金香田"，冲击着观众们的眼球。坦南特入了迷。"如果在任何国家有任何人依然对纳粹德国的力量缺乏确信，那么这个有着钢铁纪律的党派阅兵的壮观场面就能提供这种信心。"他写道：

> 过去那些伟大的战争之王，从薛西斯一世到恺撒大帝，从未有一名曾梦想过像希特勒在纽伦堡的组织者们那样把年度例行公事变得如此华丽壮观……我在纽伦堡所看到的一切，丝毫没有改变我对德国的稳步发展和英德友谊的至关重要性的看法……如果这个当前的政权继续存在下去，或许我们就将见证一个超级民族的诞生。[2]

1935 年的纽伦堡集会不是坦南特对纳粹德国的第一次体验。作为一名人脉颇广的商业银行家，他从之前的多次商务旅行中了解了德国，也是这个政权的一名早期热衷者。1932 年，他结交了约阿希姆·冯·里宾特洛甫，而后这二人一起着手建立起纳粹党人与英国政要间的联系。起初，这些努力收获了有限的成功。斯坦利·鲍德温非常害怕在唐宁街被人发现与坦南特交谈，以至于当他记起外交大臣要来时，便唐突地结束了他们的对话，告诉坦南特一定不能被人看到他们在一起并命令他离开房间。"有那么一瞬间我以为鲍德温先生要让我藏到壁橱里。"这位银行家回忆道。[3]

然而，到了 1936 年，情况发生了变化。在 1933 年和 1934 年如此触目惊心又动荡混乱的纳粹革命貌似平静下来了。《凡尔赛和约》被撕毁，斯特雷萨战线被破坏了。希特勒修复了德国人的自尊，似乎找到了解决失业问题的灵丹妙药。德国的实力、德国的团结还有德国的成就都是令人惊叹的。与此同时，英国对法国的失望也达到了新的高度。法国未能在阿比西尼亚问题上支持英国，并企图在莱茵兰问题上将其拖进战争，且因人民阵线——一个包括共产党在内的左翼政党联盟——于 1936 年 5 月，即在批准那项极可疑的《法苏互助条约》仅两个月后，进行的选举而雪上加霜。传统的恐法情绪与对共产主义重燃的恐惧融合在一起，而西班牙内战的爆发表明欧洲正在分化成对立的意识形态阵营。在这种情况之下，出现了显著倾向德国的现象。当然，这个变化远非普遍现象。许多英国人依然认为纳粹主义令人憎恶，而绝大多数国民比起海外事件则更关心自己的经济和生活水准。尽管如此，仍有一种可以觉察到的转变，即人们对纳粹德国的钦佩日益高涨，新一拨的热衷者也启程去亲身感受这个新帝国。英德关系的机遇到来了。

* * *

正如已经提到的，英国的统治阶级成员对法西斯主义抱有好感是有许多原因的，其中最重要的是对共产主义的恐惧。1936 年 11 月，罗伯特勋爵的妻子、德拉姆伯爵的女儿内莉·塞茜尔夫人（Lady Nelly Cecil）记录道："几乎我的全部亲戚……对墨索里尼（近来少些了）和纳粹都是态度温和的，而对于'共产主义'的态度则很愚蠢。"后来，她建立了一个贴上"在说服社交界的保守党政要向德国访客们表明政治和宗教迫害、未经审判的监禁、谋杀与严刑拷打并不是本国社会所欢迎的问题上的失败尝试"标签的往来信件档案。⁴《泰晤士报》的中欧记者道格拉斯·里德观察到,"阶级偏见和对财产的痴迷"将"那些势利小人"变成了"法西斯分子",而在1938年5月,哈罗德·尼科尔森在普拉特俱乐部偶然遇见了三位年轻同僚,他们承认,"他们宁愿在伦敦看到希特勒,而不是一个社会主义政府"。⁵"统治阶级的人们只考虑他们自己的前途,这意味着对红色人士的仇恨,"这位政府议员在几周后哀叹道,"这在我们与希特勒之间创建了一个完全虚假的却是当前最有效的秘密纽带。从正反两方面来看,我们的阶级利益都与我们的国家利益相冲突。"⁶

与此同时,第三帝国拥有了一种有毒的魅力,从它建立之初,其便吸引了英格兰社交界中某些较为轻浮的成员。伦敦重要的女主人之一玛格丽特·格雷维尔出席了1934年的纽伦堡集会,回来后"对希特勒满怀热情";另一名社交圈女主人"祖母绿"·丘纳德夫人(Lady 'Emerald' Cunard)在1933年8月前往慕尼黑,并宣称自己"支持希特勒";而雷德斯代尔勋爵(Lord Redesdale)的第四个女儿,那位名字取得十分相称的尤妮蒂·瓦尔基里·米特福德(Unity Valkyrie Mitford),喜欢通过举起手臂并高喊"希特勒万岁!"的打招呼方式来让那些她遇到的人——包括村里的女邮政局长——大吃一惊。①⁷

这种趋势因威尔士亲王——1936年1月20日成为国王的爱德华八世的公开赞同态度受到了鼓动。这位亲王既缺乏才智又缺少宪政意识,他在1933年7月向普鲁士的路易·斐迪南王子表明他的想法道,这"不关我们的事,无论是关于犹太人或其他任何事,我们都没有理由去干涉德国的内政",而且"最近独裁者非常受欢迎,我们或许很快就会想要英国也有一个独裁者了"。⁸4个月后,他告诉前奥地利大使门斯多夫伯爵,民族社会主义是"唯一要做的事",而在1935年6月,日记作者、保守党议员"奇普

---

① 尤妮蒂后来将她与希特勒的友谊而变得臭名昭著,希特勒形容她和她的姐姐黛安娜(后者于1936年9月嫁给了英国法西斯联盟的领导人奥斯瓦尔德·莫斯利爵士)是"雅利安女性的完美样本"。1939年战争爆发后,她在慕尼黑的英国花园里开枪自杀,但并没有成功。在希特勒的指示下,她被遣送回英国,在1948年去世。

斯"·钱农提到了"许多关于威尔士亲王的所谓纳粹倾向的流言蜚语"。[9]

人们之所以议论纷纷,是因为这位亲王在1935年6月11日向英国退伍军人协会成员发表了演说,其间他赞扬了一个退役军人代表团即将对德国的访问。正如安东尼·艾登所警告的那样,这场将在下个月进行的访问是给那个政权的一份宣传礼。在与希特勒进行了2小时会见之后,他们参观了英国战俘公墓,并参观了经过美化的达豪集中营——在参观期间假扮成囚犯的卫兵们成功蒙骗了参观者——以及"与希姆莱先生进行了安静的家庭晚宴"。[10]在公共活动中,代表团宣布第一次世界大战是一个"巨大的错误",接受了希特勒式的敬礼,并在各种纪念碑前——尽管没有按照东道主的要求包含纪念1923年纳粹党"啤酒馆暴动"的"殉道者们"的纪念碑——敬献了花圈。[11]

另一次引发争议的访问是第七代伦敦德里侯爵查尔斯·文-坦皮斯特-斯图尔特(Charles Vane-Tempest-Stewart)的那次。伦敦德里侯爵被前保守党议员卡思伯特·黑德勒姆形容为是"愚蠢"且"自负"的——"老式小说里的傲慢贵族"——在国民政府中担任过空军大臣(1931—1935年)和掌玺大臣(1935年)。[12]那样一个被丘吉尔称作"蠢货"的人,能够在内阁中保住他的位置这么久,是由于他妻子对拉姆齐·麦克唐纳的影响,以及英国第一位工人阶级首相"极其享受作为第一位王室大臣穿着晚礼服站在伦敦德里侯爵豪宅的大楼梯顶端"。[13]但是麦克唐纳的感性无法永远留住伦敦德里侯爵,在1935年11月,斯坦利·鲍德温将他从内阁中除名,早在4个月前他已被从空军部开除了。正如他的传记作者所言,正是伦敦德里侯爵在他所受待遇上的怨恨,促使他在全新的领域中搜寻新的事业。他渴望"外界的尊重",并且还长期是英国政府外交政策的批评者,他决定去访问德国以便获得其领导人的意见。[14]

这次的访问是他与妻子和14岁的女儿一起进行的,时间是1936年1月底到2月的第二周。他们由戈林的手下们护卫,在帝国总理府观看了一场火炬游行,参观了德国空军的设施,还聆听了瓦格纳的音乐会。在访问的第二天,戈林在他的乡村庄园款待了他们,2月2日,他们享受了一次由里宾特洛甫为包括希特勒的政党副手鲁道夫·赫斯(Rudolf Hess)在内的25位客人设立的午宴。最重要的是2月4日下午，伦敦德里侯爵与希特勒在帝国总理府进行的2小时会面。正如口译员保罗·施密特回忆的那样，"这几乎就是一次希特勒对忸怩作态的大不列颠的求爱"。希特勒详述了布尔什维主义的危害，表达了他对与英格兰（他对英国的一贯称呼）达成谅解的希望，并强调了德国扩张的必要性。伦敦德里侯爵在返回英国后发表了一份新闻声明，宣称他（在德国）邂逅了"一份对这个国家非常友好的情感，还有对英国与法国的友谊非常强烈的渴望"，在这时这次"求爱"的成功就展露出来了。几天后，他在达勒姆向观众形容希特勒是一个"有着后缩的下巴和令人印象深刻的面孔的和善之人"，并重复了这位德国元首的主张，称他正在构建一个强大的德国以便阻止共产主义在西方的扩张。[15]

可以想见，这种由一名前内阁大臣发表的对德国宣传的鹦鹉学舌引发了批判。《曼彻斯特卫报》嘲笑了这位侯爵的轻信，而哈罗德·尼科尔森在日记中对这位前空军大臣的行为做出了评价：

>我的新朋友莫琳·斯坦利（Maureen Stanley，教育委员会主席奥利弗·斯坦利的妻子，伦敦德里侯爵的长女）要我前去拜访她那刚同希特勒亲密交谈回来的父亲。现在我在某种程度上钦佩伦敦德里侯爵，因为在1936年还能保持1760年的状态也很不错；此外，他是一位真正的绅士。可我的确极其不赞同前内阁大臣们在这个时候跑到德国去。她会给人秘密谈判的印象并惹恼法国人。可我们在这样的事情上总是无可救药地不负责任。[16]

在接下来的两年中，伦敦德里侯爵重复多次访问了德国，使他成为英德友谊最重要的倡导者和那个政权最主要的英国辩护者。1938年4月，他出版了《我们自己与德国：一次对合作的恳求》，其中他强调了这两国间的"种族联系"，并嘲笑了德国"正在迫不及待地等待它的军备重整达到更高的阶段，以便扑向它的邻国"的说法。[17]不过，他绝不是唯一上当受骗的非法西斯分子。除了在1937年5月第二次会见了希特勒的洛锡安侯爵和欧内斯特·坦南特之外,还有历史学家阿诺德·汤因比——他在1936年与希特勒的会面结束之后"确信他在渴望和平上的真诚"——前内阁副秘书托马斯·琼斯,甚至还有前工党领袖乔治·兰斯伯里。[18]

兰斯伯里在1937年4月与希特勒的会面以及随后的认可——他"除非被其他人逼迫,否则不会参战"——只是最显眼的证据,表明在这个阶段右翼并不独占这个轻信的专利。[19]事实上,正如牛津大学教师、工党候选人罗斯(A. L. Rowse)后来指出的那样,"没有一个左翼知识分子能够重新发表他们在20世纪30年代写下的东西而不暴露出他们对重大事件做出的愚蠢评价"。除了支持绥靖的《新政治家》周刊主编金斯利·马丁(Kingsley Martin)——他所希望的政策不仅是孤立,而且是"小英格兰主义"——罗斯也想起了他的大学同事、未来的工党内阁大臣理查德·克罗斯曼(Richard Crossman),他在这十年中的绝大部分时间里都相信希特勒打算在德国推行社会主义。[20]"我记得与他一起在万灵学院的校园里散步时,"罗斯回忆道,"我怒骂这个金发碧眼的畜生:难道他看不出来希特勒打算要推行的不是社会主义,而是法西斯主义?迪克会用'至少你必须承认他是真诚的!'来为希特勒辩护。"[21]

* * *

对于那些察觉到纳粹主义真正本质的人来说,在1936—1937年越来越多的业余外交官和第三帝国游客是愤怒甚至绝望的根源。"我发觉在我们自由的国家里,政府无法永远阻止伦敦的上流社会向希特勒靠拢,"长期忍受煎熬的埃里克·菲普斯爵士在1936年11月10日写道,"但如果能把一些访客拒之门外,我认为会是件好事。在我看来,他们在这里只会唤起错误的希望,并且最终会在德国人的内心激起更多的怨恨,甚至多过那个老顽固——英国大使——他总是执拗地拒绝给予戈培尔、沙赫特及其一伙人丝毫获得最小块殖民地的希望。"[22]塞西尔子爵(Viscount Cecil)对此看法一致。"这些去柏林的人真是相当惹人厌,"他向同为国联热衷者的牛津大学古典主义学者吉尔伯特·默里抱怨道,"在我看来,他们完全是被德国人欺骗了。艾伦［赫特伍德的艾伦勋爵］向我们保证他们的目的是和平，而同时德国从不错失任何采取傲慢且反国际的举动的机会，那这保证有什么用？……在我看来，我的右翼友人们因为他们对共产主义的恐惧而变得疯狂了。"[23]

然而，最具谴责性的分析来自菲普斯在柏林的前任、总是很敏锐的霍勒斯·朗博尔德爵士，1936年6月，他写给固执支持绥靖的《泰晤士报》主编杰弗里·道森说：

> 我得出的结论是，一般的英国人——尽管在内政方面很有常识——在考虑外交事务时往往是头脑不清、草率又容易受骗的。人们经常听到诸如"德国人和我们太像了"的说法。没有比这更不实的了……我可以援引许多不同点。一来，德国人有一种野蛮的性格特征，这在一般的英国人身上是完全不存在的，并且德国人喜欢忍受令本国普通人反感的事物。因此，我的观点是，我们应当了解那些我们打算与之打交道的人。
>
> 如今，希特勒一直在德国本土应用《我的奋斗》中的原则——他现在必须在他的外交政策中应用它们了，而那就是问题所在。与德国达成谅解对我们的价值不仅在于它可能给西欧带来和平与稳定，而且在于它可能充当希特勒在中欧和东欧冒险道路上的绊脚石。在我看来，一旦他在那些地区开始了任何冒险，战争便是必然的结果。一般的英格兰人意识不到德国人一贯是奥利弗·特威斯特。给他点东西，他便会跳出来要求点其他的。
>
> 我曾以为在希特勒重新占领了莱茵兰之后，他已经承认德国获得了"Gleichberechtigung"［平等权利］——可我现在的理解是，他认为德国依然没有得到。假如希特勒的美梦成真，欧洲被2.5亿日耳曼人所占据时，或许德国会承认它得到了。[24]

不过，这股潮流暂时是属于亲德派的。1935年10月，英德联谊会（Anglo-German Fellowship）成立，此前其前身英德协会因关于其犹太成员问题的严重分歧而解散。① 到 1936 年的夏天，这个自觉为精英的组织在其成员中拥有 24 位贵族和 17 位议员，还有许多银行家、商人、陆军上将和海军上将。定期捐款的公司包括托马斯·库克、邓禄普橡胶、拉扎德兄弟、普华会计师事务所和联合利华等众所周知的名字。25 这些人或公司绝非都是纳粹的支持者。许多人只是想利用这个联谊会来促进他们的商业利益。然而，虽然该组织声称是非政治性的，但事实上它是德国的宣传工具：为那些对访问第三帝国感兴趣的英国精英阶级成员提供便利的人脉和出行。它的主席是芒特坦普尔勋爵（Lord Mount Temple）——他于 1924—1929 年担任保守党的交通大臣——它的秘书是为该政权服务的非官方旅行代理欧内斯特·坦南特和康韦尔-埃文斯。在德国那边，最重要的人物是里宾特洛甫。

约阿希姆·冯·里宾特洛甫自负、傲慢又浅薄，自 1933 年以来，他一直设法在英国与纳粹党之间建立纽带。他出身于旧威廉德国的军官阶层——不过没有那个他后来得到的"冯"——通过娶了德国最大的气泡酒生产商的女儿而发迹，然后继续成为诸如黄绿色查尔特勒酒、尊尼获加威士忌和伯瑞香槟等知名品牌的代理。在希特勒上台的过程中，极具野心且已经忠心耿耿的里宾特洛甫一直扮演着配角，到了第三帝国的初期，他成功通过成为元首在国外的私人特使和宣传员为自己赢得了一席之地。

起初，他在政治上的努力并不成功。约翰·西蒙爵士对他的示好反应冷淡，而其他政府人士，譬如拉姆齐·麦克唐纳和内维尔·张伯伦，视他为一个爱管闲事的暴发户。不过，他受到了包括伦敦德里侯爵夫人和"祖母绿"·丘纳德夫人在内的众多地位显赫的女主人们的青睐，并在 1935 年成功地达成了《英德海军协定》。1936 年 7 月 24 日，希特勒为了奖励他，任命他为驻圣詹姆斯宫大使，尽管不是里宾特洛甫所希望的国务秘书。据冯·里宾特洛甫夫人所说，元首给她丈夫的临别赠言是："里宾特洛甫，

---

① 1934 年秋，等同于英德协会的德国组织解散并被一个"联谊会"取代，只接受那些有着"纯雅利安"血统的成员。经过一番内部讨论，它的英国版在 1935 年 4 月也解散了。协会主席、陆军上将伊恩·汉密尔顿爵士在它解散时写下声明，称他同情德国犹太人的困境，可他不认为"整个国际主义议题因德国现状的这一个方面所掩盖"是爱国的或者说正确的。

把英国的盟约给我带回来。"[26]

这是不可能的。尽管报纸对其强颜欢笑,但正如许多人预测的,里宾特洛甫在伦敦的任期是一场灾难。1936年10月26日,他抵达了维多利亚火车站,而后他打破了外交礼节,在站台上发表了一番夸夸其谈的演说,震惊了政治舆论。在达勒姆大教堂,他因在赞美诗《郇城歌》——它可以采用与《德意志高于一切》相同的海顿(Haydn)的旋律——进行期间行纳粹军礼令会众大为震惊,而在1937年2月,他因在面对国王乔治六世时再次做了这个动作而变得臭名昭著。他很快成了嘲笑的对象,人称"失言大使"[①],甚至连支持绥靖的南希·阿斯特也当着他的面谴责他是一个"该死的糟糕的大使"。[27]然而,在这个名声被巩固之前,里宾特洛甫尽管没有政治上的成功,也享有一定的社会地位,而与此同时,纳粹党也从一系列的宣传战中获益了。

* * *

1936年8月1日,第十一届现代奥林匹克运动会在柏林盛大开幕。超过10万人在城市西部的新体育场内观看了开幕式,估计有50万人聚集起来,沿菩提树大街为庆典游行队伍欢呼。20英里的花环和4万平方码[②]的旗帜让首都看起来像是一个巨大的"某位伟大皇帝的作战帐篷"。[28]希特勒从帝国总理府得意地驱车出发,在下午5时30分宣布运动会开幕。2万只信鸽被放飞到天空,同时德国最伟大的在世作曲家理查德·施特劳斯指挥了他自己的奥林匹克颂歌。随着音乐逐渐消失,最后一棒火炬手弗里茨·席尔根——可以说是雅利安人运动能力的典范——出现了,他完成了绕场一周并点燃了奥林匹克主火炬。那只世界上最大的飞艇,800英尺长的"兴登堡号"高高在上、气势汹汹地出现了:它是德国力量的象征,最终也是悲剧的象征。

---

① 原文为"Ambassador Brickendrop",与里宾特洛甫之名"Ribbentrop"发音相近,词源"drop a brick",意为失言、出丑、做事出差错。——编者注

② 1平方码约合0.84平方米。——编者注

这届柏林奥运会是一份被纳粹党人充分利用了的宣传礼。希特勒原本谴责这个运动会是"犹太人和共济会成员的发明……一个受犹太教启发的比赛,它不可能在一个由民族社会主义者统治的帝国举办",但他一掌权便很快认识到,在他面前呈现的,是一次独一无二的机会来作为东道主接待世界并用他所创造的来让世界叹服。抱着这样的想法,1936 年——撇开莱茵兰的重新军事化不谈——见证了那个政权为变得"体面"所做的高度自觉的努力。在这条通往种族乌托邦的血腥之路上没有采取新的措施——1935 年 9 月颁布的《纽伦堡法案》将犹太人变成二等公民——并且当一名瑞士纳粹领袖在 2 月份被一名犹太学生谋杀时,没有出现像在 1938 年 11 月的类似暗杀事件后发生的大屠杀。随着奥运会的临近,禁止犹太人的标牌从街上消失了,同样消失的还有尤利乌斯·施特莱彻(Julius Streicher)的半色情且恶毒的反犹报纸《冲锋报》。被查禁的各种书籍重新出现在商店里,爵士乐又一次在夜总会里演奏起来。在开幕式的前几天,7000 名妓女被从外省坐着大客车运进首都,以弥补自纳粹接管后便已被清空的状况。

15 万名外国访客为了这场纳粹的体育盛事来到柏林。英国代表队尤其壮大:里宾特洛甫称其为一次"友好的入侵"。[29] 其中包括了新闻业巨头罗瑟米尔子爵、比弗布鲁克勋爵、凯姆斯利(Kemsley)勋爵和卡姆罗斯(Camrose)勋爵,还有蒙塞尔勋爵(6 月前为英国第一海军大臣)、罗伯特爵士及范西塔特夫人(在那里消除了英国外交部常务次官是无可救药的反德者这一看法),阿伯德尔勋爵及勋爵夫人(Lord and Lady Aberdare),巴恩比勋爵(Lord Barnby),议员克莱斯代尔侯爵(the Marquess of Clydesdale),霍伦登勋爵(Lord Hollenden),伦内尔·罗德勋爵(Lord Rennell of Rodd),卡斯尔雷勋爵(Lord Castlereagh),杰利科勋爵(Lord Jellicoe),议员肯尼思·林赛(Kenneth Lindsay,英国海军部文官委员),议员哈罗德·鲍尔弗(Harold Balfour),以及尤妮蒂·米特福德和黛安娜·米特福德。①

---

① 少部分名声显赫的英国人表示不出席这次运动会。正在前往奥地利途中的哈罗德·尼科尔森决定不要开车经过德国,而在凯姆斯利一家的游艇上陪伴他们的奥斯汀·张伯伦爵士则拒绝下船踏足德国的土地。

为了给他们的贵宾们留下深刻印象，该政权的重要人物们举办了一系列奢华得荒唐的派对。里宾特洛甫将他在达勒姆①的花园变成了一个可容纳 600 人的"仙境"；戈培尔在哈弗尔河的一个岛上款待了 3000 位客人；而戈林在空军部的草坪上创建了一个微型的 18 世纪村庄——邮局、客栈、面包坊、驴子、旋转木马和跳舞的农民，应有尽有——比他的两位竞争对手都更胜一筹。[30] 美国出生的保守党议员、社会名流"奇普斯"·钱农——正如哈罗德·尼科尔森所说，他"深受里宾特洛甫那香槟酒般的影响"——被迷住了。"自路易十四时期以来，还从未有过任何类似这样的事。"有人评论道。"从尼禄以后就没有了。"钱农兴高采烈地说道。他在离开奥运会时确信，英国"应当让勇敢的小德国对东方的红色大展身手"。[31] 甚至连持怀疑态度的法国大使安德烈·弗朗索瓦-庞塞也承认，很难想起这些"如此明显地喜欢这种时髦且雅致的娱乐活动"的人，同时也是"犹太人的迫害者和集中营的施暴者"。[32]

这次奥运会对纳粹党人来说是一次胜利。然而，它刚一结束，希特勒就迎来了又一场宣传战。1936 年 9 月 4 日，曾带领英国在第一次世界大战中取得胜利的大卫·劳合·乔治抵达了贝格霍夫，与这位德国独裁者一起饮茶。这次经由里宾特洛甫与康韦尔-埃文斯合作安排的访问让纳粹党人得偿所愿。这位 73 岁的前首相很高兴看到自己再次与世界领袖交换着意见，他对德国元首的恭维照单全收并给予回敬，宣告希特勒是"这个时代最伟大的德国人"。[33] 在他回国后，他丝毫不减溢美之词，形容德国元首是"德国的乔治·华盛顿"。他向《每日快报》的读者们保证："作为旧的战前军国主义的目标和梦想，德国在欧洲的霸权甚至不归在纳粹主义的范畴内。"[34]

劳合·乔治访问的 5 天后，纳粹年度党代会在纽伦堡开幕。英国出席人员在数量上的增长相比之前一年是显著的。英德联谊会主席芒特坦普尔勋爵也在那里，同样到场的还有前内阁副秘书托马斯·琼斯，皇家医师佩恩的道森勋爵（Lord Dawson of Penn）、保守党议员阿普斯利勋爵（Lord Apsley）、弗兰克·桑德森爵士（Sir Frank Sanderson）、阿诺德·威尔逊、

---

① 此处为德国柏林的达勒姆区（Dahlem），非前文英国城市达勒姆（Durham）。——编者注

托马斯·穆尔和海军上将默里·休特爵士（Sir Murray Sueter），以及寇松勋爵的女儿兼奥斯瓦尔德·莫斯里爵士妻姐的雷文斯代尔夫人（Lady Ravensdale）。

这些人的才干当然要高于第二年的代表团成员，据一名英国特勤局卧底官员说，当时英国代表团主要由"无足轻重之辈、种族纯洁的疯子和未发展的精神病，还有一两个真正危险的人"组成。在后者中最著名的是乔治·皮特-里弗斯上尉（Captain George Pitt-Rivers）——人类学家、优生学家、反布尔什维克者、种族主义者和多塞特郡地主，他"长篇累牍地表达了偏激的反英观点——最好是对着德国听众，不断地谈论着反犹主义，他尽管受到德国人的鄙视，但显然正在被他们利用着"。皮特-里弗斯由他的秘书兼情妇凯瑟琳·夏普（Catherine Sharpe）陪同，她惹眼地佩戴了一枚金色卐字饰徽章，还戴有一个装饰着束棒和卐字饰图案的金色手镯，以此宣告她的支持。这位秘密情报局特工——他费力地从他们的同伴沃茨少校那里获取情报，因为"他很少有没喝醉的时候"——建议没收这对情侣的护照以免他们造成进一步的危害。[35]

*　　*　　*

在越来越多的英国社会政治精英享受着希特勒的新帝国的壮丽辉煌时，英国政府依然处于不确定的状态。鲍德温表达了他对与德国建立更加良好的关系的希望，可当他的外交大臣安东尼·艾登询问"如何办到？"时，他反问道："我不知道，那是你的工作。"[36] 希特勒没有回复那份遭众人嘲笑的询问他打算信守哪些条约的"调查表"，并且在夏季重新发起了要求归还德国失去的殖民地的运动。英国人依然希望能有一份永久协议，但苦于不知道这如何能够实现。他们以召开五国会议来取代现已失效的《洛迦诺公约》的建议遭到了无视，而在7月爆发的西班牙内战则更进一步降低了欧洲全面和解的可能性。6月，陆军大臣达夫·库珀强调了在面对德国的侵略时英法合作的重要性，因而引起了一场争吵——这表明了残存的对结盟的担忧，尤其是与法国人结盟——而后在11月份，艾登在利明顿宣布英国只有在保卫切身利益时才会拿起武器。4 天前,即 1936 年 11 月 16 日,国王爱德华八世告诉斯坦利·鲍德温,他打算娶一位名为沃利斯·辛普森(Wallis Simpson)的离异美国女人。

对我们的故事来说,这次退位有双重的重要性。首先,它免除了一个对一般独裁国家,尤其对纳粹德国表现出一种令人担忧的钦慕的君主。"奇普斯"·钱农在 11 月 22 日描述了这次危机,指出这位国王"为沃利斯疯狂,非常疯狂",他同时也在"走独裁者的道路","支持德国,反对苏联,并且反对太过敷衍了事的民主"。这位保守党议员继续道:"如果他力求将他自己打造成一个温和的独裁者,我不该感到意外。"①37 这是不大可能的。不过,可以想象,在这种情况下,这位国王的支持加上他对宪法的不尊重,可能会引发一场比在 1936 年 12 月发生的更严重的危机。那时君主政体之所以能够幸存,是因为这本质上是一件私事,并且这位国王悄然离开了。政治上的破裂则是一件截然不同的事情。

其次,这次退位被里宾特洛甫故意曲解了,他说服希特勒相信这是英国政府策划的阴谋,用来让自己摆脱一个亲德的君主。"难道你不知道元首对这位国王在即将到来的谈判中的支持所怀的期待吗?他是我们最大的希望!"当大使馆的新闻专员弗里茨·黑塞(Fritz Hesse)试图就这次危机警告他时,这位大使争论道。"难道你不认为这整件事情是我们敌人的一个诡计,要来剥夺我们在这个国家所拥有的最后几位身居要位的人物之一?……你等着瞧吧,这位国王会娶沃利斯,然后这两个人会命令鲍德温和他那伙人全部滚蛋。"38 当事实证明并非如此时,希特勒对英国人的信心以及达成英德联盟的可能性都被严重动摇了。据黑塞说,希特勒让里宾特洛甫打包回德国。他说,现在"国王已经被废黜了","在英国便没有其他人愿意和我们一起玩了"。希特勒要求他的大使汇报自到任后所取得的成绩,但要是一无所获的话,他也不会责怪。39 英德友谊的全盛期已经过去了。

---

① 爱德华缺乏判断力和制造麻烦的最高体现是在 1937 年 10 月,当时作为温莎公爵的他和他的新婚妻子前往德国进行了一次高度公开的访问,与希特勒合影并在至少两个场合行了纳粹军礼。

8

张伯伦登场

> 作为财政大臣,我几乎连一枚卵石都动不得;现在我只需抬起一根手指,欧洲的整个面貌就变了!
>
> ——内维尔·张伯伦,
> 1937 年 8 月 [1]

1937 年 1 月 30 日,希特勒宣称自己得到了满足。他在掌权四周年纪念日上向德国议会发表了演说,宣称民族尊严得到了修复,德国在大国之间争取平等的斗争也取得了胜利。他宣告:"所谓的惊喜时期已经结束。"[2] 出乎意料地,希特勒信守了这个诺言(或多或少)有整整一年的时间。尽管纳粹德国空军即将在西班牙内战中大肆杀戮,引发全世界的谴责,但在 1937 年德国并没有对欧洲安全做出新的挑衅或实施扩展帝国边境的行动。然而,如果说 1937 年是希特勒走向欧洲霸权的努力进程中的一次停滞,那么它几乎不能被描述为是持续处于平静的一年。随着伪装成"志愿军"的德国和意大利的飞机、舰艇、潜艇及部队加入了佛朗哥将军(General Franco)那对抗由苏联提供武器支持的共和军和国际纵队的战斗,西班牙内战这个开放性伤口愈来愈深并开始受到感染。没有人可以肯定这次斗争不会导致一场全面欧洲战争,而对于数百万人来说,西班牙成了"这个无情世界的中心":这是 20 世纪 30 年代的一个缩影,法西斯主义与共产主义,极权主义与民主精神,在一场为了文明的战斗中发生了冲突。[3] 与此同时,战争在日本和中国之间爆发了,而在苏联,斯大林主持了那场造成许多人丧生的"大清洗"运动。[4] 5 月,罗斯福总统被迫签署第三部《中立法案》,使之成为美国法律,而在 6 月,莱昂·布鲁姆(Léon Blum)

政府倒台，在法国开启了一个新的政治动荡期。在这样的背景下，英国政治高层进行了有序的换届。

对斯坦利·鲍德温的退休的预测已有一段时间了。1936 年 1 月，丘吉尔的朋友、文官格里格（P. J. Grigg）一直在思考关于那位"伪君子鲍德温滚开，并让这个国家由拥有正常能力的人来管理"的可能性。[5] 在霍尔-赖伐尔的垮台之后，这看起来并非不可能。丘吉尔认为他的权威受到了致命的削弱，并在 5 月预测，"考虑到他平庸的才智"而令人感到惊讶的这位首相的漫长任期即将画上句号。[6] 这既不公平也不准确。尽管鲍德温看起来像一只半睡半醒的乌龟或仁慈的牧师，但他拥有敏锐的政治意识和非凡能力来应对危机。他在处理了那次无人能应对的退位事件后——肯定比丘吉尔做得好——终于耗尽了他最后的能量储备。2 月时，托马斯·琼斯发现他"像一个假期在望的学生一样"在倒计时，而后在 1937 年 5 月 28 日，即国王乔治六世加冕的 2 周后，鲍德温最终交出了公章。[7] 他给新国王的建议是去请来财政大臣内维尔·张伯伦。

内维尔·张伯伦走上了首相职位，报纸纷纷刊登出他的介绍。《泰晤士报》赞扬了他的"古罗马美德"——严肃、务实精神、对公共事务的献身——而《星期日泰晤士报》则提及了他的坦率和决心。[8]《每日电讯报》给出了更加个人化的描述。该报表示，"尽管他的外表僵硬且有点令人生畏"，但是这位新首相其实是"非常有人情味的"。他"热衷于他的石楠根烟斗，就像鲍德温先生热衷于他的樱桃木烟斗一样"，并且据说，他是一名"鉴赏波尔多红酒的行家"。作为一名狂热的垂钓者，对他来说"钓鱼之外的第二大乐趣是谈论钓鱼"，他身患痛风但也幸运的是个睡得很沉的人，"当他宽衣解带时……也卸下了他的烦忧"。[9]

这些无疑都是有趣的见解。不过这些报纸的描述中不可避免的印象是，关于这位新首相，未知多于已知。张伯伦做了 6 年多的财政大臣，当然是一位杰出且知名的公众人物。不过他也是个谜一样的人：一个拘谨又疏离的政治家；一个将自身个性隐藏在维多利亚时代的礼节与公共责任感背后的技术官僚。那么内维尔·张伯伦究竟是谁呢？

关于这位新首相最广为人知的事实是他的出身。阿瑟·内维尔·张伯伦是前殖民地大臣约瑟夫·张伯伦之子,也是前外交大臣和保守党领袖奥斯汀同父异母的弟弟,他是20世纪也将一直是最伟大的那个政治王朝的第三位成员。在许多方面,这都是一个令人生畏且艰难的继承。"乔"·张伯伦曾是一位伟人:他作为伯明翰一家螺丝生产厂商的经理开始了成年生活,后来成了政治家,用丘吉尔的话说,他在政治上呼风唤雨。[10]他在1873—1876年间是伯明翰的激进的社会改革派市长,使这座城市焕然一新,使其在3年的时间里"建公园,铺路,制定法令,市场化,供给并改善煤气和自来水"。[11]他随后进入了国家政坛,完成了分裂自由党和保守党的独特壮举——首先是通过反对《爱尔兰自治法案》,然后是通过他要在贸易和关税方面推行帝国特惠制的积极运动。作为殖民地大臣,他是大英帝国重要的捍卫者,不容忽视的是,考虑到他儿子的事业,他曾在19世纪90年代末多次尝试建立英德联盟,但都以失败告终。

根据内维尔的妹妹希尔达(Hilda)的说法,"父亲从来没有在他的孩子们中特别宠爱谁"。[12]不过,尽管这或许是真实的,但毫无疑问,"野心勃勃的乔"为他的两个儿子设想了截然不同的角色。长子奥斯汀——张伯伦第一次婚姻的结晶——注定要继续他父亲的政治工作。按照他父亲的说法,奥斯汀就出生在"红箱"里,后来他被送往剑桥大学三一学院修读历史,然后被送往欧洲大陆继续接受作为未来政治家的培训。1892年,29岁的他进入下议院与他的父亲一起工作,并且不出3年的时间,他便得到了他的首个政府职位——英国海军部文官委员。

相对之下,内维尔·张伯伦不被认为应该从政。他的父亲决定,比奥斯汀小6岁的——张伯伦第二任妻子的儿子——内维尔,将成为这个家族中的商人。因此,当奥斯汀经安排走在通往剑桥和威斯敏斯特的道路上时,内维尔被安排在伯明翰学习数学、冶金学和工程学,而后进入了当地一家注册会计师事务所。

这或许不是非常有吸引力,可它肯定要比乔强加给他小儿子的下一个商业投机有更多的社交意义。老张伯伦在19世纪80年代末的南美证券崩盘中损失了大笔资金,再加上惯常的铺张浪费,正指望小张伯伦来挽救家族命运。与巴哈马总督安布罗斯·谢伊爵士(Sir Ambrose Shea)的一次对话使他相信，在该群岛种植剑麻——一种有点儿像巨型菠萝的龙舌兰属作物，其大片剑形叶子可以用来制作一种类似麻的纤维——能够赚大钱。1891年，他派遣22岁的内维尔前往安德罗斯岛，在那里他首先购入并管理了一块2万英亩①的土地。

若干年后，亚历克·道格拉斯-霍姆（Alec Douglas-Home）——他在张伯伦任首相期间一直担任他的议会私人秘书——将张伯伦著名的拘谨寡言和他在安德罗斯的恶劣经历直接联系起来。[13]闷热、潮湿、蚊虫肆虐，安德罗斯岛的简陋艰苦程度几乎令人难以忍受。作为大英帝国最闭塞的地方，那里几乎没有其他的欧洲殖民者，这意味着在公认的种族隔离的环境下，张伯伦实际上没有任何人可以交谈。雪上加霜的是，这些可怜的植物根本不长。谢伊的"最热消息"最终仅剩下"热"，而经过了6个艰苦乏味的年头——在此期间张伯伦不得不忍受各种考验，譬如一场大火烧毁了他的第一次收成，还有收到的用来挂在他办公室外的是美国舰旗而不是英国国旗的愤怒——张伯伦一家被迫承认该计划是一次巨大的失败，涉及大约5万英镑的损失。

张伯伦万分挫败。尽管他厌恶在巴哈马的生活，可为了帮助他的父亲，他极度渴望成功，并为这项计划的失败而痛苦地自责。"我为自己缺乏判断力而自责不已，"这位27岁的年轻人卑微地写给他的父亲，"我一直都在这里，无疑，一个更敏锐的人能早就看出最终的结果很可能会是什么。"[14]从好的一面来说，他现在已摆脱热带地区并可以在英国开展更加丰富多彩的人生了。在一位叔叔的影响下，他成为伯明翰一家金属公司的主管，还负责起了为轮船制造船舱卧铺的家族企业。与此同时，他开始发现那些将支撑他一生的兴趣爱好。这些包括对垂钓和射击的热爱，对园艺的投入，对自然历史的热情，还有对文学和音乐强烈的热忱——他的最爱是莎士比亚和贝多芬。

正如张伯伦的传记作家指出的，他是一个进步开明且乐善好施的雇主。作为埃利奥特金属公司的经理，他引荐了一名福利官员并首次推行了

---

① 1英亩约合0.004平方千米。——编者注

全日制的接待时间，而后在 1914 年 6 月，他为这个家族企业的雇员们创立了一项分红计划。[15] 与此同时，他愈来愈多地参与到伯明翰的市民生活中：首先是作为一名对伯明翰大学——前身为他曾就读的梅森学院——的发展的积极热衷者，然后是作为一名同样热心的伯明翰总医院管理委员会的成员。1911 年，他被推选进市议会，3 年后他又受邀担任他父亲曾经做出过卓越贡献的职位：伯明翰市长。

正如这项任命所表明的那样，张伯伦已经过了参军的年纪——1914 年时他已经 45 岁。① 不过，多亏他的市长职位，他能够为战争做出重大贡献。1916 年初，他说服内政部采纳他的计划，建立了一个协调预警系统以应对齐柏林飞艇的突袭，而后在同年 9 月，他开创了伯明翰市立银行，允许储户借钱给国家以支持战争。与此相对的，张伯伦作为国民服役局局长初次涉足国家行政工作并不成功。在奥斯汀的建议下，劳合·乔治要求他提出一项实施征兵的计划，同时要保护重要的战争工业，并组建一个新的政府部门，张伯伦失败了。从为他辩解的角度来讲，这原本就是一项艰巨的任务，且由于白厅内的较量以及明显缺乏首相的支持而变得更加困难。一个拥有更丰富的国家行政工作经验和更多盟友的政治家或许能够幸免于难，可张伯伦两样都没有，他在 1917 年 8 月，就职仅 8 个月后就辞职了。

对于张伯伦来说，在国民服役局的失败是一次与安德罗斯剑麻计划的惨败不相上下的公开耻辱和个人挫折。他在辞职前一个月写给妹妹希尔达的信中，承认他产生了与 20 年前在巴哈马"当那些植物不长时"同样的绝望情绪。[16] 幸好，他现在不仅有了得以依赖的经济担保，还拥有了他自己家庭的安慰。1910 年的春天，在 41 岁这个相对较晚的年纪，他爱上了 29 岁的安妮·维尔·科尔（Anne Vere Cole），一个来自爱尔兰体育世家的活泼且深情的年轻姑娘，次年 1 月，两人结婚了。

"安妮"（Annie）·张伯伦是一个在个性上与内维尔有着天壤之别的

---

① 尽管没有经历壕沟战的可怕，但当张伯伦的表亲诺曼在 1917 年的康布雷战役中被杀害时，战争的悲剧还是降临到了他身上。张伯伦始终视诺曼为亲兄弟，是他"最亲密无间的"朋友，他伤心欲绝，写了一本纪念他这位表亲的小书。

人。他腼腆、认真并缺乏安全感，而她热心、善于交际且自信。无论如何，这都是一段极其幸福的婚姻，因两个可爱的孩子的到来——1911年出生的多萝西和2年后出生的弗兰克——而获得圆满。安妮给予了内维尔他所需要的爱和坚定不移的支持，在1937年5月，他慷慨而真诚地将他的成就归功于她：

> 如果没有安妮帮我，我永远不会成为首相。不仅仅是她凭个人魅力让每一个人都心情愉快，让他们认为一个娶了这样一个妻子的男人也不会坏到哪去……而且除了这些，她还缓和且抚平了我与生俱来的对任何带有虚伪气息的事物的急躁和反感，我知道她帮我免于无意中给人留下铁石心肠的印象。[17]

有了安妮的帮助，张伯伦很快克服了他在国民服役局的失败所带来的羞辱感——不过他从未原谅劳合·乔治，他对其的仇恨延续了一生。他意识到自己的政治前途在下议院，便寻得了一个席位，并在1918年12月的大选中被选为伯明翰莱迪伍德的议会成员。同他的婚姻和涉足地方政坛一样，张伯伦在49岁时才来到威斯敏斯特，相较而言算是有些迟的。然而，他决心要弥补失去的时光，并很快作为一名激进的社会改革的倡导者崭露头角。1922年，在劳合·乔治联合政府分裂后——终结了奥斯汀·张伯伦成为首相的机会——他被任命为邮政大臣，并于次年作为卫生大臣加入了内阁。

张伯伦在卫生部负责住房、地方政府及社会政策的6年成就了他。他将他激进自由派的血统展现得淋漓尽致，把一些具有进步性和改善性的法案纳入法规，诸如《定额和估价法案》（1925年）、《国民健康保险法案》（1928年）、《地方政府法案》（1929年），以及与丘吉尔一起通过的《寡妇、孤儿及长者供款退休金法案》（1925年）。张伯伦因在社会改革方面的一系列成就而受到了应得的称赞，到了20世纪20年代末，他被广泛认为是未来的保守党领袖，1931年，国民政府成立2个月后，他接替菲利普·斯诺登（Philip Snowden）出任财政大臣，被赋予了将国家从大萧条中拖出来的职责。

张伯伦在财政部的任职受到了颇多批评。当时，他收到了反对党和哈罗德·麦克米伦等激进保守党人的强烈抨击，后来在凯恩斯主义全盛时期，成了整整一代历史学家和经济学家近乎压倒性的责难对象。根据这些批评者的说法，张伯伦是一名固执的、缺乏想象力的、令人泄气的财政大臣——只关心结平账目——他被动地等待经济复苏，而几乎没有采取任何措施来降低持续到这个十年的令人震惊的极高失业率。事实上，如果在20世纪30年代对英国的第一印象是一名身着爱德华时代的衣领的男人挥舞着一张纸，那么第二印象则是在乔治·奥威尔的《通往威根码头之路》（1937年）中生动描绘的领取救济金的队伍和施食处。张伯伦在这两个印象中都没有好形象。不过，最近的历史学家在对他处理经济问题的评价上已经宽容得多了，他们指出——与张伯伦是一名自由放任政策的倡导者的说法相反——他采取了一些举措，譬如对钢铁产业的保护及卡特尔化，伦敦客运委员会的创建和4个"特区"的指定，覆盖了全国一些受影响最严重的地区，在那些地方实施促使经济增长的试点工作。这些试点项目并非特别冒进，它们对失业率的影响也可以忽略不计。不过事实是，截至20世纪30年代中期，增长势头恢复，英镑有了起色，出口增加，失业人员数量从1932年远超340万的高点降至1937年的180万。[18]

经济也不是张伯伦唯一关心的问题。由于鲍德温的无精打采和麦克唐纳的日渐衰老，为整个政府提供驱动力的重任留给了张伯伦。从很多方面来看，这都是一个他盼望并享受的角色。正如他在1934年5月写给他的妹妹艾达（Ida）的信中所说的："很不幸，这是我本性中的一部分，我无法思考任何问题而不设法找到解决办法。因此，我现在已经实际掌管着这个国家的国防需求。"[19]然而，随着时间推移，他开始为自己地位在纯粹事实上的性质而感到自豪。"正如你会看到的，我已经成了某种临时代理首相，"他在1935年3月写给他的另一个妹妹希尔达的信中说，"只是没有首相的实权。当说'这是你必须要做的事'会更有效率时，我不得不说'你是否想过'或'你怎么说'。"[20]

正如这段话所揭示的，张伯伦并不缺少自信，到20世纪30年代中期,他已经养成了那种自负,有人会说那是傲慢,这一点被许多人认为是他首相任期中的弱点和受挫的缘由。在这方面最明显的表现是他对待反对党的态度。鲍德温是宽厚而温和的——相信"教育"工党执政是他的职责——而张伯伦对于他眼中那个头脑混乱、自以为是又毫无效率的工党反对党则抱持零容忍的态度。这一点在下议院得到体现,在那里,即使是像亚历克·道格拉斯-霍姆这样最支持他的观察家也认为,他是一个"残忍的辩手",似乎以把反对党打得落花流水为乐,"几乎就像一个活体解剖者"。[21] 的确,就像张伯伦自己在1927年的夏天向艾达转述的那样:"斯坦利[·鲍德温]求我要记住,我是在一个绅士会议上发表演说。他说,当我在下议院讲话时,我总是给他一种我视工党如粪土的印象。事实是,在才智上,除了少数几个例外,他们就是粪土。"[22]

这种印象不是没有被工党议员们注意到,他们中的绝大多数人都厌恶张伯伦。这即将带来重要的,甚至是历史性的影响,即在1939年秋和1940年春,当张伯伦试图组建一个联合政府时,却发现不管是工党还是自由党都不愿意为他效力。当然,此时他已是慕尼黑的罪魁祸首,是一个显然已经失败的政策的化身,不过如是低估私人怨恨在反对党对张伯伦的拒绝中所起到的作用,那就错了。

在政府内部,张伯伦在智识上的自信同样显而易见。据道格拉斯-霍姆回忆:"他从不畏惧自己做决定,也从来不会在任何问题上仅仅听取别人的结论。他会听取所有的论点,极其快速地理解消化它们,然后做出决定。一旦他主意已定,他就会对自己的决定充满信心。"[23] 作为一个其他高层人物经常拖沓的政府中最重要的成员,从很多方面来看,这都是一个优秀的品质。不过它也是一大缺陷,这导致张伯伦愈发漠视他人的观点,忽视与他的结论不符的事实。曾与张伯伦一起在国民服役局共事的社会改革家维奥莱特·马卡姆回忆道,"他的想法一旦形成,便会被一扇坚硬而毫无想象力的屏障所包围,任何辩论都不能穿透它",而斯温顿勋爵则是观察到其视任何与自己不同的观点为"不忠和有个人敌意"的倾向的众多同僚之一。[24]

这种带刺的智识上的傲慢自大是使张伯伦成为同事们很难产生好感的

人的若干因素之一。他在着装和举止上看起来都像一个"守旧迂腐的殡仪员"——不久便得了"验尸官"这个外号——或像是一只爱挑剔的猛禽，他是"爱好交际"的对立面，并且经常被描述为"冷漠的"和"疏离的"。[25] 阿瑟·贝尔福（Arthur Balfour）认为他"铁石心肠"，而哈罗德·麦克米伦回想起他"嘲讽的，甚至是轻蔑的神情"，把和他的会面比作"与校长的谈话"。[26] 他的声音拥有一种严厉的质感，"缺乏悦耳或吸引人的魅力"，不过，正如无党派议员阿瑟·索尔特（Arthur Salter）勉强承认的那样，它是一个"适合他的工具"并且反映出它背后那"条理清晰的头脑"。[27] 幽默不是他的强项。道格拉斯-霍姆不得不密谋删除他在演讲中可能会尝试的任何玩笑话——因为"它们很糟糕"——而且他尽可能多地避开了下议院的吸烟室。[28] 然而，认定张伯伦就是一个对他的同胞们不屑一顾的鄙夷的冷漠的人是不公平的。正如道格拉斯-霍姆和他其他密友们所证实的，张伯伦是一个极其腼腆的人——他的诋毁者中很少有人觉察出这个事实——当有合适的人陪伴时，他可以是热情的，甚至是风趣幽默的。他和安妮对着查理·卓别林大笑，直到他们"因他的荒唐行为而周身酸痛"，而他在看到他的鸟食台上的新鸟或是春天的第一朵番红花时的欢天喜地，则暴露了与他的严肃形象不相符的浪漫一面。[29]

*　　*　　*

1929 年，在拉姆齐·麦克唐纳第二次成为首相时，他庄严地宣布："我们打算做一些思考。"稍后他补充道："一定不能胡闹。"正如马尔科姆·马格里奇（Malcolm Muggeridge）所观察到的那样，在这之后思考很少而胡闹很多。[30] 与之相对，内维尔·张伯伦不需要更多的时间来思考，胡闹更不可能。尽管他意识到在 68 岁的年纪成为首相已经很迟了，但他依然"高兴有机会将一些该完成的事情完成"，并决意要"留下我作为首相的印记"。[31] 在理想的世界里，他希望他留下的遗产是在社会改革方面。然而，到了 1937 年，世界远非理想的模样，这位新首相将几乎不可避免地被迫在外交事务上花掉他的绝大部分时间。一如既往地，张伯伦已强烈地意识到了他需要做的事情。

安东尼·艾登在1936年春天的一次晚宴后记录下了一句常被引用的话，奥斯汀·张伯伦告诫他同父异母的弟弟道："内维尔，你一定要记得，你对外交事务一无所知。"[32] 不出所料，鉴于后来事情的发展，这句典型的、无疑也令人窝火的兄长式的奚落自此以后被不断重复下去。① 然而，它不是全然公平的。尽管内维尔·张伯伦不是这个领域的专家——这对众多英国外交大臣来说并不是什么障碍——但在整个国民政府时期的任期内，他对外交政策的制定满怀兴趣并发挥了积极作用。事实上，在1933年12月和次年，他曾两次被问及是否会考虑成为外交大臣。

在张伯伦建立的信念中，最重要的就是英国一定要努力减少其潜在敌人的数量这个非常明智的确信。正如参谋长们喜欢经常提醒内阁的那样，英国在对抗德国、意大利和日本联合起来的威力时，无法保护自己及其帝国；此外，正如张伯伦喜欢提醒他的同事们的那样，国家承担不起花费过多的金额去进行尝试。因此，1934年，张伯伦试图说服内阁开启与日本的谈判，以达成一项十年互不侵犯条约。张伯伦对美国作为其在该区域的盟国完全没有信心，这进一步说明了这种协议的可取性。正如他在1934年7月鞭辟入里地写给他的妹妹希尔达的信中所说的那样：

> 到了这个时候，我们应该清楚，美国不会给予我们任何会用武力抵制日本的任何行动的承诺，除非夏威夷或火奴鲁鲁遭遇袭击。它会给我们许多善意的保证，尤其是如果我们将答应完成所有的战斗，可一旦它被要求做出些贡献，它总会躲到国会后面避难。[33]

"我们的不幸是要对付一个无赖国家。"他在另一个场合哀叹道。[34]

张伯伦的同日本签订条约的提议最终落空了。无论美国的好意有多么虚无缥缈，英国内阁都不愿意错失，因此他们支持与东京达成一项可能成空的协议，而在1934年12月，当日本人宣布他们打算终止《华盛顿海

---

① 据艾登说，当时正在主持晚宴的内维尔仅仅"苦笑着，说这对一个坐在他自己的晚宴桌上的人来说是相当困难的"。

军条约》时，他们的怀疑似乎得到了证实。张伯伦不情愿地放弃了这项计划，但是改善与英国潜在敌人的关系的想法保留了下来，即使在赤裸裸的侵略行为发生之后仍是如此。1936年6月，就在墨索里尼吞并阿比西尼亚仅一个月后，他决定要逼迫艾登放弃对意大利的制裁，他在1900俱乐部的一次演讲中形容这个政策的延续是"疯狂到了顶点"。[35] 张伯伦对这次"情绪激烈的言行不慎"——一次对内阁集体责任的明显违背——的合理解释是"如果那些理应带头的人不去做，就必须有其他人来做"。对他来说幸运的是，他的大多数同事都欣然接受这一举动——8天后宣布了终止制裁——此外，因为"他肯定会求我不要说出来！"而没有被征求意见的艾登慷慨地接受了这位财政大臣缺乏诚意的道歉。[36] 然而，这是张伯伦倾向单边行动的一个早期例子，也是他决心即便意味着要使用暗箱操作也要强行推行自己的政策的一个例子。在不到两年的时间里，这二者的结合在张伯伦与艾登之间的关系破裂上起到了决定性作用。

* * *

内维尔·张伯伦没有发明绥靖政策。一些历史学家早在19世纪中叶的英国外交中就发现了这一策略，到20世纪20年代初，它已成为英国外交政策的纲领。安东尼·艾登屡次告诉下议院，英国的目标是"安抚欧洲"，而政府对希特勒和墨索里尼的各种访问，都是试图将这项政策付诸行动。[37] 问题是，到了1937年仍收效甚微。尽管不停地提出要各种条约和公约，可是在纳粹掌权后的4年中，唯一真正达成的协议只有《1935年英德海军协定》。在此期间，希特勒成功地分裂了他的对手，同时推行了他自己的侵略条约修订政策。张伯伦希望改变这种局面。他从一开始便决心成为自己的外交大臣，力求结束英国外交政策的这种杂乱且怠惰的特性——这似乎只是从一个危机缓缓走向另一个——并与独裁国家建立更友好的关系。正如他在1938年1月写给一名远亲的信中明确表示的那样，他打算采取的是一种高度个人化的方式：

人们常常把那些独裁者视作是一点人性也没有的。我认为这个想法是颇为失实的。确实是那些独裁者们人性的一面让他们变得危险，但另一方面，这也是最有希望成功解决问题的一面。[38]

张伯伦做出这个决定，绝不是出于对纳粹德国的钦佩。不同于罗瑟米尔子爵或伦敦德里侯爵，他在写给他妹妹们的信中，尽管对迫害犹太人和德国国内政策大体上保持沉默，但表露了对该政权及其暴徒手段的明确厌恶。然而，他始终是一个乐天派。"希特勒的德国是欧洲的恶霸。"他在1935年3月希特勒重新开始征兵后写道，"然而我并不绝望。"[39] 1年后，他如此解释他对投入更大比例的英国财力去和德国进行军备竞赛的不情愿：

如果来自德国的袭击威胁像温斯顿［·丘吉尔］让我们相信的那样迫在眉睫，那么我们做什么都无法让我们准备好应对它。可我不相信它是迫在眉睫的。通过谨慎的外交手段，我相信我们可以推迟它，或许是无限期的；但如果我们现在要遵照温斯顿的建议，牺牲我们的商业来制造武器，那么我们会对我们的贸易造成一定的伤害，而从中恢复过来将需要几代人的时间。[40]

这个"谨慎的外交"的第一阶段是要确定德国人真正想要的是什么。正如张伯伦在他成为首相2个月后告诉苏联大使的那样：

我认为非常重要的是，让德国人从对于"有"和"没有"这些没有人懂得其真正含义的一般性短语转变到对其愿望的一种实际且高效的讨论。如果我们能够将德国人带到谈判桌上，并且拿着笔把他们所有的抱怨、要求和愿望过一遍，这将对消除隔阂，或至少明确当前形势大有裨益。[41]

事实上，这种方式早在10个月前已经由新上任的外交部次官亚历山大·卡多根爵士（Sir Alexander Cadogan）建议过。卡多根确信"自1919年以来，我们所谓的'政策'完全是一场灾难"，强烈反对外交部更倾向的"让德国去猜"的方式，因为"在过去3年中所有的猜测都是我们做的。那就是问题所在：我们将全部主动权留给了德国，因此我们只好再三地屈从于既定事实"。[42]

卡多根和张伯伦想要就其要求"把德国叫出来"。这些一经说明，将有机会看到它们能否得到满足，而如果可以的话，就尝试去通过一项协议制约住希特勒。这样做的问题是，尽管德国当前的野心实际上是众所周知的，但大多数都不是英国政府能够轻而易举办到的。正如洛锡安侯爵在1937年5月与希特勒、戈林和沙赫特多次会面之后所汇报的那样，德国寻求"在东欧关于奥地利的调整，以及对德国在但泽、梅梅尔、捷克斯洛伐克和波兰的少数群体的支持，还有达成经济与殖民协定，以确保德国人民的生活水准稳步提高"。洛锡安侯爵不认为这些要求"本身是不合理的"，并敦促英国政府迅速遵循这些说法来达成协议，因为"德国的脾气随时在变"。[43]不过在上述列表中，只有归复德国所失殖民地算是英国——在其他大国的合作下——能够做出的让步。①此外，这被认为在保守党内部和自治领中都会引发很大的分歧，以至于殖民地大臣威廉·奥姆斯比-戈尔不相信英国政府可以从这样的行动中存活下来。[44]

张伯伦不屈不挠。尽管他不相信单凭交出坦噶尼喀就可以换来持久的和平，但他依然希望能够利用某种形式的殖民地归还来哄骗德国加入一个更广泛的欧洲和解方案。事实是，正如张伯伦意识到的那样，英国手上的牌少得可怜，而如果这张殖民地牌有些价值——按罗伯特·范西塔特爵士的说法就是"黑桃A"——那么他就不可能舍弃它。[45]他因此警告1937年帝国会议的与会者们不要对殖民地的调整的可能性"闭口不谈"，然后开始制定一项计划，它将见证一个新德国殖民地在中非的建立，代价是牺牲那些殖民地现在的宗主国，更不要提当地居民了。[46]

---

① 前德国殖民地大部分实际上都被其他国家——南非、澳大利亚、新西兰、日本和法国——占据了。在第一次世界大战后被给予英国的部分是坦噶尼喀、1914年前多哥兰的1/3，以及1914年前喀麦隆的一小部分。

* * *

在他的与那些独裁者改善关系的任务中，张伯伦被巨大的紧迫感驱使着。这种被驱使着的感觉首先是因为他知道，对德国而言，英国正在应对一个"新兴的市场"，其次是更广泛的国际局势的恶化。[47]

1937年4月26日，德国秃鹰军团轰炸了西班牙北部巴斯克的格尔尼卡镇，造成了震惊全球的丑闻。这起暴行——以最残忍的方式暴露了"不干涉"的谎言——随后在5月，共和军飞机袭击了德国袖珍战列舰"德意志"号，作为回应，德国炮击了阿尔梅里亚港。与此同时，尽管英国与意大利在1937年1月签订了所谓的君子协定，其中各方承诺尊重对方在地中海的权利，但意大利潜艇对所有前往西班牙的船只都进行了非官方封锁。这主要是针对为共和军提供物资的苏联人，但绝非完全如此，而英国人很快便发现了这一点。在8月31日的晚上，意大利潜艇"依里德"号向英国皇家海军"哈沃克"号驱逐舰发射了鱼雷。幸运的是，这些鱼雷没有击中，但几天后，一艘英国商船在瓦伦西亚附近被意大利潜艇"碧玉"号击沉了。英国议会和新闻界对此极为愤怒，9月3日，丘吉尔写信给艾登，提出了一项旨在阻止意大利的海盗行为的计划：

> 为什么不与穆斯塔法·凯末尔·阿塔图尔克（Mustapha Kemal Atatürk）商议一下，把几批皇家海军人员以及一门新式4英寸[①]炮塞到油轮或者其他黑海来的商船上，再加装上活板门之类的，然后让这些船将它们自己献给那些海盗潜艇，并干掉几艘？[48]

不出所料，艾登的兴趣并不在这项计划——"如果加速战争的爆发就是我们的政策"，那这是一项"令人钦佩的"计划，达夫·库珀评论道。[49]这位外交大臣寻求了一种外交上的解决办法，宣布皇家海军将对袭击英国船只的行为进行报复。1937年9月10—14日，在瑞士尼翁村召开的一

[①] 1英寸约合2.54厘米。——编者注

次会议，建立了一个地中海国际海军巡逻制度，以减少那些被可笑地称作"身份不明"的海盗行径。更可笑的是，英国人绥靖墨索里尼（他拒绝参加那次会议）的渴望是如此强烈，以至于意大利人随后收到了参加巡逻的邀请。意大利外交部长加莱阿佐·齐亚诺伯爵（Count Galeazzo Ciano）幸灾乐祸道："从海盗嫌疑犯变成地中海的警察——而正在被我们击沉舰艇的苏联人被排除在外了！"[50] 不管怎样，这次尼翁会议被认为是一次重大成功。潜艇袭击停止了，艾登也因他的强硬外交赢得了称赞。这位外交大臣没有透露的是，英国人已得知意大利人在9月6日，即这次会议开幕前，就决定要停止潜艇袭击了。

世界上一个角落的麻烦刚平息，另一处的就又被点燃了。1937年7月7—8日，中国和日本的军队在北京西边的卢沟桥发生冲突。到8月，这场战斗已经蔓延至上海，威胁到英国在该区域的大量利益。8月26日，英国驻华大使许阁森爵士（Sir Hughe Knatchbull-Hugessen）乘坐着他的插着英国国旗的汽车被一架日本飞机袭击，导致大使受了重伤。日本人不希望挑起战争，很快就表达了他们的"歉意"。然而，紧接着12月在长江上又发生了两起严重事件，当时英国皇家海军"瓢虫"号炮舰遭到日本野战炮兵的炮击，还有一艘美国炮舰——美国海军军舰"班乃岛"号——被日军飞机击沉了。张伯伦怒不可遏，然而当这样令人无法容忍的行径也未能得到美国的必要合作时，英国政府只能不情愿地得出了无计可施的结论。如同首相在10月6日告诉内阁的那样，他"无法想象在此时此刻，当欧洲的局势已经变得如此严峻时，还有什么比与日本起争端更自取灭亡的了。如果这个国家打算卷入远东的战事，对那些独裁国家来说，采取行动的诱惑或许都是难以抗拒的，不论在东欧抑或在西班牙"。[51]

面对如此多的危险和困难，其他人或许会感到绝望。然而，张伯伦并不那么容易悲观。正如他在1937年10月底透露给他的妹妹艾达的那样，他早已心怀"长远的计划……为了欧洲和亚洲的平息，也为了最终遏制这场疯狂的军备竞赛，如果任由其继续，必会让我们所有人都陷入毁灭"。[52] 这个局面的关键是德国。"但愿我们可以和德国人友好往来，那样的话我将毫不在乎墨索。"他在7月份承认道。[53] 不幸的是，就在1个月前，德国外交部长康斯坦丁·冯·纽赖特取消了对伦敦的访问计划,从而使张伯伦失去了检验其新外交策略的机会。随后,似乎是突如其来地,出现了一个看似绝佳的机会。枢密院议长哈利法克斯勋爵,也是艾登在外交部的副手,收到了参加柏林国际狩猎展览会的邀请。

9

猎取和平

> 这一定很奇怪，希特勒认为他是上帝，而我父亲认为是上帝派他去见希特勒的。
>
> ——哈利法克斯勋爵的儿子谈他父亲与希特勒的会面[1]

第三代哈利法克斯子爵爱德华·伍德（Edward Wood）是英国政坛最受尊敬的人物之一。作为一位无可挑剔的贵族——英格兰北部最大的地主之一——他因在1926—1931年间任印度总督时与甘地直接谈判以结束非暴力不合作运动而闻名。他身高6英尺5英寸，略微有一点驼背，极漂亮的头型，"有同情心的和善的眼睛"，但是没有左手（先天畸形），据罗伯特·伯奈斯说，他给人的印象"更像是一名枢机主教而不是政客"。[2] 的确，宗教是哈利法克斯子爵的生活中两个不变的爱好之一——另一个是猎狐。这个独特但绝非不协调的组合引起了一些揶揄。丘吉尔想出了"圣狐"（Holy Fox）这个双关语，而比弗布鲁克勋爵形容他为"有点像穿着长靴的耶稣"。[3] 不论如何，正是因为他是一名猎狐者，哈利法克斯子爵获得了这个机会，或者说是得到了掩护，他在1937年深秋前往德国，开始了尝试绥靖希特勒的历程。

根据哈利法克斯的回忆录，他访问德国的起因是完全单纯的。作为米德尔顿猎狐犬俱乐部的主人，他在1937年10月初的一天，恰好通过《野外》杂志的主编收到一份邀请，让他前去参加柏林的狩猎展览会，随后再在波美拉尼亚花几天时间猎狐。然而，这并不是此事的全貌。艾登在自己的回忆录中记载道，由哈利法克斯出访的想法早在当年早些时候就已由纳粹提出，而在1936年6月，里宾特洛甫告诉托马斯·琼斯，如果鲍德温与希特勒的会面是不可能的，那么"哈利法克斯越早会见德国元首越好"。[4] 不管怎样，毫无疑问，这份为与纳粹领导人建立非正式联系提供了理想机会的邀请受到了哈利法克斯和张伯伦二人的热烈欢迎。事实上，正如他的传记作者所指出的那样，哈利法克斯已坦承了他有"摆平希特勒"的野心，他显然相信那些对甘地奏效的技巧照样可以拿来对付这个同样古怪的麻烦制造者。[5]

英国外交部拿不定主意。艾登持质疑态度且十分恼怒，而范西塔特则极力反对这样的冒险，以至于当这次拟议的访问的细节被泄露给《标准晚报》时，人们普遍认为是这位常务次官的主意。然而，在英国外交部有一个人是支持的——英国的新任驻柏林大使对此次访问满怀希望。

1937年4月，埃里克·菲普斯爵士被从柏林调至巴黎。他身处伦敦的领导人们认为他过于"反纳粹"，因此无法与该政权取得进展，不过温文尔雅的菲普斯非常乐意将纳粹德国换成他一直视作"精神家园"的地方，但在此之前，他在他的告别致辞中警告道，德国正在谋划吞并奥地利与捷克斯洛伐克的苏台德地区，并且即便如此也无法担保希特勒会心满意足。[6] 他的接替者是鲜为人知的驻阿根廷大使内维尔·亨德森爵士（Sir Nevile Henderson）。

乍看之下，亨德森貌似与他的前任没那么不同。作为一个典型的英国人，他在火车上的制服是"一件旧大衣、一条法兰绒裤子，还有那个被滥用和恶意中伤的物品——一条旧校服领带，一般是老伊顿的板球队色"。[7] 不在火车上时，他可以说是衣冠楚楚的：一名高大的、穿着优雅的受女士欢迎的男士，蓄着一抹整齐的胡髭，扣眼上还别着一朵红色康乃馨。他最喜爱的消遣是狩猎，也正是通过这个共同爱好，他在担任驻贝尔格莱德大使期间与南斯拉夫国王亚历山大一世建立了亲密的友谊。他在德国继续狩猎——尤其是与戈林一起——而在其他时候，他乐于用自己的"统治吧，不列颠尼亚！"军礼来回应东道主们的"希特勒万岁！"，以此来哄骗他们。

不过，除了都有些怪癖之外，埃里克·菲普斯和内维尔·亨德森是截然不同的人。就像他的前任霍勒斯·朗博尔德一样，菲普斯很快开始视纳粹政权为令人憎恶、本质邪恶且从根本上来说危险的,而亨德森则没有先验的对独裁政权厌恶。事实上,亨德森被授予这个职位,主要就是由于他已被证明拥有与独裁者们(如亚历山大国王)"合得来"的能力。此外,这位新大使有种宿命论的倾向,这导致他相信自己是从默默无闻(或布宜诺斯艾利斯)中被解救出来的,"正如我所相信的那样,上帝赋予了我帮助维护世界和平的明确使命"。[8]

这种救世主式的激情很快就让亨德森陷入了麻烦。在温莎城堡的一次晚宴上,他就"他打算在德国做什么"一事说了长篇"废话",从而令艾登感到担忧,他上任后马上采取的行动之一就是撰写了一份关于"英国对德政策"的备忘录,他认为英国应当借由默许德国对奥地利的合并,承认其对殖民地的权力并且给予其"在东欧拥有经济甚至政治优势"来寻求同德国的友谊。[9] 如同外交部中心部门主任奥姆·萨金特(Orme Sargent)在一封写给哈利法克斯勋爵(他要求在他前往柏林的旅途中读该备忘录)的附信中写道,说这相当于"与英王陛下政府迄今奉行的政策在很大程度上的背离",这是一种极其轻描淡写的说法。范西塔特感到惊愕,不过他很快便被两个公开得多的争议分散了注意力。第一个发生在亨德森单方面公布他打算打破他的前任以及法国大使和美国大使的非官方抵制并出席纽伦堡集会之后。第二个起因于这位大使与奥地利部长的一次对话,其间他暗示了他对德奥合并的支持。这类过失行为在 1937 年 6 月达到了顶峰,在面向德英协会(Deutsch-Englische Gesellschaft,相当于德国的英德联谊会)的一次广为宣传的演讲中,亨德森斥责了英国那些"对民族社会主义政权真正代表的东西有着完全错误的概念"的人,主张应当更少关注纳粹独裁统治,而更多关注德国正在进行的伟大社会实验。[10]

范西塔特和英国外交部的许多人都惊骇万分,很快开始视这次大使的任命为"国际灾祸"。[11] 不过亨德森并不认为他的权力来自外交部。除了天意,他正确地相信他正在忠实地执行首相的政策,首相分别在 1937 年 4 月和 10 月的两次面谈中对这位大使阐述了他的观点。亨德森后来写道,"我可以坦率地说,直到最后我都是遵循着他[张伯伦]给我安排的总体方针行事的,"并补充道这要容易多了,"因为它与我对这份我在德国可以最好地效劳的工作的个人理解如此吻合。"[12] 这两位内维尔因此是步调一致的，并且因哈利法克斯也在以同样的步调行事，英国外交部在后者出访上的顾忌被轻而易举地克服了。这位枢密院议长将以参观国际狩猎展览会为借口前往德国。然而，此行的真正目的是与希特勒在贝希特斯加登会面。①

这次会面的目的引起了激烈的争论。艾登和范西塔特希望哈利法克斯只是"倾听并将自己局限于发表对奥地利和捷克斯洛伐克问题的警告性意见"——补充说他们一定要"竭尽所能阻止德国在这两个国家的主动行动"——而张伯伦、亨德森和哈利法克斯本人则有着更大的野心。[13]"我的确相信，首相的想法，正如对我概述的那样，打开了一扇通往一条真有可能取得进展的道路的新大门。"亨德森在10月与首相会面后给枢密院议长写道。[14] 几周后，他解释了这如何有可能实现。"如果德国承诺会因我们做出的让步而'满足'，我们就应该慷慨解囊。不论悲观主义者怎么说，我相信，如果我们不是太吝啬，德国会信守诺言，至少在一段可预见的时期内会的。"10天后他补充道："我们必须放下一切恐惧和猜疑……关键是，我们是一个岛屿民族，而德国是一个大陆民族。在此基础上，我们可以成为朋友，双方都可以在不发生切身利益冲突的情况下，沿着自己的命运之路前进。"[15]

这个逻辑依据实际上承认了德国在中东欧的自主权，而这同样也是哈利法克斯的想法。他寄给张伯伦一些关于他打算在德国采取的行动的说明，解释道他"不满意外交部在捷克斯洛伐克或奥地利问题上的态度"，并希望"我们不应当觉得必须（用亨德森的话说）要反对'和平演变'——也许解释得很随意"。[16] 这种"轻松的嘲讽"出自哈利法克斯这样一个拥有如此高道德准则的人似乎很奇怪，但正如他在此前写给鲍德温的一封信中所坦承的那样，他无法让自己去谴责民族主义甚或种族主义是"违背人性的或不道德的"。[17]"我本人毫不怀疑这些家伙是真正痛恨共产主义之流的人！"他在他出发的前夜写道，"而且我敢说，如果我们处在

---

① 同一年后会见张伯伦一样，希特勒没有表现出在类似柏林这样更方便的地方会见哈利法克斯的意愿。事实上，他在1937年和1938年都选择了贝希特斯加登——先后迫使哈利法克斯和张伯伦长途穿越德国——生动说明了权力所在。

他们的位置上，我们可能会有同样的感受！"[18]

*　　*　　*

哈利法克斯在 1937 年 11 月 17 日清晨抵达柏林。迎接他的除了亨德森，还有一群摄影记者，他整个上午都待在英国大使馆，然后出席了与纽赖特一家"轻松愉快的"家庭午宴，而后转道前往狩猎展。[19] 在那里他发现相当多的人早已穿行在展品之中，这些展品包括一群法国猎狐犬、一只大熊猫填充标本、由英国皇室成员猎杀的各种战利品，还有一个"森林和野生动物模拟区"，在这个区域里，一只牡鹿的吼叫声通过留声机被传递了出来。更让人觉得不祥的是，德国人创立了一个战前殖民区，其中醒目地展示了一张显示出那些"失去的领土"的大型地图。

让哈利法克斯吃惊的是，他发现自己成了最主要的关注点之一，尤其是考虑到所有这些竞争展品。他被柏林人称为"哈拉利法克斯（Halalifax）勋爵"（一个关于"呔嗬！"的德语对应"哈拉里！"的双关语①），他被一大群人跟随着参观展览馆，对所有高举的胳膊礼貌地摘下他的圆顶礼帽。一名显然对此很满意的德国官员对亨德森说："对哈利法克斯勋爵来说，看到这个展览会是件好事；对所有这些人来说，见到哈利法克斯勋爵也是件非常好的事。"那天傍晚，他在英国大使馆受到了全体人员的款待——在此期间，一等秘书伊冯·柯克帕特里克（Ivone Kirkpatrick）向他详细介绍了纳粹迫害教会的情况——之后，第二天，再次参观了展览会，在烈士墓前致意，并视察了在勃兰登堡新落成的巨大的德贝里茨兵营。"整个德国都是这样的。"柯克帕特里克解释道。[20]

经过了适当的警告，哈利法克斯随后被带到火车站，在那里他和柯克帕特里克登上了希特勒的专列，连夜前往贝希特斯加登。这是一次舒适的体验。他们的德国东道主急于取悦他们，不过他们显然认为英国人以喝威士忌为生，因为服务员每隔半小时就会端着一个盛有威士忌和苏打水的托

---

① "呔嗬！"（Tally Ho！）及"哈拉里！"（Halali！）均为猎狐活动中猎人发现猎物时的吆喝。——编者注

盘出现。据柯克帕特里克说，这两位英国人是"令人失望的顾客"。[21]不过，要是他们不那么节制，或许就能解释哈利法克斯在目的地的异常行为了——在抵达贝格霍夫后，他没能认出希特勒。更糟糕的是，在一个仿佛会出现在沃德豪斯小说里的场景中，他以为那个穿着黑色裤子、丝绸短袜和漆皮鞋的人是一名男仆，正等着带他走过覆着雪的台阶进到房子里。幸好纽赖特在一旁，并赶在哈利法克斯将他的帽子和大衣递给希特勒之前，设法在这位枢密院议长的耳边低声疾言"元首，元首"。[22]

灾难避免了，希特勒和哈利法克斯随后坐下来进行了3小时的会谈。[23]会谈最初并不乐观。尽管哈利法克斯在他的开场白中赞扬了希特勒的"种种成就"——特别是对共产主义的遏制——可希特勒依然处在一种"暴躁的情绪"里，并没有展露出想要试图建立共识的倾向。[24]事实上，他对英国的民主制度进行了一番愤怒的谴责，因为它准许了英国议会和英国媒体对德国进行恶毒的批评，从而妨碍了英德的友好关系。哈利法克斯大吃一惊，冷静地回应道，他既没有权力也没有意愿去改变英国的宪法，如果希特勒要等待这件事情发生后才准许改善他们两国间的关系，那么他，哈利法克斯，显然正在浪费自己的时间。这番话叫停了希特勒激愤的长篇大论，并使哈利法克斯得以将话题转换到更有建设性的领域。然而，他脑中闪过了一个偶然发现的正确结论：在试图通过和平让步来满足希特勒这件事上，英国政府的确是在浪费时间。

在哈利法克斯登上飞机的两周前，希特勒召集了各武装部队的首长，还有陆军部长维尔纳·冯·勃洛姆堡（Werner von Blomberg）和纽赖特在帝国总理府开会。他在会上告诉他们，为了在经济上渡过难关，德国必须最迟在1943—1945年就要为"生存空间"（Lebensraum）发动一场战争，奥地利和捷克斯洛伐克一定要被纳入帝国版图。为此，他准备尽早在1938年发动一次突袭，因为每过一年，德国的敌人们就会在军备竞赛中缩小差距。至于这些敌人是谁，希特勒没有留下任何疑问："德国的政策不得不把两个激起仇恨的对手——英国和法国——考虑进来，对他们来说，一个立于欧洲中心的德意志巨人是一根肉中刺，这两个国家都反对德国的地位在欧洲或海外有进一步的巩固。"对德国来说，幸好英国正在衰落——从其在远东、印度和地中海区域摇摇欲坠的地位来看——而法国则充满了分裂,内战随时可能爆发。勃洛姆堡和陆军首长维尔纳·冯·弗里奇(Werner von Fritsch)都没有被说服。他们一再表示,如果德国要在未来的战争中取得成功,那么英国和法国一定不能被算作它的敌人。希特勒回应道,英国"早已默许抛弃捷克人了",大概法国也是如此。[25] 不过他无法确定。西方干预仍然是一种危险的可能性,对他的将军们来说,这也是他们反对的关键点。而后,就在希特勒奋力说服他的主要部下们相信他的主张的好处时,英国枢密院议长——唐宁街给德国驻伦敦大使馆的简报中所说的"英国当前最举足轻重的政治家和政客"——出现了,并且在很大程度上证实了他的假设。[26]

"我说,毫无疑问,由凡尔赛的和解引起的其他问题,在我们看来,似乎如果没有得到明智处理,就会造成麻烦,譬如但泽①、奥地利和捷克斯洛伐克,"哈利法克斯在他此次访问的日记中写道,"关于所有这些问题,我们未必想要容忍今天的现状,可我们想要避免采取可能会引起麻烦的处理方式。如果出于那些主要牵涉国的自愿同意和善意可以达成合理的解决方案,我们当然不愿阻拦。"[27] 这与艾登和范西塔特希望哈利法克斯传达的警告截然相反——不过毫无疑问张伯伦和亨德森都是赞同的。事实上,哈利法克斯急切地想要传达一个信息——这相当于默许了德国在中欧和东欧的野心——以至于他再三重复了这一点。"哈利法克斯说英格兰愿意考虑任何解决方案,只要它不是基于武力的",翻译保罗·施密特回忆道,并补充说这也适用于奥地利问题。[28]

虽然得到了这个非同寻常的消息——可以算作是英国外交政策上的一次革命——但希特勒的心情并没有好转。在一个"糟糕的餐厅"里吃"相当一般的肉类午餐"(希特勒喝的是蔬菜汤)期间,这位德国元首表现得像"一个被宠坏的、生闷气的孩子",拒绝与他人谈论任何话题。飞行、狩猎展览会,甚至连英国人的中坚话题——天气,都没能吸引他。午餐结束时,其他人这才松了一口气,然后希特勒带领他的客人们来到一间花

---

① 波罗的海沿岸的但泽从前是西普鲁士的一部分,因《凡尔赛和约》第一百条而被设立为自由市,不过波兰获得了相当大的管辖权。

哨的客厅,他喝了一大杯上面"漂浮着冰山似的生奶油"的热巧克力。这份惬意似乎使他苏醒过来,因为他在有关印度的话题上变得健谈起来。他告诉这位前总督,对于英国在次大陆上的烦恼,有一个简单的解决办法:"枪毙甘地"。然后,"如果这还不足以使他们屈服,那就枪毙200人,以此类推,直到秩序建立起来"。据柯克帕特里克说,哈利法克斯已经在他们的多次谈判中对甘地产生了敬意,在听了这番煽动谋杀的言论后,他感到"惊讶、嫌恶又怜悯的情绪交织在一起"。[29] 不过,这种情绪并没有阻止他重复自身立场,即如果能够实现更广泛的欧洲和解方案,英国将愿意给予德国一块自己的殖民地。

哈利法克斯总结了对这次会面和对希特勒的印象,写道:

> 我完全明白为什么他是一个受欢迎的演说者。情感——讽刺式的幽默、嘲弄、某种近乎感伤怀念的情绪——的作用是非常迅速的。但他给我的印象是非常真诚的,并且会相信他说的一切。至于这次交谈的政治价值,我不打算给它很高的评价。我认为进行接触就是件好事了——可我清楚地得到了这种印象,即除了殖民地外,他想要从我们这里得到的东西便寥寥无几,甚至根本没有了;而至于欧洲的问题,他觉得自己是时候成为占优势的一方了……简言之,他觉得自己处在一个强势地位,也不打算追在我们后面跑。他给我留下的印象是,他根本不可能想在殖民地问题上与我们开战;但无疑如果他在这个问题上不能得到满足,那么我们之间建立良好关系仍将是不可能的,在这种良好关系中,我们能够发挥很大的影响力,而若是没有它,目前的紧张局面便将会继续存在。[30]

就希特勒而言,他提起这个他后来称为"英国牧师"的男人时则是轻蔑的。[31]

哈利法克斯的下一站是前往戈林位于勃兰登堡北部塑夫海德森林里的卡琳宫拜访他,这是一份著名的外交部文献——由埃里克·菲普斯在1934年6月参观完该庄园后撰写的所谓的"野牛公文"——的背景。正如菲普斯所讲述的那样：

> 整个过程是那么奇怪，有时甚至会给人一种不真实的感觉；但它为我们打开了一扇了解纳粹心态的窗口，正因如此，它或许并不是完全没有价值的。最重要的印象是戈林将军那最可悲的天真，他像一个大块头的、肥胖的、被宠坏的孩子一样展示给我们他的玩具：他的原始森林，他的野牛和鸟，他的狩猎小屋、湖和湖滨浴场，他的金发女郎"私人秘书"，他的妻子的陵墓、天鹅和萨尔森石。一切都只是满足他不同心情的玩具，并且一切，或几乎一切，就像他仔细解释的，都是日耳曼式的。然后我想起还有些别的玩具，尽管带有翅膀，但不那么天真，而且这些玩具或许有一天会怀着同样的孩童般的欢乐，带着同样的童心飞上天去执行它们的杀戮任务。[32]

三年过去了，戈林的卖弄程度就如同他的身材一样，有增无减。戈林穿着棕色靴子和马裤，一件绿色的马甲——都被他用一条挂着一把有着红色刀鞘的匕首的绿色皮带雄赳赳地系住——还戴着一顶插着一大簇岩羚羊毛的绿色帽子，他驱车载着头戴圆顶礼帽的哈利法克斯"在一辆由两匹汉诺威栗色马拉着的打猎用的四轮敞篷马车里"绕着森林逛，骄傲地炫耀着他的野牛和驼鹿。到了别墅——一栋坐落在两湾湖水之间的巨大建筑物——哈利法克斯注意到英国国旗飘扬在卐字旗和狩猎旗之间。他随后被带到数不尽的一连串房间中，正如他所正确推断的那样，里面装满了从德国最好的博物馆抢来的珍宝。接下来，哈利法克斯吃了他见过的最生的牛肉作为午餐，然后这位米德尔顿猎狐犬俱乐部的主人与这位帝国林业与狩猎的领袖就国际局势进行了私密谈话。[33]

这次谈话比哈利法克斯与希特勒的那次要友好得多。这位枢密院议长重申了他的立场，即英国愿意接受欧洲现状的改变；戈林则表示，殖民地问题是他们之间唯一的争议。他非常欣赏大英帝国，认为它是一个"在稳定方面有影响力的国家"，并且认为英国理应"不难承认德国也有权享有特殊的势力范围"。哈利法克斯表示认同。英国政府"不愿插手那些不是我们主要关切所在"——换句话说就是东欧——不过他竭力主张变化要和平地发生,并且"为了我们大家,在任何地方都不能做可能招致危险反应的事"。对此,尽管两周前戈林出席了在帝国总理府的霍斯巴赫会议[以弗雷德里希·霍斯巴赫上校(Colonel Friedrich Hossbach)所做的这次讨论的记录而得名],但他还是庄严地向哈利法克斯保证,纳粹党人绝不会流"一滴德国人的血",除非他们迫不得已。

在他此行的日记中——后来发送给了张伯伦和英国外交部——哈利法克斯承认他受到了戈林的"盛情款待"。尽管他记得这位将军在"长刀之夜"里所扮演的角色并且禁不住想知道"有多少人因他或好或坏的动机而被杀害",但他发现其个性"坦白说很有吸引力"。戈林"像个大男孩,对所有他正在做的事情都充满了活力与骄傲",他是一个"电影明星、对他的庄园感兴趣的大地主、总理、党的管理者、查茨沃斯庄园的首席猎场看守人"。此外,哈利法克斯认为他们的对话"并不令人灰心",他指出这位将军显然是支持英德友谊的,并且"我猜想,不会在殖民地的问题上太过难对付;不过他确实在期待中欧的重新调整"。[34]

回到柏林,亨德森为哈利法克斯举办了一场晚宴,出席宴会的人还包括勃洛姆堡、沙赫特和戈林的副手埃哈德·米尔希将军(General Erhard Milch)。晚宴过后,哈利法克斯与勃洛姆堡进行了坦诚的交谈,后者诚恳地解释道,殖民地问题其实是次要的:"对德国来说,由于其日益增长的人口和位处欧洲中部的地理位置,最关键的是那些涉及其在中欧和东欧地位的问题。"作为霍斯巴赫会议的与会者,勃洛姆堡知道自己在说些什么,他补充道:"如果每个人都试图控制住每个安全阀,那么早晚必定会发生爆炸。"[35]然而,这个明确的信息被沙赫特(他没有出席那次会议)曲解了,他强调了殖民地的重要性并建议英国或许可以归还多哥兰和喀麦隆的领地。

第二天,1937 年 11 月 21 日,戈培尔及其夫人来喝茶。哈利法克斯本以为自己会极其厌恶这位宣传部长,然而或许是因为"我自身的某种道德缺陷",他并没有这种感觉。戈培尔要求这位枢密院议长设法阻止英国新闻界对希特勒的抨击,声称"没什么会比这更能引起德国人内心的怨恨了"。他尤其抱怨了讽刺希特勒的漫画，还似乎特别单独批判了《标准晚报》的戴维·洛（David Low），后者对德国元首的描绘早已出名[①]。[36] 对此，哈利法克斯给出了关于英国新闻自由的标准答复。不过，他还是表示出了同情，并承诺"英王陛下政府将在其权力范围内竭力去影响我们的新闻界，以避免不必要的冒犯"。[37]

在回加来的火车上，哈利法克斯在一份写给张伯伦和外交部的备忘录中阐述了他当前的结论。他写道，"除非我完全被骗了"，德国人，"从希特勒到普通民众，都确实想要和英国建立友好关系"。再者，他觉得"很确信希特勒在说出他不想打仗的时候是真诚的，戈林也是如此"。然而，不仅有德国对中欧和东欧那显而易见的野心问题，还有仍然存在的殖民地问题。考虑到这两个问题，哈利法克斯决定支持向德国主动提出一个殖民地解决方案，以换取某种"不论得到何种赠予或支持都不会出来开战的保证"。当然，他承认，这是一个含糊的提议和承诺，可以很容易地被收回，同殖民地不一样。不过，另一个方案甚至更没有吸引力。哈利法克斯因而提出了三个逻辑假设："（a）我们希望与德国达成谅解；（b）我们将不得不为之付出的代价；（c）便是我们拥有的唯一一枚硬币，即某种形式的殖民地赎回。"最后，考虑到德国有可能被要求作为回报给予的那种保证，哈利法克斯重申了他的看法，即英国不应该要求维持现状，而应该寻求德国给出将以和平方式实现其众所周知的野心的承诺。"整件事情又回到这一点上，"他总结道，"不管我们多么厌恶纳粹在中欧进行海狸般积极努力的宣传等行为，我们和法国人都无法阻止它，因此，要放弃与德国和解的机会，而去坚持要求某种我们几乎肯定会发现自己最终无力确保的东西，这似乎是目光短浅的。"[38]

对张伯伦来说，此行是一次"巨大的成功"。如同亨德森在一系列热情洋溢的信件中所证实的，它已经达到了目的，即营造一种积极的氛围，

[①] 洛恰如其分地描绘出了一幅哈利法克斯在狩猎展览会上的精彩漫画，其中希特勒向这位枢密院议长指出了"魏玛"、"凡尔赛"和"洛迦诺"等战利品，更令人不安的是，有很多标明了"已预订"的空白处，其中最大的一个空白处吸引了显然正忧心忡忡的不列颠之狮的注意。

从而使"与德国讨论在欧洲和解协议里涉及的各种实际问题"变为可能。当哈利法克斯告诉内阁，德国人当前正集中精力"建设他们的国家"，所以"没有立即进行冒险开拓的政策"时，有个看法得到了哈利法克斯的认同，即他已经让希特勒相信了"我们的诚意"，而希特勒和戈林都不赞成使用战争。[39]"当然，"张伯伦在一封写给他妹妹艾达的信中轻松地承认道，"他们想要统领东欧；他们想要在不把奥地利并入帝国的情况下尽可能地与其紧密结合；对于（捷克斯洛伐克的）苏台德人，他们也有同样的想法。"不过这些事情未必与欧洲的和平或与英国的政策相冲突。"我不明白为什么我们不能对德国说，给我们令人满意的保证，即你们不会用武力来对付奥地利人和捷克斯洛伐克人，我们也会给予你们类似的保证，即倘若你们能够以和平的方式得到你们想要的改变，我们不会用武力来阻止。"[40]

就哈利法克斯而言，他几乎没有浪费多少时间在履行他对戈培尔的诺言和向英国那"自由的"新闻界施加压力上。事实上，最重要且最有影响力的英国报刊早已站在支持的一边。"我夜以继日地尽我最大的努力，将任何有可能伤害他们（德国人）脆弱情感之处从报纸上移除"，并顺便插入"旨在安抚他们的小东西"，枢密院议长的密友、《泰晤士报》主编杰弗里·道森在1937年5月的一封信中坦言道。[41]然而，有些自由主义左翼报纸始终如一地在批判纳粹德国。于是，哈利法克斯安排会见了支持自由党的《新闻纪事报》的主席沃尔特·莱顿爵士，还有支持工党的《每日先驱报》的经营者索思伍德勋爵（Lord Southwood）。他与后者的谈话似乎没有立即产生效果，因为仅在几天后，该报就刊登了一则描绘了一名象征着欧洲的女性正在把她的象征着殖民地的婴孩主动献给咄咄逼人的希特勒的漫画。标题写着："带走我的孩子，但是放过我，噢，放过我！"[42]这一对英国外交政策完全精准的描绘（除了张伯伦和哈利法克斯也准备牺牲中欧和东欧的国家）激怒了哈利法克斯，他给索思伍德勋爵写了一封愤怒且自负的信，抱怨这幅"残忍得不公正的漫画"使英德友谊的事业变得更加艰难。索思伍德受到了严厉的斥责，向枢密院议长保证这种事不会再发生。[43]

《标准晚报》的大卫·洛就不是那么容易被搞定了。洛被普遍视作这个时代最伟大的漫画家，他的行动自由程度很高，他甚至获准戏仿他的老板比弗布鲁克勋爵。确是这样，他以极具洞察力的时机选择，在 1937 年 11 月 28 日的漫画中，展现了《泰晤士报》（道森）和《观察家》报（加文）的主编与洛锡安侯爵及南希·阿斯特一起，在戈培尔大师指挥的曲子下跳舞。然而，哈利法克斯决心要控制他，在他的密友亚历山德拉·"巴巴"·梅特卡夫夫人（Lady Alexandra 'Baba' Metcalfe）的建议下，他安排了与《标准晚报》的社长迈克尔·沃德尔（Michael Wardell）共进午餐。沃德尔——据比弗布鲁克勋爵报业的记者迈克尔·富特（Michael Foot）说是个"法西斯主义的支持者"——表示理解，但他无能为力，因为洛的合同保证了他的编辑自由。不过，如果哈利法克斯发出个人请求，那么洛可能会愿意听从劝告。这是一个相当非正统的建议——一个英国内阁高级大臣不得不亲自审查一名报社漫画家，这即使发生过也很罕见——不过就像他当月晚些时候出席了一场极度无聊的英德联谊会晚宴一样，哈利法克斯愿意"为了崇高的事业"而做这件事。⁴⁴ 他们在沃德尔位于贝斯沃特的公寓里会面，哈利法克斯要求洛让他的漫画内容温和一些，因为它们对英国政府寻求持久和平的努力产生了不利的影响。哈利法克斯这样一说，洛几乎无法拒绝。"那好吧，我可不想为一场世界大战负责"，这位漫画家回答，可"如实地进行报道是我作为一名记者的职责⋯⋯况且我认为这个人很糟糕。不过我会缓和一点的"。① ⁴⁵

亨德森对这些努力感到高兴。尽管他在回忆录中声称非常尊敬这个英国新闻界"公认的浪荡子"，但事实上，他对于扼杀报纸对德国的批评的热衷程度几乎不亚于戈培尔博士。⁴⁶ 在 1937 年 11 月 29 日，哈利法克斯回国后不久，他便写信给艾登，恳求"要不遗余力地做任何可能阻止英国媒体对德国造成不实的，尤其是无端且不必要的刺激的事情"，并补充道，"如果哈利法克斯勋爵打开的这扇门要保持半开，那么我们一定要做些什么来防止新闻界将其再次砰地关上"。⁴⁷ 因此，亨德森对《每日电讯

---

① 这次会面之后，洛通过虚构出名为"言论封锁者"（Muzzler）的角色——"一个具有两大独裁者著名特征的综合人物"——让他的漫画不那么针对个人了，不过同样具有批判性。不过，在希特勒进军奥地利之后，这位漫画家便不受约束地恢复他之前的方式了。

报》1937年12月2日和3日的两篇报道反应颇为愤怒,这两篇报道声称德国政府已经就殖民地的问题对哈利法克斯进行了游说,但英国政府决心拒绝沙赫特的要求,即将当前由比利时和葡萄牙控制的中非领地交给德国。撇开这几乎就是张伯伦当下正在炮制的计划不谈,亨德森怒不可遏,他认为这两篇文章就是英国新闻界"能够造成的巨大危害"的最好例证。他对哈利法克斯大发雷霆道:"我想要拧断《每日电讯报》的外交记者维克托·戈登-伦诺克斯(Victor Gordon-Lennox)先生的脖子。"哈利法克斯答道,他已经措辞强硬地写信给艾登并"敦促他尽可能地拧断戈登-伦诺克斯的脖子"。[48]

由此,这些意气风发的,或者更确切地说,这些狂热的绥靖者开始了他们的使命。绥靖主义并不是他们首创,但这种热忱、坚信和果断的决心是。过去的政策是被动且杂乱无章的,经过怀疑论的缓和,现在成了一个积极且坚定的政策,它势不可当。最重要的是,这些狂热的绥靖者都是乐观主义者,他们对善意与理性讨论抱有超乎寻常的信心。正如哈利法克斯在他出访前写道的那样(一句可能张伯伦也很容易会说出的话):"我感觉,如果我们能够说服他们(德国人),让他们相信我们想要成为朋友,我们可能会发现许多问题没有现在看起来那么棘手了。"[49]

不幸的是,德国人恰好在此时得出了相反的结论。在为缥缈的英德联盟经历如此漫长的等待之后,希特勒已经不再把英国看作是一个潜在的朋友,而更像是一个可能的敌人了。与这种心态不无关系的,是里宾特洛甫从首席亲英派到主要恐英派的转变。这位德国大使为他在外交和社交上的屡屡失败而痛苦,1937年12月,他躲在自己的书房里撰写了一份长篇报告,向希特勒说明他的任务已然失败,而德国从今以后一定要将英国算作最不共戴天的敌人之一。英国人永远不会放弃他们对实现均势的努力,也不会舍弃他们与法国的友谊。因此,德国的政策应当是巩固那一系列的联盟,以对抗"我们最危险的敌人",并在必要的时候瓜分其帝国。[50]随着1937年接近尾声,英国和德国的政策正朝着相反的方向发展:这种日益加剧的两极化将为接下来的一年定下基调,并将欧洲推至战争的边缘。

10

"圆顶礼帽回来了！"

> 恐怕从根本上说，困难在于内维尔（·张伯伦）认为他是肩负着与那些独裁者们达成协议的使命的人。
>
> ——安东尼·艾登，日记，
> 1938 年 1 月 18 日 [1]

1938 年 1 月 11 日，随着夜幕降临，一个身材高大、穿着讲究的身影不露声色地溜进了英国驻华盛顿大使馆。选择这么晚的时间是为了确保这次会面的保密性，英国大使也准时在他的私人书房里见到了他的访客。在那里，美国副国务卿萨姆纳·威尔斯（Sumner Welles）坐着，而罗纳德·林赛爵士（Sir Ronald Lindsay），一个不形于色、身材魁梧的苏格兰人，正在看他刚拿到的打印的小文件。最后他从阅读中抬起头来，深情地宣布："这是一年多以来我第一次对可以阻止新的世界大战发生产生希望。"[2]

林赛拿到并在 1 小时内就以最严格的保密等级被递送至伦敦的这则消息，内容是罗斯福总统对日益恶化的世界局势感到担忧，且"前所未有地意识到这种全面冲突的危险"，因此决定通过采取（由于美国舆论的坚决孤立主义状态所能使用的）唯一的途径去设法终止这种螺旋下降的态势。[3] 这相当于一个美国总统将呼吁世界各国共同考虑协调国际关系的方式的计划。美国总统的想法本质上是一笔等价交换，这实际上是以一个平等分配世界原材料的新系统（由其他国家让步），去买得一份裁军协议（由独裁国家让步）。他计划于 1 月 22 日发出呼吁，现在请求英国政府给予支持。如果他在 5 天内没有得到赞同的消息，他将放弃该计划。[4] 这个后来被称作"罗斯福倡议"的计划获得成功的可能性只有 1%。然而，这是自第一次世界大战结束后美国首次提出在国际事务中担任主导角色，而且仅仅是遭到独裁者的拒绝就可能对美国舆论造成极强的影响。出于所有这些原因，林赛满怀热忱并敦促伦敦"以非常迅速且友好的态度接受这个宝贵的倡议"。[5]

事实并不如愿。尽管艾登在1937年11月1日告诉了下议院，他很乐意为了获得美国的合作而四处奔走，"不仅从日内瓦到布鲁塞尔，还要从墨尔本到阿拉斯加"，但这位外交大臣当下正在法国南部，与丘吉尔和劳合·乔治打网球、厮混。[6]他不在的时候，张伯伦掌管着外交部，而且，根据一名要员的记载，他"厌恶罗的想法"并决意要扼杀它。[7]因此，他写信给美国总统，感谢他有吸引力且"有胆量的"建议，但还是要请他"收手"。[8]

在"泼冷水"的过程中，张伯伦不仅仅是出于反美主义的动机。[9]尽管他认为罗斯福的想法是"愚蠢荒谬的迸发"——正如他所料的那种道貌岸然、头脑混乱的设想——但他更关心这项倡议对他自身计划的影响。[10]正如他在给美国总统的答复中所解释的那样，英国政府早已开展了旨在有助于"平息"欧洲的诸多项目，并且相信这甚至有可能"容许期待在不久的将来有一些改善"。英国首相正在制定一项殖民地计划，以满足德国的要求，而意大利政府近期也释放了它希望开启对话的信号，这应该"至少给地中海区域带来缓和"。[11]

* * *

与意大利恢复友好关系的行动在1937年夏天就已经开始了。尽管张伯伦因纽赖特的访问取消而倍感沮丧，但当意大利大使，迷人的大胡子迪诺·格兰迪伯爵（Count Dino Grandi）在7月27日来见他时——据说还带着一封来自意大利领袖的信——他欣喜满意。在这封（实际上是这位大使意欲尽快启动谈判而编造的）信中，"墨索里尼"宣称他本人最为渴望修复英国与意大利之间的友好关系，并提议两个国家应当开始对话，以彻底解决他们之间的分歧。[12]格兰迪继续道，墨索里尼尤其渴望英国能够

希特勒在纽伦堡，1933 年 5 月。同许多英国的观察员一样，《每日电讯报》想知道，一个看上去如此不起眼"还蓄着撮可笑的小胡髭"的男人，如何能够对德意志人民"如此有吸引力且有影响力"

反犹主义行动中：纳粹分子在掌权两个月后宣布抵制犹太人的商业活动

英国驻柏林大使霍勒斯·朗博尔德爵士，是像"鸡蛋和培根"一样的传统英式的人，却是少数几位从一开始便了解了那个政权的扩张主义本质的人之一

无人理睬的警告：温斯顿·丘吉尔沿白厅走过，1938年9月

不爱出风头的首相：斯坦利·鲍德温穿过议会广场，1935年6月7日

"伦敦最会穿衣的男人":安东尼·艾登在波兰大使馆的一次招待会上,1936年11月

"圣狐法克斯":哈利法克斯勋爵在英国外交部

早期业余外交官中最有影响力的：洛西恩勋爵确信希特勒是渴望和平的，尽管他已读过《我的奋斗》。约为1935年

争取扭怩作态的不列颠尼亚的支持：安东尼·艾登和外交大臣约翰·西蒙爵士正在帝国总理府接受希特勒的讨好，1935年3月25日

舆论的力量：塞西尔子爵收集了 300 万人支持国际裁军会议的签名，1932 年 1 月

集体安全的破灭：阿比西尼亚的皇帝海尔·塞拉西在意大利入侵了他的国家之后向国际联盟提出申诉，1936 年 6 月 30 日

德国大获全胜的一年：德军进入非军事化的莱茵兰，1936年3月7日

奥林匹克运动会在柏林开幕，1936年8月1日

英国的前战时领导人大卫·劳合·乔治正受到那个被他后来形容为"德国的乔治·华盛顿"的人的迎接，1936年9月4日

"一次国际上的不幸"：英国驻纳粹德国的最后一位大使内维尔·亨德森爵士与赫尔曼·戈林一起在纽伦堡集会上

哈利法克斯勋爵与希特勒及德国外交部长康斯坦丁·冯·纽赖特在贝格霍夫，1937年11月19日

正在钓鱼的首相：内维尔·张伯伦在 1937 年 5 月至 1938 年 10 月间向希特勒抛去过几次诱饵

英国首相和意大利首领，1938 年 9 月：张伯伦确信墨索里尼可以从轴心国中被分离出来

承认意大利对阿比西尼亚的吞并的合法性。对此，张伯伦回应道，这种会在英国引起大量批评的举措，只有当它是一项"能消除猜疑和焦虑并促成信任的恢复的伟大和解计划"的一部分时，才能够被采纳。[13] 不过，他受到了鼓舞并立即给墨索里尼写了一封信——他没有给艾登看，因为他"感觉他会反对"——信中他向墨索里尼保证，英国政府"纯粹出于对意大利最友好的情感，并准备好随时进行对话，以便澄清整个局势并消除一切猜疑或误解"。[14]

这促使墨索里尼写了一封友好（且这一次是真的）的来信，表示他乐于接受在未来进行会谈，很快张伯伦就为他所实现的"欧洲紧张局势的非凡缓和"自我庆祝了。"这让人感到首相职位赋予你的那种绝妙力量，"1937年8月8日，他从威斯敏斯特公爵位于高地的庄园里写信给他的妹妹艾达说，"作为财政大臣，我几乎连一枚卵石都动不得；现在我只需抬起一根手指，整个欧洲的面貌就会改变！"[15]

艾登并不相信。这位外交大臣视墨索里尼为甚于希特勒的"敌基督"，他不情愿在这样一个意大利军队正在给西班牙火上浇油，而反英宣传——意大利人正在巧妙地将此导向巴勒斯坦的阿拉伯叛乱分子——依然盛行的时候，增加这位独裁者的威望。[16] 最重要的是，与张伯伦不同，艾登对这位意大利领袖的信誉没有信心。"我曾如此频繁地被承诺说由我们完成这样那样的行动会改善英意关系，然后又如此频繁地大失所望，"他在1937年夏天的一份外交部记录里写道，"因此我对关于'承认合法性'一事并不抱有同样的乐观看法……我担心那个理由是意大利决意要复兴罗马帝国，而我们挡了道。"[17]

起初，在首相和外交大臣之间的这个重大的意见分歧被掩盖了，因为张伯伦认为艾登仅仅是外交部天然的谨慎和偏见的表达渠道。像塞缪尔·霍尔爵士一样，张伯伦也认为"外交部对德国（以及意大利和日本）有很大的偏见"，他对外交部的人感到愈来愈失望，他抱怨道，他们"在我看来没有想象力，也没有勇气"。诚然，艾登"相当善于毫无怨言地接受我的建议，可总是不得不再次从头开始，这让人身心俱疲"，有时甚至还要重写外交部的公文。"我非常害怕，"他在写给他妹妹希尔达的一封信中继续道，"我担心我们会让英意局势退回到我介入之前的状态。外交部坚持认为墨索里尼只是某种为了推进其邪恶野心的实现而戴上友谊的虚伪面具的马基雅维利。如果我们像那样对待他，我们将从他身上得不到任何好处，我们也将不得不为我们的不信任付出代价——在地中海区域进行费用惊人的防御。"[18]

事实证明，在 1937 年夏末及秋季，正是那位"邪恶的马基雅维利"而不是英国外交部成为英意关系倒退的起因。当意大利潜艇在地中海上游弋时，洽谈是不可能发生的，而由意大利领袖发表的盛赞佛朗哥夺取桑坦德的夸夸其谈的演讲，也收获了极为恶劣的反响。9 月，墨索里尼高调出访柏林，1937 年 11 月，意大利人加入了德、日的《反共产国际协定》。12 月，意大利退出了国际联盟。

在此期间，张伯伦与艾登的关系开始出现明显的裂痕。尽管这位年纪稍轻的人——艾登比张伯伦年轻近 30 岁——向那位年纪稍长的人保证，他不介意自己给予外交事务的关注比鲍德温更多（他对此的兴趣简直不能再少了），但这位外交大臣很快就开始抵触首相那几乎不顾一切地要与那些独裁者们友好往来的决心。尤其是，他对张伯伦越来越多的阴谋诡计感到厌烦了。这些阴谋包括要招募艾登的议会私人秘书吉姆·托马斯（Jim Thomas）作为首相的间谍的拙劣企图和召开旨在推动外交政策的进展与方向的新闻发布会。这样的发布会在 1937 年 8 月召开了一次，当时多家报纸热切地开始报道英意洽谈的紧迫性，当年 11 月是另一次，当时唐宁街提高了对哈利法克斯出访的期望，而这与艾登的想法相悖。发着烧的艾登义愤填膺，从病榻上爬起来向张伯伦提出抗议。这引发了一场热火朝天的争吵，以首相让其外交大臣"回家睡觉，吃片阿司匹林吧！"这一著名的驳斥告终。[19]第二天，霍勒斯·威尔逊爵士（Sir Horace Wilson）——官方来说是政府的工业事务专家，可事实上是张伯伦在所有事务上最亲密的顾问——试图通过向吉姆·托马斯保证"首相十分喜欢安东尼·艾登并视他为其内阁中的头号人物"来修补二人关系。然而，张伯伦确信"他自己的利用一切机会与独裁者接触的政策是正确的"，而"安东尼·艾登是错误的"，因此，首相"是在拯救他"。[20]

这也不是这两人之间唯一的分歧点。艾登在 1937 年 11 月 3 日的一封信中告诉张伯伦，他"对我们重整军备的状况深感担忧"。[21] 一份空军部备忘录显示，皇家空军依然落后于纳粹德国空军 2 年，而且高射炮和探照灯的相关状况也极其糟糕。艾登考虑，英国能否通过从国外购买装备来弥补一些差距？张伯伦并不这么认为。尽管在他的绥靖政策开始取得成果之前，他接受了重整军备的需求，但他不会允许国防支出高于他认为在财政上是审慎的程度。对此艾登尖锐地反驳道："如果伦敦因为我们的空军不足而被夷为平地，那么良好的财政状况对我们来说也不过是微不足道的安慰。"可张伯伦认为这个观点"太过危言耸听"，并补充道"他不认为在未来两年里会有任何人袭击我们"。[22]

幸好，艾登还能在一个领域得到张伯伦的支持，那就是在驳回参谋长们的意见上，他们在 1938 年 2 月的一份充满失败主义论调的文件中，明确反对将与法国人和比利时人的参谋会谈延期，这主要基于这会激起"德国不可化解的猜疑与敌意"的政治考量。[23] 他们在范西塔特的问题上也有共识。长期以来，他校长般的态度、情绪化的备忘录，以及他那与墨索里尼谈判的意愿都让艾登颇为恼怒，1936 年艾登试图通过给予"范"巴黎大使馆的职位来摆脱他，但失败了。张伯伦的动机则不同。这位首相视他为一个不断试图妨碍他那些与独裁者接触的尝试的危言耸听的人，他认为范西塔特造成了让"安东尼的自然情感共鸣"倍增的棘手影响。[24] 不管怎样，他的时间已到。范西塔特被迫接受了政府首席外交顾问这个听起来响亮却毫无意义的新职位，摆脱了困境，而那位"明智且迟缓的男人"亚历山大·卡多根——之前曾担任外交部国际联盟部门负责人和英国驻北平公使——成了新的常务次官。[25] 这是绥靖者的首次胜利。

*　　*　　*

"罗斯福倡议"标志着张伯伦与艾登关系终结的开始。艾登对他不在时首相冷落了美国总统感到沮丧，1938 年 1 月 15 日，他一回到英国就立即投身到扭转这个决定的努力中。第二天，他在拜访契克斯庄园时告诉张伯伦，他为他令美国总统失望的行为深感遗憾，而且这一行为必然会被证明让结束美国孤立主义的事业遭受了挫折。张伯伦反驳道，美国总统的倡议将会把"我们自己的努力"与意大利和德国的混为一谈，而他相信这些努力快要得出结果了。这一点是艾登无法接受的。尽管他打算继续与德国的谈判，但是他确信承认意大利在阿比西尼亚的地位会是一个错误，因为它会提高墨索里尼的威望并"因此使他对希特勒更有吸引力"。[26] 那晚，艾登忠诚的私人秘书奥利弗·哈维（Oliver Harvey）在他的日记中提及了辞职的可能性：

> 我担心首相也许已经铸成了没有余地去挽回的大错。安东尼·艾登将不得不非常谨慎地考虑他的立场，因为如果首相坚持这样的立场，那么他显然无法继续为外交政策负责。他不能接受为一个会引起美国敌意的政策负责。
>
> 首相在这件蠢事上一直在接受对外交事务一无所知的霍勒斯·威尔逊的建议。尽管这位英国首相是出于个人性情而反美的，但我恐怕他也是受到了部分自己在冒险与希特勒和墨索里尼交往的自负心理所驱使的。[27]

两天后，罗斯福给张伯伦的电报的正式答复的到来证实了艾登的担忧。尽管美国总统同意短期内推迟他的倡议，但，正如威尔斯转述的，他对英国的回应极度失望。此外，他明显被张伯伦在最初通信中阐述的英国可能要承认意大利对阿比西尼亚的占领的合法性这一想法震惊到了。美国总统解释道，这将会带来最不幸的后果——在英美都未承认日本对中国东北的侵占的远东是如此，对美国公众舆论也是如此。"在我们两国政府所宣称的尊重条约义务在国际关系中似乎变得至关重要的这个时刻，"罗斯福写道，"我不禁觉得英王陛下政府所打算采取的行动会产生的后果都需要得到最仔细的考量……美国的公众舆论只会支持政府同世界上其他热爱和平的国家采取和平合作的措施，条件是这些合作措施是为了重建和维护国际法律及道德的原则。"[28]

艾登抓住这次通信的时机，穿过马路前往唐宁街去见首相。可张伯伦有他自己的论据：一封来自艾薇·张伯伦（Ivy Chamberlain，奥斯汀的遗孀）的信，① 她在罗马度过了一个冬天，一边讨好意大利领袖，一边为他选读来自英国首相的信件。张伯伦解释道，墨索里尼的女婿兼外交部长齐亚诺伯爵告诉艾薇，意大利领袖急于达成和解，而这正是一个不该被错失的"心理上的"最佳时机。29 在这个前景面前，艾登认为首相不论是在"罗斯福倡议"的问题上，还是对阿比西尼亚问题的承认上都不可能改变主意了。这位外交大臣在他的日记中沮丧地记录道："恐怕从根本上说困难在于内维尔相信他是一个背负着使命去与那些独裁者们达成协议的人。"30

令艾登同样沮丧的是，首相似乎得到了他们的同事们的支持。1月19日下午，在等待内阁外交政策委员会会议的开始时，这位外交大臣注意到在托马斯·英斯基普的文件最上面有一行潦草的字迹，写着："艾登的要将美国、英国和法国站在同一边的政策，导致战争。"31 艾登试图向这位国防协调大臣保证情况不会那样，可当会议开始后，他发现该委员会的其余人也都持同样的观点。张伯伦朗读了艾薇来信中的长篇选段，其中满是对墨索里尼的善意表现的叙述，然后拿出了一份发给罗斯福的电报草稿，内容为说明承认意大利对阿比西尼亚的吞并的好处。

艾登在内阁中被孤立了，现在正公开地考虑辞职。难题是，正如他在外交部的朋友们所指出的，这项罗斯福计划是最高机密，因此不能被用来作为他行为的解释。这个问题是吉姆·托马斯在1月20日上午与霍勒斯·威尔逊爵士的一次激烈谈话中提出的，托马斯警告威尔逊，如果艾登真的辞职，有可能整件事会从美国泄露出去，而"整个国家到时候便会知晓，首相宁愿拒绝一个民主国家的帮助，以便他可以不受限制地继续与那些独裁者们亲密交往"。对此，威尔逊勃然大怒，他告诉托马斯，如果"美国提出了这些事实，他将动用政府机构的全部力量来抨击安东尼·艾登过去的与独裁者有关的记录以及英国外交部对首相所进行的挽救世界和平的尝试进行的可耻阻挠"。32

---

① 奥斯汀·张伯伦于前一年的3月去世，享年73岁。

事实上，双方的威胁都没有付诸实施。① 1938 年 1 月 20 日下午，在发现张伯伦对他自己不那么确信后，艾登设法劝说他撤回了他对罗斯福提出的推迟开展其计划的要求。这看似是一次重大的胜利。艾登让张伯伦批准了一封以本人名义发出的电报，热情地赞同了美国总统的提议，继而艾登又附上了他自己给罗纳德·林赛爵士的留言，表明"无论如何我们都想让美国总统发起他的倡议"。[33] 然而为时已晚。罗斯福一直在犹疑不定，并且在 2 月的前半月一再推迟该计划，最后决定张伯伦的倡议——同意大利的协议，包括对阿比西尼亚吞并合法性的承认——是"完全正确的"，因此他把自己的想法搁置起来了。"这好极了。"张伯伦评论道。[34]

* * *

为了开启与意大利的对话，张伯伦一直在大力开展他自己与墨索里尼的非官方外交。为此有两个渠道。其一为艾薇·张伯伦，对她与意大利领袖的亲密往来，艾登大体上是知道的，并且愈发恼火；其二为约瑟夫·鲍尔爵士（Sir Joseph Ball）鲜为人知的活动，对此这位外交大臣几乎完全不知情。

约瑟夫·鲍尔少校被前保守党主席形容为"毫无疑问是个强硬的人"，"浸染了服役传统"，并且"在生活的阴暗面以及对付恶棍方面是我认识的人里经验最多的"，他曾是军情五处的官员，在 1927 年离开转而为保守党工作。[35] 在那里，他先是担任宣传部负责人，而后作为新成立的保守党研究部的负责人，建立了一个政治情报机构，截至 20 世纪 30 年代初，该机构不仅设法渗透到工党和自由党，还将其触角伸到了政府的大部分职能部门。他还与该部门的主席内维尔·张伯伦建立了亲密的友谊，在接下来的十年里，他将与张伯伦一同在汉普郡的白垩溪流中盯梢鳟鱼，度过许多时间。

---

① 如果托马斯是试图威胁威尔逊，那么几乎可以肯定他这样做并没有得到艾登的许可。事实上，在与张伯伦较量的整个过程中，艾登都表现得非常谨慎：拒绝通过泄露给媒体甚或游说他的内阁同僚的方式来推进他的目标。正如达夫·库珀（他在 2 月 20 日的内阁会议上支持了张伯伦）后来写到的，如果艾登"当时努力赢得我的支持，他很有可能会成功"。

在1937年中期，马耳他-意大利-英国血统的英国大律师、意大利大使馆的法律顾问阿德里安·丹利（Adrian Dingli）找到了鲍尔。根据鲍尔的说法，丹利主动提出要向他提供有关意大利外交举措的"消息"；按丹利的说法，二人讨论了能够"改善"英意关系的方法。不管怎样，这次会面促成了一个让张伯伦可以背着英国外交部与意大利政府沟通且反之亦然的非官方外交渠道的创建。这样的发展，正如事情后来呈现出的那样，几乎完全对意大利人有利。尽管丹利宣称，他与鲍尔共事的一个基本原则是英国的利益将永远高于意大利的利益，然而事实是，这两人与张伯伦一起密谋损害的是英国的而非意大利的外交部。意大利大使格兰迪伯爵立即意识到了这一点，他在鲍尔与丹利的关系中不仅看到了讨好英国首相身边人的天赐良机，还是一个机会，好让他"在艾登与张伯伦之间刚开始出现的分歧之间敲进一根楔子，如果可能的话，还要再扩大它"。[36]

对于这个显而易见的危险，张伯伦却并未觉察到。1938年1月10日，趁着艾登暂离前去法国南部了，他让鲍尔与格兰迪取得联系，了解他是否能"从罗马那边获得准许在伦敦与英国首相开展'对话'"，接着他便全权掌管了外交部。[37]当"罗斯福倡议"终止了艾登的假期并再次让他在名义上负责外交事务时，这个计划就被破坏了。张伯伦并没有打消他的念头。1月17日，他采取了非同寻常且肯定也是前所未有的行动，他与鲍尔一同替格兰迪起草了一封致艾登的信，请求让他本人与这位外交大臣会面。起初，丹利对这个诡计仍心存疑虑，他担心这会让意大利人成为恳求者的角色。不过当鲍尔亲自带着这封写在印有唐宁街字样的信纸上的信出现时，这个对局势的荒谬误解很快便烟消云散了。在仅做了一些微小的改动后，格兰迪将这封信打印出来并签上了名字。

随后发生的两件事险些使整个计划泡汤。1938年1月21日星期五，英国商船"恩底弥翁"号在西班牙海岸附近被一艘国民军潜艇击沉，傍晚，英国广播公司的新闻简讯宣称，英国政府"根本没有考虑在改善英意关系上付出努力"。[38]鲍尔立即行动起来。到星期六时，他已经成功地让英国广播公司否认了自己的说法——几乎可以肯定是受到了艾登在外交部的支持者们的启发——随后发起了自己的新闻宣传运动，意欲争取公众对与意大利达成协议的支持。与此同时，艾薇·张伯伦在被齐亚诺责备英国不愿开展洽谈后，决定给他看一封她近期从她丈夫的弟弟那里收到的信，信中他表示他相信对话将在2月底之前展开。这一举动的"效果"，正如内维尔·张伯伦在他的日记中记录的，"是很神奇的"。[39]艾薇被召去面见意大利领袖，被问及她是否介意给他读这封信。当然，这纯粹是做戏。因为意大利的情报部门，墨索里尼对信的内容了如指掌；然而，他能够很好地展现出自然的喜悦，还要求张伯伦夫人传达给内维尔这一情况，即他与英国首相有着完全相同的愿望并且希望对话将很快就开始涵盖"包括宣传、地中海、殖民地和经济"在内的所有重点。[40]

艾登怒不可遏。在2月5—6日这个周末过后，他得知了这一最新的非官方外交活动，他写信给张伯伦，抱怨这是"在墨索里尼的脑海中重新形成了他可以分化我们的印象，并且他将更不愿意关注我要对格兰迪说的话"。此外，罗马方面早已"从那次会面起就给人一种我们一直在讨好它的印象，其目的无疑是为了向柏林展示它有多值得被讨好"。他继续道，这"恰恰是墨索里尼惯常爱打的那手牌，并且他一有机会，便会熟练地出手。我不认为我们应该让他得逞。"[41]张伯伦，尽管私下里非常高兴，但还是抱歉地给予了答复。他对他嫂子的"非正统的程序"引起艾登的担忧而感到"痛心"，并向他保证，他会"非常明确地"告诉艾薇，他的信件今后要严格保密。不过，他还是不禁补充道，他并不真的相信她"造成了任何伤害"。[42]

首相与外交大臣之间关于意大利对话的最终对决由两件事促成。2月12日，希特勒将奥地利总理库尔特·冯·舒施尼格（Kurt von Schuschnigg）召往贝希特斯加登。在那里，希特勒就奥地利的不公正行为对舒施尼格大加挞伐，之后以即刻入侵作为威胁，强迫他解除对奥地利民族社会主义者的禁令，还要接纳两名奥地利纳粹党人阿图尔·赛斯-英夸特（Arthur Seyss-Inquart）和埃德蒙·格莱兹-霍斯特瑙（Edmund Glaise-Horstenau）进入其政府。德奥合并的威胁如此明确，意大利人因此获得了迫使英国人出手的必要筹码。2月17日，英国驻罗马大使珀斯伯爵（the Earl of Perth）报告称，"考虑到未来可能发生的某些事情"，齐亚诺敦促立即开始对话。[43]同一天，意大利外交部长与张伯伦夫人共进午餐，他恳求她理解时间是至关重要的："今天达成协议会是容易的，可欧洲眼下正在发生的事情将使它到了明天就变为不可能了。"他隐晦地说道。[44]

在张伯伦看来，这些信息的含义显而易见：

> 希特勒取得了他的成就，而墨索里尼对此火冒三丈。他想知道他与我们的关系如何，因为如果他不得不将我们视作潜在的敌人，他就必须竭尽全力与希特勒搞好关系，而他与希特勒关系越紧密，与我们达成协议便越难。[45]

张伯伦还记得在1934年7月纳粹接管奥地利失败后，墨索里尼曾派遣部队前往布伦纳山口，他认为，达成一项英意协议将鼓励墨索里尼更大胆地抵制德奥合并，相反，英国人未能开启对话只会迫使意大利领袖默许希特勒的计划。英国外交部的解释则完全相反。艾登不相信墨索里尼——他正陷在西班牙和阿比西尼亚的泥沼中动弹不得——有能力去抵制德国入侵奥地利，即便他想要这么做。情报机构提供的信息让艾登确信，墨索里尼事实上已经与希特勒达成了协议，其中他已经同意准许德国与奥地利的联合，以换得德国就意大利在西班牙的利益做出某些保证。

在这两种解释中，后者更接近真相。不过，意大利人急于掩盖他们的行为以绝后患，齐亚诺盼咐格兰迪"去给伦敦谈判稍微踩点油门"。[46]这件事格兰迪万分愿意去做。这位大使并不热衷于与德国结盟，一直希望能"扮演那个与英国讲和的角色"，自行决定强行推动这个难以实现的与张伯伦和艾登的联席会议。[47]2月15日，他警告丹利——实际上是警告鲍尔和张伯伦——如果这次会议在未来几天内都没有召开，那么他计划放弃他对于改善英意关系的努力，无限期地离开伦敦。更糟糕的是，他威胁称，如果"他"那封写给艾登请求召开这次联席会议的信被公之于众，那么为了意大利的名誉，他将被迫揭露张伯伦才是它的真正作者。[48]

面对这种胁迫，还有德国对奥地利的威胁，张伯伦迅速行动起来，促成了这次与格兰迪的会面。他决意要与意大利开启对话，即便这"意味着失去我的外交大臣",他拒绝了艾登要独自会见这位大使的请求,并坚持由他自己主持这次会议。经过大量涉及秘密渠道的把戏过后,会议最终定于2月18日星期五上午11点半在内阁会议室举行。[49] 在那里,格兰迪开始证实张伯伦的预想。他强烈否认在意大利与德国之间存在任何有关奥地利问题的协议,然后开始讲述英意关系的漫长历史,其中意大利被描述成了受害方的角色。15年后,回想起这次非同寻常的会面,艾登回忆道:

> 内维尔·张伯伦让格兰迪给我们谈谈英意关系,而格兰迪也是一名非常有技巧的外交官,他的表现令人钦佩。无论何时他停下来,内维尔·张伯伦都鼓励他。他坐在那里赞许地点着头,而格兰迪则一个接一个地详述着不平。内维尔·张伯伦越点头,格兰迪的叙述就变得越令人无法容忍,直到最后,几乎看起来是我们入侵了阿比西尼亚。[50]

格兰迪的确是一名能力卓越的外交官,他迅速领会了张伯伦的诡计是什么。这位大使在一封如今非常著名的公文中写道,"在他直接向我发问时",这位首相想要的:

> 无非就是那些能够让他用作对付艾登的证据的细节以及明确的答案。这一点我立刻就意识到了,然后为此自然而然地设法给张伯伦提供一切我认为可能对他有用的材料。毋庸置疑,在这方面,我与张伯伦之间先前通过他的密使建立起的联系经证明是非常有价值的。[51]

如此一来,这位大使解释道,如果与英国的对话早已在进行中,墨索里尼对于近期奥地利发生的事件的态度就会截然不同。现在的情况是,"如果他(墨索里尼)觉得英国是一个潜在的敌人,而他身后的地中海区域也非安全可靠,他怎么可能像他之前那样将军队调遣到布伦纳呢?"。[52] 对此,张伯伦问道,如果对话现在马上开始,墨索里尼关于奥地利问题的态度将会怎样。格兰迪回答道,这将激励墨索里尼采取一种更强硬且更独立的立场。另一方面,他强调道,他所否认存在的有关奥地利问题的德意协议指的是当前，而未必"是未来"。他继续道，意大利未来对欧洲和平以及均势承诺的立场，"完全"取决于英国的态度。张伯伦全神贯注地听着这个几乎不加掩饰的胁迫，身体前倾。他问这位大使，他可以理解为，如果英意关系没有立即被修复到基本的友好关系，那么意大利将会感觉自己被迫要采取某种立场，并做出"可能最终会对西欧大国怀有敌意"的承诺？格兰迪回答道，英国首相已经"完全"理解了局势。[53]

张伯伦买账了，他打断了艾登要盘诘这位大使的几次尝试，还让格兰迪在3点钟回到唐宁街，届时他将准备好给他一个答复。这位大使刚一离开，张伯伦就告诉艾登，关于在格兰迪回来后他们应该说些什么，他没有任何疑问：他们应当告诉他，他们愿意立即开启对话并且正在召回英国大使前来受命。当艾登提出反对时，张伯伦大发雷霆。"安东尼，你错失了一次又一次机会。"他大喊着，在内阁会议室里来回大步走着。艾登反驳道，只有"当你对与你谈判的这个人有信心"时，张伯伦的办法才是正确的。"我有。"首相厉声回道。[54]

最终，这二人——在格兰迪那令人难忘的描述中，他们看起来不再像同事，而是"两只真正处于搏斗状态的公鸡"——一致认为，打破僵局的唯一方式就是将此事提交内阁。[55]格兰迪因此被要求于周末后回来，大臣们也接到了一条极不寻常的通知，将于第二天下午，也就是1938年2月19日星期六召开一次内阁会议。

此时，各家报纸已经得到消息，在政府的核心出现了严重的分歧。星期六上午，大多数新闻标题都提到了一些首相和外交大臣之间的分歧，当艾登穿过马路来到唐宁街时，他得到了一大群人的欢呼。张伯伦以长达1小时的对过去2年中的英意交往的赘述开始了这次会议。感到奇怪的哈利法克斯勋爵绝非是唯一对这场迫在眉睫的危机几乎全然不知的人，他传给萨姆·霍尔一张字条，询问"这个相当无聊的历史讲座的目的是什么"。[56]逐渐地，人们才发现是首相和外交大臣在与意大利开展对话这个问题上存在分歧。张伯伦宣称，这些对话是必要的，随后巧妙地将与艾登的分歧描述成不是原则上的分歧，而是"方法上的分歧"，以及目前是否是合适的时机。[57]

艾登的陈述并没有给人留下深刻的印象。如同达夫·库珀所指出的，"任何一个在此之前还没有拿定主意的人都一定会被首相说服。"[58] 事实很快就证明确实如此。张伯伦依次呼吁了每位大臣，发现在场的18位大臣中，有14位完全赞同他，只有4位看起来犹豫不决。然而内阁不知道的是，在这个问题上，如果艾登无法赢得他的同事们的支持，他便打算辞职。当这一点显现出来时，人们"惊恐地倒抽一口凉气"，几位大臣也开始说这改变了局势。为了防止众人改变主意，张伯伦介入表示他不能接受"任何意义相反的决定"。[59] 因此，内阁面临着不是首相辞职，就是外交大臣辞职的选择。

尽管为找到一个让艾登留下来的方案而做出了努力，但事态很快就变得很清晰，妥协是不可能的。艾登下定决心要辞职，而张伯伦也不愿意付出任何努力去阻止他。相反，他主要的关心是争取公众对他的政策的支持，而这一政策正是造成政府中最受欢迎的成员辞职的原因。2月19日傍晚——就在艾登告诉内阁他打算辞职之后，鲍尔联络了丹利并说明，张伯伦为了使他的政策取得成果，需要能够宣布意大利人已经答应了英国的要求——其实是艾登的要求——从西班牙撤走意大利的"志愿军"。对此，齐亚诺欣然同意了，他唯恐艾登的辞职会导致张伯伦下台，因此指示格兰迪给予英国首相这个保证——由丹利在一辆伦敦出租车的后座上及时传达给了鲍尔。这位意大利外交部长的日记从意大利人的角度刻画了这场戏剧性事件：

> 在伦敦，这幕危机已经上演。领袖每半小时就从泰尔米尼洛山上来电询问消息。局势很不稳定。艾登在下午1点时辞职了，并且在他辞职之后出现在内阁中……当他脸色阴沉且孤独地离开时，人们喊着"首相艾登"向他发出欢呼。工党、自由党和左翼保守党早已提交了一项支持艾登的动议。这次危机或许是有史以来发生过的最大的危机之一，它可能意味着和平，也可能意味着战争。我已经授权格兰迪采取任何有可能助张伯伦一臂之力的措施。一个艾登内阁将会把反对独裁政府的斗争作为它的目标——墨索里尼的政府就是第一个。[60]

这是对此人的高估。艾登从来都不是一个对意大利采取先发制人行动的倡导者，而是张伯伦绥靖德国这一企图的支持者，尽管也只是半心半意。再者，正如张伯伦及其支持者们所指出的，他是一名极其优柔寡断的政治家，在与意大利谈判这个问题上不止一次地出尔反尔。然而，凭借在这个时候辞职，艾登确保了他后来作为重要的"反绥靖人士"之一的名声，丘吉尔在他的战争回忆录中对他得知这个消息后的反应进行了高度浪漫化的——甚至是哥特式的——描述强化了这一形象，书中写道，他从午夜到黎明一直躺在床上，彻夜难眠，被"悲伤和担忧"所吞噬，悲痛于一名"挺身而出对抗那股漫长的、令人沮丧的、慢吞吞地流过来的且容易屈服的潮流的坚强的年轻人"不再是政府的一员了。"我注视着日光缓慢地从窗户爬进来，然后在我的内心看到了站在我面前的'死神'的幻象。"[61]

然而当时，对艾登辞职感到沮丧的情况绝非普遍现象。除了在柏林，尤其是在罗马必然会有的欢庆之外，在英国政府的绥靖主义支持者中也有相当多人进行庆祝。"我简直无法抑制我的激动，""奇普斯"·钱农在听说此事后写道，"外交部教条主义的'左派'政策得到了遏制，议会一片欢腾。"[62] 哈罗德·尼科尔森指责张伯伦毁了艾登"是为了给意大利人一个假期"，他在一封写给报社的尖刻讽刺的信中表达了对这种大部分英国右派所共有的态度的嫌恶：

> 我并不介意伦敦德里侯爵或阿诺德·威尔逊爵士冷静的庆祝，毕竟，他们已经在空中挥舞万字旗多年，有权高声欢呼。我也不介意阿斯特夫人的狂野呐喊。在她在下议院的短暂任职期间，她也曾为希特勒和墨索里尼勇敢地战斗过，有权沉浸在她的欢呼声中。我介意的是这般虚情假意的如释重负的心情照出了一般保守党人的模样。那是令人难以忍受的。[63]

当然，也有许多中立人士以及外交政策专家都认为艾登的态度是错误的。莫里斯·汉基、亚历山大·卡多根、罗伯特·范西塔特，甚至罗伯特·伯奈斯，所有人都断定张伯伦试图与墨索里尼达成协议的政策是正确的。然而，国民似乎是站在艾登这边的。3月初，英国有史以来进行的首批民意调查之一发现，71%的投票者认为艾登的辞职是正确的，还有58%的人反对张伯伦的外交政策。[64] 左翼和自由主义者的舆论尤为愤慨。163名大学教师签署了一份抨击政府的请愿书，还有许多来自国际联盟协会、威尔士矿工、国家和平委员会、英国职工大会、新英联邦协会和青年和平大会的抗议。尽管不清楚他看上去有多难，但是奥克兰勋爵告诉艾登，他找不到"一个人不像我一样对你的辞职深感遗憾"，同时一贯敏锐的霍勒斯·朗博尔德爵士在尼罗河游轮上写信给他的儿子，抱怨这个"向那个大吼大叫的恶棍墨索里尼拍马屁"的英国外交政策的新转变。"我不认为张伯伦了解对付那些独裁者的技巧，他们必然都是些欺软怕硬的人，"这位前大使继续道，"你越屈从讨好他们，他们就越傲慢嚣张。"[65]

然而，如果说艾登的离开伤害了张伯伦以及英国政府，那么这种损害也远非致命。党鞭们开始谣传此次辞职的真正原因是艾登生病了（居然是濒于精神崩溃），而约瑟夫·鲍尔则确保保守党的媒体在这次争端中坚定地站在张伯伦这边。除了他在外交部的同事克兰伯恩勋爵和吉姆·托马斯之外，没有其他大臣辞职。艾登原本希望他的朋友兼盟友奥利弗·斯坦利会跟着他离开，可最终这位贸易委员会主席决定留下来，这激起了克兰伯恩夫人尖刻的评论："斯坦利家族自博斯沃思以来就都是些机会主义者。"①[66]

最重要的是，艾登没有补救自己的事业。他没有理会丘吉尔让他大胆而清楚地陈述情况的请求，他在2月21日的辞职演说是那么索然无味又谨小慎微，以至于许多议员都不理解是什么原因促使他这样做的。幸好，克兰伯恩的发言要好得多，他谴责英国政府"屈从于胁迫"，这"很有可能会使我们的朋友们灰心，还鼓励了那些希望我们倒霉的人"。[67] 第二天，丘吉尔发言了。他可能受到了一封来自名为"利兹爱国者"的团体的电报的鼓舞，他们让他去"给内维尔来点棘手的"，丘吉尔宣布这"对独裁者们来说真是愉快的一周"。[68] 这场在前外交大臣与那位意大利独裁者之间

---

① 博斯沃思是玫瑰战争（1485年8月22日）的最后一场战役。在这次战役中，斯坦利家族尽管已经从国王理查德三世那里得到了土地和爵位，却支持了那位入侵者和最终的胜利者亨利·都铎（Henry Tudor）的事业。

的决斗是漫长且艰巨的，但谁取得了胜利是毫无疑问的。墨索里尼先生赢了，现在欧洲的所有小国都将听从他们的指令，"转向权力与决议的那边……我预测，会有这么一天，在某个时刻，在某个问题上，当你将不得不采取某个立场时，我向上帝祈祷，当这一天到来时，我们不会发现，由于不明智的政策，我们只能独自站在那个立场上了"。[69]

尽管发出了这一严峻的警告，但英国国内的政治风暴还是很快就过去了。张伯伦在那场被许多人认为是他们有史以来听他发表过的最棒的演讲中替自己的政策辩护，尽管他抱怨他"一直像个扒手似的被许多书呆子们辱骂……如果我们卷入了战争，他们会像兔子似的逃跑"，但他很高兴得到了来自更严肃的群体的支持，包括众多前任大使。[70] 由保守党主导的下议院自始至终保持着忠诚，不到一周，他们就对英国外交政策的清晰明确的新方向展现出了热情。"张伯伦的声望飙升，""奇普斯"·钱农兴奋地说，"我认为他是当今最精明的首相；很遗憾他没有在几个月前就放弃安东尼。"[71]

钱农是艾登垮台的直接受益者，他成了新任外交部次官、35岁的"拉博"·巴特勒（'Rab' Butler）的议会私人秘书。这位虚荣但坦诚的日记作者写道："我感到兴奋不已……我人生的梦想……我，'奇普斯'，议会私人秘书——太好了——还是在外交部，这真是令人兴奋到难以置信。"[72] 新任外交大臣哈利法克斯勋爵就没有那么欢欣鼓舞了。在考虑着是否接受这个职位时，他告诉奥利弗·哈维（人们猜测他是半开玩笑地），称自己"非常懒惰，不喜欢工作"，而后（更加严肃认真地）问他"可以在每周六打猎吗？"。[73] 不过，他的接受任命对张伯伦与那些独裁者们达成协议的战略至关重要。艾登是一个不情愿的绥靖者，他从根本上对独裁者是有敌意的，哈利法克斯则坚信张伯伦的政策，也没有那样的偏见。因此，他的任命被看作是对首相及其政策的明确推动。实际上，这个决定性的时刻甚至还在时尚方面留下了标记。在他到外交部的第一天，极度兴奋的钱农就被巴特勒拉到一旁，并被告知他必须舍弃他的洪堡毡帽，因为它"太有艾登的风格了——要买一顶圆顶礼帽"。爱时髦的钱农依然陶醉在艾登的垮台之中，他感到十分高兴，只是想想他就兴高采烈地说："圆顶礼帽回来了！"[74]

11

抢夺奥地利

> 奥地利的独立是个关键问题。如果奥地利灭亡了，捷克斯洛伐克就要保不住了。那么，整个巴尔干地区将被迫接受一个庞大的新势力。到时候德国人那个古老的梦想——一个由柏林统治并臣服于它的中欧——将成为现实……不仅对我们国家，而且对整个帝国都有不可估量的后果。
>
> ——奥斯汀·张伯伦爵士，
> 1936 年 4 月 1 日 [1]

1938 年 3 月 7 日所在的这一周预示着伦敦春天的到来。太阳露出头来，富于冒险精神的黄水仙也开始在皇家公园里绽放。前保守党议员卡思伯特·黑德勒姆在外交部对面的圣詹姆斯公园里整齐种植的报春花和盛开的玉兰花之中漫步时，偶遇了哈利法克斯勋爵。

"爱德华，请允许我向你表示祝贺。"

"别，"这位新任外交大臣回答，"你千万别！"

"那请允许我向你表示同情。"

"是的，你可以。"

"这份工作放在三四年前该是多么容易啊！"

"是啊，的确如此。"

"我想知道，现在还能做到吗？"

"我也想知道！"——就这样我们结束对话离开了。[2]

正如这个英国式含蓄表达与自嘲的典范所表明的那样，英国的外交政策制定者们在 1938 年春天面临的这项任务是艰巨的。尽管张伯伦相信他马上就可以将意大利从英国潜在敌人名单上移除了，但依然存在来自日本的威胁，仍在进行中的西班牙战争，还有几乎每个人都赞同的一切危险之最——纳粹德国的扩张主义野心。

* * *

在这出意大利的戏剧正在上演的同时，为绥靖德国而做的准备也在进行之中。除了采取主动给予中非殖民地的形式这一政策主旨外，英国政府正在考虑是否应该邀请戈林前来访问英国以示友好。这个想法所带来的难题，最早是在 1937 年 2 月，当人们猜测那位将军有可能被选中代表德国政府参加国王乔治六世的加冕典礼时被提出来的。伦敦德里侯爵兴奋不已，他邀请了戈林一家留宿在伦敦德里侯爵宅第。然而，英国外交部没有那么热情。"如果我们阻拦，我们可能会招致戈林永久的敌意，"埃里克·菲普斯爵士在 1936 年 11 月写道（当时准备的是爱德华八世加冕典礼），"而如果我们让他来，我们会冒着他很有可能会在英国被枪杀的风险。这两种选择都不可能永久地改善英德关系。"① 3

不过，在 1938 年 1 月，英国外交部认真考虑了德比伯爵（the Earl of Derby）——一位前内阁大臣和赛马爱好者——的建议，即他可以邀请戈林前往诺斯利府（德比家族在默西赛德郡的庄园）观看国家障碍赛马大赛。外交部中心部门主任威廉·斯特朗（William Strang）就这个问题给艾登写去一份报告，认为对于这项提议"有很多可说的"。国家障碍赛马大赛是一项广受欢迎的活动，而"因为戈林将军该来看看的这件事感到介意，将是极其粗鲁失礼的，也不像我们的国民。实际上，他正应该选择一个这样的场合来访问，这可能多少被认为是对他有利的一点"。4 然而，在对这位将军的态度进行试探之前，下议院就邀请一位德国部长来伦敦视察

---

① 在希特勒决定将由陆军部长维尔纳·冯·布伦堡将军代表他出席典礼后，这个两难局面才得到解决。

防空措施，以作为空军次官最近到访柏林的回礼一事的可能性提出了一些问题。工党的赫伯特·莫里森（Herbert Morrison）预见了这样一份邀请的可能接受者，他告诉塞缪尔·霍尔爵士（此时为内政大臣），如果戈林要来伦敦，必将会引发一场争论。保守党议员们大喊"为什么"，英国唯一的共产党议员威廉·加拉赫（William Gallacher）随之询问国务大臣，他是否"知道戈林将军的身上沾满了鲜血，他被视作一个屠夫"。[5]

戈林与其说是被这些抨击所冒犯，不如说是被保守党议员没有为他辩护所冒犯，他也因此没心思接受观看英国体育赛事的邀请。然而，白厅内部一直有一个想法，认为一次对英国的访问，伴随"一些奉承……还有一点乡村生活"，或许会对这位将军产生奇效，尽管他在"长刀之夜"行动中的角色人尽皆知，但他仍被视作纳粹统治集团内部的一个温和派。[6] 正如哈利法克斯在1938年5月向哈罗德·尼科尔森解释的那样，尽管纳粹气焰嚣张，但他们极其敏感。尤其是，他们厌恶在国外被嘲弄为一群庸人和暴发户。"你们有着300年的传统，"戈培尔在柏林对这位当时的枢密院议长说，"而我们只有4年。"富有洞察力的尼科尔森指出，"这意味着，他们确实把自己看作是某个相当崭新的群体"，"因此，当我们建议希特勒或许该找个更好的裁缝时，他们被激怒了"。尽管如此，当哈利法克斯提到英国政府正在考虑邀请戈林来和皇室一起在桑德林汉姆打山鹬时，尼科尔森还是感到大为惊骇。"罗尼（Ronnie）[罗纳德·卡特兰（Ronald Cartland），伯明翰金斯诺顿的保守党议员]和我都可以说，我们会反感任何类似的事。"这样做会降低英国的尊严，也会对美国的舆论造成灾难性影响。"不行，"这位愈发激动的议员坚持道，"只要你喜欢，尽管邀请戈林到尼泊尔去，但别指望女王和他握手。"[7]

* * *

撇开戈林的争议，在1938年的第一季度，英国面向德国的主要的外交努力是有关殖民地的提议。尽管张伯伦在读过斯蒂芬·罗伯茨（Stephen Roberts）颇有影响力的《希特勒建造的房子》——一篇对纳粹主义的尖刻分析，其主张"希特勒主义不借助战争就无法实现其目标"——之后遭受了暂时的动摇，但他凭借认定罗伯茨的观点完全错误，设法恢复了对其政策的信心。[8] "如果我接受了作者的结论，我应该会绝望，"他告诉他的妹妹希尔达，"但我不接受，也不会接受。"[9] 因此，在1938年1月24日，张伯伦向内阁的外交政策委员会公布了他的计划，他要英国主动给予德国中非殖民地领土，以期这将满足其扩张欲望，从而也为达成全面和解协议铺路。

并非所有的委员会成员都赞成这一计划。萨姆·霍尔认为德国极不可能满足于这样一项提议，而自治领事务大臣马尔科姆·麦克唐纳则指出，"整个有色人种世界"都将因当地人口被从一个政权转手到另一个而被激怒。这些土地上的许多居民已经在英国的管辖之下生活20年了，麦克唐纳继续道，从道义上讲，有充分的理由反对强迫他们回归德国。然而，他始终认为德国一定要在某个地方获得一些殖民领地，而且正如哈利法克斯勋爵所说，"总的来说"，"对整个世界来讲，避免战争比让那些即将被转手的领地上的当地人永远留在他们在过去20年中所处的位置"更重要。[10] 内维尔·亨德森爵士因此受命去寻求于尽早的日期与希特勒进行会面，到时候他将提交英国首相的计划。然而，在这次会面可以进行之前，发生了几起事件，它们预示了欧洲和平的黑暗未来。

1938年1月下旬，德国战争部长、陆军元帅维尔纳·冯·勃洛姆堡被迫辞职，因为有人揭露，近来与之结婚（希特勒也是婚礼的见证人）的女子之前曾为妓女，并为柏林警察界所熟知。震惊之下，希特勒——他现在相信"如果一名德国元帅娶了一名妓女，那么这个世界上任何事情都是有可能的"——决定重新调查一起关于陆军首长维尔纳·冯·弗里奇将军在1933年遭到一名男妓勒索的旧案。[11] 弗里奇被当面质问，并被（不公正地）认定有罪，而后也被迫辞职。面对这样的一级危机，希特勒在戈培尔的建议下决定，避免公开蒙羞的唯一方法就是通过在德意志国防军与德国外交部高层进行全面重组来掩盖这两位将军的离开。陆军部因此被解散，而后，一个新的组织——德意志国防军最高统帅部（Oberkommando der Wehrmacht）建立了起来。希特勒任命自己为最高统帅，鹰派的里宾特洛甫取代了更为谨慎的纽赖特成为外交部长。

外国舆论不知道如何看待这些事态的发展。尽管大部分人都看穿了这层烟幕背后的政治危机，但观察家们在改组将会产生的影响这一问题上产生了分歧。虽然没有人能知道离开的将军就是在霍斯巴赫会议上对希特勒的计划表达怀疑最多的两个人，但很明显——按照德国电台公告的说法——这些变化促使"一切政治、军事和经济力量最大限度地集中在最高领袖手中"。[12] 另一方面，许多英国的旁观者能够从对此得出的想法中得到安慰，即这次重组意味着在德国武装部队中出现了一定程度的混乱（至少在起初）：安东尼·艾登在1938年2月9日的内阁会议上宣称，德国变得"更有威胁性但没那么可怕了"。[13] 至于对里宾特洛甫的任命，人们的心理则更矛盾。尽管几乎每个人都对那位乡巴佬似的大使将离开伦敦感到高兴，但是很难对这样一个人——用亨德森的话说，"如他的愚蠢一般自负，又如他的自负一般愚蠢"——的晋升感到愉悦，而且正如大多数人意识到的，他已经发展成了一名充满敌意的恐英派。[14]

这些变化的一个直接影响是推迟了亨德森与希特勒进行会谈的决定。然而，不出两周，希特勒与舒施尼格会晤的真实细节便被公布了出来，德奥合并的威胁正像断头台的刀片一样悬在欧洲上空。艾登想让亨德森去警告希特勒，英国关注奥地利的独立，而那项殖民地提议也取决于对中欧安全与稳定的保证。亨德森强烈主张，这样做不会有任何实际效果，只会激怒希特勒并使他对英国的提议怀有偏见。争论通过电报继续，但在2月20日艾登辞去外交大臣一职时停止。亨德森听到这个消息后松了一口气。尽管这位大使承认，德国人的欢欣鼓舞"自然是对艾登的一种赞美"，然而事实是，他告诉他的新上司哈利法克斯勋爵，"只要艾登还是大臣，与德国达成任何谅解都（根本）不可能"。不过现在有理由怀抱希望了。亨德森意识到"即便怀着这个世界上最美好的意愿"，英国在帮助奥地利的问题上也是无能为力，他力劝哈利法克斯不要把奥地利的独立作为英德协议的先决条件，并补充说，如果他采纳这个路线，那么接下来德国人可能会"在其他事情上"很好"合作"。[15] 这种乐观态度与法国大使那被亨德森视为滑稽偏执的态度形成了鲜明对比。他在几周后转述给哈利法克斯，弗朗索瓦-庞塞对于未来如此悲观,以至于他在保险箱里储存了价值3万法郎的金条以防万一。当这位英国大使询问这些作何用时,那位法国人解释道,它们是为在宣战后购买返回法国的专列车票准备的。① 亨德森觉得好笑,指出即便他自己想,也不可能筹集到3万法郎,于是热心的弗朗索瓦-庞塞慷慨承诺会设法在自己的火车上为他留一个座位。16

亨德森早该清楚,弗朗索瓦-庞塞的态度,虽然相对英国人的冷静来说过于夸张,却是这两者中更现实的。1938年3月3日,这位英国大使终于盼来了他期待已久的与希特勒的会谈,而正如他勉强发回的报告所说,会谈的情况简直糟糕到了极点。很讽刺的是,考虑到人们经常谴责亨德森过于支持纳粹,希特勒和里宾特洛甫都对这位典型的英国绅士产生了特别的厌恶。据里宾特洛甫的助手赖因哈德·施皮茨(Reinhard Spitzy)后来回忆,德国外交部长始终在诋毁这位英国大使,而元首则乐于被提醒亨德森与罗斯柴尔德家族(the Rothschilds)的友谊,或是指责他前来帝国总理府会面时穿着不得体。"一个穿着蓝色细条纹西装,还有酒红色套头毛衣且别着一朵红色康乃馨的人,究竟如何能够叫人严肃对待呢?"里宾特洛甫问道。17

尽管如此,在3月3日让希特勒大发雷霆的并不是亨德森的着装,而是英国的计划以及亨德森对其进行的阐述。正如这位大使向哈利法克斯报告的那样,在亨德森解释他被指派来沟通的这项提议是基于德国愿意在平定欧洲中发挥作用时,希特勒"面色阴沉,坐在他的椅子上"。同预想的一样,特别提及奥地利和捷克斯洛伐克的问题只会令希特勒的脸色更加难看,而在他谈到实质性的提议时,这位元首已经烦躁得无法集中精神了。18 亨德森话音刚落,希特勒就开始了一番毫无逻辑的长篇谩骂。他抱怨英国媒体,抱怨好管闲事的英国主教们插手德国的宗教事务,还抱怨他为英德友谊提出的多项建议被回绝。他不容许外国干涉德国与同类国家的关系,或是干涉德国为那些当前被帝国排除在外的德国人找到居所的努力。

---

① 弗朗索瓦-庞塞总是想起他的前任朱尔·康邦(Jules Cambon)的命运,在1914年8月,康邦奋力筹集德国人要求的巨额现金,以让他和他的工作人员能登上运送他们越过边境的火车。

相反，他宁愿冒着全面战争的风险，也不愿让那些目前被迫滞留在奥地利和捷克斯洛伐克的上百万德国人继续被剥夺公道。至于殖民地的问题，希特勒宣称这件事情并不紧迫，并且可以等上4年、6年、8年，甚至10年。他认为当务之急是中欧和东欧问题：一定要给予奥地利人加入德国的机会，而生活在捷克斯洛伐克境内的德意志民族必须获得充分的自治权。唯一和谐的时刻是在会谈结束时，亨德森拿出了一张皱巴巴的元首画像，这是新西兰的一位女士寄给他的，希望他能在这张画上签名。希特勒同意了。这位大使评价道，纵然这次面谈很难说是成功的，但它至少"带给了一位年轻的女士快乐"。[19]

亨德森在离开帝国总理府时彻底灰心了。他在写给哈利法克斯的信中哀叹道，希特勒的"价值观太反常以至于争辩似乎也是无能为力的……他自欺欺人的能力和他无视任何不符合他自身情况的观点的能力简直令人难以置信，对他来说，要是接受了希特勒的和德国的信条，那任何对真相的歪曲似乎都没什么大不了了"。以殖民地来绥靖的想法显然是不可能成功的。正如戈林在几天前便对亨德森说的，英国可以自愿给予德国整个非洲，而德国依然不会认为这等价于奥地利。然而，这位大使仍然拒绝相信希特勒"正在考虑合并或吞并奥地利"。当希特勒说他将遵守其近期与奥地利总理达成的协议时，亨德森是相信的，然而他也的确警告道，尽管德国元首"像所有人一样痛恨战争"，但如果他认为有必要确保生活在帝国之外的德国人的权利，他不会退缩。[20]

在伦敦，外交部和内阁不出所料地都感到了沮丧。在希特勒维持他当前态度的情况下，显然是不可能达成和解的，哈利法克斯决定，在里宾特洛甫这位新上任的德国外交部长于几天后回伦敦提交他的召回国书时，他将向其表达自己的失望。不过，在这发生之前，舒施尼格总理试图抢先希特勒一步，在3月9日宣布，将在几天之内——1938年3月13日星期日——就奥地利独立问题举行全民公决。这个完全出乎希特勒意外的举动迫使他行动起来，也确保了里宾特洛甫的伦敦会晤比英国外交大臣或德国外交部长所想象的更戏剧性得多。

* * *

3月10日11时，里宾特洛甫见到了哈利法克斯。外交部外面聚集着一群人，当德国外交部长从他的汽车里出来时，迎接他的是抗议的呼喊声。在里面，哈利法克斯正在等待传达一份精心准备的警告。他解释道，英国希望与德国建立友谊，也不希望阻碍和平的进程。然而，如果他不表达出他的观点，即当前德国对于奥地利和捷克斯洛伐克的态度对维护欧洲和平构成了严重的风险，那就太不坦率了。当然，英国不希望看到欧洲发生战争，但是"所有的历史经验都显示，事实的压力有时要比人的意志更强大：而且如果战争一旦在中欧爆发，就很难说它不会在哪里结束，或者谁不会被卷进去"。[21]

不出所料，这番冗长的说教没有任何效果。里宾特洛甫离开外交部，经过了那群正在反复高呼"里宾特洛甫滚出去！"的示威者身边，返回德国大使馆，在那里他回复了一封来自希特勒的紧急来信，希特勒在信中询问如果德国入侵了奥地利，英国会怎样做。"我确信，"这位外交部长回复道，"就目前来讲，英国自己不会对这件事采取任何行动，但会给其他大国施加一定的影响。"[22]当希特勒读到这番话时，他感到很高兴。"这和我想的一模一样，"他对赖因哈德·施皮茨说，"我们无须担心来自那边的任何难题。"[23]

当天傍晚，里宾特洛甫在德国大使馆举办了一场饯行宴，遵照他的吩咐，大使馆近期被重新装潢成了最奢华且俗气的风格。他在英国认识的每一个人几乎都接到了邀请，包括整个英国政府和整个外交使节团。了解到有报告表示德国军队此时正在奥地利边境集结，一名在场的英国外交部人员看到德国外交部长与奥地利公使在偌大的会客室里一边走来走去，一边以"最亲切的方式"交谈，感到极其厌恶。[24]参加宴会的还有英国广播公司总干事约翰·里思（John Reith）。被一名同时期的人形容为"一个精明的苏格兰人和一个中世纪圣人的结合体——但他身上的极端狂热性多过学术性"，里思是一名清教徒式的斗士，他对纳粹和墨索里尼的钦佩反映在他自己在波特兰街的更温和的独裁上。[25]里思是少数几个真正为里宾特洛甫的离开感到难过的人之一，他请这位德国外交部长让希特勒放心，"英国广播公司不是反纳粹的"，并且如果他们要派遣他在德国同级别的人员前来访问，他将在广播大楼的楼顶悬挂上卐字旗。[26]

次日，3月11日星期五，早上6点10分，英国外交部接到一封来自英国驻维也纳大使的电报，称德奥边境已经关闭，并且报告称德国一侧边境有军队行动。[27] 10点20分，英国驻慕尼黑总领事报告说，巴伐利亚正在进行全面动员，"军队正在涌向奥地利边境"。[28] 亨德森接到这个情报后，立即命令陆军武官诺埃尔·梅森-麦克法兰（Noel Mason-MacFarlane）上校去拜访新德意志国防军最高司令部，弄清楚怎么回事。在那里，人称"梅森-麦克"的他——一名喜欢思忖从他的起居室窗户射杀希特勒的机智且充满活力的战士①——得到了对有任何军队行动的断然否认，不过此时亨德森已经从纽伦堡和德累斯顿接到了类似的报告。梅森-麦克决心要亲自了解真相，他坐上汽车并向南驶去。他刚离开柏林，就遇到了"远超3000名武装警察"以及党卫军成员乘坐着各式各样的车辆，包括摩托车、无线电通信车、油罐车和柏林公共汽车，朝奥地利方向移动。[29]

当这一切正在发生的时候，里宾特洛甫——希特勒有意不让他了解正在发生的政变——刚要到达唐宁街10号参加由英国首相为他而设的午宴。其他宾客包括英国内阁的大多数高级成员，还有卡多根家族、伦敦德里侯爵家族以及丘吉尔家族。午宴进行到大概一半时，一名外交部信使走进餐厅并递给卡多根一个信封。这位常务次官将它打开，消化了它的内容，然后将它递给哈利法克斯。这位外交大臣读过后又将它递给张伯伦。据丘吉尔回忆，卡多根的举止难以捉摸，可首相显然对他收到的情报感到焦躁不安：希特勒已经向舒施尼格正式发出最后通牒，要求取消全民公决。

出乎意料地，这场午宴继续着，仿佛什么都没有发生。然而，宴会之后换个地方喝咖啡时，这些英国的宾客们开始察觉到明显有事发生了，他

---

① "用步枪来射击很容易，"这位陆军武官指着他窗外楼下的夏洛腾堡大道告诉《泰晤士报》驻柏林记者尤安·巴特勒，"我可以从这里瞄准那个混蛋把他击毙，就像眨眼一样轻松，而且我正在考虑这件事。" 1939年春天，当巴特勒担心自己会被捕时，梅森-麦克的继任者丹尼斯·戴利上校给这位记者提供了庇护。"来和我们待在一起吧……如果他们想把你抓去警察局，我们会和他们开枪决一死战——我家里有几把手枪。"

们的宴会主人也想迅速结束这次聚会。只有德国外交部长及其夫人似乎没有察觉到这种氛围,并在接下来的半小时里继续着愈来愈勉强的闲谈。最终,安娜·冯·里宾特洛甫(Anna von Ribbentrop)被劝说独自离开,而英国首相则陪同她的丈夫,同哈利法克斯、卡多根和德国一等参赞恩斯特·韦尔曼(Ernst Woermann)一起来到了他的书房。张伯伦给里宾特洛甫读了两封电报,其中第二封指出,希特勒当下正在要求舒施尼格辞职,而这位奥地利总理恳求英国政府提供建议。尽管张伯伦在会议中自始至终都保持着"沉着和头脑冷静",但他还是力劝里宾特洛甫理解此事的严重性,而哈利法克斯则一反常态地激动,论及"令人无法容忍的"武力威胁并恳求德国外交部长说服希特勒停手。[30] 这些恳求,也正如张伯伦的预料,是没有丝毫效果的。尽管和他对话的这些英国人并不相信,但里宾特洛甫确实对在柏林与维也纳之间所发生的事情并不知情,他拒绝接受这些报告,与此同时还通过指责舒施尼格的"背信弃义"来为"不存在的"德国行动辩护。张伯伦绝望了。他向他的妹妹希尔达抱怨道:"他太愚蠢、太浅薄、太以自我为中心又自满,完全不具备智力能力,以至于他似乎永远也无法领会别人对他说的话。"[31]

回到外交部,哈利法克斯了解到,如果舒施尼格到下午 6 点(奥地利时间)还没有辞职,那么德国陆军就会入侵。他被这些"强盗的手段"激怒了,但也意识到英国做什么都不可能阻止他们。[32] 因此,他给维也纳发去一封电报,表示英国政府无法给予舒施尼格任何建议,随后按照事先的安排,赶赴德国大使馆与里宾特洛甫饮茶告别。在那里,哈利法克斯发现这位刚刚与柏林结束通话的德国外交部长依然坚称从未发布过这样的最后通牒。然而,他话音未落,韦尔曼便走进来宣布舒施尼格已经辞职了,奥地利纳粹党人阿图尔·赛斯-英夸特现在成为总理。里宾特洛甫在感觉受到羞辱之余,立刻开始争辩说这无疑是最好的结果。奥地利问题的解决将使英德关系更加和谐,至于方法,难道英国在关于爱尔兰的问题上不该采取类似的做法吗?哈利法克斯丝毫不这样认为,他告诉这位德国外交部长,他们所目睹的是"赤裸裸的武力展示,而欧洲的舆论必然会问……有什么能够阻止德国政府寻求以类似的方式使用赤裸裸的武力去解决他们在捷克斯洛伐克"或世界上任何其他地区的问题。至于拿英国与爱尔兰的历史来做比较,这位前帝国总督、基督教徒和万灵校友"几乎想象不出比这更没有事实根据的类比了"。爱尔兰就像伦敦或约克郡一样早已是大英帝国的一部分,而奥地利是一个独立的主权国家。一个更为恰当的类比是,如果英国突然向比利时政府发出最后通牒,声明如果他们不罢免他们的首相,那么"我们将要轰炸安特卫普"。[33]

除了这一谴责,还有亨德森向德国政府提出的两项正式抗议。没有人指望这些会产生任何效果。相反,希特勒仅将它们作为英国堕落的证据。然而,它们也是英国政府在这个晚期阶段可以做到的所有了。这件事中残忍的事实通过卡多根与范西塔特之间关于电报措辞的一场争执得以阐明。卡多根看范西塔特一整天都表现得"像一只热锅上的蚂蚁",终于对他的前任大发雷霆并要求确切了解他的打算。"话说得勇敢很容易",可"你会去打仗吗?"范西塔特回答他不会。"那么这一切都是为了什么呢?"愤怒的卡多根问道。"在我看来,怂恿一个人以小敌大,要是你还不去帮助前者的话,那似乎才是最懦弱的。"[34]

* * *

次日,即 1938 年 3 月 12 日星期六,清晨 5 点半,入侵奥地利开始了。德国军队在布雷根茨、因斯布鲁克、布劳瑙和萨尔茨堡跨过边境,同时数百架纳粹德国空军的飞机从巴伐利亚州的机场起飞,运送官员并在奥地利城市上空抛撒宣传单。事实证明,这些努力在很大程度上是多此一举。那里不仅没有反抗:侵略者受到了热烈欢迎。欢呼的人群还聚集在道路两旁,向经过的德国士兵献上鲜花。下午 4 点左右,希特勒和他的随行人员乘坐一队敞篷奔驰车越过了国界。在德国元首的出生地——因河畔布劳瑙——短暂且饱含深情地逗留片刻后,他们向东朝着林茨的方向驶去。钟声鸣响,乐队一边演奏一边缓慢地行进,欢呼雀跃的人群朝着车队涌动,挥手、哭泣、抛掷鲜花,还把他们的婴孩高举在空中。在林茨,他们受欢迎的程度令人惊叹。好像这个城市的所有居民都出来欢迎了,街道、屋顶、阳台,"甚至树上和街灯上都站满了尖叫、呼喊的人"。[35] 希特勒在市政厅的阳台上向聚集的人群发表了演说,眼泪顺着他的脸颊流淌下来。他声称,是上天选择让他将他的祖国归还给德意志帝国。[36]

不幸的是,上天看起来忽略了一些突然接管另一个国家所必需的更基本的设施。在入住了林茨最大的韦恩辛格饭店后,德国元首一行人发现,这里既没有足够的房间,也没有足够的食物给他们所有人。这家饭店只有一部电话,而与柏林取得联系就花了 9 个多小时。尽管情况如此且还有很多纳粹官员在等待着传达指令或接收紧急消息,但最后还是决定,这个最宝贵的设备应当由支持纳粹的乔治·沃德·普赖斯优先使用,他成功地为《每日邮报》争取到了一次与希特勒的简短访问。赖因哈德·施皮茨十分真诚地回忆道:"我们觉得,他的需求要比我们的大得多,因为最重要的是,世界上至少有一家报纸应当对这些事件进行准确且不带偏见的报道。"[37]

第二天,希特勒签署了《关于奥地利和德意志帝国重新统一法》——一种委婉的说法,因为之前从未存在过这种统一——次日下午,即 3 月 14 日星期一,他成功地进入了维也纳。在那里,他受到的欢迎甚至超出了那些与他一起在林茨的人们的预期。施皮茨回忆道,"从某种角度上说这相当骇人","各条街道和各个广场上都回荡着震耳欲聋的欢呼声",而且"我们好不容易才通过环城大道"。[38] 沃德·普赖斯应希特勒的邀请加入了队伍,他记得沿途的人群有十排深,铜管乐队在演奏着音乐,但由于过于喧哗而听不到声音。[39] 在帝国饭店外面,一群挥舞着卐字旗的维也纳人反复呼喊着"我们要见我们的元首",直到希特勒出现。次日上午,估计有 25 万人挤在英雄广场(Heldenplatz),聆听他们的新领袖宣布他人生中最伟大的"胜利":将奥地利并入帝国。[40] 如同英国大使向伦敦报告的那样,那种热情是不可否认的,而且这样看来"希特勒先生宣称他的行动受到了奥地利民众的欢迎是相当合理的"。[41]

* * *

英国对吞并奥地利的反应摇摆不定。尽管人们对德国所使用的方法普遍感到愤怒，可这因一个普遍的观点——德奥合并注定要在某个阶段发生，这既非不道德也不对英国的利益构成威胁——而有所缓和。事实上，正如《泰晤士报》在希特勒胁迫舒施尼格签署《贝希特斯加登协议》之后所表明的那样："这项和平协议中最不合理、最脆弱、最易引发争端的人为因素之一就是禁止将奥地利并入德意志帝国。"[42] 因此，尽管该报与和其他大部分报纸一样，愿意去谴责德国使用武力——所谓的"抢夺奥地利"[①]——但它也认为"如果这个相互吸引的过程是通过日益增长的信心与相互的善意自然发展的，英国就不会有任何抗议"。[43]

当然，也有些人认为吞并奥地利一事令人震惊。保守党议员维克托·卡扎莱记录了他的感受："气愤，暴怒，无能为力……奥地利——我们所有人都热爱的国家，被那些该死的纳粹入侵了。"[44] 前殖民地大臣利奥·埃默里痛惜"德意志民族的真正灵魂仍能找到避难所的最后堡垒、德意志文化的最后家园"不复存在，[45] 而《泰晤士报》驻维也纳记者写给他的主编杰弗里·道森的一封信则记录了这位身处现场之人的痛苦心情：

> 在我最疯狂的噩梦中，我也从未预见过任何事物是如此组织完美、如此野蛮、如此冷酷无情、如此强大的。当这台机器投入运转时，它会像一群蝗虫一样摧毁它经过的一切。这种破坏以及生命的丧失会使世界大战像布尔战争一样……就我上次访问英国时所看到的情况而言，当这台庞大的机器与我们反目时，我们不可能经受得住，并且要记住的至关重要的一点是，那个终极目标正是摧毁英国。显然这是一件没有与德国人共同生活过的人不能够理解的事。他们真正憎恨的是英国。[46]

霍勒斯·朗博尔德爵士按照类似的立场思考，认为我们"在伦敦的亲

---

① 这个源自《泰晤士报》（1938年3月15日）的标题传到了希特勒的耳中，当他结束了向极度亢奋的人群发表的演说，走下霍夫堡皇宫的楼梯时，他转向沃德·普赖斯，他的手指向人群的方向并轻蔑地问道："那是'抢夺'吗？"后来，《每日邮报》记者评论道，如果德奥合并是一次抢夺，那么"我还从未见过更心甘情愿的受害者"。

德派"现在一定觉得自己愚蠢极了。[47]但事实并非如此。洛锡安侯爵对这个"灾难性阶段"——国联成员国们拒绝给予德国人他们的民族统一"而驱使他们接受了一个极权主义政权"——的结束表示欢迎,而支持纳粹的保守党议员托马斯·穆尔则庆祝了这场消除了"一个国际关系中的摩擦与不和的根源"的"不流血的"政变。[48]在1938年的耶稣受难日,朗博尔德出席了一场晚宴,其间他发现自己正坐在皮尔勋爵的妹妹身旁。他向他的儿子坦承:

> 她以一种恐怕在她那个阶层的许多或者相当多的人的说话方式惹恼了我。那样一来,吞并奥地利是件好事,如果希特勒被干掉了,对英国来讲会是糟糕的一天——唯一真正要紧的事是我们的贸易。我直截了当地回答道,在这里很多人对德国和纳粹党可悲地一无所知,还说了许多蠢话。她见我情绪激动起来,看上去很害怕。[49]

有一个人不能说自己对德国或纳粹一无所知,他就是业余外交官、英德联谊会秘书长欧内斯特·坦南特。不过,坦南特认为,没有理由让吞并奥地利或实现吞并的手段阻碍他长久以来一直为之努力奋斗的英德谅解。在德奥合并发生后,他立即写了一份观点摘要——寄给了拉博·巴特勒和芒特坦普尔勋爵等人——重申他坚信"与英国开战的可能性不在德国人的算计里"。他最近在柏林见了里宾特洛甫,还同这位德国外交部长开玩笑道,他对当前形势最不平的是每周六下午必须要在萨夫伦沃尔登进行空袭预防措施演习,"而不能打网球了,这也是英国大部分人所怨恨的事"。里宾特洛甫大笑并向坦南特保证,这种担心完全是荒谬的。他向他的访客保证:"我们从未想过与英国开战。"至于在英德协议方面的推进,坦南特认为,主要的难题在于缺乏相互理解:

> 不幸的是,对于那些从来没有到过英国的德国政府成员(人数超过了90%)和那些从来没有访问过第三帝国的英国政府成员来说,理解彼此的观点很难。英国依然主要由贵族统治着,古老的传统几个

世纪以来基本没有改变过。德国现在是由一个相对年轻且在没有其他国家的个体经验的情况下白手起家的人统治着,并且他周围都是相似类型的顾问,他们都热情洋溢、充满活力,他们都经历过一段令人难以置信的艰难学习时光,他们都强悍、冷酷却极有能力……[尽管如此,]我依然相信,与他们交朋友不仅是有可能的,而且是很容易的。从 1933 年至 1935 年,他们看待英国就好比一个新入学的男孩子看待一名舍监——即便今天那种感觉也丝毫没有远去,可德国正在以不可思议的速度成长——我们一定不能再等下去了。[50]

无独有偶,官方的反应几乎和《泰晤士报》一模一样。尽管被使用的方式震惊到了,但事实是英国政府早在一段时间前就已经认为奥地利不重要了。奥地利被看作是德国的合法利益,而且几乎每个人都意识到,如果不进行全面战争,就不可能维护奥地利的独立。因此,英国最主要关心的问题——正如哈利法克斯在贝希特斯加登向希特勒暗示的那样——不是应该阻止德奥合并,而是它应该和平地发生。事实上,哈利法克斯,还有一些更臭名昭著的亲德派,认为在德意志帝国"不可避免"地吞并了奥地利之后,英德协议将更容易达成。正如他在《贝希特斯加登协议》之后写给巴克卢公爵(the Duke of Buccleuch)的信中所说的那样:

  我始终认为,德国人会想方设法且以不让其他任何人有理由或机会来干涉的方式继续伸手去摘取那成熟的李子,而当他们的李子事业取得了进一步成果时,他们和我们应当会发现达成谅解要容易得多了。情况看起来好像是这样的。[51]

至于英国外交部常务次官亚历山大·卡多根爵士,他已经"几乎希望德国一口吞掉奥地利,然后结束整件事。反正它大概也要这样做——[而且]反正我们也阻止不了它"。[52]艾登认清了后面这一事实,他在 1938 年 2 月拒绝让自己置身于为奥地利人提供建议,而后如果局面变糟就会"背负责任"的"错误处境",[53]也丝毫不指望法国人会做出任何更多的干涉行为。尽管法国外交部长伊冯·德尔博斯（Yvon Delbos）想在《贝希特斯加登协议》之后发布一份联合外交照会，但这被英国人否决了，理由是没有武力威胁支撑的抗议是毫无意义的。正如卡多根喜欢说的："豪言壮语不能当饭吃。"[54] 除此之外，长期处于不稳定状态的法国内政，在无可挑剔的时机下，没有抵挡住又一场危机。3月10日，卡米耶·肖当的政府倒台了，这使得法国在希特勒发布最后通牒并下令他的军队进入奥地利的时候丧失了有效的领导。法国新闻界和法国议员们表示惊愕，但像在英国一样，他们的行动也仅限于正式抗议。

对张伯伦来说，这整个事件是"令人灰心和沮丧的"。他在入侵后的第二天写信给他的妹妹希尔达，承认现在"完美地证明"了"武力是德国唯一理解的议题，而'集体安全'无法提供任何防止这类事件发生的希望，除非它能展现出现有的拥有压倒性力量的武力并以使用它的决心做后盾"。再者，这样的武力永远无法从日内瓦召集，而一定来自于老派的强权政治。"天知道我不想回到联盟，可如果德国继续像它近期这样表现，它会逼我们回到那里。"[55]

这并非破釜沉舟。正如张伯伦在他的下一段话中阐明的那样，他依然对他的意大利政策充满信心，也绝没有对最终能与德国达成协议感到绝望。尽管英国必须通过宣布加速重整军备计划来展现出它"不受欺凌"的决心，但他认为，如果德国在捷克斯洛伐克的政变可以避免——这"应该是可行的"事——那么"欧洲再次安定下来，并在未来重启我们与德国人的和平洽谈便是有可能的了"。[56] 因此，他在3月14日对下议院的演讲非常平淡无奇，除了强调英国从未也永远不会对东欧漠不关心，并未表明英国政策发生了任何重要变化。

对于那些视吞并奥地利为转折点的人来说，这还不够。具有社会意识的刘易斯百货公司总经理、未来的伍尔顿勋爵弗雷德里克·马奎斯爵士（Sir Frederick Marquis）早已确信，纳粹决心要进行广泛的欧洲征服，他决定自己不能让这个时刻白白过去而不做出某种形式的反抗。因此，他通知公司在德国的14名买主结清账簿，而后于1938年3月23日在莱斯特发表了一场富有感染力的演说，宣布全面抵制德国商品。对这一做法的大量极为积极的反响使马奎斯大吃一惊，他断言这正是国家所渴望的那种坚定、道德的领导。然而对此也并不全是赞美。这位商人被霍勒斯·威尔逊爵士召唤到唐宁街，霍勒斯代表首相对他给予了一番"劲头十足的痛骂"，首相强烈反对他的行为并斥责他竟敢插手国家的外交政策。[57]

马奎斯的原则性立场被来自维也纳的那些关于纳粹暴行的报道巩固了。奥地利纳粹党人在舒施尼格政权下一直被官方压制着，利用宣告德奥合并的机会，他们沉湎于威廉·夏伊勒（William Shirer）所说的"施虐狂的狂欢"中，那比他在德国见过的任何事都要糟糕。[58] 政敌被逮捕、被折磨，甚至被谋杀，然而首当其冲的是奥地利的 20 万名犹太人，他们大多数生活在维也纳。这些维也纳的犹太人被赶出他们的家和店铺，他们的窗户被砸碎，财产被洗劫，人被拖到大街上，被强制要求刷洗人行道旁支持舒施尼格的涂鸦，而大笑的暴民则在一旁对他们大声辱骂并殴打。国际记者们被吓坏了。伦敦《新闻纪事报》的约翰·西格鲁（John Segrue）偶遇了一群被强征去洗车的犹太男女，折磨他们的人——一群党卫军士兵——为了使众人高兴而对他们施以讥讽和踢打。这些人中有一个注意到西格鲁没有加入他们的嬉闹中，揪住了他的衣领，把一块脏抹布塞进他手里，然后喝道："好了，你这个该死的犹太佬；赶紧去干活，帮帮你那群犹太猪伙伴。"西格鲁暂且顺从了他们。然而在帮助一名年长的女士完成她的任务之后，他大步走到那个黑衣人面前，掏出了他的护照。"我不是犹太人，而是英国国王陛下的臣民，"他解释道，"我不敢相信那些关于你们的暴行的故事都是真的，想自己亲眼看看。我已经看到了。再见。"[59]

西格鲁的新闻报道既全面深入又叫人痛心，是《每日电讯报》和《纽约时报》记者格迪（G. E. R. Gedye）的文章的有力补充，正是后者无畏的报道引领了对"奥地利的恐怖"的广泛报道。但这样并不足以改变西欧的政策。正如格迪在《倒塌的堡垒》——他在 1939 年 2 月发表的关于中欧纳粹化的令人不寒而栗的报道——中哀叹的那样，英国和美国的公众与欧洲距离太远、太安逸且太无知，无法理解在欧洲大陆上正在发生的事情的真正可怕之处：

这不是你们的问题，而是你们的幸运，你们无法相信一个接一个的家庭被赶出他们的家门，然后被赶到犹太区，仅仅因为他们没有纯正的日耳曼血统……你们简直不敢相信你们在报纸上读到的关于犹太家庭的故事，他们世世代代生活在布尔根兰州的村庄里，而后被带到一处岛式防波堤——儿童、老人和妇女、80 岁以上的残疾人以及重病患者——被抛弃在多瑙河的狂风暴雨之中……当我告诉你们，那些女人们的丈夫在没有受到任何指控的情况下被逮捕，她们一周后便收到维也纳邮递员送来的一个小包裹，上面附有简短粗暴的通知——"为你丈夫的火葬支付 150 马克——骨灰从达豪附上"，这时你们会轻松地耸一耸肩膀，说"可怕的故事"……你们从未见过纳粹党人对着每天的自杀名单幸灾乐祸的样子，你们没有见过尤利乌斯·施特莱彻的《先锋报》上那些凶残得无法形容的专栏，也没有见过这个红脸、秃头的贪婪之人那垂涎的嘴……因此你们不必感受这我无法逃避的恐惧，因为我记得我们默许了这一切，然后用一瓶埃维昂的水和更多一些的委员会来安抚我们的良心。我羡慕你们——相信我，我羡慕你们。可昨天有一个英国人向我询问一间维也纳的廉价旅馆的地址，他好在那里度假——在奥地利度假，在所有这一切发生的期间！我并不羡慕他。[60]

虽然是控诉的口吻，但格迪所写的西方人的无知中也是部分实情，因而也带来了一定程度的缓解。其中一些恐怖的细节并没有在媒体上登载——不过诸如大规模自杀事件的许多细节都得到了报道[①]——而迎接德奥合并的非凡的欢庆场面给人留下了深刻得多的印象。无论如何，这似乎是对 1938 年 3 月 29 日上议院的那场辩论最仁慈的解释了，当时像坎特伯雷大主教这样道德高尚的人都欣然接受了德国和奥地利的合并，理由是欧洲政治心脏的"长期以来的痛点"已经被"不发生任何流血事件"地解决了。雷德斯代尔勋爵认为，希特勒应该得到"全世界的感激"，因为他

[①] 《泰晤士报》报道，据估计，在德奥合并后的头 4 个月里，仅维也纳就有 7000 名犹太人自杀。

阻止了一场灾难性的欧洲内战,而工党议员庞森比勋爵(Lord Ponsonby)则呼吁英国政府放弃其军备计划并致力于与德国人的友好谈判,因为"没有什么障碍是不能通过善意克服的"。[61] 苏联大使伊万·迈斯基(Ivan Maisky)第一次来到上议院,从旁听席观察着,他几乎不敢相信自己所看到的事。"我人生中从未见到过像这个上议院一样反动的集会。它带着明显的时代烙印……坐在这些红色长椅上的人们像鼹鼠一样对历史视而不见,并且准备像一条落败的狗一样去舔纳粹独裁者的靴子。他们将为此付出代价,我会等着瞧的!"[62]

这与5天前丘吉尔在下议院的演讲形成了鲜明的对比。他说,"对奥地利的抢夺"使纳粹德国的力量获得了显著增长,其胃口现在会随着声望的增长而变大。"蟒蛇"在消化它最新的猎物时,是不能有自满和放松的。英国必须集结最大范围的威慑力量对抗未来的侵略行为。正因如此,他呼吁与法国建立一个全面的军事同盟,公开承诺保卫捷克斯洛伐克并以最快的速度重整军备。他的结论所蕴含的不祥预感令许多正在聆听的议员们脊背发凉:

> 5年来……我一直看着这个著名的岛屿沿着通向黑暗深渊的台阶不停地、盲目地走下去。起初它是一条漂亮又宽阔的阶梯,可没走多远,地毯就消失了。再往前走一点,只剩石板了,接着再走一段,这些石板也在你的脚下断裂了……现在,获胜的人是那些战败者,而那些曾在战场上扔下武器并请求停战的人正在大步迈向世界主宰的位置。[63]

"这就像我们客厅里的老旧座钟敲打出了末日的钟声。"一名议员记录道。[64]

12

柏林的最后一趟火车

亲爱的捷克斯洛伐克
我不认为他们会攻击你
而我也不打算支援你。

——西莱尔·贝洛克（Hilaire Belloc），
1938年3月[1]

一旦德国军队跨境进入奥地利，那个国家的命运就算定了。奥地利"完蛋了"，亚历山大·卡多根爵士在他的日记中写道。现在的问题是，英国和法国能否阻止一场借由捷克斯洛伐克问题爆发的大规模冲突。"我们必须再次和德国决一死战吗？"这位英国外交部常任领导人琢磨。"或者我们可以袖手旁观？"前者"对任何人都没好处"，后者会"带来致命的后果"吗？卡多根倾向于认为不会。然而，在简短几句话中，他明确道出了令西欧的政策制定者们在接下来的7个月中为之苦恼的困境。[2]

捷克斯洛伐克这个民主国家于1918年从前哈布斯堡帝国的废墟中诞生，是一个地区和民族的大杂烩。这个崭新的国家以包括波希米亚、摩拉维亚和西里西亚的古老的"波希米亚王国领地"为中心，还包括斯洛伐克（前上匈牙利地区）、特申和外喀尔巴阡-鲁塞尼亚。捷克人——他们大约有750万——构成了占统治地位的多数，但也有众多少数群体，包括将近250万斯洛伐克人、50万匈牙利人、50万鲁塞尼亚人、8万波兰人，以及所有少数群体中人数最庞大的325万德国人。这些主要生活在波希米亚和摩拉维亚——所谓的苏台德地区——边缘的德裔人口（与一些西方同时代人的假定相反）从未构成现代德国的一部分。他们的祖先以前是哈布斯堡王朝的臣民，但已经在这个地区居住了至少 800 年。在奥匈帝国延续下来的同时，苏台德日耳曼人（后来人们对他们的称呼）也正在上升发展。然而，在第一次世界大战和捷克斯洛伐克建国后，他们的地位发生了翻天覆地的变化。尽管苏台德日耳曼人享有公民自由、政治自由、宗教自由以及经济自由，诸如此类在纳粹德国梦寐以求的权利，而且可以被公正地描述为"整个欧洲"最"受优待"的少数群体，但是他们依然憎恶捷克人在政治上、文化上和经济上的主导地位，这种感受因大萧条（对苏台德地区的打击尤为严重）和边境地区的民族社会主义的崛起而变得更加严重了。[3]

对希特勒来讲，捷克斯洛伐克是首要目标。作为一名奥地利人，他对捷克人有一种本能的厌恶——前哈布斯堡帝国许多讲德语的国民所共有的一种偏见——同时，作为极端的泛德意志民族主义者，他把将所有德意志同胞统一到帝国的疆域内视作自己的使命。[①] 除了这些个人以及意识形态上的动机，还有战略上的动机。正如德国元首后来对张伯伦抱怨的那样，捷克斯洛伐克就像一个"矛头"一样刺进德国的侧面。[4] 捷克斯洛伐克那山峦起伏的西部边界——欧洲最天然的防御边界之一——和其百万大军共同构成了德国在东欧野心的阻碍，而它与法国及苏联的防御性条约被认为是企图要"包围"帝国。如果希特勒想要掠夺罗马尼亚的油田，获得在东欧的生存空间，或者用武力夺回将东普鲁士与德国其余疆土隔开的波兰走廊，那么他不得不首先对付捷克斯洛伐克。

因为充分意识到了下一个麻烦地点将会是哪里，当德国士兵开始向维也纳进军时，英国对保证保卫捷克斯洛伐克的问题开始了争论。由于1925 年的《法国-捷克斯洛伐克互助条约》，法国人早已做出承诺，并在 1938 年 3 月 14 日重申，一旦捷克斯洛伐克成了无端侵略的受害者，他们决心出面援助。英国愿意做同样的事情吗？对某些人来讲，譬如利奥·埃默里，希特勒的奥地利政变所带来的震撼足以战胜英国对给予欧洲大陆承诺的传统厌恶。德国人的冷酷无情意味着"面对现实……而且我倾向于认为，如今和平的最大希望在于告诉德国，如果它碰捷克斯洛伐克一根汗

---

① 南蒂罗尔州的德裔人口是个例外，出于实际考虑，希特勒准备放弃它以支持意德友谊。

毛，我们也会投身其中"。[5] 其他的保守党反绥靖人士，诸如丘吉尔、鲍勃·布思比、维维安·亚当斯和阿索尔公爵夫人（金罗斯和西珀斯郡的议员）都同意这个观点，并在德奥合并后的日子里呼吁英国做出担保。然而，他们是少数派。

大多数保守党议员对这个承诺保卫捷克斯洛伐克的想法抱着深深的怀疑态度，甚至对其深恶痛绝。不像比利时或法国，捷克斯洛伐克不被看作是英国的切身利益，并且正如艾伦·伦诺克斯-博伊德（Alan Lennox-Boyd）对他的贝德福德郡选民所说，德国"可以吞并捷克斯洛伐克，而英国将依旧安全"。[6] 由于伦诺克斯-博伊德是英国政府的一员（尽管职位较低），这个关于现实政治的有失分寸的表述引发了一场政治风暴。布思比认为这是在"煽动德国继续这项工作"。[7] 然而，他的观点代表了许多坐在政府议席上的人的看法。根据邮政总局局长、布莱顿的保守党议员乔治·特赖恩（George Tryon）的说法，"担保一个我们既无法触及也无法顶替的国家的独立"是荒谬的，而保守党的孤立主义的全部力量以及恐捷情绪则在顽固守旧的艾尔斯伯里的保守党议员迈克尔·博蒙特（Michael Beaumont）写给外交部次官拉博·巴特勒的一封信中传递出来：

> 看在上帝的分上，请尽你所能去阻止国家因对这件最不愉快的事［德奥合并］的歇斯底里而仓促开始给予任何更多的外交承诺，尤其是在捷克斯洛伐克方面。除了像我一样宁可在火刑柱上受折磨也不愿为那个残忍的国家而战的人（这种人比你想象的要多），我十分确定，虽然现在全国大部分人在奥地利的问题上受到了如此剧烈的震撼，以至于他们愿意去做任何事，但过去那种不愿意为任何我们不直接牵涉其中的事去冒生命危险的态度将很快恢复。即便是现在，我认为人们也会强烈反对任何进一步的承诺，而过后就会很难让人们去履行承诺了。[8]

对博蒙特来说，幸运的是英国政府并不比他更急于为捷克斯洛伐克做担保。3月18日，即德奥合并的5天后，英国内阁的外交政策委员会召开会议，审议一份哈利法克斯勋爵的名为《阻止德国在捷克斯洛伐克行动的可行措施》的备忘录。这份文件基于德国政府将"不择手段地"把苏台德地区并入帝国这个假定，概述了这位外交大臣认为现在可供英国政府选择的三个行动方针。一个为"大联盟"（正如丘吉尔提倡的），其中英国和法国将联合多个国家组成一个防御共同体；一个为对法国做出新承诺，一旦法国由于履行其对捷克斯洛伐克的义务而遭到德国的攻击，英国将承诺出面援助；或者还有一个是"消极"选择，即不应允任何新的承诺，并建议捷克寻求与德国达成尽可能好的协议。[9]

正如他的总结所清楚表明的，哈利法克斯更倾向于第三个行动方针。大联盟是"不切实际"的，而任何新的承诺都会让英国冒着被卷入一场"我们可能会被打败并失掉一切的"战争的风险。他的同事们没有异议。尽管奥利弗·斯坦利（贸易委员会主席）和塞缪尔·霍尔爵士（内政大臣）表示支持对法国做出进一步承诺，但是当有人指出不论法国还是英国，实际上在保卫捷克斯洛伐克免遭侵略上已经无能为力时，这个想法就不攻自破了。德奥合并使捷克的防御力量"转向"其西部边境，正如国防协调大臣托马斯·英斯基普爵士所解释的那样，"似乎可以肯定的是，德国不消一周便可以攻占整个捷克斯洛伐克"。[10] 除此之外，大臣们被近期来自英国驻布拉格公使巴兹尔·牛顿（Basil Newton）的一封公文深深地影响了，该公文主张由于捷克斯洛伐克的"地理位置、历史和人口的种族差异，其当前的政治地位不是能够永久站稳脚跟的"。[11] 如果真是这样——大臣们也倾向于更重视那位"熟悉情况的人"——那么，政客们要问，为什么英国要为了维持现状冒死一战？的确，只要这是和平进行的，又有什么理由反对将苏台德地区并入帝国呢？在这一点上，内阁秘书莫里斯·汉基爵士提醒与会人员，在凡尔赛会议就已经认识到，捷克斯洛伐克只有在其全部领土保持完整的情况下才能继续生存下去。捷克斯洛伐克的制造业和工业区、最好的农业用地、防御工事和防御力量，一切都位于苏台德地区的范围之内。如果这些都被夺走了，那么捷克斯洛伐克就会变成一个任由纳粹德国摆布的附庸国。

大臣们听着却没有动摇。斯坦利认为，"在这个国家"没有"一个人"会支持对捷克人的直接担保，而自治领事务大臣马尔科姆·麦克唐纳告诫道，为捷克斯洛伐克开战有可能会导致英联邦解体。[12]经过进一步的讨论，其间谈及了法国的软弱和美国的孤立主义立场，与会者们最终压倒性地赞同第三个方案。"外交政策委员会一致同意，捷克斯洛伐克连一个英国近卫步兵团士兵的骨头都不值。"卡多根以赞许的态度记录到。[13]

张伯伦很高兴。正如他在一封写给他妹妹艾达的信中解释的，他早已考虑了很多可能的行动方针，包括大联盟，但都因为可行性问题而被拒绝采纳：

> 你只需看看地图便会明白，如果德国想要这样做的话，法国或者我们做什么都不可能拯救捷克斯洛伐克免遭侵占。奥地利的边境实际上是开放的；大量斯柯达军工厂就在德国小型飞机场的轰炸距离之内，所有铁路都经过德国领土，苏联在100英里以外。因此，我们帮不了捷克斯洛伐克——其纯粹就是与德国开战的一个借口。那是我们无法想象的，除非我们对有能力在合理的时间内打到德国屈膝投降这件事有一个合理的展望，而对此我看不到任何迹象。因此，我已经放弃了就捷克斯洛伐克或法国对该国的义务向其提供任何担保的想法。[14]

同时期的人几乎都会同意这个分析。尽管张伯伦低估了苏联援助的可能性（在某些方面是一种明智的预防措施），但是，他认为对捷克斯洛伐克的担保将是一种虚张声势，如果被要求兑现，将会置国家于一个极端不稳定的境地，许多人和他持有同样的看法。1938年3月，英国陆军几乎不存在。万一发生战争，两个装备简陋的师和一个机动师就是能够被派往欧洲大陆的最强阵容。英国国防义勇军距离它为数量不足的防空排炮配备对应士兵数量的目标还差2万人，现代化装备也很缺乏。东区司令部负责人、陆军上将埃德蒙·艾恩赛德（Edmund Ironside）反思了这一大堆缺陷，断言国家"完全不具备开战条件"，而卡多根认为，假如现在即将爆发军事冲突，英国会被"打垮"。[15]

更值得怀疑的是首相和外交大臣对希特勒及其目的的评估。正如哈利法克斯在3月18日告诉外交政策委员会的那样，他不认为他们正在和一个拥有"像拿破仑一样程度的征服欲望"的人打交道。[16]德奥合并事件令人震惊，可正如他在一封写给内维尔·亨德森爵士的信中坦承的，他认为最难原谅的是德国人愚蠢得认识不到"它会造成的多大的骚乱"。[17]至于未来，哈利法克斯承认，低估德国再次展现强权政治的可能性将是愚蠢的，然而不论他还是首相都不相信希特勒的野心会超出将所有德意志人划到帝国疆土范围内的这个目标。事实上，据张伯伦在3月20日的一封信中对艾达透露，他目前的计划是与希特勒直接接洽，询问他对苏台德地区的日耳曼人有何要求。如果德国元首的要求合乎情理，那么英国政府将力劝捷克人接受它们，同时希特勒将被要求提供他不会侵扰捷克斯洛伐克其余人口的保证。[18]

3月22日星期二，英国内阁正式批准了外交政策委员会的决定。这次讨论集中在参谋长们的军情报告上，如同英斯基普预测的那样，这是一份读起来令人沮丧的文件。虽然重整军备已有2年时间，但是据报告，27支战斗机中队里有20支正在使用已经淘汰或面临淘汰的机器；没有3.7英寸或4.5英寸的防空炮；同时海军保卫英国领海以及在远东保持威慑力的能力只有通过将地中海区域交给意大利人才能实现。至于保卫捷克斯洛伐克，参谋长们证实了早已做出的预测："这个国家及其潜在的盟国能够施加的压力不足以阻止捷克斯洛伐克的战败。"有个人，可能是达夫·库珀（内阁会议纪要不明确），指出尽管局势毫无疑问是糟糕的，但在报告中没有任何内容表示它会随着时间而改善。参谋长们忽视了苏联援助的可能性，也鲜少考虑到德国军队在入侵奥地利期间，当大批坦克出现了故障而不得不被丢弃在路边时暴露出来的弱点。此外，假如允许德国继续其权力扩张进程，那么这当然只会使它在未来更强大？今天，捷克斯洛伐克和中东欧的其他小国是潜在的盟国，可明天，他们可以是德国变得更强大的力量来源。然而，连库珀都没有要求做出直接的担保，与会者们同意首相的意见，即认为他们不能采取一个势必会带来战争风险的政策。[19]

尽管如此，张伯伦在2天后——3月24日——面向议会发表的声明成功地满足了许多一直在要求采取更坚决的政策的人们。尽管首相说他无意增加英国的正式承诺，但他表达了一个关键的观点，即"在事关和平与战争的问题上，法定义务并不是唯一涉及的，如果战争爆发了，是不太可能局限于那些承担了该类义务的国家的"。的确，"不可抗拒的事实压力很可能要比正式声明更有力量，在那种情况下，除了那些起初争端的当事方，其他国家几乎立即被卷进去的概率是很高的"。[20]

这次表态的故意的模棱两可——暗示却没有承诺，如果因捷克斯洛伐克而爆发一场全面战争，英国将会干涉——赢得了广泛的赞誉。反绥靖人士（包括库珀，但不包括丘吉尔）普遍很满意，孤立主义者们则欣喜地认为英国不打算因捷克斯洛伐克这个"不存在的国家"而冒险。[21]

不过，并非所有人都感到高兴。1938年3月17日——德奥合并4天后——苏联外交部长马克西姆·李维诺夫迈出了不寻常的一步，他在莫斯科的一个外国记者聚会上发表了讲话。李维诺夫（不同于英国外交大臣，他已经读过《我的奋斗》）完全意识到了纳粹的威胁，随着希特勒的掌权，他已经转而成为一名集体安全政策的皈依者。正因如此，在他的领导下，他主导了苏联外交政策的巨变，其间苏联加入国联（1934年），与法国组建防御联盟（1935年），支持对意大利的制裁（1935—1936年），甚至还在莱茵兰被重新占领之后主动提出加入对德国的制裁（1936年）。1935年5月，苏联人与捷克斯洛伐克签署了他们自己的条约，承诺如果捷克斯洛伐克遭遇袭击，只要法国首先履行其义务，苏联便会出面援助。不过，令李维诺夫苦恼的是，英国和法国在这方面都没有付出任何相应的努力。这些西欧强国被他们对共产主义的恐惧蒙蔽了双眼，似乎更愿意让希特勒去零星实现他的目标，而不是与苏联形成联合威慑。李维诺夫的政策没有取得成果，他在政治局的敌人们开始期待着另一场巨变以及苏联在外交政策上朝着与德国达成协议的方向的重新定位。

不过，在这得以发生之前，李维诺夫获得了斯大林对于再一次，可能也是最后一次努力去组建一个反对德国侵略的联盟的许可。因此，在苏联外交部向外国记者讲话时，这位苏联外交部长解释道，苏联——被入侵奥地利事件搅得极度不安——愿意与任何想要阻止进一步侵略行为的国家展开商讨，从而"消除"一场新的世界性杀戮的风险。他警告说，"明天或许就太迟了"，不过大国们可以为了"集体拯救和平"而团结起来的时机尚未过去。"[22]

张伯伦已经忽视了其一周,在他的下议院陈述中拒绝了这项提议。他极度不信任苏联人——他认为他们"一直鬼鬼祟祟且狡猾地在幕后操纵着一切,好让我们卷进与德国的战争"——对苏联的军事实力也没多少信心。[23] 在很大程度上,这是可以理解的。1937 年 6 月,斯大林将"大恐怖"的范围扩展至红军和苏联海军。5 位元帅中的 3 位,15 位陆军指挥官中的 13 位,9 位海军上将中的 8 位,85 位军团指挥官中的 57 位,还有全部 17 位陆军政委都被清除。苏联军方高层中总共有 65% 被认为已经被免除职务,而来自英国武官的建议是,苏联现在没有能力发动除了防御战之外的任何战争。[①][24] 这些震撼并吓到西欧民主国家的报告助长了张伯伦的偏见。不过在傲慢地回绝苏联的同时,英国人也拒绝了接受用两线持久战来威胁或对抗德国的可能性,同时也是在支持那些在苏联统治集团内部提倡孤立主义政策或与德国恢复友好关系的人。

另一个有理由对张伯伦的陈述感到失望的国家是法国。3 月 15 日,约瑟夫·保罗-邦库尔——他在德奥合并期间被仓促任命为外交部长——正式要求"英王陛下政府应公开声明,如果德国袭击了捷克斯洛伐克并且法国出面给予了后者援助,那么不列颠将站在法国这边"。[25] 这个要求也被驳回了。不过这对英法关系的损害是有限的,原因有两个:首先,因为法国人除了和英国人保持友好关系之外别无选择;其次,因为布鲁姆政府在执政仅一个月后于 4 月 10 日倒台。新总理爱德华·达拉第——他自 1936 年 6 月起一直担任国防部长并已经两次担任总理——明显更接近英国人对局势的看法。然而有一小段时间,达拉第似乎就要让鹰派的保罗-邦库尔继续留在法国外交部了。感到震惊的英国人认为那位银发法国人是"对欧洲和平的绝对威胁",于是迈出了非同寻常的一步,告知达拉第这样的任命将是"最令人遗憾的"。[26] 达拉第——他自己大概已经得出了相同的结论——同意并任命了乔治·博内,一名激进党同事,也是众所周知的与独裁者们和解的支持者。[27]

---

① 法国人的分析与这类似:第二局在 1938 年夏天表示,红军"不过是一具被斩首的尸体"。

* * *

张伯伦胸有成竹。他认为他在 3 月 24 日的演讲是一次"辉煌的成功",并预测如果现在有一场大选,"我们能顺利当选"。[28] 4 月 4 日,他以一场捍卫英国政府外交政策的"真正的竞选演说"彻底打败了反对党,几天后,他又向他的妹妹希尔达转述了一连串赞誉,包括比弗布鲁克勋爵的评断,认为他是"我们半个世纪以来拥有的最棒的首相"。[29] 在接下来的两周中,他可以说有两项显著成就是他的安抚棘手国家政策所取得的:4 月 16 日《英意协定》在罗马缔结,4 月 25 日一项新的《英国-爱尔兰条约》在唐宁街签署。

二者都不是没有争议的。如同安东尼·艾登所观察到的,与墨索里尼友好关系的恢复是以这位意大利领袖早已违背的许多承诺为基础的(尤其是从西班牙撤回意大利的"志愿军"),而与爱尔兰领袖埃蒙·德·瓦勒拉(Eamon de Valera)达成的协议则放弃了英国对该共和国口岸的权利。丘吉尔早在 1921 年签订的《英爱条约》里就已确保了对那些口岸的使用权,他严厉批评这个决定是"一个缺乏远见的绥靖实例"——一个当德·瓦勒拉在第二次世界大战之始支持爱尔兰的中立并拒绝英国进入时将被证实的结论。[30] 不过丘吉尔的讲话仅代表极少数人。大多数英国政府的支持者们——在《英爱条约》这件事情上,工党和自由党同样支持——愿意将这两项协议视为在外交上为英国在危机四伏的世界里减少了负累的了不起的成就。

对张伯伦来说,这个双重成就对于增强他对他自己的外交策略——所谓的"张伯伦式"——的信心是有助益的。正如他在 3 月中旬向他的妹妹们吹嘘道的,任何英爱之间协议的达成都将完全归功于"我对德·瓦勒拉建立起来的影响"——那位狡黠的爱尔兰人在不止一个场合证实了这一看法。[31] 由于德奥合并,他意识到当前对他来说不可能在希特勒身上使用这些伎俩,不过英国政府打算给捷克人施压去解决他们的少数民族问题,他告诉艾达,假使这实现了,"那么现在便有可能在柏林重新开始"。[32]

其实,在 4 月 22 日,德国大使馆一等参赞恩斯特·韦尔曼向柏林报告了他与拉博·巴特勒的一次对话内容，其中这位年轻的外交部大臣显然在煞费苦心地强调德奥合并绝不会削弱英国首相对与德国达成"真正理解"的渴望。据说巴特勒宣称道，"德国民众与英国民众流着同样的血"（附和纳粹的种族理论），也"难以想象德国与英国会在战场上再次相遇"。至于捷克斯洛伐克，或许就有些事情这二人无法开诚布公。不过，紧接着巴特勒表明"英国知道德国会努力实现'它的下一个目标'"，唯一关心的是"实现的方式"。[33] 假使里宾特洛甫对于英国在捷克斯洛伐克问题上的好战性有任何怀疑，那么这样的对话有助于打消他们的疑虑。

＊　　＊　　＊

1938 年 4 月 27 日，新上任的法国部长们抵达伦敦进行洽谈。3 天前，苏台德德意志党（SdP）领导人康拉德·亨莱因（Konrad Henlein）在卡尔斯巴德公布了一系列影响深远的要求，包括承认苏台德地区是一个独特的法律实体，苏台德日耳曼人享有完全的平等，以及传播纳粹意识形态的自由。这些要求——相当于要求在这个国家内部实现完全自治——被布拉格政府驳回了。现在，英国人试图拉拢法国人支持他们对捷克人施压使其让步的政策。

起初，达拉第表现出了蔑视。他断言，亨莱因并非追求自治，而是要"摧毁"捷克斯洛伐克这个国家。更重要的是，他们正在对付一个旨在欧洲范围内获得霸权地位的德国。在他看来，"拿破仑的野心远远比不上这个德意志帝国眼下的目标"。当然，在这个时候对抗德国是有危险的，不过重要的是不要忘记捷克陆军的实力——"训练有素，装备精良，并且充满了公共精神"——苏联空军的 5000 架飞机和德国军队的优劣势。如果英国和法国毫不含糊地表明他们不允许捷克斯洛伐克被摧毁，那么这位法国总理相信，"欧洲的和平可能会得救"。[34]

"非常好，却是最可怕的垃圾"是亚历山大·卡多根爵士对这番演说的评断。[35] 然而，虽然历史没有证明这个评价是正确的，但这位常务次官的话里依然有一些道理。6 周前，就在德奥合并发生后不久，法国国防常务委员会开会审议了援助其东欧盟国的问题，然后和英国人一样，得出结论称实际上做什么都阻止不了德国的征服。达拉第（当时的国防部长）表示，法国最多能够给予间接援助——动员法国陆军以便沿其西部边境去牵制住德国军队——同时法国总司令甘末林将军对苏联进行援助的可能性表示怀疑。表面上，法国对"保卫"捷克斯洛伐克的态度依然是坚定的，那位新总理——极度在意法国的名誉——当然也希望他被迫食言的那一天永远不要到来。无论如何，达拉第任命博内来取代保罗-邦库尔是有效果的，正如新上任的德国驻伦敦大使向柏林报告的那样，法国人似乎希望英国人会提出给捷克人施压的理由，那样一来他们便可以"默许而不会显得自己在这件事情上采取了主动"。[36]

这一点他们妥当地做到了。在张伯伦用一顿丰盛的午餐、他拙劣的法语以及海军参谋洽谈的小让步缓和了达拉第的态度之后，这位俗称"沃克吕兹公牛"的法国总理收回了他的牛角并开始跟在英国政策的后面。① 英法两国人都向捷克人施压去和苏台德人迅速达成谅解，而英国人则询问希特勒他认为什么样的解决办法是可以接受的。这项计划的根据是基于英国人相信德国人的要求是合乎情理的并且仅限于苏台德地区。确切说来，就像亨德森在1938年5月6日写给哈利法克斯的信中所说的，现在对捷克人来说，至关重要的是同意亨莱因的绝大部分要求，因为"希特勒先生和亨莱因比他们的许多追随者都要更加温和，而贝奈斯先生（捷克斯洛伐克总统）的唯一希望，在我看来，也是为了他的国家的利益，就是提出最大限度地给予以使这两个人完全无法推辞"。[37]

然而，事实证明达拉第对德国意图的分析更为准确。4周前，在1938年3月28日，希特勒在帝国总理府接见了亨莱因及其副手卡尔·赫尔曼·弗兰克（Karl Hermann Frank）。在那里，他告诉他的客人们他打算在"不太远的将来"解决苏台德问题，而他们的工作是通过向布拉格政府提出无法接受的要求来保持局势沸腾。"我们必须要一直提出许多要求以使得我们永远无法获得满足"是亨莱因对他的指示的简洁概括。[38] 几周

---

① 这个绰号源于达拉第从1919年起便代表的那个选区以及他迟钝如牛的外表。不过他的牛角，就像他的批评者们常常指出的，其实是蜗牛的触角。

后，希特勒召唤德军最高统帅部总指挥陆军上将威廉·凯特尔（Wilhelm Keitel）并指示他更新《绿色方案》——在霍斯巴赫会议之后发起的入侵捷克斯洛伐克的计划。德国元首解释道，至少可以借助 3 种可能来引发一场危机，不过他最喜欢的是发生一些内部事件的那种。两个月后，这个时刻似乎已经到来。

＊　　＊　　＊

1938 年 5 月 19 日星期四的傍晚，内维尔·亨德森爵士收到一封来自德累斯顿领事代理的电报，称德国部队正在沿着与捷克斯洛伐克接壤的南部国界线聚集，而陆军在该周的周日休假也推迟了。这位大使对此不以为意。他给伦敦发电报称，没有证据表明柏林有异常军事活动，而被取消的休假很可能与苏台德地区预计在那个周末进行的地方选举有关。然而在第二天上午，英国驻布拉格公使巴兹尔·牛顿接到一通来自捷克外交部的求救电话，告知他有报告称德国士兵正在萨克森州和巴伐利亚州集结。亨德森被要求进行调查并正式访问了德国外交部，在那里，国务秘书恩斯特·冯·魏茨泽克（Ernst von Weizsäcker）打电话给德意志国防军最高统帅部询问信息。之后，魏茨泽克致电亨德森，凯特尔将军向他保证，一切关于部队集结的传言都"纯属一派胡言"。没有部队聚集在萨克森州，只在柯尼希斯布吕克，那里正在进行着例行演习。亨德森对此表示怀疑，他提醒魏茨泽克，他在 3 月 11 日德国陆军正准备入侵奥地利时收到过同样的否认，还警告英国外交部，如果在选举期间发生任何"事件"，那么希特勒将"立刻命令德国部队越过边境"。[39]

在伦敦，主要参与者们正在为了即将到来的夏天的首个周末打点行囊。哈利法克斯预计要去拜访他的两所母校，首先是牛津，然后是伊顿，而张伯伦正期待着周末去钓鳟鱼。遗憾的是，两个人都没能享受到他们所期望的那份宁静。"那些该死的德国人毁了我的又一个周末。"张伯伦在他从河边被请回来，得知 5 月 21 日星期六那天一大早便到达的大量电报内容之后大发雷霆道。[40] 这些电报包含了对德国军队在捷克国境线集结的进一步叙述，包括称第 7 和第 17 步兵师正在朝着巴伐利亚州-捷克斯洛伐克边境行进，还有发现德国飞机在波希米亚北部上空飞行。捷克总参谋部非常紧张，在前一天深夜说服了政府动员了一部分预备役人员——大约 17.4 万人。

这项命令执行起来的效率及热情使那些试图贬低捷克斯洛伐克军队或相信捷克人只会像奥地利人那样轻易投降的人们无话可说。这些指示在 5 月 20 日星期五晚上 10 点之前到达了捷克的各个城镇和村庄，截至第二天凌晨 3 点，大约 70% 的预备役军人都已各就各位。到了黎明，预期的 17.4 万名士兵中只有 16 人没有报到，而所有边境以及整个苏台德地区都已有军队驻守。英国记者谢拉·格兰特·达夫（Shiela Grant Duff）写道："这是一个奇迹，每支驻防部队都像时钟般精准地换岗接替前面的部队。"[41] 她的美国同事弗吉尼娅·考尔斯（Virginia Cowles）正在为《星期日泰晤士报》报道选举，在与苏台德德意志党首席新闻官一起赶赴一场该党派的集会时，第一次意识到了这场迫在眉睫的危机。"我要告诉你一个秘密，"那位官员告诉她，"亨莱因此时此刻正和希特勒待在贝希特斯加登。德国陆军可能随时越过边境。"这位年轻的记者惊恐万分。"可那将意味着一场世界大战。"她惊呼。"根本不会，"那位新闻官回答，"一切都将在几天内结束。"[42]

考尔斯对此并不放心。她参加了那场集会——一场"充斥着旗帜、卐字饰……还有震耳欲聋的'万岁'声的噩梦"——而当她在那个星期六早上 5 点被吵醒并发现捷克士兵正在街上巡逻时，她决定返回布拉格。在那里的大使饭店，她没有发现危机的迹象。一名女清洁工正在清洗地面，前台接待员正在细分邮件，门童正在读报。突然间，那位招摇的合众社记者雷诺兹·帕卡德（Reynolds Packard）出现了，以一种高度兴奋的状态急速穿过大厅。他解释说，传闻德国人要发动入侵，而捷克政府已经开始动员起来了。考尔斯跑到电话旁，在几次尝试之后，成功接通了《星期日泰晤士报》的电话。电话那头的男声仿佛来自另一个世界：

"早上好，"他友好地说，"你好吗？"

"不太好。捷克陆军正在动员起来。"

"啊呀！为什么他们要那样做？"

"他们认为德国陆军马上就要越过边境了。"

"啊呀！你确定吗？"

"我确定捷克人正在动员起来。"

"啊呀！真没想到。那确实是新闻。"[43]

到了这个阶段，英国外交部同样激动。英国秘密情报局（SIS）警告过临近5月底德军有可能发动一次袭击，而现在据报道有两名苏台德日耳曼人被捷克警察击毙了。"难道是1914卷土重来？""奇普斯"·钱农琢磨道。[44] 下午3点，英国外交部知悉了当天上午亨德森与里宾特洛甫的一次言辞激烈的对话的细节。这位大使汇报，德国外交部长处在一种"极易激动且好斗的情绪"中。他尤其感到愤怒的是，亨德森告知了路透社他收到的有关德国部队行动的否认的消息，现在拒绝给这位大使提供任何军事情报——亨德森反驳道，这种态度迫使他推断军事措施正在进行。那位外交部长随后将话题转向了对那两名苏台德人的"谋杀"，并用最"残忍的语言"向这位大使保证，假如这类挑衅继续发生，到时候捷克斯洛伐克就会被摧毁。[45]

事情看起来正逐渐失控，而哈利法克斯，尽管赞同卡多根的"我们一定不能开战！"，但依然决定希特勒应该就他正在酿成的危险受到警告。[46] 5月21日星期六那天下午，法国再次确认了自己对捷克斯洛伐克的诺言，亨德森也照吩咐再次到访德国外交部并警告里宾特洛甫如果法国即将参战，那么"英王陛下政府不保证他们不会为环境所迫也参与进去"。[47] 与那天上午他滔滔不绝及暴躁截然不同，里宾特洛甫在面带愠色的沉默中聆听了这则信息的绝大部分内容。然而对于英国传递的这个警告，他当即勃然大怒。他叫嚷道：如果法国疯狂到进行干预，那将会导致"法国在世界史上最惨痛的失败，如果英国也要加入它，到时候我们将不得不再次决一死战"。[48]

紧张局势也没有因荒唐的"专列"事件而有所减轻。正如亨德森被迫再三解释道，大使馆的海军武官将在 5 月 21 日星期六携其家人开始度假是早就计划好的。不幸的是，结果在这趟列车上没有足够的空间给那位武官一家和另一名大使馆官员的孩子们了。由铁路公司提出的解决办法是额外增加一节车厢，而后因为有了多余的空间，那位武官便劝说另外两个大使馆家庭加入这个看起来就像是一次大撤离的旅行。这些安排恰逢一次外交危机的现实真是极其倒霉。亨德森在星期天上午从外交部回来时，惊讶地发现法国大使正站在他的门阶上。焦虑不安的弗朗索瓦-庞塞打听道，是真的吗？大使正在撤离大使馆？亨德森向他保证没有这回事。不过，他刚经过前门，就接到一通来自伦敦的紧急电话问他到底发生了什么——他们听说"女人们和孩子们"即将乘坐"专列"于当晚离开——紧随其后是一通来自魏茨泽克的电话，恳请大使"不要杞人忧天"。[49] 最终，那位武官获准继续他的假期，但亨德森禁止其他所有人离开。

*　　*　　*

事实证明，这次虚构的英国人撤离的戏剧性事件本质上是一场假想危机中的一段适时的插曲。在 1938 年 5 月 21—22 日那个周末，没有入侵捷克斯洛伐克的德国计划，根据那位英国武官在首先朝着而后沿着德捷边界驱车大约 700 英里之后的报告，也没有任何异常的德国军事活动的证据。看起来发生的事情是，捷克人先前得到情报称德国人正计划在选举期间利用"骚乱"作为入侵的借口，在德国气势汹汹的宣传所带来的强压之下，对真实的与想象的军事演习反应过激了。[50]

然而，如果这次危机是想象出来的，它却带来了真实的后果。全世界都认为捷克斯洛伐克受到了威胁，而德国的入侵只是被西欧民主国家的行动阻止了。尤其是在国际新闻界，英国的决议被单独挑出来大肆称赞：希特勒本想动手，却被来自不列颠雄狮的一声咆哮威慑住了。亨德森相信，这是一场灾难。躲在上萨尔茨堡山上的希特勒被他被迫打退堂鼓的推测激怒并开始"集思广益"，因此这位大使断言，这将他"从和平谈判推到了动用武力的界线"。[51]

这并非是对这一系列事件的准确诠释。希特勒从未考虑过和平解决捷克斯洛伐克问题，并且在之前的几个月中一直积极参与谋划一项将会摧毁捷克政府的军事解决方案。那场"五月危机"造成的影响坚定了他的决心，也加速了他的计划。在贝希特斯加登苦思冥想了一周后，希特勒回到柏林，在那里他召集了他一流的将军们在帝国总理府开会。5月28日，他在会上宣布了他的"钢铁意志"，即捷克斯洛伐克将很快"从地图上消失"。[52]虽然前一个周末发生了很多事，但他不相信英国或法国会插手。尽管如此，他吩咐海军上将雷德尔加速战列舰与潜艇计划（一个对英国显著的威慑）并且当即下令修筑西墙——沿法国边境的一连串防御工事——要加紧提速。虽然许多将军们对德国元首的计划有严重的怀疑，但这一刻他们保持了沉默。《绿色方案》经过了重新起草，现在随着希特勒宣称它是他"要在不久的将来以军事行动粉碎捷克斯洛伐克的不可更改的决定"而被启用。[53]军事准备即将全面完成的日期"最迟"是1938年10月1日。[54]

在伦敦，大多数人相信捷克斯洛伐克面临的威胁是真实存在的。"毋庸置疑，德国在星期五至星期日搞了些恶作剧"，亨利·波纳尔少将记录道，补充说"C"——英国秘密情报局的负责人，海军上将休·"奎克斯"·辛克莱（Hugh 'Quex' Sinclair）——有情报称"在德国有人将一切都在星期一取消了"。[55]张伯伦相信这是"一次该死的侥幸"。德国新闻界否认有任何横生枝节的事情发生，这当然很容易，可是那样的话，为什么里宾特洛甫要辱骂亨德森将否认的消息透露给路透社？总之，英国首相无法怀疑：

（1）德国政府为政变做好了一切准备，（2）他们在收到我们的警告之后，最终认定风险太大，（3）普遍观点认为，正是之前所发生的一切让他们意识到他们丧失了威望，并且（4）他们正把他们的怨恨发泄到我们身上，因为他们觉得我们由于阻止过他们一次而获得了认可。

这整段插曲足以表明"德国政府是多么彻底的不可靠和不诚实"。[56]

然而尽管这个（不正确的）结论称正是英国的坚定阻止了德国的一次袭击，但"五月危机"并没有催生出一个新的抵抗政策。相反，英国政府因事情险些发生而受到惊吓，甚至开始更为坚决地强迫捷克人满足苏台德日耳曼人的要求，以防发生又一次危机。这种态度导致了一些奇怪的讨论。正如达夫·库珀在5月29日星期日晚上的内阁紧急会议之后记录道的："总体感觉……似乎是强大的、野蛮的捷克斯洛伐克正在霸凌可怜的、爱好和平的小德意志。"[57]几天后，哈利法克斯使扬·马萨里克（Jan Masaryk）——捷克驻伦敦公使，也是该国开国总统的儿子——意识到了贝奈斯与亨莱因达成一项慷慨的协议的紧迫性，补充说他自己坚信捷克人充其量能够逃脱的是基于"瑞士模式"的苏台德自治。[58]在巴黎，埃里克·菲普斯爵士——他受到法国失败主义的感染，已经坚决地转移至绥靖阵营——要求博内施加类似的压力。根据这位大使向伦敦报告的，法国外交部长欣然效劳。博内不顾一切地避免陷入要么战争要么让法国的署名蒙羞这一两难处境，答应对布拉格施加一切可能的压力，包括威胁说假若捷克人被证实是毫无道理的，那么法国将自视"从协定中解除了关系"。[59]与此同时，英国人向法国人明确表示，他们在5月那个关键的周末的行为绝不是暗示着英国对捷克斯洛伐克的承诺。

尽管严格来讲是这样，但"五月危机"事实上的确导致了英国在承诺上的增加。由于在5月份掐灭了德国侵略的小火苗而受到了认可，当下一次危机出现时，英国真的有可能袖手旁观吗？为了避免这个窘境，英国人采取措施强迫捷克人达成一项协定，包括派遣一名英国调解员。不过这仅仅起到了将两国命运拉得更加紧密的作用。如果捷克人遵循了英国人的建议，并且尽管如此依然遭到了袭击，英国如何能够回避？因此，英国政策的核心是一个悖论：英国人坚定地认为他们不应该也不能够承诺保卫捷克斯洛伐克，然而，通过他们自己的所作所为，他们变得几乎与那个脆弱的国家共命运了。

13
贵族派与造反派

现在不是享受美好派对而是去拯救你的国家的时候。
——蒂莫西·艾登（Timothy Eden）爵士写给他的弟弟安东尼，
1938年5月16日[1]

1938年3月16日星期三的傍晚，温斯顿·丘吉尔在普拉特绅士俱乐部与他的儿子伦道夫、哈罗德·尼科尔森以及鲍勃·布思比共进晚餐。德奥合并已经过去3天，这个将近6年来一直就德国的威胁提出警告的人正处在好斗的情绪中。他告诉饭桌上的人："从来没有任何人接到过比内维尔·张伯伦更烂的摊子。"由于鲍德温那些年的消极低迷，英国凭借现在的处境，如果不能明确立场，就很可能会失去一切，然而"如果我们采取强硬的行动，伦敦则会在半小时后一片狼藉"。保守党内尽是些"盲目又执拗的人"，而他，丘吉尔，再也不要忍受这一切了。如果英国政府在未来几周内拿不出一项明确的新政策，他将在一场全面造反行动中辞去党鞭职务并带走大约50位保守党同僚。[2]

丘吉尔一定早就知道这是他的一厢情愿。8个月后（此时他的地位已经有了很大改善），他呼吁50位保守党同僚跟他一起游说支持一项要求设立供给部的自由党动议，但是只有哈罗德·麦克米伦和布伦丹·布拉肯响应了这个号召。① 不过，德国对奥地利的接管确实促使在保守党内部初步形成了凝聚力日益增强的对绥靖政策的反对。1938年4月7日深夜，年轻且勇敢的伯明翰金斯诺顿的无党派议员罗纳德·卡特兰（Ronald

---

① 考虑到丘吉尔在他反对印度自治的运动中能够依赖约60位保守党议员的支持，值此期间他在自己党内的孤立程度甚至变得更加明显。

Cartland）向工党的外交事务发言人休·道尔顿（Hugh Dalton）吐露称，大约有40位保守党议员被德奥合并搅乱了心绪，这使他相信如果有某种其他的选择，他们会投票反对现任政府。相反，他的绝大多数同事"依然闻共产主义丧胆"，并因此对来自纳粹德国的危险视而不见。至于他的领导，卡特兰告诉道尔顿，张伯伦正在变得愈发独断专行，"他们如今在保守党内部有了一名德国元首"。[3]

保守党未来的反叛者们面临的最大问题是缺乏领导力。1938年1月，利奥·埃默里为大约20位打算定期碰面以期在外交政策上形成一个共同态度的志趣相投的保守党议员创建了一个"研究小组"。不过埃默里，尽管作为前内阁大臣和万灵会员而受到尊重，却并非那个能够激励追随者的人。他个子矮小且清瘦，有着沉闷的嗓音，还有甚至更令人觉得沉闷的啰嗦的说话习惯，有人开玩笑称，假若他再高出半头而他的演讲再短个半小时，这位极有能力的政治家本可以成为首相。如果需要的是雄辩术，那么丘吉尔无疑就是那个人。不过对大多数保守党人来说，这位前自由党人、加里波利灾难的罪魁祸首、印度改革的反对者和退位危机期间爱德华八世的卫士，依然是一个相当不值得信任的对象。

反绥靖人士所热望的领导者是安东尼·艾登。然而令他们愈发感到懊丧的是，这是一个这位前外交大臣似乎并不情愿担任的角色。精疲力竭的艾登在2月20日辞了职，已经隐居到法国南部。一天，在听无线电时，他被希特勒在一群歇斯底里的奥地利人面前宣布"一个民族，一个帝国，一个元首"时恶魔般的声音吓了一跳，他的朋友和支持者们力劝他即刻返回英国。"未来的几天、几周和几个月——而尤其是几天和几周——无疑将是我们历史上至关重要的时刻之一，"他的哥哥蒂莫西爵士写道，"我们必须让我们自己承诺与法国人一起去保护捷克斯洛伐克的独立……现在不是享受美好派对而是去拯救你的国家的时候。"[4] 一周后，他再次尝试："现在的危险是，我们都将再次沉睡，然后在一个星期天的上午，我们会听说希特勒在布拉格。你一定不能让我们沉睡。无疑德国人才是现在的危险，而不是那些无能的意大利人……现在——老战马——让我们听到你从远方嗅闻战斗的鼻息并在号角声中嘶鸣'呵哈'！"[5]

其余的信件来自吉姆·托马斯（艾登的前议会私人秘书）、罗纳德·特里（Ronald Tree，哈伯勒的保守党议员）和邓肯·桑兹（诺伍德的保守党议员，也是丘吉尔的女婿）。后者简明扼要地道出了问题：

> 我们比其他任何事物都更加需要的是有个像你一样的人带给我们一些凝聚力。我们中的大多数人极为厌倦到处打无关联的小游击……唯有你可以提供会让党内的这伙人团结起来并发挥效力的领导力。[6]

可艾登拒绝响应这个号召。直到4月4日，他依然留在里维埃拉，而当真的回到故土时，他明确表示他不愿意挑战张伯伦，甚或被打上一个"与独裁者们势不两立的反对者"的烙印。[7]

在某种程度上，这是由于艾登作为从政者的天生缺陷。正如他后来在日记中的说法："我由衷地厌恶政治'游戏'，不是因为我比这些人［丘吉尔和比弗布鲁克勋爵，他正与他们一同用餐］更美好……而是因为我缺少'胆量'。"[8] 这是一句准确的自我评价。艾登从来都不像他的支持者们想象的那样是一名坚定的反绥靖人士，他看上去美好得不真实，并且的确如此。尽管他上镜、一丝不苟又工作勤奋，但他也优柔寡断、胆小又自命不凡。在他在后座议员席上度过的18个月中，从1938年2月至1939年9月，他在是否要进行政治干预这个问题上一直摇摆不定，而当他定下来时，又没能通过公开抨击政府产生影响。这在一定程度上是缺少"胆量"，不过它也是谋私的算计。意识到他作为即将接替张伯伦的领跑者的处境，万一首相的政策被认为失败了，艾登认为通过批评政府以及引发那些对丘吉尔不利的对不忠与野心的谴责将收获甚微。他因此婉拒了他的支持者们希望他去担任的那个角色的请求，然后，用尼科尔森的话说，"带着精致的优雅"继续错失"每一次机会"，直到战争爆发。[9]

艾登的前副手克兰伯恩勋爵也不愿意在他上司不在的时候带头。他于1938年7月5日在他的多塞特席位上写道：

我不喜欢首相的政策，他给人向那些独裁者们屈从的印象，我认为是灾难性的……它让我们真正的朋友失去信心，然后作为交换，充其量给予我们一些非常不可靠的新朋友。它也疏远美国舆论，其在当前时期是极其重要的……不过无论如何，它必须被给予一次公正的审判，而它当然正在经历那件事。与此同时，我十分乐于在克兰伯恩种植玫瑰。其成果更快，也更令人满意。[10]

正如这封信所暗示的，那些伊顿人——或者说张伯伦的支持者们嘲弄地给他们贴上的标签："魅力男孩"——尤为关心的是首相的政策对美国造成的影响。美国人的支持在任何未来的战争中都将是关键性的，而尽管美国舆论依然势不可挡地持孤立主义态度，却依稀可见一种上升的愤怒趋势——特别是在东海岸——伴随一次又一次的法西斯政变。在这种情况下，张伯伦与独裁者们寻求共识的政策既遭到质疑，也愈发受到批评。正如托马斯·琼斯的纽约朋友、教育工作者亚伯拉罕·弗莱克斯纳博士（Dr Abraham Flexner）在1938年3月报告，在百老汇最受欢迎的时事讽刺剧是一出"叫作《四位和平小天使》的极好笑的歌舞节目"，主要内容是张伯伦、希特勒、墨索里尼和一名日本将军轮番相互背叛。[11] 几乎就在同一时间，阿斯特勋爵正在访问他的出生国，然后觉察出美国政治舆论的孤立主义态度相比前一个秋天明显减弱了。在那里有对英国的热情，也有关于为什么它一直在与纳粹德国寻求和解的不解。[12]

罗斯福的态度很矛盾。1937年10月5日，他在芝加哥发表了他预示未来大灾变的"防疫"演说，其中他呼吁热爱和平的国家一同联合起来保护世界，对抗"当前的恐怖统治"，"仅仅通过孤立或中立是无法逃脱的"。[13] 不过他也一直在考虑一项宏大的经济绥靖计划——由此有了"韦尔斯计划"，其本将见证一个世界自然资源分配的新制度，以换取国际裁军。英国对这项计划的驳回——紧随其后是艾登的辞职——给美国总统拉响了警报。他在1938年3月11日与法国大使交谈时，形容张伯伦是一名决定抛弃法国以期与独裁者们达成一笔"商业交易"的"实业家"。3天前，他用一种典型的美国式类比详细阐明了在英国首相的政策中固有的危险：

> 假如一名警察局长与头号黑帮达成一笔交易，而这笔交易的结果是不再有持械抢劫，那位警察局长将被称作伟人；可假如黑帮没有遵守他们的诺言，那位警察局长会进监狱。我认为，有些人正在冒很大的风险。[14]

德奥合并进一步坚定了美国总统的决心。美国舆论被纳粹的强行接管激怒，随后在1938年3月17日，美国国务卿科德尔·赫尔（Cordell Hull）在一次得到了罗斯福批准的演讲中宣布，孤立状态不是通往安全的途径，而是一个"不安全的丰产的根源"。[15]然而，第二天傍晚，自以为是的新任美国驻圣詹姆斯宫大使约瑟夫·肯尼迪（Joseph P. Kennedy）在克拉里奇饭店颇有威望的朝圣者协会的一次聚会上发言。肯尼迪——不相信德国人在中欧的野心会影响美国一丝一毫——想利用这个机会来讨好家乡的孤立主义者们，向他们保证他在伦敦没有"入乡随俗"的危险。他早已通过拒绝为觐见国王而穿上齐膝短裤以及宣布他打算结束在王宫引见美国名媛的惯例——不过不是在他自己的女儿们被引见之前——传递了一则"令人愉快的民主蛊惑"。[16]现在他计划利用白领结晚宴来消除英国人的错误想法，即万一发生战争，他们将能够依赖美国去"火中取栗"。美国国务院感到震惊并坚决要求改写。不过那次演讲的大意依然忠实于那位大使的最初意图。虽然肯尼迪安慰他的听众——其中包括哈利法克斯勋爵以及肯特公爵——称假定美国"在任何缺少实际侵犯的情况下都不会战斗"是错误的，但他强调了大多数美国人反对"卷入联盟"的事实，还声明美国决心要远离欧洲的争吵。[17]正如这位大使在他的日记中提到的，他演讲中的这些部分显然失败了，"完全没能达到预期的效果"。[18]

* * *

尽管肯尼迪在朝圣者协会受到了冷遇，但是绥靖派在1938年的上半年依然占了上风。那一小拨反绥靖的保守党人不仅缺乏领导力与凝聚力，而且从内部出现的任何当真反对张伯伦的机会都因保守党核心团体的力量而变得更难了。

那个核心团体中最重要的一员是首席党鞭大卫·马杰森上尉（Captain David Margesson）。身高超过 6 英尺，有着高颧骨，顺滑的背头和锐利的深色眼睛，马杰森是一名出了名的严格执行纪律的人，被许多议员们描述为"一名固执的纪律奉行者""一名真正的发号施令者"，甚至还说他是"大卫·希姆莱"。[19] 对某些人来说，他可以是友好又富有魅力的。在这段时期对于几乎每一个问题都进行反抗的哈罗德·麦克米伦给出了公平的评价，称他是一名"典型的哈罗人，严厉，不太体贴，却很公正"。[20] 不过，看似毋庸置疑的是，他对议会党派冷酷无情的管理——正如一名评论员的说法，依靠与公学同样的方法——在压制潜在的异议方面发挥了显著的作用。的确，当《罪人们》——一篇关于绥靖时期的毫无怜悯的辩论文章，由 3 名比弗布鲁克勋爵旗下的记者于 1940 年 7 月发表——的作者们自问，在此阶段怎么会从未有过"一次当真的反抗，在成群的众多……保守党后座议员之中"，他们的答案很简单：大卫·马杰森上尉。[21]

同等重要但很大程度上不那么显眼的，是约瑟夫·鲍尔爵士。作为英国在张伯伦与墨索里尼之间的半个"秘密渠道"，鲍尔，尽管严格说来是保守党调研部主任，却也是张伯伦与媒体的沟通渠道。并不是说那个行业最有影响力的人需要被施压来迫使他们采纳政府的态度。英国广播公司总管约翰·里思认为，"假设英国广播公司是以民众之名，且政府是以民众之名，照此则英国广播公司一定是以政府之名"——一句也适用于多家报纸的诡辩。[22] 无论如何，向新闻界简述反对首相的内部敌人是鲍尔特定的职责。由此我们发现他在艾登的辞职演说之后写信给张伯伦并向他保证，演说失败了而他"私下采取了某些措施，以便向全国传递这个观点"。[23]

1936 年 6 月，鲍尔为了保守党的利益秘密地得到了老牌激进派刊物《真理》。这份每周发行的"报纸"之后被改头换面成一份保守党的宣传单，为绥靖提供了一种亲德的孤立主义辩解，专门针对首相在保守党内的批评者们进行谩骂式的抨击。鲍尔的参与是一个严守的秘密——直到罗伯特·范西塔特（截至当时是勋爵）爵士在 1941 年对其编辑职位进行了一次私下的打听才揭露出来——可毫无疑问，张伯伦对于他朋友的各种活动是既清楚又认可的。他在 1939 年 7 月写信给他的妹妹艾达，洋洋得意地称丘吉尔"因为出现在《真理》（由鲍尔爵士秘密操控！）上的几篇取笑他［丘吉尔］将帮助改善内阁局面这个建议的诙谐文章很苦恼"。[24]

第三位发挥了诸多幕后影响力的人是霍勒斯·威尔逊爵士。威尔逊身材瘦小，但体态轻盈，有着纤长的手指和一张长矛似的脸庞，名义上是英国政府的首席工业顾问。鲍德温将他带进了唐宁街 10 号，不过他的职能是在张伯伦的任期内进一步增强的，并且没过多久这位柔声细语的事务官就在所有事务，包括外交政策上，被视作首相最密切的亲信。张伯伦显而易见地信任威尔逊的判断并且依赖他的忠告达到了超乎想象的程度。"他是英格兰最非同凡响的人。我一天也离不开他。"他告诉艺术史学家肯尼思·克拉克（Kenneth Clark），后者钦佩那位事务官的"灵活的……耶稣会式的性情"。[25] 威尔逊的办公室紧挨着首相的，每天这两个人都会在圣詹姆斯公园一起散步。

在威尔逊的敌人们（人数众多）的形象描述中，他被描绘成一名有几分邪恶的幕后策划者。然而尽管威尔逊享有相当大的影响力是事实——根据一名工党批评者所言，"自红衣主教沃尔西（Cardinal Wolsey）以来"的比任何人都要大的操纵力——但去假定他所做之事超出了执行和巩固首相自己的政策决定的话将是错误的。[26] 无论如何，他在外交事务上是极其缺乏经验的，而他在劳资关系中的背景强化了张伯伦自身的视国际分歧为在某种程度上类似商业或市政纠纷的自然倾向。德国大使馆认为他"肯定是亲德的"。[27]

由于所有这些原因，威尔逊很快成了令反绥靖人士（尤其是在外交部内部）头痛的人，其中一些人在他朴素的背景与他对绥靖的献身之间勾画出一种引人反感的联系。"他从伯恩茅斯来，摧毁了大英帝国，现在又回到了伯恩茅斯。"奥姆·萨金特（Orme Sargent）在 1942 年威尔逊被迫退休后评论道。[28] 其实，阶级问题在反绥靖人士的通信中特点很突出，通常作为对他们的对手们所持看法的一种诋毁性的"解释"被引用。那些贵族们"完全赞同烧焦墨索的胡子",塞西尔子爵在阿比西尼亚危机不久后写道,可"如果他对他们皱眉,斯［坦利］·鲍［德温］、拉姆齐［·麦克唐纳］、朗西曼（Runciman）、西蒙及其一伙,还有张伯伦家族就吓坏了。向那些中产阶级喝倒彩!!"后来,塞西尔的姐姐格温德琳（Gwendolen）争辩道,哈利法克斯要安抚希特勒的渴望应当受到比张伯伦的更加严厉的谴责,因为"不能指望一个可怜的老中产阶级怪物懂得更多"。[29] 哈罗德·麦克米伦认为张伯伦"非常中产阶级……视野很狭窄",而哈罗德·尼科尔森认为首相"不过是一名五金商人"。[30]

反过来,在美国的左翼分子和批评者们认为绥靖是由贵族与财阀操纵的一场阴谋,意欲以牺牲欧洲的自由为代价去维护他们的特权。这个误以为的阴谋的中心是克莱夫登,阿斯特勋爵及勋爵夫人在白金汉郡的家,在那里,按照共产主义报刊《本周》（以及此后的大部分左翼报刊）的说法,政客们、报业老板们、事务官们和社会人士会聚在一起开周末派对并为一个英国-法西斯同盟的利益进行密谋。包括哈利法克斯访问希特勒、清除范西塔特、意大利协议、对艾登"开刀"在内的所有这些事件,《本周》声称,都是在克莱夫登策划的。"那些在内阁危机和大不列颠向法西斯的胁迫投降背后的男人们——和女人们——是谁?"《雷纳德新闻报》在艾登辞职之后问道,"答案是克莱夫登集团,一群贵族政客、报刊所有人和金融家,现在正通过张伯伦先生在英国内阁中发挥具有支配性的影响。"[31]

事实上,这个"克莱夫登集团",正如《本周》调皮的编辑——斯大林主义者克劳德·科伯恩（Claud Cockburn）后来承认的,多半是他自己的虚构。尽管重要的绥靖派——譬如洛锡安侯爵、杰弗里·道森、托马斯·琼斯、内维尔·亨德森、哈利法克斯和张伯伦——在克莱夫登逗留过,可他们不是一个小集团（大多数人"根本不会知道什么阴谋,假如你将其用一根串肉扦串起递给他们",科伯恩坦白道）,而且玩像是抢椅子（张伯伦胜出）幼稚游戏的时间和讨论政治的时间一样多。[32] 此外,虽然大多数贵族支持绥靖是事实,但国家其余人的支持也是事实,并不局限于任何一个阶级。

一个更有意思的潜在差异由一名历史学家的观察呈现出来,即那些

"资深的反绥靖人士都有漂亮的战争履历",而那些在国民政府内部支持安抚独裁者的人,"他们自己没有亲历过战斗"。[33] 不过尽管达夫·库珀、哈罗德·麦克米伦、艾登和丘吉尔在第一次世界大战中都表现英勇,而鲍德温、麦克唐纳、张伯伦、哈利法克斯、西蒙和霍尔都逃脱了战斗的可怕经历(后面三个人服役过,但不是在前线)这一点的确值得注意,但依然存在重要的反例。1938年张伯伦内阁中的10位次要成员支持绥靖(虽然通常是不情愿的),尽管有前线经历(他们当中的5位获得过军功十字勋章),而一些最声名显赫的贵族绥靖派,诸如巴克卢公爵、威斯敏斯特公爵和伦敦德里侯爵,也都拥有漂亮的战争履历。其实,在1935年的大选中被推选出来的387位保守党议员中——其中压倒性多数给予了张伯伦的外交政策坚定不移的支持——171位在第一次世界大战期间以某种形式服役过。[34]

相反,在那些重要的反绥靖人士中——丘吉尔、艾登、库珀、尼科尔森、斯皮尔斯、范西塔特、奥斯汀·张伯伦——有多少人是带着英国与欧洲大陆相连的强烈历史感的亲法派这一点是值得注意的。那些重要的绥靖派,相比之下,与法国几乎没有情感联结,而且历来都从帝国与讲英语的自治领的角度理解外交事务。正如奥利弗·斯坦利所言,残酷却不乏一点真实的成分,"对鲍德温来说,欧洲是件烦心事,而对张伯伦来说只不过是个大一点的伯明翰"。[35]

无论如何,从根本上说,支持还是反对绥靖都由判断力决定——确切地说是对希特勒及其目的的评估。假如这些被看作是合理的且有限度的,正如德国元首声称的一样,那么对德国的要求做出让步以便避免又一场战争就说得通了。如果与之相反,希特勒一心想完成一项征服与主宰计划,正如那一小撮反绥靖人士坚称的一样,那么首相的政策,用休·塞西尔勋爵(Lord Hugh Cecil)令人难忘的表述来说,则类似于"给鳄鱼的脑袋搔痒以期让其惬意地打呼"。[36]

14

一个遥远的国度

> 我看不出我们是出于良好的道德原因——在这个秉持国籍原则且有自决权存在的 20 世纪——如果我们发动战争迫使 325 万苏台德日耳曼人继续做一个斯拉夫国家的下等国民。
>
> ——内维尔·亨德森爵士写给哈利法克斯勋爵，
> 1938 年 3 月 20 日 [1]

英国对捷克斯洛伐克的认知并不全面。莎士比亚在《冬天的故事》中形容波希米亚是一个"临海的荒漠国度"，而 300 年后，一名英国上议院成员（有理有据地）声称在 100 个英格兰人里也没有 1 个人真正知道那个国家在哪。[2] 对于和蔼可亲的捷克驻伦敦公使扬·马萨里克而言，它起初有点像个笑话。"我在那里的大部分时间都花在了向里面那位先生解释捷克斯洛伐克是一个国家而非一种传染病上。"他在路过唐宁街 10 号时告诉一名朋友。[3] 然而在 1938 年的夏天，英国人发现他们自己在那个"遥远的国度"的事务中不得不扮演专家，甚至调停者的角色。

五月危机是一次剧烈的震荡。倏地，大臣们发觉他们自己处在了那个他们以为的战争边缘。而今，随着他们退一步思考这个在他们面前展开的深渊，他们决心要竭尽所能地避免坠入其中。实际上，这意味着迫使捷克人在希特勒以武力解决苏台德问题之前去解决它。苏台德日耳曼人有一个几乎所有人都一致认可的实情。正如内维尔·亨德森爵士一直在不停地提醒他在伦敦的上级们的，苏台德人有"自我管理和最终自决的道德权利"。这毕竟是伍德罗·威尔逊总统在和平大会上的方针，尽管它的影响延伸至大英帝国是不可能的，但这位大使坚称，"强迫这个纯日耳曼少数群体继续臣服于一个位于布拉格的斯拉夫中央政府，在道义上是不公正的"。[4]

正如这个双重标准所暗示的，亨德森最初的动机并非解放受压迫的少数群体。虽然他仍然相信希特勒在捷克斯洛伐克问题上会偏好一个和平的解决办法，但这位大使强烈意识到一个全新的危机可能随时出现并且因此极度渴望苏台德问题尽快得到解决。与此同时，他相信德国仍有机会"成为一个满足的天使"，只要它获准实现它在帝国的疆土范围内吸收所有德意志人的野心。[5]这一点，这位大使觉得，既合理又不可避免。他在1938年的愚人节那天写信给哈利法克斯勋爵，主张希特勒只是在寻求完成"腓特烈大帝和俾斯麦未完成的"工作，而且正如他在几周前写信给英德联谊会主席芒特坦普尔勋爵表示的，在任何情况下，"没什么"将会"阻止本世纪德国的统一或者说'德意志民族'的一体化"。[6]最终，果不其然，鉴于这个认同纳粹外交政策的观点，亨德森对捷克人怀有一种轻蔑的态度并提及了一名前英国官员的见解，后者在一封公文的开头陈述道，"不存在捷克斯洛伐克这样的国家"。[7]

截至这个阶段，高度挫败的英国政府首席外交顾问罗伯特·范西塔特爵士认为亨德森是一个"在柏林的氛围之中变得近乎歇斯底里的""彻头彻尾的纳粹"。[8]不过英国外交部因为需要给捷克人施加压力而团结了起来。紧接着是五月危机，中心部门主任威廉·斯特朗被派往柏林和布拉格，从"前线战壕"去评估局势，当他回来后，决定要对捷克总统爱德华·贝奈斯（Edvard Beneš）使用"大棒政策"。[9]于是，英国驻布拉格公使巴兹尔·牛顿遵照指示警告贝奈斯，假若他支吾搪塞，他就是冒着失去英国人的同情的风险，而与此同时，哈利法克斯要求乔治·博内，假若捷克继续"不讲道理"，则以废除《法捷条约》来威胁捷克政府。[10]

英国在捷克斯洛伐克问题上的压力也并不局限在外交部。1938年6月3日，《泰晤士报》发表了一篇社论，其中它建议苏台德日耳曼人应当获准进行一次全民公决来决定他们的未来，即便那意味着"他们脱离捷克斯洛伐克并入纳粹帝国"。[11]这引发的骚动是完全可以想见的。《泰晤士报》在海外被视作英国政府的非官方喉舌，政府政策也依然鼓励苏台德问题"在捷克斯洛伐克国家体制内部"和解。[12]几乎不能指望苏台德德意志党领导人康拉德·亨莱因提出比《泰晤士报》认为合理的更少的要求，甚至如该报的经理向主编杰弗里·道森抱怨称，捍卫"狼对抗羊的事业"不大道德。[13] 当然，如果道森听了他自家外交记者的话，那么他本会充分意识到他正在酿成的危险。德奥合并之后，利奥·肯尼迪（Leo Kennedy，之前是一名德国的同情者）从布拉格写信给他的主编表示，他深信"纳粹德国有一项它决意要执行的长期计划——不论在突发的行动之间它宣称是多么爱好和平——而它打算做的是既要分裂这个国家［捷克斯洛伐克］又要挑战大英帝国。"[14] 可几乎没有踏足过欧洲大陆的道森并没有时间听专家的话。

* * *

整个 6 月和 7 月，在希特勒反复修改《绿色方案》的同时，英国外交部在努力解决捷克问题。伦敦与布拉格之间的通信来来回回，可捷克人与苏台德日耳曼人之间的协商无休止地缓慢进行着，英国大使汇报称，达成一项协议的可能性看来微乎其微。尽管有以上这些以及德国新闻界日益高涨的寻衅腔调，张伯伦依然异常乐观。"我倾向于认为他们［德国人］错过了时机并永远不可能再有那样一个维护他们在中东欧的统治的有利机会"，他在 1938 年 6 月 18 日对艾达就"五月危机"评论道。[15] 几周后，他在巴克卢公爵靠近凯特林的乡村宅第鲍顿庄园的花园里举行的一次国民政府大型集会上发表了演说。前一个周末，丘吉尔是鲍顿的座上宾之一，被公爵夫人请教了关于她该让首相在哪里发表他的演讲的问题。丘吉尔淘气地回答道，任何"让他眼中有光和齿间生风"的地方。[16] 不过那场演讲成功了。张伯伦回想第一次世界大战的可怕经历——那 700 万人"在他们的盛年被砍杀……被致残致伤的那 1300 万人，那些父母们的痛苦和煎熬"——重复了和平主义者的咒语，即在战争中没有胜利者，只有失败者，紧接着宣称他相信全国没有一个人不希望他为了和平继续他的努力。[17]

也有战争的鼓点被伦敦社交界那温和的絮叨淹没的时候。1938 年 6 月 22 日 "奇普斯"·钱农在他的日记中记录道：

我们和那位不屈不挠的劳拉·科里根（Laura Corrigan）一起用餐，一个有137人参加的节日，伦敦所有年轻又时髦的人与肯特夫妇［公爵及公爵夫人］一起纵情享乐、狂欢……有一个带有仆役大厅味道的新舞蹈叫作"舞场滑翔"，加上香槟助兴，宾客们神气活现地来回迈着这种荒唐的"舞步"直到凌晨4点钟。莱斯利·贝利沙（Leslie Belisha）［陆军大臣］处在最愉悦的情绪中直至"破晓"，半个内阁均如此。虽然那个夜晚总体上轻浮无聊，但我仍四处搜集到一些消息——即国王是明智的，并且非常反对安东尼·艾登这个在2年的时间里给我们招致了比自帕默斯顿（Palmerston）以来任何一名外交大臣都要更多的麻烦的人。①18

对张伯伦来说还有一个乐观的来源是希特勒的私人副官弗里茨·维德曼上尉（Captain Fritz Wiedemann）在7月18日的秘密访问。那位魁梧的特使在外交大臣位于伊顿广场的宅邸会见了哈利法克斯勋爵和亚历山大·卡多根爵士，解释称他在德国元首完全知晓的情况下被派来打听关于戈林来到伦敦继续由哈利法克斯在去年11月开启的谈判的可能性。外交大臣回复道，他"按道理讲很高兴"，可是如果捷克问题能够首先得到解决，那样会好得多。[19]在这一点上，在第一次世界大战中担任过希特勒的指挥官的维德曼"像所有鸽派一样柔声细语"并给予了哈利法克斯最"有约束力的保证"，称希特勒在这个地区"没有采取强制行动"的计划，只要不发生重大事件，譬如屠杀苏台德日耳曼人。[20] 外交大臣受到了鼓舞，后来评价上尉为"显而易见的真诚"，也应允了戈林来访的可能性。[21] 其实，根据维德曼的报告——一定要持某种怀疑态度来对待它——哈利法克斯不仅要求代他问候希特勒，还表明他愿意看到，作为他职业的巅峰，"德国元首来到伦敦，站在英国国王的旁边，周围是英国民众的欢呼

---

① 在某种程度上没那么享受的是几周前由新任德国大使赫伯特·冯·迪克森（Herbert von Dirksen）主办的那场招待会。正如亚历山大·卡多根爵士指出的，"不得不去德国大使馆赴一场音乐宴。气氛阴郁得像在牛肚子里一样"。

喝彩"。①22

由维德曼一行带来的希望很快消逝。到 7 月第 2 周的末尾,捷克斯洛伐克政府与苏台德日耳曼人之间的协商陷入僵局,8 月德国政变的谣言也开始似旋涡般传开。亨德森依然确信希特勒不会冒险开战,除非受到挑衅,可英国政府不愿意冒那个风险。一项在英国外交部一直酝酿的计划被付诸实践。前内阁大臣兼航运巨头朗西曼勋爵将被派往捷克斯洛伐克在双方之间斡旋。

张伯伦在 1938 年 7 月 26 日向下议院宣布了朗西曼的使命,用一杯混合了预测、伪饰和鬼话的略带玫瑰色的鸡尾酒款待了议员们。他声称此次派遣一名英国调停者是"为了回应来自捷克斯洛伐克政府的要求"(朗西曼事实上是被强加给贝奈斯的);他否认英国政府正在"催促"捷克人(与真相相反);他声明这项使命与英国政府无关(一个没有人相信的细节);他还声称整个欧洲大陆相比 6 个月前变得"紧张……缓和"(一种幻想)。23 最后,尽管事实是墨索里尼正在公然貌视《英意协定》,英国船只也在西班牙港口再次遭遇轰炸,但他依然指出,他与意大利领袖的协议是对他的政策正确的证明:

> 要是我们能够找到某种和平解决这个捷克斯洛伐克问题的办法该有多好,我自己会觉得那条为了全面绥靖——一种直到我们可以确信没有分歧或争端的重大诱因依然悬而未决时才能实现的绥靖——进一步努力的道路再次打开了。我们已经证明了在一个民主国家与一个极权国家之间完成一项协议的可能性,而我自己想不通为什么那样的经验不应该被重复。24

工党议员乔赛亚·韦奇伍德(Josiah Wedgwood)——他在第一次世

---

① 曾与戈林一起共事避免与英开战的维德曼关注强调英国人的友谊。当时在场的卡多根在他的日记中没有提及这样的言论,哈利法克斯在他自己的叙述中也没有提到。相反,维德曼的铅笔笔记提及该言论(用"白金汉宫"替代"伦敦")并在几乎所有其他方面与哈利法克斯的笔记相似。

界大战中受过重伤——回应了这段陈述,发表了在下议院有史以来听到过的对绥靖最令人印象深刻且最富有激情的批判之一:

> 让纳粹统治可以延伸至捷克斯洛伐克全线边境的借口是什么?那个借口是,一如既往地,那样做是为了和平。我告诉在座的各位,那是为了战争,不可避免的战争,并且是一场我们不会有能力打赢的战争。每一次你为了这个可悲的绥靖那些暴君的渴望而舍弃一个你的潜在盟友时,你只不过是将那场你假装自己一直在努力避免的战争拉得更近并且令其更加不可避免。眼下,捷克斯洛伐克在它的三面有一条天然崎岖的国境线,并且那条国境线已经武装起来。从捷克斯洛伐克割掉那整片苏台德区域,你就会让德国越过边境直面一次不费吹灰之力的向布拉格的挺进。[25]

利奥·埃默里不知道该认为朗西曼的任命"滑稽抑或高明"。"很可能是他那在意识到双方情感和渴望上冷漠又无法改变的无知与无能有助于局势降温并因此促成一个和平的解决方案。"他尖刻地记录道。[26] 在别处,对朗西曼及其使命的褒扬则没有那么讥讽。《泰晤士报》指出了这位贵族成员的"才智出众且不偏不倚的思想"(暗指朗西曼对捷克人没有已知的同情的事实),而《观察家报》狂热支持绥靖且反捷克的主编加文宣称,由于这个"和平朝圣者"的派遣,举国上下可以怀着一颗"自由的心"为暑假打点行装了。[27]

正如历史呈现出的样子,这次朗西曼使命更接近埃默里的第一个想法而非第二个。多克斯福德的朗西曼勋爵被一名法国外交官描述为看起来仿佛他"从狄更斯的小说中堕入尘世并对此感到怨恨",他着翼领(一种他与张伯伦共有的过时风格)、晨礼服,还有"令人费解的举止",表里如一:一名老派的自由党政治家及滴酒不沾的循道宗信徒,缺乏想象力或善解人意的情感。[28] 根据劳合·乔治的说法,他可以"让气氛急转直下,即使在远处"。[29] 在此基础上,他很难成为那个有可能解决一个受最源自内心的民族主义左右的争端的人(不论报纸怎么说)。他的参谋们也没有更适合这项任务。在最初被选出来陪同他的4人当中，没有一个人具备任何对捷克斯洛伐克的详细认知，而朗西曼最重要的助手弗兰克·阿什顿-格沃特金（Frank Ashton-Gwatkin）是一个出了名的对德国在中东欧经济扩张的认同者。

当然，朗西曼被赋予了一项不可能完成的任务。亨莱因按照吩咐拒绝接受任何潜在的和解，即便不知晓这一点，该使命也曾被它的带头人比作被抛掷"在大西洋中央的一条小船上漂浮"。[30] 在抵达布拉格后的一周内，阿什顿-格沃特金一直在汇报这两方之间的鸿沟比"最糟糕的时候"存在于英国和爱尔兰之间的还要宽，而后在1938年8月10日，他的工作开始仅6天后，朗西曼以最消沉的口吻写信给哈利法克斯：

> 当前危机可悲的一面是，这里的普通民众……正在把我及我的使命看作既定和平的唯一希望。唉，他们意识不到我们的制裁是多么无力，而我也惧怕当他们发现什么都拯救不了他们时的那一刻。[31]

哈利法克斯勉励性地回复了他，声明如果朗西曼能够在这个分水岭上打开一个缺口，那么他就会完成"比许多人被赋予去做的还更多的任务，为了这个世界，而我一点也不愿意放弃你能找到一条出路的希望"。[32] 然而，时间并不站在朗西曼这边。

7月6日，英国外交部从秘密情报来源处获悉德国的连队指挥官们从本月中旬起将不得离开兵营，因为"持续的警戒状态预计会从那时开始"。[33] 纳粹德国空军预备役据说正在被征召入伍，石油也大量储备起来。很快，英国外交部便掌握了"至少6份"指出德国很可能在9月初的纽伦堡集会之后，在秋天袭击捷克斯洛伐克的秘密情报局报告——一个由德国武装部队全体成员的假期从8月1日起被取消这个消息支撑的预测。[34] "德国军事机器正在全速运转，"英国武官梅森-麦克法兰上校汇报，"而与捷克斯洛伐克的战争想必是最有可能的结果。"反过来，有大量证据显示陆军最高指挥部反对那样的冒险，梅森-麦克也依然"不确信由我们掌握的军事证据明确表明了这个秋天有明显的行军意图"。[35]

这是亨德森的看法。尽管这位大使感觉他正在扮演一个希腊悲剧里的角色——"眼看着事情朝向最终不可避免的悲惨结局持续不断又无法阻挡地向前推进"——但他依然拒绝相信希特勒决心使用军事手段。[36] "战争无疑将满足世界上所有犹太人、共产主义者和教条主义者对情势的需要,对他们来说纳粹主义令人深恶痛绝,"他写给哈利法克斯,"可是今天对德国自身来说,尤其是对希特勒在过去 5 年中建立起来的新纳粹德国来说,那会是一个可怕的风险。"当前局势的关键在布拉格。捷克人是一个"顽固的种族,而贝奈斯在他们当中一点也不顽固",然而要是英国坚决踩下油门迫使捷克人承认苏台德日耳曼人的"地方自治",达成一项和平协议依然是可能的。[37] "就像多年前我始终坚信奥地利早晚一定会不可避免地并入德国一样,我现在坚信苏台德最终也一定会走同样的路。"这位大使写道。[38]

哈利法克斯不确定如何看待德国的行动。尽管到了 8 月初他获悉德意志国防军正计划在 9 月中旬进行一次七八个师的"测试动员",可他怀疑这一次以及其他的军事准备主要都是虚张声势,意欲吓唬捷克人屈服。"我发觉很难去相信,如果他们确信那意味着一场全面战争,他们会认为那值得一试并以武力坚持他们对捷克斯洛伐克的全部希望。"他从约克郡写给亨德森的信中说道。当然,英国人不愿意扬言要进行一场全面战争。英国决心要避免在捷克斯洛伐克问题上发生流血事件,其政策依然处于所谓的猜测立场,即他们"一再告诉贝奈斯万一有了麻烦我们可能不会做的事,并且委婉地提醒德国人我们可能会做的事"。在对前者的贯彻执行中,外交大臣非常乐意给布拉格雪上加霜。不过同等重要的是,哈利法克斯在他写给亨德森的信中继续道:"让德国人极度愚蠢的脑袋知道,如果他们坚持踩在弹簧上,枪炮极有可能会走火。"[39]

8 月 9 日,这封信写下的 4 天后,消息传开称英国首相正提早结束他的苏格兰假期返程——不是因为国际形势,而是由于严重的鼻窦炎。这是幸运的,因为正如张伯伦对希尔达解释道的,"中欧的事态已经非常艰难"。[40] 前一天,亨德森写道:"这场暴风雨的前兆正在席卷德国,而我们一定能想到谣言——特别是军方的——会越来越多。"他仍旧紧抱着他的信念，认为希特勒想要一种和平的解决办法，但是警告称"他不会无限期地等待"。[41] 这位大使随后发给哈利法克斯一份关于梅森-麦克与一名近期退休的陆军军官（之前也是希特勒的支持者）共进午餐的记述。好消息是，这位武官转述道，德国陆军据说"vollkommen untauglich"（完全不适宜）作战。坏消息是，"戈林、希姆莱和里宾特洛甫决心在这个秋天开战，而凯特尔将军百分百站在他们那边"。[42] 这位大使警告称，剩下的时间不多了，而给朗西曼勋爵去找出一个解决办法的期限至多预计为 6 周。

最终，经决定，要呼吁希特勒停止军事集结。8 月 11 日，哈利法克斯发给亨德森一份写给希特勒的备忘录，明确表示"首相与我"觉得必须要提醒德国元首，那样的措施只能给英国政府为苏台德问题找出一个和平解决办法的努力造成不利的影响，其继而威胁到"每一个欧洲大国的和平"。鉴于此，"真的有必要冒如此重大及不可估量的风险，并且顺带危及甚至破坏我们两国政府间不久后将重新开始对话的可能性吗？"。[43]

对于这种最不令人生畏的信息，那位德国独裁者没有屈尊回复。前一天，他极为愤怒地训斥了步军上将古斯塔夫·冯·维特斯海姆（Gustav von Wietersheim），因他胆敢传递一则来自德国第 2 集团军指挥官威廉·亚当（Wilhelm Adam）将军的警示，称西墙无法阻挡法国陆军超过 3 周；而后在 8 月 18 日，他接受了总参谋长，也是德国元首计划的重要反对者路德维希·贝克（Ludwig Beck）将军的辞任。

一周后，8 月 26 日，希特勒及其随行人员视察了西部边境，在那里亚当承担了向德国元首展示各种防御工事的艰难任务。希特勒表现出好斗的逞强，走到了德法分界线斯特拉斯堡横跨莱茵河的那座桥中央。然而，他还没来得及离开，坚持要求与这位最高统帅单独见面的亚当重申了他的看法，即西墙完全无法阻挡住敌人，并且在他看来，一旦德国人对捷克人打响第一枪，英国人和法国人"将立马投入战争，而法国人也将很快突破过来"。对此，希特勒勃然大怒。"我们没有时间再听这话了，"他叫嚷道，"你不明白……我们德国一年生产 2300 万吨钢铁，法国人只有 600 万吨，而英格兰人也只有 1600 万吨。英格兰人没有储备，而法国人遭遇着最严重的内患。他们会在向我们宣战上小心谨慎的。"[44]

15

危机爆发

> 正如普里阿摩斯为了他的儿子去见阿喀琉斯，
> 你也步入黑夜，受到神的指引，
> 去索要年轻人们的躯体，尚未死亡的，
> 从那场还没有开始的战斗中。
>
> ——桂冠诗人约翰·梅斯菲尔德（John Masefield），
> 《泰晤士报》，1938年9月16日

巴尔莫勒尔的天气糟糕透顶。强劲的风横扫国王的高地庄园，迪河因充沛的雨水上涨。当包括首相在内的皇家队伍经受旷野的考验搜寻松鸡时，他们遭遇了一场雹暴。张伯伦那天打得不好。他面带愠色地称从他眼前飞过的松鸡比其他任何人的都要少，可他的心思大多在别处。整个8月，有关苏台德地区局势恶化和德国部队沿捷克边境稳步集结的报告持续不断地大量涌进英国外交部。21日，英国驻柏林武官汇报了希特勒与他的将军们的一次秘密会议，据说其间德国元首宣布了他打算在9月底之前袭击捷克斯洛伐克的意图。传闻希特勒告诉德意志国防军的高级军官们，"德国不能指望更有利的时机了"。它将获得"令人叹为观止的收获"，也将在有"确信法国和英格兰不会干涉的实际把握"下展开行动。[1]

3天前，埃瓦尔德·冯·克莱斯特–舒曼森（Ewald von Kleist-Schmenzin）拜访了罗伯特·范西塔特爵士，前者是一名普鲁士保守派和纳粹主义坚定的反对者，遵照反战的德国军事情报局（反间谍机关）负责人海军上将威廉·卡纳里斯（Admiral Wilhelm Canaris）及陆军上将路德维希·贝克的命令来到伦敦让英国政府警惕希特勒的计划，还有德国军方领导层内部的异议。根据克莱斯特-舒曼森所言，战争眼下"必然发生，除非我们阻止它"。"为什么这么说？"范西塔特严正地问道。克莱斯特-舒曼森解释称，陆军最高指挥部、德国民众，甚至戈林都反对战争，而只要英国威胁进行干涉，那么便很有可能阻止甚至打倒希特勒。[2] 如果前面的设想是一种可能性，后面的则被张伯伦不屑一顾地（很可能也是正确地）视作异想天开。"他让我想起了威廉国王时期法国宫廷上的詹姆斯二世党人，"这位首相写道，"而我认为他的话里有大量内容我们一定不能全信。"[3] 然而张伯伦很不安并且觉得英国政府需要做点什么。因此，财政大臣约翰·西蒙爵士在拉纳克发表的一次演讲中加入了一个温和的警告。作为绥靖最重要的倡导者之一，西蒙用他演讲的大部分时间来强烈反对英国无法与德国达成一项公平公正的协议这种观念。不过——这也是被记住的全部——他告诫他的听众："一场战斗的开始就像狂风中一场火灾的开始。起初它或许是有限的，可谁能说它将蔓延多快，或者它将造成多大破坏，或者要号召多少人来将它扑灭？"[4]

万一德国的侵略发生了，英国和法国是否会出面援助捷克斯洛伐克的问题是在此危机期间所有牵涉国无法抗拒的忧思。对捷克人来说，它事关生死。如果他们可以依赖那些西欧民主国家，那么他们愿意抵制希特勒的要求，甚至是一次入侵。对希特勒来说，它是一次十拿九稳的下注与一场豪赌之间的区别。而对英国人与法国人自身来说，它是一种在他们丝毫不确定他们能赢的一场战争的荣誉与可怖之间进退两难的窘境。尽管如此，在希特勒征召预备役入伍并准备入侵一个拥有独立主权的民主国家的同时，英国政府也不能袖手旁观。因此，内维尔·亨德森爵士从柏林被召回，而后在8月26日，首相召集内阁于4天后召开一次紧急会议。

正值8月，大多数大臣和高级事务官都不在伦敦。哈利法克斯在约克郡，卡多根在勒图凯打高尔夫，而第一海军大臣达夫·库珀在波罗的海进行官方巡航。不论如何，内阁的大多数成员设法回来了，也听说了由哈利法克斯提供的最新情况。如果希特勒决定开战，这位外交大臣说道，那么"唯一有可能发挥作用的威慑将是宣布如果德国入侵了捷克斯洛伐克，我们会对它宣战"。反过来，牢记许多必须考虑的因素是很重要的：在不列颠和大英帝国，舆论没有为战争做好准备，而且在这个问题上会产生分歧；捷克斯洛伐克事实上守不住，当战争结束时，也不太可能被重建成它目前的样子；然后，关键是，假若这是一个奋起反抗希特勒的问题，那么"现在打一场确凿无疑的仗以便预先阻止一场以后有可能发生的战争说得通吗？"。[5]

亨德森赞同这些反对理由中的每一个，他在过去的两个月中一直在向英国外交部保证，与证据截然相反，希特勒只对和平的解决办法感兴趣，他现时主张威胁只会令希特勒更难对付，也让战争更有可能发生。他说它会"巩固极端主义者而非温和派的地位"。[6]当克莱斯特-舒曼森告诉范西塔特"只有一名真正的极端主义者，而那就是希特勒本人"时，他试图推翻认为温和的德国元首受到了狂热的主战派煽动的这种观念。[7]可张伯伦认为他的意见不再重要，现下认可的是哈利法克斯和亨德森。他认为达夫·库珀对半动员海军舰队的提议是"在挫伤锐气"而不予考虑，而后经过2.5小时的讨论，内阁决定并宣布一致反对发出威胁。张伯伦感谢他的同事们出席会议，接着，他在看过医生之后，赶上了直奔巴尔莫勒尔的火车。苏联大使尖刻地指出，英国政府做出了一个真正"重要的决定"——什么都不做。[8]

* * *

8月30日的内阁会议本以为是秘密的，可消息不可避免地走漏了，亨德森被召回的事实也一样泄露。大部分报纸都准确地将这些事件解读为捷克纷争已经到达了一个危险的新阶段的种种迹象。不过，《每日快报》有能力让它的读者们放心，1938年9月1日的大字标题宣言道："《不会发生战争》"。下面是一篇由比弗布鲁克勋爵亲自署名的头版社论。没什么可担心的，那位报业大亨解释称，"因为和平与战争的决定取决于一个人，德国元首。而他目前不会成为制造战争的起因。希特勒在他的整个职业生涯中始终将他自己展现为一个异常精明的人"。这是奇特的逻辑，因为正是希特勒对英法之脆弱的准确洞察一直以来让他能够去密谋摧毁捷克斯洛伐克。的确，正如哈利法克斯曾经说过的，如果希特勒相信英国和法国会参与进来，那么他极有可能被震慑住。

这是丘吉尔的观点。虽然他在8月的大部分时间里都在为了他的《英语民族史》与那些古代的英国人、罗马人、盎格鲁人以及撒克逊人"可怕地纠缠在一起"，但是依然一直密切关注着波希米亚的局势发展，并在8月31日写信给哈利法克斯，敦促一份来自英国、法国与苏联的联合照会，声明入侵捷克斯洛伐克会"给所有三个大国引发情节严重的问题"。[9]两天后，他表达了这些国家的否决将"势必阻止战争的灾难发生"这个观点。[10]尤其是，丘吉尔迫切渴望争取到苏联的支持。9月2日，他收到一份紧急请求，来自苏联大使伊万·麦斯基，称要见他。丘吉尔回复称他随时恭候大使，接着，麦斯基在当天下午便驱车前往查特韦尔——丘吉尔在肯特郡维尔德的家。在那里，他明显惊叹于丘吉尔的庄园之奢华，配备了游泳池、网球场和各式各样的金鱼池。"英国资产阶级领导人的生活真不赖！"这位大使若有所思地说。[11]他此行的目的是要传达一则消息，即经过了近期在莫斯科进行的法国大使与苏联外交部长马克西姆·李维诺夫之间的对话，苏联明确承诺保卫捷克斯洛伐克，条件是依据苏捷条约的条款，法国首先介入。他紧接着传递了李维诺夫的建议，称英国、苏联和法国应当援引国际联盟的第二项条款，凭此，如果认为战争迫在眉睫，成员国按规定有义务进行共同商议。丘吉尔将这些提议传递给哈利法克斯，可是这位外交大臣——他几乎像张伯伦一样对苏联及其似猫般诡秘的大使持怀疑态度——无动于衷。他告诉丘吉尔，他更倾向于在实施任何明确的行动之前等候德国的事态发展。

* * *

亨德森在8月30日的内阁会议上并没有留下一个好印象。塞缪尔·霍尔爵士认为他"过分紧张"并且"被他的神经质影响"。"他太急切渴望避免战争了，"这位内政大臣记录道，"就像奥地利人的情况一样，他无疑相信捷克人的情况也是如此，如果国际和平要延续下去，他们那些小国就必须接受实质性地并入纳粹帝国。"[12] 尽管如此，这位大使在返回柏林后见到了里宾特洛甫并警告称，如果他相信法国和英国永远不会为了捷克斯洛伐克行军，那么他就是在犯下一个严重的错误。

希特勒不这么认为。他确信那些民主国家会置身事外，就像他们在征兵期间，在莱茵兰事件中以及在奥地利问题上做过的一样，他同样肯定以武力实现德国目标的时机已到。他一度认为一个新德意志帝国的创建将要付出几代人的时间，现在则希望亲身去感受那个"更伟大的日耳曼帝国"，但又担心他寿命没那么长。此外还有西欧强国正在后知后觉地重整军备的事实。他看到在接下来的几年内德国在军备方面的领先地位将逐渐远去，而后，像1914年的德国最高指挥部一样，他决定挑起一次总账清算，宜早不宜迟。最后，还有让他从别人恐惧与厌恶的事物中获得快感的那种阴暗的、毁灭性的权欲熏心。"战争万岁——哪怕它持续个2到8年。"德国元首在9月2日向康拉德·亨莱因祝酒道。[13]

英国的领导人们琢磨，在招致战争方面，希特勒是否"越过了荒唐的边界"。[14] 不过他们依旧希望通过给捷克人施压与亨莱因达成一项协议来避免战争。9月2日，贝奈斯主动提出给予苏台德日耳曼人"行政区自治"。正在贝希特斯加登与希特勒一起的亨莱因遵照吩咐驳回了这项提议。捷克总统——他被英国大使告知要做出"重大牺牲"，否则就会面临入侵的可能——接着拿出了他的"第四方案"，其等同于实质性地接受先前无法接受的卡尔斯巴德要求。[15] 苏台德德意志党领导人们大为震惊。"我的天哪，他们给了我们一切！"亨莱因的副手惊呼。[16] 然而，希特勒对问题的解决并不感兴趣。

当一名神秘的访客在9月6日的傍晚经由花园大门被偷偷地带进了唐宁街时，英国政府获得了这个消息。这位来访者——卡多根只会称其为X先生，因为"这个人的生命处于危险之中"——是特奥多尔·科尔特（Theodor Kordt），德国大使馆的代办，也是里宾特洛甫的总参谋的兄弟。正如科尔特解释的——首先对霍勒斯·威尔逊，而后在第二天上午对哈利法克斯和卡多根——他决定"将良心置于忠诚之前"并前来告诉他们希特勒打算在9月19日或20日向捷克斯洛伐克"进军"。[17] 英国人不理会他的向德国传达警告的建议,可是危机显然正在朝着它的高潮发展,并且由于希特勒预计要在一周之内在纽伦堡集会上发表演说,哈利法克斯要求威尔逊把张伯伦从苏格兰叫回来。

当首相向南行进时,《泰晤士报》引起了公愤,因为它重申了它认为捷克人应当割让苏台德地区给纳粹帝国,而这一次没有全民公决。该影响地动山摇。割让是纳粹抱负的顶峰,可事实上不论亨莱因还是希特勒均尚未提出这样的要求。法国受条约的约束必须要保卫捷克斯洛伐克国家的完整,朗西曼勋爵也依然在布拉格努力协商达成和解。在一场民主国家正以40:0即将输掉的外交网球比赛中,《泰晤士报》刚好在他们的球拍上划开了一个大口子。不出所料,英国外交部"火冒三丈"。[18] 因为《泰晤士报》被认为是反映英国政府的观点,事情现在看起来像是英国人愿意瓜分捷克斯洛伐克以保全他们自己。

哈利法克斯发表了一项声明,否认该文章代表英国政府的政策,可覆水难收。那篇社论在德国各地广为传播,在那里它被解读为试探舆论的气球,预示着那些民主国家无法避免的屈服。影响是"灾难性的",范西塔特向哈利法克斯报告称。[19] 麦斯基称之为"在捷克斯洛伐克历史上最关键的时刻从它背后捅的一刀";哈利法克斯的私人秘书奥利弗·哈维怒斥"那个讨厌的失败主义者杰弗里·道森";而在布拉格,朗西曼让《泰晤士报》的记者在一篇不仅"没有帮助又没有必要"而且"在谈判的当前阶段高度危险的"文章中传达了他的惊愕。[20] 每个人看起来都对《泰晤士报》愤怒至极。每个人,确切地说,除了外交大臣,他在那篇文章发表当天和道森一起在旅行者俱乐部共进午餐。《泰晤士报》主编到达时料想会受到大臣的指责,可当他发现他的好朋友——同为伊顿董事,也是约克郡邻居——"本身似乎对它[那篇社论]并没有异议"时,他又惊又喜。[21]

《泰晤士报》这篇文章将有关捷克危机的意见冲突带到了风口浪尖。如同初级大臣罗伯特·伯奈斯对他的姐姐解释的那样:"这样一项提议[割让]当然是不可能的事:德国人在捷克斯洛伐克居住的地区拥有一条极具防御性的国界,而交出它对捷克人来说就是将他们自己置于任由德国人摆布的境地,后者紧接着可以在那里和东欧为所欲为。"[22] 反过来,苏台德地区是大约 300 万日耳曼人的家,其中相当多的人想要成为纳粹帝国的一员。阻止他们公平吗?许多人认为不公平。不过,就像另一些人指出的,这个问题远远超越了一个少数群体的抱负——不论正当与否。"这个冲突真的和捷克斯洛伐克没什么关系,"贸易委员会主席奥利弗·斯坦利在与哈罗德·尼科尔森共进晚餐期间解释称,"而是法律原则与暴力法则之间的终极较量。"[23] 尼科尔森完全同意,可是担心"有着衣服刷子般的思想和举止"的张伯伦对此并未察觉。"他此刻愿意给予德国一切它想要的,"1938 年 6 月 6 日尼科尔森在他的日记中写道,"也看不出如果我们这次屈服了,我们也将抵挡不了其他的要求。如果我们用别人池塘里的鱼来满足德国这头短吻鳄的欲望,它的胃口会被撑得太大以至于它将从我们自己的池塘里索要鱼吃,而到时候我们的力量将不足以去抵抗。"[24]

张伯伦驳回了这个观点,因为他不相信希特勒的目标是永无止境的,而与德国的战争也因此是不可避免的。实际上,对于一个绰号为"验尸官"且标志是一把雨伞的人来说,张伯伦是一名不可救药的乐观主义者,总是在搜寻积极的迹象。这并没有阻止他对局势深感担忧。由于希特勒预计要在 9 月 12 日纽伦堡集会上他的演说中宣布他的意图,首相坦承:"这件事像梦魇一样笼罩着我。"[25] "难道这不真真切切地令人恐惧吗?"他从巴尔莫勒尔写信给艾达,"想想数亿人的命运都取决于一个人,而他竟是个半疯的人。"然而宿命论不是张伯伦的风格,在同一封信中他解释称他一直在绞尽脑汁想一些避免灾祸的方法。实际上,他已经想出了一个或许能挽救局势的点子,假若其他所有想法都失败了。这就是"Z 计划",借此首相将以一种高调的姿态亲自乘飞机去见希特勒,进而努力拯救和平。这项计划十分保密以至于张伯伦甚至都没有将此告知他通常无话不说的妹妹们。霍勒斯·威尔逊在它成立之初就在那里,而亨德森在他访问伦敦期间也同意了这项计划。除了这几个人,只有哈利法克斯知道这个秘密。

* * *

与此同时,苏台德地区的局势继续恶化。9 月 7 日,苏台德德意志党在摩拉维亚俄斯特拉发组织了一场暴乱，在此过程中，一名苏台德议员据称遭到了一名捷克警察的袭击。这给了处在柏林的严格命令下的亨莱因一个借口去驳回贝奈斯的"第四方案"并暂缓谈判。哈利法克斯和卡多根担心军队可能正在行进中，于是离开了一场晚宴去起草一则给希特勒的信息，结果却从英国广播公司那里发现局势似乎稳定下来了。尽管如此，德国持续不停歇的军事集结以及源源不断的情报——一切均指向入侵的迫在眉睫——令哈利法克斯确信"猜测立场"行不通了，英国政府眼下该给希特勒发送一个警告。因此他吩咐当时正在纽伦堡集会上的亨德森去通知希特勒，称如果法国介入了，正如它宣称的，到时候英国必然会照做。为了证明英国舆论的日趋强硬，外交大臣吩咐亨德森把注意力引到工党全国委员会近期敦促英国政府"与法国政府及苏联政府联起手来抵抗任何对捷克斯洛伐克的攻击"的宣言上。[26] 不过希特勒从未收到过该信息。亨德森以一种已经变得熟悉的歇斯底里的语气回应了他的指示，强烈主张这样的警告将会"迫使希特勒先生立即暴跳如雷"。他声称，"我早已将英国的立场向重要人物们讲得一清二楚"，但要重复5月21日的警告将是"致命的"。[①][27] 英国政府采纳了这位大使的建议，该照会也被丢弃了。

这个决定是由名字不是很有想象力的捷克斯洛伐克局势委员会做出的。这是负责应对此次危机的"核心内阁"，由张伯伦、哈利法克斯、西蒙和霍尔组成。他们决定接受亨德森的建议，离开了内阁会议室，结果发现丘吉尔正在走廊里等待。霍尔回忆道，他来"要求立即给希特勒下最后通牒"。[28] 艾登持同样的看法并在前一天到访了英国外交部，敦促发出一个警告。两天后，9月11日，他再次进行了尝试，而丘吉尔回到了唐宁

---

① 亨德森在纽伦堡并没有度过一段快乐的时光。酒店都为希特勒的宾客们预留着，而外交使团则被迫暂住在一列闲置火车的卧铺车厢里。那里的空间极其狭小，如同记者弗吉尼娅·考尔斯（Virginia Cowles）记录的："那三个民主大国——英国、美国和法国——的大使们从一节脱了轨的餐车窗户探出身来……〔目光所及〕使你深切了解到欧洲的事务已经急转恶化！"亨德森没有让他自己的日子更好过些，忘记随身携带任何纸张而被迫在从侦探小说中撕下的空白页上写下的他的封封公文寄出。他的身体也不太好——经受着不出4年就会要了他的命的喉癌的折磨。然而连这也没能为他带给人恐慌印象的行为辩解。他远未展现出英国的实力，几乎不留心掩饰他的紧张，并且，根据一名纳粹官员所言，"用非常强烈的措辞表达了他对捷克人的厌恶"。

街,主张"我们应当告诉德国,如果它一脚踏进了捷克斯洛伐克,我们将立马与它开战。"[29] 可是英国政府决心要固守"猜测立场",因此,在张伯伦简要告诉记者们称德国在英国对法国的承诺方面应该"不抱任何幻想"的同时,哈利法克斯警告法国人称他们不应假定英国会仅仅"因为法国有可能参与其中"而不假思索地投身对德战争。[30] 那天傍晚,丘吉尔写信给他的朋友前保守党大臣莫因勋爵(Lord Moyne):

> 唉,当前一团不确定的乌云悬挂在一切计划之上……[而]我不能假装对结果全然充满希望。由于在过去五年中我们的防御疏忽以及对德国问题的不当处理,我们似乎已经非常接近那个在战争与耻辱之间无望的抉择了。我的感觉是我们会选择耻辱,而后晚一点,在甚至比当前更不利的条件下再投入战争。[31]

在拒绝进行表态或武力恫吓期间,张伯伦因读到关于那位19世纪外交大臣乔治·坎宁(George Canning)的"一本非常有趣的书"而坚定了信心。"一次又一次地,"他告诉艾达,"坎宁主张,你永远不应该威胁恫吓,除非你有能力实施你的威胁,虽然如果我们不得不战斗,我会希望我们能够表现出色,但如果我们不是被迫要那样做,我们肯定没有办法让我们的军事顾问在答应开始战争行动时感到高兴。"这或许是真的,但它并没有减轻压力。"真是非常糟糕的一周,"首相坦承,"足以让大多数人疯狂到脑袋掉下来,如果他们的脑袋不像我的一样被牢牢拧紧。"[32] 他现在已经与核心内阁讨论了"Z计划"并得到了广泛的支持。然而,范西塔特坚决反对并"全力以赴地"与这个想法做斗争,把它比作神圣罗马帝国皇帝亨利四世于卡诺莎在教皇格列高利七世面前的祈求。[33] 张伯伦双手抱头聆听了他的首席外交顾问的发言。可范西塔特早已不是一个有影响力的人了。"Z计划"是张伯伦的"大胆举动",他的"神来之笔",如果它成功了,那不仅会解决捷克斯洛伐克危机,而且"有可能证实这个为国际局势带来一次彻底改变的机会"。[34] 对于此等难能可贵的事,他非常愿意拿他的声誉去冒险。

* * *

9月12日星期一上午，全体内阁成员自它在8月30日的紧急会议之后首次聚在一起。像之前一样，哈利法克斯概述了当前局势：捷克人提出的全新提议被驳回；达拉第重申了法国对捷克斯洛伐克的义务；法国人也已派兵驻扎马其诺防线。最关键的是，英国政府接到情报称希特勒决定要在9月18日至29日之间的某一天"进军捷克斯洛伐克"。哈利法克斯解释道，英国政府考虑过给希特勒一个正式的警告，但亨德森"用一切他可以支配的力量竭力主张称他不该受命进行正式交涉"，政府也同意了。实际上，哈利法克斯起初提议威胁，眼下似乎相信了英国政府的无能。希特勒"有可能，甚或很有可能疯了"，而如果他"拿定主意要进攻，十有八九我们做什么也阻止不了他"。[35] 在大多数大臣都赞同时，达夫·库珀将注意力引到了那个主张英国应当表明它愿意为捷克斯洛伐克而战的典型看法上："这个建议来自新闻界……来自反对党，来自温斯顿，来自法国政府，来自美国政府，甚至也来自梵蒂冈。"张伯伦讨厌遭到驳斥，尖刻地回应道，亨德森才是身临其境的那个人，"对此一定比梵蒂冈教皇了解得更多"。[36]

那天下午，希特勒在纽伦堡发表了他万众期待的演讲。尽管是危机时期，许多显赫的英格兰先生们和女士们依然前往那座中世纪城市去亲历那场庆典。除了那些常见的猜疑对象——包括欧内斯特·坦南特和阿诺德·威尔逊爵士（希钦的保守党议员）——还有斯坦普勋爵（Lord Stamp，伦敦、英格兰中部地区及苏格兰铁路公司董事长）及其夫人、弗兰克·桑德森爵士（伊灵的保守党议员）、诺曼·赫尔伯特（Norman Hulbert，斯托克波特的保守党议员）、克莱武子爵（Viscount Clive）、霍兰登勋爵（Lord Hollenden，纺织品批发协会主席）及其夫人，以及麦高恩勋爵（Lord McGowan，帝国化学工业公司董事长）。

同样出席的还有崇拜希特勒的尤妮蒂·米特福德的父母——雷德斯代尔勋爵及勋爵夫人。美国记者弗吉尼娅·考尔斯在纽伦堡大饭店的大厅里注意到这些古怪的贵族，忍不住觉得好笑：

雷德斯代尔夫人是一名小个子的不爱交际的女士,她大部分时间(当她没有和尤妮蒂共同出席某个阅兵式时)都在饭店大厅的角落里做着针线活,而雷德斯代尔勋爵则是一名高个子的帅气的男士,蓄着大白胡子,以一种不知所措的神态徘徊,仿佛他正在一个(说来够稀奇的)没有人会说一点英语的相当令人尴尬的乡村府邸聚会上……整整一周,雷德斯代尔勋爵被求他利用他的影响力来阻止战争的疯狂信件搞得应接不暇。一天,他收到一封短笺,来自正在日内瓦举办会议的布克曼协会。这封短笺恳求他给德国元首看一封发表在伦敦《泰晤士报》上的信……宣称它可能会"改变德国元首并更改历史的进程"。他的略带没好气的评论是:"真该死,我还没收到一份《泰晤士报》。"[①][37]

有些出席人员并非纳粹认同者。保守党议员特尔玛·卡扎勒特(Thelma Cazalet,同为保守党议员的维克托的妹妹)坐在希特勒身后,心想:"我要是有武器和胆量来了结这个人的性命就好了。"[38] 另一名反纳粹者是旅行作家兼审美家罗伯特·拜伦(Robert Byron)。他是尤妮蒂·米特福德的朋友,出于病态的好奇来到纽伦堡。起初,他倾向于看到滑稽的一面。他评论道,"这些人太怪诞了",以至于"如果我们打起仗来,那就会像是在与一个庞大的动物园打斗"。然而,当他加入了一群纳粹高层——包括希特勒的首席新闻官奥托·迪特里希(Otto Dietrich)——而那篇臭名昭著的《泰晤士报》社论作为证明英格兰明白捷克斯洛伐克并非它的担心所在的证据被援引时,他开始变得严肃起来。"在欧洲大陆上所发生的一切始终是英格兰关心的事。"他插话道,同时他的脸颊泛起了红晕。"时而我们很不幸地要被张伯伦这样的人领导——可那只是暂时的。

---

① 在南希·米特福德(Nancy Mitford)的小说《爱的追寻》(1945 年)和《恋恋冬季》(1949 年)中,她使父亲以顽固守旧却慈祥和蔼的马修叔叔的形象不朽,后者厌恶德国人并且喜欢回忆他用他的"挖掘工具"杀掉了 8 个"德国佬"的那段时光。事实上,真正的雷德斯代尔勋爵是英德联谊会的一员,(正如他在德奥合并之后在上议院的讨论中的干预所示)也是纳粹政权的一名重要辩护者。1935 年 1 月,他首次到访纳粹德国(后来又去过几次),此前一直受到他的两个信奉法西斯主义的女儿怂恿,她们坚称:"Farve[父亲]真的是一名本性上的法西斯主义者。他会爱上那位德国元首的。"

不要被误导。最终我们总是会起身反对威胁欧洲的暴政。我们之前已经粉碎过它们，我也警告你们，我们将再一次粉碎它们。"[39]

令人遗憾的是，拜伦没有受邀参加由里宾特洛甫在9月11日，也就是希特勒演讲的前一天，为重要外宾组织的茶话会。相反，德国外交部长谨慎地安排了人员位置，由此希特勒正好坐在布罗克特勋爵（Lord Brocket）旁边，后者是英德联谊会的重要成员，也是纳粹政权的热衷者，似乎始终赞同德国元首对捷克人及其总统的公开谴责。[40]现在，9月12日星期一的下午，希特勒向世界重申了这些控诉。在穿着褐色党派制服的人海面前，他猛烈抨击了贝奈斯和捷克人，指责他们渴望"消灭"那部分德裔少数群体。只能有一种解决办法：苏台德日耳曼人必须被赋予自决权。[41]奥利弗·哈维听着没有经过翻译的现场直播，心想它听上去像是"一个疯子，或者更确切地说，一个非洲酋长在慷慨激昂地鼓动他的部落"，而讲一口流利德文的利奥·埃默里发觉"这种狂乱的口吻以及民众狂热的欢呼声……令人恐惧"。"眼下我们的政府唯一要做的事，"这位前殖民地大臣继续道，"是要避免爱德华·格雷（Edward Grey）的错误，让他们［德国人］对我们的立场毫不怀疑。"①[42]

至此阶段，张伯伦和哈利法克斯决定苏台德地区不能继续留在捷克斯洛伐克的管辖范围之内了。张伯伦持此观点已有至少1个月的时间，而哈利法克斯逐渐开始相信在捷克人与苏台德日耳曼人之间不存在行得通的和解。朝着这个结论劝说英国首相和外交大臣的是法国外交部长乔治·博内，由于有关纳粹德国空军的种种夸大报道以及法国空军的糟糕状况，他完全丧失了勇气并一直在连珠炮似的呼吁英国人不惜任何代价拯救法国免于陷入战争。法国人倾向于允许苏台德地区继续留在捷克政府的管辖范围之内的解决办法，可最终愿意同意通过一次全民公决来决定这个地区的未来。这是捷克人一直以来拒绝考虑的。不过法国人士气的崩塌让英国人能够问心无愧地考虑割让问题，哈利法克斯当下也表明了他对全民公决和紧随其后的监督移交事宜的四国会议的支持。

---

① 爱德华·格雷爵士，第一次世界大战爆发时的英国外交大臣，被谴责说在1914年的七月危机期间未能表明英国的立场，因此使德国人能够断定在随后的战争中英国将保持中立。

在远离主要决策者们的地方，人们为战争的前景忧心忡忡，还有些人在担忧会抛弃捷克人。"白天有几个人打电话给我，恳求我'做点什么'，"哈罗德·尼科尔森记录道，"他们对想让我做什么一点想法都没有，可是他们越来越歇斯底里，而在电话中搅扰别人对他们来说是某种宽慰。"[43]罗伯特·伯奈斯从日内瓦的一次国际联盟会议回来，心想伦敦"就像电影里的一场噩梦"。"笑声，甚至连笑容都已荡然无存。我们就像一个正在等候审判日的民族。"三明治式广告牌遍布首都，说明着哪里可以领取防毒面具，还有怪异的蓝色路线出现在人行道上，指引着伦敦人走向最近的防空洞。在一次晚宴上，伯奈斯试图用笑话来改善气氛，结果却令一名女士突然冲他发起火来："你这该死的！难道你意识不到下周我们可能都会没命吗！"[44]

在反绥靖人士中，人们拼命搜寻领导者。艾登依然是首选候选人，但是除了在《泰晤士报》上发表了一封信之外，这位前外交大臣拒绝公开表明立场。这导致人们——甚至是左翼人士——转向丘吉尔。"人们对领导者有着强烈的渴望，"无党派议员埃莉诺·拉思伯恩（Eleanor Rathbone）写道，"甚至连那些在广义政治上与你相距甚远的人都意识到你就是那个结合了对我们军事地位的危险的全面认识与对集体的国际反侵略行动的信心的唯一的人。"[45]几天后，工党议员乔赛亚·韦奇伍德也写道：

我亲爱的温斯顿：

我们大家的确都是认真的吗？他们似乎已经见过除你之外的每一个人，而令我感到不可思议的是，他们实际上应该在勇敢地直面战争，如果他们竟然还没有召你来……

这些人中没有一个与上一次战争的指挥有任何关联。他们都是些幼稚鬼，尽管不是胆小鬼。假如这个国家当下正需要被拯救，那么你，或者上帝，将不得不帮忙。[46]

与此同时，苏台德日耳曼人奋起武装反抗。在阿施-埃格河地区的苏台德德意志党冲锋队员按照希特勒的演讲依样画葫芦，袭击了警察局、邮局、火车站和海关大楼。捷克人通过强制戒严和派士兵上街做出回应。截至第二天 9 月 13 日星期二结束时，13 名捷克人和 10 名苏台德日耳曼人已被杀害。事态正在呈螺旋式急速发展，而后在英国大臣们的一次晚间会议上，达夫·库珀力劝张伯伦动员全部军舰。张伯伦拒绝了。他还有"Z 计划"备用，并且一直在等待直到"事情看起来不再有一点希望"，他告诉艾达。[47] 现在他决定时机已到。这个触发点事实上并非发生在苏台德地区的流血事件，而是法国人决心的彻底崩溃。根据埃里克·菲普斯所言——他在 9 月 13 日下午既见到了博内，也见到了达拉第——法国外交部长正处于一种"崩溃"的状态中，由于一份由美国飞行员查尔斯·林德伯格（Charles Lindbergh）撰写的有关纳粹德国空军状况的报告，甚至连达拉第也似乎丧失了志气。"我担心法国人一直在虚张声势。"这位大使写给哈利法克斯，随后转达了法国总理对于在英国、法国和德国间召开一次三国会议的建议。[48] 这是最后一根稻草。张伯伦不会允许法国人剥夺他了不起的成就。他拒绝接受达拉第的号召，并且在核心内阁的一次晚间会议之后给希特勒发去一则消息，提出"鉴于［当前］日益严峻的局势……我要马上过去见你，以便努力找到和平的解决办法。我打算乘飞机过去并且已经准备好明天出发"。[49]

"我从天堂掉下来！"是希特勒对张伯伦的电报的反应的描述。[50] 他当然很高兴，甚至还声称有过亲自飞往伦敦以免去 69 岁的首相舟车劳顿的念头。然而他意识到这或许并不明智，于是在第二天 9 月 14 日星期三下午早些时候回复道，他随时恭候英国首相，"还有张伯伦夫人不也一起来吗？"。[51] 当天早些时候，张伯伦将他的计划告诉了内阁。它当然是一个既成事实，因为内阁很难取消首相的不请自到。不过大多数人还是热情地称赞了这一举动。尽管它来得"出乎意料"，可它"似神来之笔吸引了每一个人"，印度事务大臣泽特兰勋爵（Lord Zetland）写道。[52] 然而，有些人则表达了担忧。陆军大臣莱斯利·霍尔-贝利沙认为这项规划"不是没有风险"，并警告称希特勒正在履行一个"无情的计划，按照《我的奋斗》中提到的方式"；奥利弗·斯坦利公开表示反对全民公决（张伯伦已经说过他愿意接受它），称这"将给予希特勒先生他正在通过武力渴求的一切，并且会是一次彻底的投降";而达夫·库珀主张,这个选择"不在战争与全民公决之间,而是在当下的战争与以后的战争之间"。无论如何,在没有其他选择的情况下,库珀愿意支持首相,而后当约翰·西蒙爵士请求内阁一致通过它时,它如预期得到了批准。

在内阁会议室外面,那种解脱与随之而来的热情甚至更为强烈。"它是所有历史中最精彩的、最鼓舞人心的行动之一。"奇普斯·钱农狂热地说道。当他听闻这则消息时,他正在参加一场由英国代表团在日内瓦国际联盟会议期间组织的宴会。来宾们"起身,激动不已,全世界想必都是一样的,然后为他[张伯伦]的健康干杯"。[53] "祝张伯伦好运",工党支持者《每日先驱报》的头版宣布,而自由党支持者《新闻纪事报》称其为"现代外交史上最大胆且最有戏剧性的举动之一"。[54] 英国政府债券上涨了2.5亿英镑,而伦敦的劳合社决定取消将"战争风险"纳入保险范畴的提议。[55] 据一项名为"大众观察"的调查显示,在一条工人阶级往来的大街上接受询问的100个人中有70人赞同张伯伦的行为,同时甚至某些首相的批评者,譬如利奥·埃默里,也称赞这无疑是一个"大胆的举动"。[56] 丘吉尔,相反地,认为它是"有史以来做过的最愚蠢的事"。[57]

在国外对此是一边倒的积极反响。自治领总理们赞许了母国的行为,而身处柏林的观察员们汇报了紧张局势的缓和。在巴黎,那种解脱感很容易察觉。当天早些时候,法国政府已经全力逃跑了,由于博内告诉菲普斯称他们确实不能"为了阻止350万苏台德人加入纳粹帝国而牺牲掉1000万人"。①[58] 他们眼下愿意同意任何可以避免战争的解决办法,他告诉这位大使道。捷克人,与之相对的,大吃一惊。既没有人和他们商量,也没有人警告他们有关张伯伦的使命,他们早已走到了他们认为的让步的极限,不料发现他们自己被排除在那些会决定他们命运的协商之外了。美国舆论,完全没有解脱因素且对他们的困境深表同情。虽然罗斯福向张伯伦保证了他的支持,但是英国大使罗纳德·林赛仅在几天前报告称美国舆论

---

① 达拉第提议召开一次三方会议,当他获悉张伯伦在没有和他商量的情况下决定主动请求亲赴德国时,他颇不满。他已被几次建议过应当与希特勒见面,可他始终拒绝,他告诉菲普斯,理由是一名"大不列颠的代表应当在场"。

支持"英王陛下政府采取强硬的立场反对德国的侵略",并且任何妥协都"可能会给美国人的友谊带来一定程度的失望"。[59]不过最有洞见的评论出现在罗马。墨索里尼告诉他的女婿兼外交部长加莱阿佐·齐亚诺伯爵,"不会有战争发生",但"它是对英国威望的清算"。[60]

* * *

1938年9月15日早上8点刚过,面带笑容的张伯伦抵达了位于西伦敦的赫斯顿机场。随着他从汽车上下来,一个声音叫嚷道:"支持捷克斯洛伐克!不对希特勒让步!"可这是一名孤零零的抗议者,在栅栏后面不会造成危害。[61]一场小型欢送会将人们聚集在停机坪上,包括哈利法克斯勋爵及勋爵夫人、亚历山大·卡多根爵士、特奥多尔·科尔特(头戴高顶礼帽,身穿晨礼服)、英国航空公司董事长兼总经理,以及刚从纽伦堡回来的布罗克特勋爵。在张伯伦和这群人互道寒暄时,伦敦德里侯爵以戏剧性的方式到达——坐着他自己的飞机从空中俯冲,他特意这样向下飞行来向首相道别。太阳散发着光芒——一个好兆头,哈利法克斯暗示着——张伯伦看上去也精神抖擞。他身穿一件灰色长款大衣,他的衣领是上过浆的,手里还握着雨伞,在飞机的舷梯上为摄影师们摆好了姿势,随后为新闻片进行了简短的发言:

> 我即将与德国总理会面,因为当前的局势,在我看来,会是一个在他和我之间进行商讨可能会产生有益结果的局势。我的政策始终是要努力确保和平,而德国元首愿意接受我的建议也让我有了去期盼我对他的访问不会无果而终的信心。

人群给予他三次欢呼,而他挥舞着他的洪堡毡帽,消失在那架闪闪发光的双引擎洛克希德–伊莱克特拉飞机里。①

---

① 实际上有两架飞机:一架是为张伯伦、霍勒斯·威尔逊和来自英国外交部的威廉·斯特朗准备的,还有一架是为两名速记打字员和首相的两名侦探准备的。

正如他的传记作者指出，和大众的看法正相反，这不是张伯伦的首次飞行。就像电影《飞行器里的好小伙》里的一个角色，他短暂地到过高空，还戴着高顶礼帽，那是在 1923 年，他带着约克公爵（未来的乔治六世）在伯明翰参观的一个工业博览会时。[62] 然而，与他当下正在开启的这段旅程相比，那一次几乎不能算数，而且 69 岁的首相为了拯救欧洲免遭战争而进行他的首次飞行，这一错误看法也是一件极具感染力的事。随着他升空，张伯伦无疑正带着大多数英国人以及其他许多人的希望与祈祷。尽管有些人，比如达夫·库珀，认为首相买通希特勒的可能性大概"就像方特洛伊小公子（Little Lord Fauntleroy）与阿尔·卡彭（Al Capone）达成一笔令人满意的交易的可能性"一样大，但他们是少数，而且目前，多半也是一个沉默的群体。[63]

英国民众在心理上还没有为战争做好准备，而捷克斯洛伐克看起来又距离那么遥远。即使他们愿意以欧洲自由的名义"朝着那个突破口再次"出发，可后果——专家们警告说——会十分严重。就在前一天傍晚，张伯伦读了参谋长们的一份报告，重申了他们的想法，即英国和法国做什么都阻止不了德国在几周之内迅速侵占捷克斯洛伐克。如果战争即将打起来，那将是持久的且"没有限制的"，而英国应当准备好在头两个月里每天遭受五六百吨炸弹的袭击。[①][64] 这项评估对张伯伦来说分量很重，他在回程的旅途中，幻想出一架德国轰炸机正沿相同的航线跟在后面。他是个完全的和平主义者，把一场未来的军事冲突看作世界末日，只有当欧洲安全的基础被置于危险之中且别无选择时，他才会认为战争是一种可行的政策。他不愿意为了阻止 325 万德国人加入纳粹帝国而考虑接受它。和平，因此，是至高无上的。可如果一定要和平的话，代价是什么呢？答案取决于对希特勒及其目的的评估。如果，如同他声称，希特勒是一名和平主义者，而苏台德地区算是他最后的领土要求，那么张伯伦的策略则适用。不过还有另一种可能性——由霍尔-贝利沙在前一天的内阁会议上提及的那一种——希特勒正在执行一项会促成德国在欧洲的霸权的总体规划。事

---

① 事实上，在整个战争期间，被投掷在英国的炸弹不到 7.5 万吨。

情将由张伯伦去做出判断。

＊　　＊　　＊

飞越法国的航行顺利平稳，首相和霍勒斯·威尔逊愉快地吃着火腿三明治，喝着威士忌。[65]然而，当他们靠近慕尼黑时，他们遭遇了一场暴风雨，而这架轻型飞机"像海上的船一样又摇摆又颠簸"。[66]幸好，几个紧张的瞬间过后，他们由一架德国飞机领航降落，然后张伯伦面带微笑从飞机里露出了头。尽管《曼彻斯特卫报》认为首相"绝对的温文尔雅"，但是一名英国大使馆的官员认为德国人因看到"这个滑稽的小个子男人拿着一把雨伞"从飞机里走出来而吓了一大跳。"他们简直无法相信某个看起来像那样的人能够成为不列颠的首相。"他回忆道。[67]如果事情真是这样，他们并没有表露出来，张伯伦告诉艾达，他"很高兴受到了人群的热烈欢迎，他们一直在雨中等候，然后那些人还向我行纳粹军礼并声嘶力竭地喊'万岁'"。[68]的确，根据希特勒的口译员保罗·施密特所言，这般兴高采烈甚至比先前9月份迎接墨索里尼的那个场面还要更热烈。

官方欢迎团包括里宾特洛甫、国务秘书魏茨泽克、大使亨德森和德国大使赫伯特·冯·迪克森。那里有支接受了张伯伦视察的仪仗队，还有——威尔逊指出——一支相当"刺耳的"乐队。[69]英国人随后坐上一支梅赛德斯车队经过更多欢呼的观众前往火车站，在那里他们登上了希特勒为前往贝希特斯加登的3小时旅程开设的专列。张伯伦遗憾于糟糕的天气妨碍了他欣赏风景，"因为景色一定很漂亮"。[70]比笼罩在群山之中更令人沮丧的是接二连三的军用运输车辆，满载着"身穿新制服并将枪管指向天空的士兵"，它们缓缓驶过这趟火车。[71]这并非巧合，而是希特勒打算捉弄这位英国首相的表现。

在贝希特斯加登有着更多的"万岁"声，张伯伦也继续享受着这种被致敬的感觉，随着他驱车上山抵达贝格霍夫。德国元首在潮湿的台阶上迎接他，在热情地与他握手之后带领他和其余人走进屋内。张伯伦对希特勒的外貌印象平平。他描述了一些细节，譬如事实上德国元首穿着"那种像我们在晚上穿的黑色裤子",描述了希特勒的表情"颇令人不快,尤其在休息时"。"他看起来完全不出众,"他向艾达说明,"你在人群中永远不会注意到他,并且会以为他是其曾经做过的油漆工。"[72] 在他写给内阁的报告中,他更加直白,形容希特勒是"他有史以来见过的最普通的家伙"——不过"不可能不佩服这个男人的影响力"。[73] 眼下这位原先的奥地利下士和昔日的伯明翰市长阁下坐在大厅里饮茶,透过房间里巨大的全景窗户,刻下满眼尽是灰蒙蒙的雾色。墙壁上挂着许多德国的和意大利的绘画大师们的作品,包括"一幅巨大的意大利裸体人像!",张伯伦大惊小怪地提到。[74]

谈话进行得并不顺畅。张伯伦称赞了这间屋子。希特勒回答称英格兰才有真正的大屋子。张伯伦表示找一天希特勒一定要亲自前来看看。希特勒回说那样一来迎接他的将是反对的示威游行。张伯伦承认谨慎地选择时机是明智的。然后谈话就结束了。

当他们在希特勒的私人书房里开始严肃的谈话时,除了口译员保罗·施密特,只有他们两个人。① 张伯伦一开始建议称,他们利用下午剩余的时间来阐明彼此的观点,然后将苏台德问题的细节留到第二天。可希特勒插话说这是完全不可能的。根据今天的情报(无稽之谈,这作为一种策略将在整个危机期间被反复使用),300名苏台德日耳曼人已被杀害,必须马上达成一项解决方案。希特勒紧接着开始了他对德国愿景的长篇大论。他解释道,从他年轻时起,他就一直痴迷于人种论,并决心要将所有德意志人——不论他们身在何处——并入纳粹帝国。张伯伦打断了他。难道总理的意思是,如果这300万苏台德人被并入了纳粹帝国,到时候他就别无他求了?"我这么问是因为有很多人认为那不是全部,认为你想要瓜分捷克斯洛伐克。"希特勒断然否认了这种说法。他相信种族团结,而正因如此不想让众多捷克人进入纳粹帝国。然而,捷克斯洛伐克是一个"他边上的矛头",也只有当捷克斯洛伐克与苏联之间的防御性条约被废除时,他才会感到安全。更不祥的是,他相信一旦苏台德日耳曼人被赋予了

---

① 这是一项蓄意的策略,由亨德森与魏茨泽克炮制出来,以便防止里宾特洛甫参与讨论。

自决权，紧接着那些波兰的、匈牙利的和斯洛伐克的少数群体也会有同样的要求，然后捷克斯洛伐克将不复存在。[75]

在这次交谈的大部分时间里，希特勒都话音轻柔，语调低沉。眼下他突然变得兴奋起来并"滔滔不绝地"宣称所有这一切都是空谈。[76] 他的300名同胞在前一天被杀害了，而他不愿意让这样的事继续。"我决心要摆平它，"他嚷起来。"我不在乎是否会发生一次世界大战。我决心要摆平它，并且要迅速摆平它，我愿意冒着发生一次世界大战的风险也不能让这事拖延下去。"张伯伦开始愤慨起来。如果希特勒决定开战，他为什么还要让他大老远跑这么一趟？"我一直在浪费我的时间。"[77] 希特勒控制住了，然后平静下来。张伯伦意识到"如果要挽回局势必须迅速做出决定"，紧接着向德国元首保证，他完全愿意接受民族自决原则。"我个人的看法是，"他向艾达吐露，"从原则上说，我丝毫不在乎这些苏台德人是在纳粹帝国之内还是之外。"[78] 他向希特勒解释道，难题是方法，不是目的。不过他想先和他的同事们讨论这事，再在稍后找一天回来继续他们的协商。希特勒表示他很抱歉让张伯伦不得不往返两次，不过答应下一次他会在科隆附近和他见面。张伯伦问希特勒当前的局势是否可以保持在中场休息的状态，然后希特勒承诺他不会下令行军，除非有令人无法容忍的事情迫使他这么做。

张伯伦因这次会面感到高兴。尽管他察觉到希特勒身上的"冷酷无情"，但他仍感觉到"建立了一定程度的信心"，而且这是"一个当他给予过承诺后可以被信赖的男人"。[79] 他甚至更为欣喜于从霍勒斯·威尔逊那里听闻希特勒说对他印象不错。"我和一名真正的男人进行了一场对话。"据称希特勒在里宾特洛甫的私人幕僚长在场的情况下宣称道，后者将话传给威尔逊。[80] 然而，国务秘书恩斯特·冯·魏茨泽克记录了一幕迥然不同的场景。根据魏茨泽克所言，张伯伦刚一离开，希特勒就高兴地击掌并吹嘘他"巧妙地将这位干瘪衰老的文官逼进了角落里"。那天晚上，希特勒的情妇埃娃·布劳恩（Eva Braun）也一同开起了这位似乎伞不离身的古怪的英格兰人的玩笑。[81]

希特勒声称将张伯伦逼进了角落的说法并不公平，不过仅从这个意义上讲，它把英国首相现在的处境过多地归功于希特勒。苏台德日耳曼人应当被赋予自决的权利早已决定，就德国元首而言，无须使用大量技巧便可以让张伯伦同意这个要求。尽管如此，这是希特勒的要求，而张伯伦即将对其表示同意。此外，张伯伦眼下让他自己承担起了以一种最终会令不只是法国人、英国人和国际舆论还有捷克人能够接受的方式移交苏台德地区的责任。如果他成功了，那么希特勒就得到了他明确提出的要求。如果他失败了——正如希特勒所料——那么德国元首便可以打那场他梦寐以求的小仗了。这几乎算不上是一场英国外交的胜利。

* * *

9月16日星期五的傍晚，自鸣得意的张伯伦回到伦敦，告诉核心内阁他认为他"暂时稳住了希特勒"，不过显而易见的是，除了苏台德日耳曼人的自决权外，没什么会令他满意。[82] 在这一点上，首相认为他们应该同意。他说，无视这个原则，英国将会打起仗来，那不堪设想。亨莱因在前一天逃到了德国——要求立即割让——而从布拉格回来并参与了此次会议的朗西曼勋爵认为捷克人和苏台德人从此将能够"安定下来并一起幸福快乐地生活"是不可能的。[83]

第二天上午，全体内阁成员聚集在一起聆听首相的报告。他对希特勒本人的态度是轻蔑的，可对于他的权力和真挚却印象深刻。关键是，张伯伦相信"希特勒先生的目的绝对有限"，而且当他表示他不想把捷克人并入纳粹帝国时，他"在讲实话"。[84] 当天下午会议继续时，大法官莫姆勋爵（Lord Maugham）以一番有关坎宁和迪斯雷利（Disraeli）的外交政策的学究式的演讲开场。依照他们的政策，"在我们进行干预之前，两个条件必须得到满足。首先，英国的利益受到了严重的影响；其次，我们只应以压倒性的力量介入"。达夫·库珀表示反对，称英国的政策始终是要防止任何一种势力在欧洲大陆上获得过多的主导优势。他们现在所面临的"很可能是有史以来主宰过欧洲的最难对付的势力"，而反抗，十分明显，是对英国有好处的。他不相信苏台德地区是希特勒的"最后的目标"，然后指出了德国元首已经违背过的那一系列诺言。不过，由于"对招致战争的令人畏惧的责任"，他不愿意坚决反对全民公决，只要求它是在公平公正的条件下被执行并接受国际上的监督。他认为这将"终结我们的麻烦"是极其不确定的，可它或许值得心存侥幸地一试，在下一次危机到来之前的某个时候，"某件始料未及的事可能会搅乱纳粹党的统治"。[85]

掌玺大臣德·拉·沃尔勋爵（Lord De La Warr）支持库珀所说内容的前半部分，然后宣称他"愿意直面战争以便让这个世界摆脱没完没了的最后通牒的威胁"。黑尔舍姆勋爵团结在首相身边。这早已成为一个事实，这位枢密院议长表示，即一个势力统领了欧洲大陆而英国因此"别无选择，只有顺从那种被掌玺大臣视为屈辱的力量"。这种失败主义现实政治的大胆表现激怒了兰开斯特公爵领地事务大臣温特顿勋爵（Lord Winterton），他争辩道，在这个基础上，英国政府或许也要默许"入侵肯特或是交出怀特岛"了。奥利弗·斯坦利表示同意。"这不是希特勒的最后一次政变。"他警告同僚们，如果，正如他相信的，这是一个在投降与抗争之间的选择，那么"我们应该去抗争"。

然而，那些大人物们都支持投降。哈利法克斯赞同首相，表示不可能无视民族自决原则而把国家引向战争，同时萨姆·霍尔——拥护朗西曼对当前局势有失偏颇的阐述——认为捷克人早已失去了苏台德人，除非"那个事实得到认可，否则欧洲不会有和平"。[86] 不过即便在忠诚派的队伍里也存在一些关于张伯伦的谈判结果的疑虑。"首相的故事给人留下的印象有点令人难过。"托马斯·英斯基普爵士在他的日记中提到。"希特勒让他听了一场吹嘘，夸耀德国的军事机器是多么可怕的工具……而首相也不止一次对我们说，他去得正是时候。很明显，希特勒掌握着所有主动权：他事实上胁迫了首相。"[87]

如果希特勒胁迫了张伯伦，那么张伯伦就需要法国人去帮忙胁迫捷克人同意放弃苏台德地区。令人惊讶的是，法国人——令他们很窝火——到目前为止一直被完全排除在英国首相的外交之外。不论如何，9月18日星期天，达拉第和博内抵达伦敦来听闻结果。这次会议以戏剧性的方式开场，当时张伯伦大声朗读了一封他刚从捷克政府那边收到的电报，说他们必须进行一场全面动员。他紧接着讲述了他在贝希特斯加登会谈的细节，得出结论称拒绝希特勒提出的条件一定会不可避免地导致一场随之而来的侵略。紧随其后的是一场意想不到的推诿扯皮的游戏，因为双方阵营都试图逃脱胁迫捷克人的责任。张伯伦表示，当前的问题只不过在于法国人是否愿意接受民族自决原则。达拉第不同意。他的"声音由于谨慎调整的情绪而颤抖着"，这位法国总理提及了法国对捷克斯洛伐克的"神圣的职责"，并再次表明了他坚信"德国的真正目的是要瓦解捷克斯洛伐克，然后通过向东进军来实现泛德意志的理想"。如果他们现在认输，"结果会是在非常短的时间内德国将成为欧洲的主宰"。[88]

这千真万确，不过这也是在吓唬人。在私下里以及不是很私密的情况下，达拉第和（不那么焦虑的）博内决定，放弃即大勇，而在一顿美味的午餐过后，其间张伯伦奉上了他最喜欢的波尔多红酒（玛歌酒庄）以及一瓶 1865 年的干邑白兰地，他们适时地让步了。① "在国际性的讨论中，至暗时刻通常是在午餐之前。"张伯伦冷嘲热讽道。[89] 达拉第从英国人这边设法得到了为那个被割掉一块的捷克国做担保的承诺，接着答应以联合照会的方式告诉贝奈斯投降。"要是他拒绝了怎么办？"张伯伦询问道。那样的话，这位"沃克吕兹公牛"答道，"将势必会带来要承受的最强压力"。张伯伦感谢了他，而后那些法国部长们便离开了。眼下这两个欧洲民主大国正致力于分裂莱茵河以东那个唯一的民主国家。

* * *

在核心内阁——完全由绥靖派组成——软硬兼施地劝诱法国人时，其余内阁成员中的怀疑论者也在考虑他们的立场。"告诉沃尔特·埃利奥特[卫生部大臣]，如果他走，我也会走。"德·拉·沃尔请求他的朋友、同为国民工党成员的布兰奇·达格代尔（Blanche Dugdale）道。"巴

---

① 实际上达拉第已经知道，最终贝奈斯将愿意应允部分领土割让，不过这位捷克总统提出的区域——在不影响国家生存的前提下能够失去的最大绝对值——远远要比希特勒要求的区域小得多。

菲（Baffy）"——她广为人知的称呼，表示她不会做这样的事，却尽她所能地劝说德·拉·沃尔辞职。"一来（虽然我并没有这么说）"，她在她的日记中吐露道，"如果他留下来，他会一文不值"，然而"如果他辞职，他或许能有助于形成一个核心"。[90]这对反绥靖人士而言的确是个问题。在那些人中，张伯伦自相矛盾地给他们贴上了"弱势同胞"的标签，只有达夫·库珀掌管着一个重要的部门，而其余人，如奥利弗·哈维哀叹道，是相当可怜的一群人："看起来奥利弗·斯坦利软弱无能，埃利奥特是个话篓子，德·拉·沃尔明智却人微言轻，莫里森如今颇为灰心丧气。"[91]在英国政府之外，艾登依然不愿意公开表明立场，而丘吉尔被大多数保守党人一致认为私心过重且好战。

大部分报刊——当然是更有影响力和更受欢迎的那部分——对政府如奴隶般忠诚，这也没能帮上忙。在张伯伦飞往慕尼黑的当天，比弗布鲁克勋爵写信给哈利法克斯，告诉他，说他与他的报业同仁们迫切渴望帮助首相，难道不能任命一名内阁大臣来负责让这些报业巨头们随时知晓政府的立场吗？萨姆·霍尔——他的职业生涯一直由比弗布鲁克勋爵秘密资助——得到了正式派遣，而后在9月22日，《每日快报》便能告知它的读者们关于捷克斯洛伐克的"真相"了。"这个国家丝毫没有任何负责任的义务去保卫那个中欧政权，"比弗布鲁克勋爵在头版宣称，"谴责大不列颠，你们的祖国，出卖捷克斯洛伐克并且抛弃法国，这样的行为是失德的，也是不忠诚的。"一些有着公共形象的反绥靖人士——譬如鲍勃·布思比、哈罗德·尼科尔森，当然还有丘吉尔——发表了有别于主流的观点，主要是在《每日电讯报》上，可这些所产生的影响当与《泰晤士报》《观察家报》《每日邮报》《每日快报》上支持绥靖的成果比起来微乎其微。

1938年9月19日星期一的下午，那则英法照会被寄往布拉格。在前一天，捷克大使扬·马萨里克写信给哈利法克斯，表示他的政府认为在做出任何涉及他们国家未来的决定之前进行磋商是理所当然的。眼下，英国人和法国人告诉捷克人，称整个苏台德地区必须要移交给纳粹帝国。不出所料，贝奈斯对此的反应极其糟糕，他谴责这些民主国家抛弃了捷克斯洛伐克。他已经足够务实地预见到一部分领土或许不得不割让出去，可万万没想到他的盟友们执意要接受德国最极端的要求。

那天晚上，捷克内阁极度痛苦地坐下来开会，结果到了第二天早晨也没有做出决定。在9月20日的第二轮马拉松式的会议之后，他们发给英法两国人一则照会，恳求他们重新考虑。可是这两个民主国家决心已定，张伯伦还起草了一则"将可怜的捷克人威逼到底"的答复。[92]凌晨2点，英国和法国公使巴兹尔·牛顿与维克托·德·拉克鲁瓦（Victor de Lacroix）抵达赫拉德卡尼城堡，提交给贝奈斯一份他正确推断为最后通牒的文件。不是捷克人屈服，就是法英两国人无法为注定将要吞噬他们的命运负责。尽管在布拉格有大规模的示威游行支持反抗，但是捷克人无法想象一场独自对抗德国的战争，然后贝奈斯让步了。当数千人聚集在瓦茨拉夫广场上时——他们的横幅上声明"我们不会把共和国交给德国的油漆工"——捷克政府起草了它的投降书：

> 在9月21日英方通信中最终表达的迫切坚持的压力之下，捷克斯洛伐克政府遗憾地接受法英提议，假定这两国政府将竭尽全力地贯彻落实它们以捍卫捷克斯洛伐克国的切身利益。[93]

这是一份可悲的公文：当前令人同情，考虑到依然即将到来的命运又令人悲痛。

16

濒临边缘

> 我们一定要继续做懦夫，直到我们的极限，但不能超越极限。
>
> ——亚历山大·卡多根爵士，
> 1938年9月21日[1]

有了捷克投降做武装，张伯伦启程赶赴他与希特勒的第二次会面，预计于1938年9月22日星期四的上午10点45分，在波恩附近的温泉镇巴德戈德斯贝格进行。这次的气氛与一周前的相比尤为不同。那时，大体感受是一种解脱与钦佩；桂冠诗人约翰·梅斯菲尔德甚至还感动地写下几句辞藻华丽的诗文。眼下，种种疑虑开始显现，在大西洋两岸还出现了新闻界反对"背叛捷克斯洛伐克"的运动。[2] 这是由丘吉尔推动的，他在9月21日傍晚以一篇痛斥性的新闻稿回应了捷克投降的消息：

> 在英法的压力之下，捷克斯洛伐克的分割等同于西欧民主国家面对纳粹武力威胁的一次彻底屈服。这样的瓦解不会给英国及法国带来和平或安全，相反，它会把这两个国家都带到一个持续恶化的弱势和危险的处境之中。
>
> 单单捷克斯洛伐克的中立就意味着解放威胁西线的25个德国师。那条通往黑海的道路将对耀武扬威的纳粹主义豁然敞开。接受希特勒先生的条件包含让欧洲拜倒在纳粹威权面前……认为将一个小国扔给狼群便可以买来安全的想法是一个致命的错觉。德国人作战能力的提升将要比法英两国人能够完成其防御准备的速度更快。[3]

当天下午，英国内阁聚在一起讨论张伯伦在戈德斯贝格应当采取的立场。普遍的态度是，他们已经走到了让步的极限，而眼下是时候让希特勒展露些许诚意了。达夫·库珀力劝首相要以最直接的措辞与德国总理交谈。他应该说，他完成了"所有的事，而且比他允诺的还要多，他正把捷克斯洛伐克的头颅放在马背上带给他——为了完成这个投降的任务，他招致了背叛和懦弱的谴责。他的面前已经没有路了。如果必要的话，他更愿意开战"。[4] 没人有异议，然后内阁一致表示张伯伦应当阻止希特勒唤起匈牙利人和波兰人的索求，他们有了德国元首的鼓励，正像秃鹫一样在捷克的尸体上空盘旋。

9月22日中午12点36分，张伯伦在科隆着陆，他"紧握着和平的象征，他的雨伞"，视察了一部分阿道夫·希特勒党卫军警卫旗队，然后驱车前往不远处的戈德斯贝格。[5] 这支包括了内维尔·亨德森爵士和伊冯·柯克帕特里克（英国大使馆的一等秘书），以及无所不在的霍勒斯·威尔逊爵士的英方队伍被安排入住在莱茵河右岸彼得斯贝格酒店奢华的房间里。按照德国外交部的吩咐，他们购得了一套路易十五时期的家具，除此之外还有大量水果、雪茄、绣球花和古龙水。希特勒被安置在河对岸他最喜欢的常去处之一，德雷森酒店。就是在这里，他策划了对恩斯特·罗姆及其支持者们的谋杀——"长刀之夜"，在1934年6月，也是在这里，即将进行他与张伯伦的第二次会面。

英方乘渡轮渡过莱茵河，经过一艘豪华游艇，希特勒原计划乘此船带英国首相进行一次瓦格纳河之旅。为什么希特勒会以为张伯伦有心情观光，这实在难以理解；他这次来当然没有打算接受英国首相的和平方案。实际上，张伯伦还没有解释完他与捷克人达成的协议，希特勒便打断说，他很抱歉，可这行不通。张伯伦如遭晴天霹雳一般。他在椅子上迅速坐立起来，他的脸涨得通红，询问自从他们上一次会面之后或许发生了什么改变。希特勒冷静地回答，他们必须考虑从捷克斯洛伐克政府那里寻求自由或自治的其他民族的要求。此外，他拒绝接受张伯伦当前提议的时间表。这个局面在接下来的几天一定要得到解决，最迟拖到10月1日。张伯伦惊恐万分，表示他对希特勒的回答既失望又困惑。他成功地争取到了希特勒的所想所要，而且"没有耗费一滴德国人的血"。这样一来，他将自己的政治生命交到了他的手中，在英国国内，他被谴责为出卖捷克人并屈服于独裁者。在他启程时，他甚至遭到了不满的嘘声。紧随其后是一段长时间的"脾气暴躁的挣扎"，在此期间还牵出了有关捷克暴行的捏造报告。希特勒强烈要求立即划定一条语言边界，然后呈现在张伯伦眼前的是那张希特勒准备好的地图。可是没有制图学可以消除那已出现的隔阂，在令人疲惫不堪的几个小时之后，英国首相决定休会并返回他的酒店。

* * *

哈利法克斯远在伦敦，正焦急地等待着消息。英国外交部早已处在一种惊愕的状态之中，因为有报告称苏台德德意志自由军团（准军事组织）——在希特勒的唆使下于贝希特斯加登峰会的第二天创建——从德国越境并占领了阿什镇和切布镇。在这样的情况之下，英国人可以继续劝告捷克人不要进行军事动员吗？哈利法克斯认为不可以，然后向戈德斯贝格发去了一则大意如此的信息。从彼得斯贝格酒店，他收到了那令人沮丧的消息，称希特勒根本不接受英法的和解协议，正在强烈要求即刻实施占领。不偏不倚的哈利法克斯感到惊骇，不过他暂时接受了张伯伦的推迟劝告捷克人进行军事动员的请求。

与此同时，一群主要的反绥靖人士即将在丘吉尔的公寓里开会。随着会议主人正从一辆出租车上下来，哈罗德·尼科尔森在同一时间到达。"这……是地狱。"尼科尔森表明。"它是大英帝国的终结。"丘吉尔回应道。和这2个人在一起的还有5位贵族成员——劳合、霍恩、利顿、沃尔默与罗伯特·塞西尔——以及自由党领袖阿奇·辛克莱（Archie Sinclair），和布伦丹·布拉肯。丘吉尔给他自己倒了一杯威士忌加苏打水，然后向这群人转述了刚刚从唐宁街获悉的张伯伦打算采取的立场。有人问，如果希特勒驳回了英法提议，将会发生什么。那么"张伯伦今晚就会回来，而我们将要面临战争"，丘吉尔回答。那样的话，又有人表示，让张伯伦待在德国的地盘或许不合时宜。"即便德国人也不会愚蠢到从我们这里夺走我们深爱的首相。"丘吉尔回答。后来，电话响了，这群人从克莱门特·艾德礼那里得知工党愿意加入保守党的造反派，一起反对任何进一步的退让。有了支持的显著膨胀，该会议结束了，决意如果他试图带回来"令人蒙羞的和平"，便要宣布反对张伯伦。[6]

不单只有丘吉尔及其追随者们对英国的政策感到愤怒。那天傍晚，1万人在白厅抗议，强烈要求政府"支持捷克人"而"张伯伦必须滚！"[7]。"大众观察"，那个并不科学却别具一格地监督舆论的非官方途径，报告了日益高涨的不满，特别是在男性群体中——在9月21日—22日进行的一项民意调查中，67%的男性对张伯伦对待捷克人的方式感到"愤慨"，相比之下，女性只有22%。①[8] 那些被记载下来的意见甚至更有意思。一名来自刘易舍姆的30岁的公共汽车售票员在回应"你对捷克斯洛伐克有何看法？"这个问题时，答道：

> 我会认为他们应该驳回它们。他究竟有什么权利去那里耍个像那样龌龊的诡计？眼下那会让全世界反对我们。谁还会信任我们？那就像是把你自己的孩子扔给狼群。我们曾帮助它建立起一个国家，而后张伯伦来了，还想要收买那头猪。早晚会有一场战争，到时候不会有人来帮助我们。美国到那时不会借给我们该死的一分钱。但凡他们［捷克人］有点种，他们就不会屈从，这是肯定的。

或是这种回答，来自《晚报》的一名打包工：

> 为什么6个月前他不直截了当地说出来，除了我们自己的海岸，他不会对任何人做任何事？在我看来，当希特勒和墨索里尼开始索要我们的帝国时，他会一点一点地拱手让给他们，只要他们别碰我们，直到我们的帝国被瓜分殆尽。当你已经或多或少地承诺过你不会眼看着小弟兄遭劫掠，而这时你却不告诉他你要做什么，这在我看来有点卑鄙。[9]

---

① 抽样为350人，揭示出在这2天中幻想破灭的人数有所增加。

当然，并非每个人的感受都像这样，有些人则展现出一副了不起的照常继续的样子。9月21日，捷克投降的当天，艾尔斯伯里的保守党议员迈克尔·博蒙特写给这位外交部次官：

> 亲爱的拉博，我意识到你现在所处的时间或地点都不适宜接到狩猎邀请，但如果我们没有都陷入一场浩劫，你可以在12月17日来这里打猎吗？16日到，然后待上整个周末？
>
> 不论你做什么，让我们远离战争吧，直到10月和你一起打猎，对此我们期待已久。
>
> 如你所知，我还没有完全准备好称颂英王陛下政府，可我认为内维尔和爱德华·哈利法克斯已经很出色了。这段时间你一定过着地狱般的生活。该死的捷克人！[10]

影响最大的更强硬的意见发生在英国外交部内部。哈利法克斯被来自戈德斯贝格的消息搅得心绪不宁，也觉察到英国国内气氛的变化——其中包括很多内阁大臣——眼下决定不理会张伯伦的劝告，而后在9月23日星期五的下午4点，授权驻布拉格的巴兹尔·牛顿撤销英国政府力劝捷克人不要进行军事动员的建议。随后他给英国首相发去了一封"生硬的"电报，得到了萨姆·霍尔的强烈支持：

> 大范围的舆论似乎正在变得愈发强硬起来，感知到我们已经走到了让步的极限……我们当然可以想象你正在面对的巨大困难，可从你自己的立场，从政府的和国家的角度，在你的同事们看来至关重要的是，你不应该离开，如果可能的话通过特别安排的面谈来让德国总理明白，在捷克斯洛伐克政府做出了重大让步之后，对他来说，宁愿选择一个必然包含战争的解决办法也要拒绝接受和平解决的机会，将是不可饶恕的反人类罪行。[11]

* * *

在戈德斯贝格，张伯伦不确定他能够达成什么（要是真有什么的话）。在 9 月 22 日的傍晚已经陷入僵局，他决定取消原本安排在第二天上午与希特勒的会面，取而代之的是写信给他，请求书面陈述他的要求。希特勒勉强同意了，而后在 23 日晚上 10 点半，英方返回德雷森。在那里希特勒大声宣读了一份备忘录，强烈要求捷克人在 9 月 26 日——3 天后——开始撤离苏台德地区，而德国部队在其后 3 天开始他们的占领。张伯伦称这是一份最后通牒——一条"强制令"，亨德森紧接着说。[12] 希特勒仅仅指出这份文件名为"备忘录"。在这个节骨眼上，一名助手走进来，递给德国元首一张字条。他定睛看了一会儿，将其传给施密特来为英国首相翻译。那是捷克人已经开始了军事动员的消息。

仿佛过了很长时间，没有人说话。张伯伦担心希特勒可能会当场即刻下令反击，不过德国元首出乎了他的意料，他说由于他对谈判的尊重，他不会对这次最新的挑衅做出回应。的确，他答应将他对撤离的最后期限延至 10 月 1 日，并且利用了张伯伦的自负，对他说他是自己有史以来为之做出让步的少数几个人之一。气氛扭转了。张伯伦受宠若惊，表示他将把希特勒的条件传达给捷克人，而德国元首对于改善英德关系的可能性则含糊其词。"在我们之间不必存在分歧，"施密特回想起他这样说道，"我们不会妨碍你们行使欧洲以外的利益，而你们也可以留给我们在欧洲中部和东南部的自行决定权而不受到伤害。"[13] 当这两个人彼此告别时，张伯伦宣称他相信"一种信任的关系在他自己与德国元首之间建立起来了"。[14] 事实上，他被胁迫了。

亚历山大·卡多根爵士第二天下午回到唐宁街，听说首相建议接受希特勒的要求时被"彻底震惊到了"。[15] 张伯伦告诉核心内阁，他"确信当希特勒先生表示他把这个问题视作一个种族问题时，他是在说实话"，而如果他的条件不被接受，他会开战。幸好，他认为他在德国元首——一个"一旦他做出承诺就不会食言"的人——身上建立了"一定程度的个人影响"，并且他们有可能实现"英德关系中的转折点"。[16] 卡多根指出，希特勒显然"在某种程度上对他施了催眠术":"他对于彻底投降是相当镇定自若。"[17] 同样令人惊讶的是英国首相似乎在他的同事们身上念了咒语。前一天,哈利法克斯、霍尔和约翰·西蒙爵士全都反对那些提议,尤其是西蒙,"像托罗广场的公爵一样好战"。① 然而眼下,这位财政大臣认为这只是一个"形式"问题,而外交大臣与内政大臣也和他一起顺从地站到了首相的队伍当中。[18]

然而,当全体内阁成员在下午 5 点半聚集在一起时,张伯伦遭到了强烈的反对。尽管他反复表示,希特勒保证"他在欧洲不再有领土方面的野心",以及他自己坚信德国元首"不会故意欺骗一个他尊重并且还是他一直与之进行谈判的人",也坚信那会是"一场重大的悲剧,如果我们失去了这次与德国达成谅解的机会",但仍有至少 1/3 的内阁成员宁愿反抗。[19] 达夫·库珀表示他无法苟同首相对于希特勒的保证的乐观看法,然后呼吁立即进行全面的军事动员。先前他认为对于这次危机只有两个可能的结果:"令人蒙羞的和平或者战争"。眼下他看到了第三种可能性:"当那些我们正在为之斗争的人已经被打败时,被舆论猛踢进战争"。[20] 他得到了莱斯利·霍尔-贝利沙、奥利弗·斯坦利、温特顿勋爵和德·拉·沃尔勋爵的支持。张伯伦驳回了对进一步防御措施的呼吁,不过他勉强退了一步,允许内阁在第二天上午他们再次开会时重新考虑这个议题。

哈利法克斯不慌不忙。他显然忘记了他在前一天的反抗,"颇为高兴地怀着失败主义-和平主义的态度"返回英国外交部。相反,他的常务次官正处在彻底的绝望之中。"在这之后,我们如何能够直视任一外国人?我们如何能够守住埃及、印度以及其他地区?"卡多根琢磨。他了解英国防御能力的不足,但依然决定"挨打比蒙羞"要强,而当他开车载外交大臣回家时,决定对他直言不讳。[21] 第二天上午,哈利法克斯请他过来。"亚历克(Alec),我很生你的气,"这位外交大臣斥责道,"你让我彻夜难眠。我 1 点醒过来就再也睡不着了。不过我得出了结论,你是对的。"[22] 于是,哈利法克斯在 9 月 25 日重新召开的内阁会议上告诉他的同事们,眼下他

---

① 托罗广场的公爵是吉尔伯特(W. S. Gilbert)所创作的一首诗中的主人公。这位公爵酷爱战争而且总是能找到一种让其他人去打仗的方式。

感觉到在他自己与首相之间存在一些分歧。他用"一种低沉而饱含情感的声音"讲述着，解释称昨天他觉得，相较于内阁已经同意的那个，接受戈德斯贝格要求不包含接受一个新原则。[23] 现在他不那么确定了。他感到在有序的和无序的转让（还有后者对转让区内的少数群体意味着的一切）之间有一种差别，而"他无法不去思考一个事实，即希特勒先生还没有给过我们什么，而他一直在讲条件，就好像他无须去打仗便赢得了战争一样"。在令人难以置信的大转变中，哈利法克斯接着告诉内阁，他希望看到的"终极结局"是纳粹主义的毁灭：

> 只要纳粹主义还在，和平就是有变数的。因为这个原因，他不觉得给捷克斯洛伐克施压去一味接受是对的。我们应该把具体情况摆在他们面前。如果他们拒绝接受，他猜想法国将会加入进来，而如果法国参与进来，我们应当和他们一起。[24]

哈利法克斯从绥靖派到反抗者的转变对张伯伦来说是一个巨大的打击，后者在一张他越过内阁会议桌传递的便条中暗示他宁愿辞职也不要带领他的国家走进战争：

> 从我昨天晚上见过你之后，你在态度上的彻底转变对我来说是一个极为严重的打击，不过当然你必须形成你自己的看法。
> 然而还是要看法国人怎么说。
> 如果他们说他们将参与进去，由此拖我们进去，我认为我无法接受为这个决定负责。

"我觉得自己很残酷，"哈利法克斯写下回复，"不过我基本上彻夜未眠，折磨着我自己，并且感到此时此刻，在即将胁迫捷克撤离之际，我无法得出任何其他的结论。""夜里的结论很少有正确的视角。"是张伯伦的苛责的反驳。[25]

紧跟着哈利法克斯的"美好的道德表率"，霍尔-贝利沙和黑尔舍姆勋爵毫不含糊地宣布支持反抗，一起的还有斯坦利、埃利奥特、德·拉·沃尔、温特顿以及库珀。[26] 张伯伦错愕沮丧。他的内阁在他的外交大臣的带领下正在公开造反。一开始他还试图在这个已经出现的巨大裂缝上涂抹灰泥，但是库珀声明他宁愿辞职也绝不接受如此粗制滥造的石墙。张伯伦答称他早已预料到这一点，不过恳请这位第一海军大臣不要贸然行事。库珀答应暂缓，而核心内阁在那天下午与法国人会面了。这是一次戏剧性的会议——一个转折点，当这些"橡皮章"开始"变回人类"的那一刻，巴菲·达格代尔在她的日记中记录道。[27]

* * *

在前一周里，埃里克·菲普斯爵士每天（通常每天3次）都要从巴黎发送一连串报告，强调法国人参战的极端勉强和无能为力。事实上，他们是十足的失败主义者，以至于英国外交部认定该大使一直在故意筛选证据，而后命令所有英国领事将他们的公文直接发往伦敦。在某些方面，这个谴责并非公平。失败主义，尤其在法国右翼当中，无疑是广泛存在的，而法国政府没能为战争做好准备（防毒面具严重短缺，更别说空中防御了）更增添了日益严重的恐慌感。反过来，法国政府继续征召预备役军人（9月24日的数字为75.3万），而后在1938年9月25日上午的一次部长委员会会议上，达拉第站在了反抗者们——乔治·曼德尔（Georges Mandel）、保罗·雷诺（Paul Reynaud）和奥古斯特·尚普捷·德·里布（Auguste Champetier de Ribes）——的一边反对博内与投降派。法国总理随后渡过了英吉利海峡，他告诉张伯伦，他宁愿打仗也不向德国的命令屈服。

在这个时候，捷克人断然驳回了戈德斯贝格要求，宣告"圣瓦茨拉夫、扬·胡斯和托马斯·马萨里克的国家不会成为一个奴隶国"。[28] 如同在5月时，宣告军事动员带来了种种意想不到的场面。"男人们狂奔着穿过因灯火管制而一片漆黑的街道去拿他们的装备，"《每日快报》记者杰弗里·考克斯（Geoffrey Cox）回忆道，"餐馆的服务员们脱下他们的围裙，营业至深夜的店主们打了烊，街上的汽车被警察拦下来并被要求载上人们前往他们的集合点。很快街上便人头攒动，每个人都拎着他的小手提箱，朝着军营或火车站疾行。"[29]

张伯伦被逼进角落里，可是他不愿意放弃。在 9 月 25 日星期天的晚上 11 点半，当内阁和法国人开过会之后重新聚在一起时，他宣布他即将派遣霍勒斯·威尔逊去柏林向希特勒提出最后一次恳求，让一个国际组织来安排领土的转让。如果希特勒拒绝了这个要求，他近乎漫不经心地继续道，威尔逊将告诉他法国肯定会为捷克斯洛伐克而战，而英国肯定也会照做。"它是……一次对他本人在前一天劝告我们去做的事情的反转。它也是一次对内阁中大多数人支持的政策的彻底转变。"既惊又喜的库珀指出。[30]

第二天上午，法国总参谋长、陆军上将莫里斯·甘末林抵达伦敦，然后用他乐观的开战计划"鼓舞了首相"，包含在战争爆发 5 天后对德国西墙——所谓的齐格菲防线——的一次谨慎进攻。[31] 实际上，法国的胜算很大，因为这条齐格菲防线并不完善，而且只有"8 个德国师面对 23 个法国师"。[32]

与此同时，英国首相的工业专家正在去柏林的路上，到那里他发现这座城市处在一种"极度兴奋"的状态之中。[33]《绿色方案》——那个入侵捷克斯洛伐克的计划——还有 5 天就要启动，而反捷宣传也已如火如荼。希特勒依然相信英国不会介入，正在准备当晚在柏林体育宫对捷克人进行的一番言辞激烈的公开谴责。对于威尔逊的恳求来说，这不是一个有利的时机。的确，希特勒几乎没有耐心听张伯伦的来信，并且一度从他的椅子上跳起来，称继续下去是没有用的，然后向门口走去。当威尔逊没有起身时，他又折回来，结果爆发出施密特有史以来亲眼见过的最激愤的言行。英国人大吃一惊，以至于陪同威尔逊的伊冯·柯克帕特里克停止了做笔记。"你把所有内容都记下来了吗？这极其重要！"做笔头工作的威尔逊低声呵斥道。这位英国大使馆的一等秘书答说他不可能忘记一个字。[34] 在希特勒趋于平静之后，威尔逊询问他是否愿意与捷克代表团会面。希特勒回答，只有他们首先接受了戈德斯贝格条款，他才会这么做，并且给他们 2 天的时间——星期三的下午 2 点截止——来完成。这本来会是威尔逊提出警告的时机，可是这位事务官被希特勒狂暴的喋喋不休的谴责吓住了，以至于他决定不去传达它了。正如柯克帕特里克向伦敦汇报所称："用在张伯伦先生和霍勒斯·威尔逊爵士身上的修饰语无法在休息室里被转述。"[35]

那天傍晚，在体育宫，希特勒以被美国记者威廉·夏伊勒描述为"我有史以来见过的最狂烈的愤怒"打破了他在总理府情绪爆发的记录。[36] 他像报丧女妖一样大嚷尖叫着，高声辱骂贝奈斯并承诺德国民众他将在10月1日之前得到苏台德地区。第二天上午当威尔逊回到总理府时，他发现希特勒决心不减。他不在乎张伯伦一夜之间的保证英国将确保捷克人交出苏台德领地的声明，还说如果戈德斯贝格条款在第二天下午2点之前没有被接受，他就要"消灭捷克人！"。[37] 由此，威尔逊终于传达了他的警告，不过他这样做时小心翼翼地表现出"更多悲伤而非愤怒"。[38] 希特勒漫不经心地答道，他为一切可能出现的结果做好了准备。"如果法国和英格兰动手……让他们动好了！这是一件我完全没兴趣的事情……今天是周二，而到了下周一，我们就要开战了。"[39]

* * *

在英国国内，反绥靖人士正在竭尽全力阻止政府屈服。在9月26日写给《泰晤士报》的一封信中，利奥·埃默里宣称：

> 这个问题已经变得非常简单。我们是要向残忍的野蛮行径屈服而被迫放弃一个我们一直支持他们的事业、可现在即将把其扔给狼群以保全我们自己的自由的民族，还是我们依然有能力对抗恶霸？现在不是捷克斯洛伐克而是我们自身到了生死存亡的关头。[40]

为了威慑住这一"残忍的野蛮行径"，反绥靖人士一致坚信英国政府必须亡羊补牢地让苏联加入防御联盟。5天前，9月21日，李维诺夫在一次面向国联大会的演讲中宣告了苏联的斩钉截铁的决心，要保护"欧洲最古老的、最有文化底蕴的、最勤奋的民族之一"。[41] 2天后，他告诉拉博·巴特勒，如果英国人对于反对德国入侵捷克斯洛伐克是认真的，那么他们应该同法国人与苏联人聚在一起协调出一个行动方案，然后让希特勒看看他们说到做到。

英国政府没能把握住这个建议令丘吉尔错愕沮丧，在9月26日的下午，当希特勒正在冲威尔逊大声嚷嚷时，他发布了一份声明，主张维护和平的唯一希望在于告诉德国人说侵略将导致其与英国、法国及苏联的战争。那天傍晚，一群反绥靖人士——包括罗伯特·塞西尔、鲍勃·布思比、阿奇·辛克莱、哈罗德·麦克米伦、埃默里和尼科尔森——在丘吉尔位于莫珀斯大楼的公寓里开会。他们了解到，内阁处在一种"惶恐不安的状态"之中，而年轻一些的议员们占了上风，抵抗似乎是新的态度。他们接着讨论了威尔逊的使命，尼科尔森记录道，下定决心"如果张伯伦又一次背叛，我们将联合起来反对他"。[42]丘吉尔不认为张伯伦会"背叛"，因为他已经得到保证称英国外交部即将发布一份警告德国如果捷克斯洛伐克遭到攻击，法国、英国，现在还有苏联，都会参与进来的声明。他报告称，张伯伦"非常疲惫，而且心灰意懒"。埃默里，他的一个老朋友，很是同情他：

> 这个可怜的家伙，他已经勇敢地尽了他最大的努力，不过他绝不该尝试这样一项有着如此不充分的先决条件的任务，虽然德国的愚蠢或许会掩盖那些痕迹，但历史无疑会说他在第一次拜访希特勒之后把事情搞得一团糟，希特勒似乎从某种程度上哄骗了他。[43]

晚上8点，英国外交部发布了它的公报，正如丘吉尔被告知的，其警告称："假如，尽管英国首相已经做了所有的努力，可德国依然发动了对捷克斯洛伐克的进攻，那么随之而来的结果必然是，法国一定会前来援助它，大不列颠与苏联也肯定会和法国站在一起。"[44]这似乎是那些反绥靖人士一直以来要求的坚定立场，然而任何觉得首相放弃了绥靖的感觉都是幻觉。张伯伦因哈利法克斯不和他商量就发布了那份声明而大发雷霆，即便在已经没有时间的情况下，继续在尽他所能地在希特勒的要求与他的同事们的违抗之间弥合鸿沟。

* * *

举国上下，在城镇和村庄的礼堂外面，人们排起了长长的队伍。那就像是一次百货公司大减价的前奏，不过正在供给英国民众的不是便宜货，而是防毒面具。墨索里尼曾使用毒气对付阿比西尼亚人，而这次看起来很有可能希特勒会使用同样的方法，作为预计来自天上的"制胜一击"的一部分。防空排炮已经搭在了皇家骑兵卫队阅兵场和威斯敏斯特桥上，同时一架孤零零的战斗机在首都上空的云层中巡逻。9月27日星期二，第一批撤离者——3000名盲童——被带到了安全的地方，而后陆军部呼吁2.5万名女性志愿加入国防义勇军辅助军团。伦敦地铁关闭了许多条线，表面上是为了整修，可真正目的是以此方式让地铁站可以作为防空洞来使用，而所有的警察休假均被取消。在锡辛赫斯特，哈罗德·尼科尔森的妻子、作家薇塔·萨克维尔-韦斯特在果园里监督着挖一个战壕。这在伦敦以更具工业化的规模被复制，在那里志愿军将皇家公园改造成了大型挖掘现场。在金融市场上，英镑对美元突然大幅度地贬值，然而婚姻登记处却随着几百对情侣急要结婚火爆起来。

纵然国内普遍没有大国沙文主义精神，可国家的带头人们积极地秉持着失败主义的态度。9月27日下午，在核心内阁的一次延期会议上，参谋长们再次表明了他们悲观的预测，随后是来自英国驻柏林武官梅森-麦克法兰上校对捷克军队士气令人沮丧的一番描述。这惹恼了卡多根，因为它不仅具有误导性，而且仅仅是基于最间接的了解。在戈德斯贝格峰会之后，梅森-麦克被委派负责向捷克传达希特勒的备忘录。于是，他通宵驱车前往边境，紧接着又步行6英里，翻过带刺的铁丝网并且持续处在被击毙的危险之中，然后他发现了一处捷克边境哨所。这是一次勇敢的使命，可此刻全部这点调查让他告诉首相，称捷克士兵们"吓得要死"。[45] 其实，驻布拉格武官汉弗莱·斯特朗（Humphrey Stronge）中校于当月早些时候在他的报告中得出结论称：

> 所有事情都指向这个事实，即他们［捷克人］有耐力……面对

施加在他们身上的同化力量的压力，他们在那 300 年里成功地保持了其在文化上、语言上以及民族上的独特性，仅凭这一事实就足以表明他们拥有某种不能被轻易压制住的倔强的特质。[46]

当这次会议即将结束时，张伯伦问第一海务大臣、海军上将罗杰·巴克豪斯（Roger Backhouse）爵士，他是否满足于已经采取的所有必要的措施。巴克豪斯表示他愿意采取进一步的措施。首相愿意进行军事动员了吗？张伯伦犹豫了一下，紧接着点头。这位第一海务大臣敛起他的文件，然后冲回海军部去下达这项指令。不一会儿，威尔逊从内阁会议室门口探了探头。"你们意识到我们还没有告诉达夫海军马上就要进行动员了吗？"[47]

整个下午，各种电报朝着首相纷至沓来。罗斯福写信竭力主张所有参与国不要放弃谈判，同时张伯伦从布拉格获悉，贝奈斯已经同意向波兰人交出捷欣省以换取他们的中立态度。亨德森从柏林知会他木已成舟。德军已经准备就绪，这位大使表明，而如果捷克代表们在第二天 9 月 28 日星期三的下午 2 点之前没有抵达柏林，到时候希特勒将下令入侵。英国人将这个信息传至布拉格，补充称"英王陛下政府不能负责任地建议你们该如何去做"。[48] 然而，英国政府还没有完全放弃。在张伯伦的准许下，哈利法克斯和卡多根一直在制定一项计划，凭此，到了 10 月 1 日，德国部队将获准占领阿施-埃格河地区，接下来在 2 天之后，德国和捷克的全权代表们将开会安排捷克部队从其余区域撤离。

不过，哈利法克斯愿意以一种井然有序的方式出卖捷克人，他不愿意让希特勒在不顾及任何法律上或外交上的正当程序的情况下进军。晚上 7 点半（还是 9 月 27 日星期二），张伯伦、哈利法克斯和卡多根从内阁会议室被赶了出来，以便让电工们能够为首相在晚上 8 点钟的全国广播做准备，他们去了旁边的威尔逊的办公室。在那里，威尔逊给外交大臣看了一封他起草的力劝捷克人接受希特勒的要求的电报。这是一次"彻底的投降"，惊恐的卡多根指出，然后和哈利法克斯两个人都声言反对它。张伯伦没有一点争辩地接受了他们的责备。"我在所有事情上都犹豫不决。"他心怀愧疚地咕哝道。[49] 他确实已经彻底精疲力竭了。他自己承认，他已经失去了"一切时间感",而只有他的妻子知道他在"那些希望好像差不多破灭了的无比痛苦的时间里"所忍受的焦虑。[50]

不幸的是,他的疲惫与绝望都在他的广播中传递出去了。张伯伦结结巴巴地说着,每句话里都渗透着悲剧色彩,他表达了他朦胧的困惑:"我们必须在这里挖战壕,戴上防毒面具,就因为在一个遥远的国家里,在我们对其一无所知的人们之间发生了争吵。"他提及了他对德国的多次访问,并且,好像要试图说服他的内阁同事们一样,重申了希特勒的承诺,即这是他最后一次在领土方面的要求。接下来,尽管英国在表面上保证支持捷克斯洛伐克,他继续说道,但它不可能单纯为了保卫捷克的主权而战:

> 不论我们可能多么同情要对付一个庞大又有影响力的邻国的小国,我们都不能在任何情况下仅仅因为它而答应让整个大英帝国参战。如果我们不得不打仗,那一定是基于比那个更大的问题。在我灵魂深处,我本身是一个爱好和平的人。国家之间的武装冲突对我来说是场噩梦;但是如果我确信有任一国家由于害怕它的巨大影响而下定决心要主宰世界,我会觉得它一定要遭到抵制……战争是一件可怕的事,而我们一定要非常清楚,在我们开始它之前,这真的是关系要紧的重大问题,而那个要冒一切风险以保卫他们的召唤,当所有那些后果都经过了权衡时,依然是不可抗拒的。[51]

要说这不是圣克里斯平日的演讲,那就太轻描淡写了。达夫·库珀因张伯伦没有提及海军动员而恼羞成怒,认为这是"一次最令人沮丧的讲话",而埃默里相信这番话只会激励德国人。"如果真有一名必不可少的文职人员,一名习惯于在市政委员会或内阁中与同胞们打交道的公民,还是一个完全不能从武力或战略或外交的角度思考的人,那就是内维尔。"前殖民地大臣在他的日记中提到。①[52] 实际上,这是一次相当严重的首相渎

---

① 并非每个人都持这种观点。国王的私人秘书亚历克·哈丁(Alec Hardinge)致电唐宁街告诉张伯伦,称英王陛下认为他的广播"棒极了,正是目前需要的",而罗斯福注意到在聚集起来听广播的他的内阁中,有些议员的眼睛里泛起了泪光。

职。英国马上就要进入战争状态了，而它的民主领导人却没能给予国家一个为什么他们应该打仗的正面的理由。相反，他提供了大量为什么他们不应该的理由，包括声称捷克斯洛伐克既太遥远又太陌生，不值得英国人为其流一滴血。这话出自维多利亚时代最伟大的帝国主义者之一的儿子，并且还是一个当前执掌着英国的从远东至加勒比海地区以及从南非至印度的政治与军事利益的人，至少可以说是反常的。[53]

当内阁在 9 月 27 日的晚上 9 点半聚到一起开会时，张伯伦继续以同样阴沉的语气重复着那许多军事难题以及自治领对战争的反对。威尔逊随后表示，避免冲突的唯一机会是给布拉格发送一封电报，坚决要求捷克政府撤军并准许德国人即刻占领苏台德领地。这导致库珀威胁要辞职，他还因张伯伦的失败主义的广播而突然责骂起他来。哈利法克斯说他反对投降，但也确实为德国的侵占提出了他自己的"时间表"。当这也遭到了愤怒的反对时，张伯伦将他自己与这项计划拉开了距离，认命地称，如果这是内阁的意愿，那么他会如此实行的。在出去的路上，库珀故作随意地打听首相是否认为海军动员需要保密。张伯伦回答他认为不需要，这时库珀迅速返回海军部，他吩咐新闻部门将这个消息传递给所有的晨邮报。[54] 这个想法是即便在这个末尾阶段，也要试图以实力的展示来威慑住希特勒。英国大臣们几乎不知道，这位德国领导人自己也正在产生疑惑。

* * *

1938 年 9 月 27 日上午，在他与霍勒斯·威尔逊会面之后，希特勒给包括第一侵略部队在内的 7 个师下达指令要行进至他们在捷克边境附近的"起点"。然后他站在帝国总理府的阳台上，眺望威廉大街，当时一个国防军的机械师正在它去前线的路上隆隆经过。这次阅兵是一次宣传演习，意在给外国的外交官和记者们留下深刻的印象，可是它到头来却产生了截然相反的效果。正在英国大使馆透过窗子观察的内维尔·亨德森留意到"街上没有一个人为其经过鼓掌"。"它所体现的近乎是那种一个敌军部队正在经过一座被攻占的城市的情景。"[55] 威廉·夏伊勒证实了这一点，他将这个场景描述为"我见过的最异乎寻常的反战示威游行"。[56] 希特勒动摇了。他可以仗着德国民众这种少得可怜的热情发动战争吗？他开始退缩，并在那天傍晚回复了一封来自张伯伦的电报，看起来似乎是在温和地试图进行和解。希特勒说，德军的行动范围不会超出捷克人已经答应割让的地盘，而这次全民公决将是一次自由表决。

第二天上午，9月28日星期三，安妮·张伯伦下楼来吃早餐，结果发现她的丈夫正忙着进行他后来形容为"在悬崖最边上最后一次孤注一掷地抓住最后一根稻草"的事情。[57] 他因希特勒的电报而受到了鼓舞，眼下正写信给德国元首，称他觉得"你肯定可以在不打仗也不拖延的情况下得到所有必不可少的东西"，然后提议要飞往柏林去"和你以及捷克政府的代表们讨论转让安排，如果你愿意的话，再加上法国和意大利的代表们"。[58] 与此同时，他恳请墨索里尼充当中间人，发起一个四国会议来解决这个争端。在柏林和罗马，外交官们都在竭尽所能地力挽狂澜。令他大为惊慌的是，亨德森看来预约不到一次与希特勒的会面了。他打电话给戈林——在此阶段依然反对战争——并说明了问题。"你无须多说，"这位不久前晋升的陆军元帅答道，"我马上就去见元首。"[59]

远在伦敦，在核心内阁与外交部之外，没有人知道这最后的孤注一掷的一连串外交活动，而一种不祥的气氛笼罩在首都上空。哈罗德·尼科尔森走出白厅，遇到了一大群"沉默且不安"的人。一些人正把鲜花摆放在战争纪念碑的底座上，其余人"用无声的、好奇的目光注视着我们"。[60] 在威斯敏斯特宫内，下议院议事厅挤满了人。在贵族席里坐着鲍德温勋爵、坎特伯雷大主教、肯特公爵，甚至还有玛丽女王。那里进行了祷告式，通常是例行公事，不过在这个时候或许有了更多的意义。接下来首相在热烈的掌声中入场。令人遗憾的是，一直准备他的演讲直到凌晨2点钟的张伯伦没能与他所受到的欢迎保持同样的热情。他很疲惫，也没有试图掩饰他不得不承认恐惧战争的痛苦。军事冲突看来还是几乎不可避免，而张伯伦对希特勒不多的几次猛怼在反绥靖人士当中得到了热烈的反响。"你的'匈人'朋友现在怎么样了？"安东尼·克罗斯利（Anthony Crossley）兴奋地向坐在他旁边的"奇普斯"·钱农打听道。[61]

张伯伦一直说了快 1 小时，然后在 500 码①外的外交部，电话响了。那是亨德森打来的，他上气不接下气地汇报称希特勒邀请墨索里尼、达拉第和张伯伦于第二天在慕尼黑开会。卡多根飞快地潦草写下这则信息，然后跑去下议院，他把哈利法克斯从席位中拉出来，带他到议长座椅的后面。他们找到了威尔逊，后者疯狂地招手示意首相的议会私人秘书亚历克·道格拉斯。"到底发生了什么？他已经进军了吗？"这位年轻人问道，看着他们激动的面孔。[62] 他明白了，于是手脚并用地爬回他位于张伯伦身后的座位，接着将那张便条递给约翰·西蒙，后者在等待了几分钟后使劲拽了拽首相的大衣衣角。张伯伦停下来消化这个消息。而后，随着不安的皱纹从他脸上突然消失，他清清喉咙，以一名老练的表演家的全部魅力宣布他还有些事情要告知议会：

> 我现在收到了希特勒先生的通知，他邀请我于明天上午在慕尼黑与他见面。他还邀请了墨索里尼先生和达拉第先生。墨索里尼先生已经接受了邀请，而我毫不怀疑达拉第先生也会接受的。我无须说出我的回答将是什么。[63]

议事厅内爆发出一片欢呼声。当张伯伦坐下来时，保守党议员席上的人们站了起来，几乎都对着一个人，紧随其后，有点更难为情地，反对党也站了起来。丘吉尔、艾登、埃默里和尼科尔森在那少数几个依然坐着的人当中，他们被他们的同事们喝了倒彩。"站起来，你这个畜生。"林肯的保守党议员沃尔特·利德尔（Walter Liddall）对尼科尔森发出不满的嘘声。[64] 近来很不安的钱农"热情得要命"，他渴望拥抱张伯伦，而后者正被所有人拍着后背握着手。[65] 终于，当混乱的人群开始散开，丘吉尔起身走近首相。他握住张伯伦的手，祝他"一路平安"。[66]

---

① 1 码约合 0.91 米。——编者注

17

一张纸

> 今天下午宣布，内维尔与希特勒签署了一项条约——这个人疯了，而且被一个怪胎催眠了。噢，天啊。
>
> ——议员哈里·克鲁克香克（Harry Crookshank），1938 年 9 月 30 日[1]

前往赫斯顿的车程正在变得愈发熟悉起来，不过在 1938 年 9 月 29 日早晨，为张伯伦送行的人数甚至超过了为他之前两次启程送行的人数。在约翰·西蒙爵士的建议下，全体内阁成员惊喜现身——所有人，"除了那位荒唐的持异议的母山羊埃迪·温特顿（Eddie Winterton）"，"奇普斯"·钱农指出——到场的还有澳大利亚的、加拿大的、爱尔兰的和南非的高级专员们，意大利大使，德国代办，几位议员，以及布罗克特勋爵。[2] 人群欢呼起来，张伯伦笑容满面地走向飞机，边走边握手。在登机之前，他转身面向新闻摄影机的方阵发表了一段精心准备的讲话，原声摘要如下：

> 当我还是个小男孩时，我曾一遍又一遍地重复："如果一开始你没有成功，那就努力、努力、再努力。"那就是我当下正在做的事。当我回来时，我希望我有能力说，就像亨利·珀西（Hotspur）在《亨利四世》里说的："从这片危险的荨麻地里，我们安全地采下这朵鲜花。"[3]

很快，在英国外交部里，一些爱开玩笑的人就讥讽起这番说教，称"如果一开始你不能认输，那就飞、飞、再飞。"[4] 不过这样的玩世不恭与大部分人是格格不入的。张伯伦在前一天下午离开下议院时一直受到了热情度极高的鼓舞,当他向在唐宁街上等待他的记者们大声说出"这次没问题了"[5]时,他为他第三次出访德国设置了期待,也预留了各报头版。眼下,现场新闻评论呼吁英国民众聆听首相的讲话并"振作起来",而《每日见闻报》则颂扬了这位有"坚韧不拔的精神与高贵温柔的内心"的男人,他位于两国军队之间并"将人性提升到了一个新高度"。[6]

张伯伦自己不是很肯定。虽然脸上挂着笑容,还引用了莎士比亚,但他对亚历克·道格拉斯——他即将陪同张伯伦前往慕尼黑,一起的还有霍勒斯·威尔逊、威廉·斯特朗、弗兰克·阿什顿-格沃特金、威廉·马尔金(William Malkin,英国外交部的法律顾问)和奥斯卡·克莱弗利(Oscar Cleverly,张伯伦的私人秘书)①——形容这场即将到来的会议是"最后一掷"骰子,不过他"看不出把局面推向战争阶段对希特勒能有什么好处"。[7]前一天下午,安妮·张伯伦罕见地插手了一次政治。"我想让你从德国回来时带着光荣的和平,"她吩咐她的丈夫,补充道,"你一定要像迪齐(Dizzy)做过的那样从窗户讲话。"可张伯伦表示拒绝。"我不会做那类事,"他简短生硬地回答,"我一点也不像迪齐。"②[8]

张伯伦可能早已在思忖着,极难去证明召开一次捷克人本身被排除在外的关于捷克斯洛伐克命运的会议是合理的。贝奈斯和马萨里克都抗议这严重的不公,但无济于事。希特勒不会容忍捷克人或苏联人的参与,张伯伦解释道,不过贝奈斯应该放心,他,张伯伦,会"把捷克斯洛伐克的利益完全放在心上",因为他力求一次井然有序且公平合理的领土割让。[9]可以理解的是,过度忧烦的马萨里克没有得到安抚。"如果你牺牲掉我的国家以维护世界的和平,我会第一个为你鼓掌,"他在9月28日的傍晚告诉英国首相和哈利法克斯勋爵,"可要是没有,先生们,愿上帝保佑你们

---

① 在慕尼黑,来自英国大使馆的内维尔·亨德森爵士、伊冯·柯克帕特里克和杰弗里·哈里森(Geoffrey Harrison)加入了他们。

② 当英国首相本杰明·迪斯雷利(Benjamin Disraeli)在1878年7月从柏林会议回来时,该会议在俄土战争之后促成了一项在巴尔干的新领土协议,他告诉在唐宁街上等待着的欢呼雀跃的群众:"索尔兹伯里勋爵和我给你们带回来了和平——不过我希望是一次光荣的和平。"

的灵魂。"① [10]

不论张伯伦的内心多么不安,他和英方的其余成员都因在慕尼黑等待他们的热烈的欢迎而受到了鼓舞。他们在傍午着陆,在一片嘈杂的"万岁"声中步下飞机,接着是一段主要由钢琴演奏的《天佑国王》。他们随后坐上了敞篷汽车,沿途全部站满了欢呼祝福的人群。张伯伦显然很高兴,向大街上高举的手臂挥舞着他的帽子。他的喜悦与达拉第形成了鲜明的对比,后者在45分钟之前抵达,看上去"情绪低落且心事重重",他的头"深埋在他的肩膀之间,他的眉头紧锁,蹙起了深深的皱纹"。[11]

这次会议即将在希特勒的位于19世纪所建的国王广场东南角的慕尼黑总部——元首行馆举行。那是一座有着典型的纳粹新古典主义设计的大型朴素的建筑,它的两个多立克式柱廊悬挂着这四个国家的国旗。② 红毯已经沿台阶铺好,指引代表们进入一间铺着大理石的宽敞大厅。弗朗索瓦-庞塞认为这里面看起来像"某个大型的现代酒店"。[12] 有一段巨型中央楼梯,现在装饰了用鲜花做成的花环,楼梯顶端连接着一条柱式走廊。这次会面本身即将在希特勒的私人书房里进行,那是一间不是特别大的房间,里面有一张圆桌和一圈矮扶手椅。房间一端有张书桌,另一端有个大壁炉。在壁炉台上方悬挂着一幅俾斯麦的肖像——这个人曾经宣称"波希米亚的主宰者即欧洲的主宰者"。[13]

尽管一切都富丽堂皇且充满了虚假恭维,但这次会议,如同威廉·斯特朗回忆道,"乱成一团"。[14] 德国人的效率荡然无存,那里既没有钢笔、铅笔,也没有可供各国领导人或他们的要员们使用的纸张。对于英国的事务官们来说,这种不敬业的处事方式令人震惊。威尔逊抱怨称,他不得已只好在他恰巧放在口袋里的"各种零散的纸张上"做笔记,而伊冯·柯克帕特里克记得那里的电话系统糟糕极了,以至于与外界沟通最快捷的方式是派车把消息送去英方入住的酒店。[15] 当时的氛围也不益于一场友好且和平的讨论。正如斯特朗记录道,元首行馆内满是党卫军军官磕响他们的鞋

---

① 贝奈斯还给达拉第发去一封电报,请他"不要忘记我与法国有过的那20年的政治合作"。
② 元首行馆是少有的几座幸存下来的纳粹建筑之一,如今是慕尼黑音乐与表演艺术大学。位于二楼俯瞰阿尔西大街的小型中厅就是召开这次会议的房间。

跟并询问"我们是否有什么需要",而道格拉斯回想起被领路时"仿佛是一个人遭到了逮捕"。[16]

比没有文具更让人震惊的是,在此次会议之前,不论英国人还是法国人都没有付诸任何努力去协调甚或讨论他们打算采取的态度。达拉第傍午时分到达了他的酒店,向法国代表团透露了他的策略,其措辞精准地描述了自莱茵兰被重新占领之后法国的外交政策:"一切都要看英格兰人的……我们除了跟着他们之外什么也做不了。"[17]不过英国人并不知道这一点。正如威尔逊记录的,"我们不确定达拉第将采取何种态度",而最不幸的是,在第一次会议期间,法国总理与张伯伦"距离太远",无法让他们二人商议。[18]

相比之下,德国人已经为苏台德地区的割让制定出一项方案,他们已经将其告诉了意大利人,甚至说服了墨索里尼将其作为他自己的方案来提出。那天上午,9月29日星期四,希特勒在先前的奥地利边境——库夫施泰因迎接了墨索里尼的火车。当这两位独裁者坐上希特勒的专列朝着慕尼黑快速行进时,德国元首说明了他的计划。加莱阿佐·齐亚诺伯爵在他的日记中记录道:

> 他打算像现在这样将捷克斯洛伐克斩草除根,由于它牵制住了他的40个师,也捆住了他对法国的双手。当捷克斯洛伐克被锉掉锐气之后——它必须这样,10个师就足以牵制住它。意大利领袖聚精会神地听着。这项计划眼下是定了:要么这次会议在短期内取得成功,要么这个解决办法将通过武力进行。"此外,"德国元首补充道,"我们不得不并肩作战以对抗法国和英格兰的时候终将到来。所有这一切应该在领袖和我正作为我们两国的首脑且尚年轻力壮之时发生会更好。"[19]

* * *

中午12点半刚过,这些政治家们在元首行馆二楼的一间沙龙里彼此见面。英国人第一波到达，随后（恰如其分地）是法国人。没有一方算得上风度翩翩，他们穿着深色西装，打着条纹领带。弗朗索瓦-庞塞描述张伯伦为"头发花白、弯腰曲背，有着浓密的眉毛和突出的牙齿，他的脸上有斑，他的双手因风湿变得通红"，而达拉第，身着他的宽条纹西装，因为秃顶而把头发全梳到一边，看上去像是一名陷入了困难时期的股票经纪人。这与极权主义者们华丽的庸俗形成了鲜明的反差。戈林穿着一套上面有装饰图案和彩色穗带的修身款深色制服开始了这一天，他从酒店便一直陪同达拉第，并且在这次会议期间将三次更换他的服装。墨索里尼昂首阔步，"他的制服用腰带束紧，一副恺撒的面孔，自视高人一等的样子，完全悠然自得，仿佛在他自己家里一样"。[20] 终于，希特勒入场，身穿他的那身较为简朴的褐色夹克配黑色裤子的制服套装，他的手臂上戴着卐字饰，他的胸前别着铁十字勋章。

张伯伦注意到了希特勒的怒容，担心"暴风雨的信号"已经出现，而后当他得到了德国元首"为了格外友好的表露"而保留的双手握手时松了一口气。[21] 事实上，他本无须担忧。尽管希特勒的确心情晦暗，也几乎没有试图掩饰他对这个他认为自己正在主办的"迷你国联"的恼怒，但是支持和平的根本决定早已形成。英国人和法国人不仅已经屈从了德国在9月18日要求的基本内容，他们甚至还胁迫了捷克人接受它们。眼下希特勒已经被说服接受他们的投降，与他自己对一场局部战争的偏好相违背。从这个意义上讲，这次慕尼黑会议只是个仪式——一个对所有相关人员来说保全面子的活动。

会议以英国人和法国人接受了墨索里尼的（实际上是希特勒的）要求作为"讨论的基础"而开始。这些要求明确规定，苏台德地区的占领将于两天后的10月1日开始（条款一），并在10月10日之前完成（条款二）。张伯伦立即同意了条款一，但是表达了对于在没有捷克人同意的情况下就接受条款二的担忧。这时，希特勒大发雷霆。如果英国人和法国人不愿意胁迫捷克斯洛伐克，他们最好让他继续他的方式，他叫嚷道，以掌击拳。[22]张伯伦打了退堂鼓。他正式向一名捷克代表提出了请求，可不论他还是达拉第都不愿意强求。相反，这两位民主国家的领导人表示他们完全理解德国在迅速占领上面的坚持,而后希特勒平静下来。

在为了一顿推迟的午餐进行的休会——其间希特勒和墨索里尼一起用餐,而英国人和法国人单独用餐——之后该会议在下午4点半继续开始。到了这个阶段,意德要求已经被译成各种语言,而领导人们当下正逐点通读它们。不是渴望为捷克人挽回点什么,就是由于英国人对产权的崇敬,张伯伦继续提出对捷克人在苏台德地区财产损失的赔偿问题,甚至还询问了家畜是否可以从占领区被转移走。希特勒再一次勃然大怒。"我们的时间太宝贵了,不能浪费在这等琐事上。"他嚷起来,而后这件事情就不了了之了。[23]

唯一看起来怡然自得的领导人就是墨索里尼。尽管偶尔会因为"有点儿议会氛围"而感到厌倦,但他乐于充当这个权力掮客的角色,也不像希特勒,他拥有能够实时跟进会议的语言能力。[24] 弗朗索瓦-庞塞和其他大使们一起获准出席第二场会议,入迷地观察着这两位独裁者之间的关系:

> 墨索里尼非常安适地坐在他的扶手椅里。他格外丰富的面部表情从未有过一刻停歇;他的嘴巴会在大笑时咧开或在噘嘴时努紧;他的眉头会惊讶地抬起或气势汹汹地皱起;他的眼睛,通常带着好奇又好笑的神色,会突然间射出闪电。
>
> 希特勒站在他的旁边,专注地凝视着他,臣服于他的魅力,仿佛着了迷、被施了催眠术。意大利领袖一笑,德国元首也笑;墨索里尼一沉下脸,希特勒也沉下脸。这是一种模仿研究。它会给我留下持续的错误的印象,即墨索里尼对德国元首行使着一种已经牢固建立起来的影响。至少那天他做到了。[25]

最终,在9月29日的深夜,一项协议达成了,而早已杂乱无章的会议更是分散成单独的对话。据齐亚诺说,达拉第不仅友好而且坦白。"他说今天所发生的一切完全是由于贝奈斯的愚顽,还责怪了法国的'战争贩子们'试图将国家推进一场'荒唐而又的确非常难应付的战争'。"[26] 然而几乎其他所有人都对法国总理明显的消沉做出了评论。他在德国元首在场的情况下一得机会便尽早离席,而后有人看到他瘫坐在一张沙发上,点了慕尼黑啤酒来恢复精神。

相比之下,张伯伦正在利用这间歇展开进一步的外交。他和墨索里尼讨论了西班牙局势,随后建议与希特勒进行一次促膝谈心。根据张伯伦的叙述,德国元首"迫不及待地欣然接受了这个想法"并让英国首相第二天上午到他的私人公寓做客。同样充分利用了这个空隙的还有戈林。这位陆军元帅——眼下穿着一身白色制服——因为表露出他希望到访巴黎而令达拉第尴尬,现在站在火堆前面,在那里,除了挡住了大部分的热量之外,他还大声地讲故事、说笑话。与此同时,希特勒虎视眈眈地坐在沙发上。

终于,就在1938年9月30日凌晨2点之前,《慕尼黑协定》签署了:当希特勒用他的钢笔蘸了蘸写字台上华美的墨水池,结果却发现那里面没有一滴墨水时,这个历史性的时刻变得荒唐可笑起来。[27] 对于此次会议的主要精心策划者戈林和墨索里尼来说,这是一个胜利的时刻。那位富态的陆军元帅鼓起掌来,而在新闻片的片段里面可以看到意大利领袖正在和他的纳粹主办方们开着玩笑。张伯伦显然是心满意足的。威廉·夏伊勒在英国首相返回他的酒店时进行着观察,判定他"对他自己尤为满意"——不过,当他把英国首相比作那些"我曾在孟买见过的帕西人尸体上的黑色秃鹫"之一时,他也透露了他自己的想法。[28] 对法国人来说,这是一次痛苦的屈辱。法国一再重申它要保卫捷克斯洛伐克的承诺,而眼下要负责——还有英国、意大利和德国一起——保证它放弃其领土的1/5以及80万捷克人。当弗朗索瓦-庞塞整理各种文件时,他嘲讽地哀叹道:"看法国是如何对待唯一依然对它保持忠诚的盟国的。"[29] 墨索里尼试图让法国总理高兴起来,对他说他回到法国后将得到赞许,可达拉第似乎并不相信他。他婉言拒绝了英国对亲自带着该项协定前往布拉格让捷克人同意的建议,然后坚决要求英国首相和他一起将这个消息告诉捷克的"观察员们"。

这些不幸的先生们——捷克外交部长的私人秘书胡贝特·马萨日克(Hubert Masařík)和捷克驻柏林公使沃伊捷赫·马斯特尼(Vojtěch Mastný)——已经于下午早些时候降落在慕尼黑的欧伯维森菲尔德机场,

在那里迎接他们的是盖世太保，而他们受到了像警方嫌疑人一样的待遇。[30] 他们被安置在雷吉纳酒店（英国人也待在那里），处于警方的看管之下，并被禁止与布拉格联络甚或离开他们的房间。大约晚上 10 点钟，霍勒斯·威尔逊和弗兰克·阿什顿-格沃特金带着一张显示了那些被标示为要被即刻占领的区域的地图露面了。捷克人提出抗议，可英国人直言不讳。"你们要是不接受，你们就不得不独自与德国解决你们的事务了，"阿什顿-格沃特金说明，"或许法国人会更和善地对你们说出这番话，可是相信我，他们和我们的希望是一样的……他们本身是没有利害关系的。"[31]

现在，凌晨 2 点 15 分，捷克外交官们受邀进入张伯伦的套房，在那里他们看到了英国代表团的高级成员们，还有法国外交部的秘书长亚历克西斯·莱热（Alexis Léger）、弗朗索瓦-庞塞和达拉第。这是一次令人尴尬的会议。他们交给捷克人一份《慕尼黑协定》的副本，却告诉他们称不指望他们发布公告，因为这件事被视为已经结束了。达拉第闷闷不乐，以至于他拒绝回答那些向他提出的问题并将其留给莱热去给予说明和辩解。张伯伦筋疲力尽，一次又一次地打着哈欠，而马萨日克则努力地阐明各个要点。马斯特尼情绪失控痛哭起来。当这次会议结束后，法国人被等在酒店大厅里的那群记者拦住。"总统先生，您对这项协定满意吗？"一个记者问道。这位"沃克吕兹公牛"缓慢地转过身却什么话也没有说出来。"他在沉默中跟跟跄跄地走出门去"，疲倦又挫败。[32]

然而，英国代表团的工作还没有结束。在仅睡了几个小时之后，威廉·斯特朗就因一则来自首相的消息而被叫醒，其中说明了他已经安排好在他们离开之前去见希特勒，并索要一份有关英德未来关系的简短声明供两位领导人签署。斯特朗费劲地下了床，成功地在早餐期间撰写了三个简短的段落——张伯伦改写了其中的第二段。英国首相和道格拉斯随后开车前往希特勒位于摄政王广场的临时寓所。

张伯伦在向他的妹妹希尔达叙述接下来的会面时，形容那次谈话是"非常友好且愉悦的"。[33] 相反，口译员保罗·施密特认为希特勒"喜怒无常"且心不在焉。[34] 肯定的是，当时是由英国首相牵头和德国元首聊着各种各样的话题，包括西班牙、欧洲东南部的经济关系以及空中裁军。最后，他从口袋里掏出那份联合声明，其中的关键段落是宣布这两国领导人视《慕尼黑协定》为"愿我们两国人民再也不要相互开战的象征"。[35] 据张伯伦表示，希特勒欣然同意签署这份声明，在翻译期间就几处重点高呼"是的！是的！"。[36] 相比之下，施密特的回忆则是希特勒"带着某种程度的勉强应允了这番措辞"。不论实际情况如何，施密特的第二种看法，即希特勒"加上了他的签名仅仅是为了取悦张伯伦"，无疑是正确的。[37] "德国元首认为他无法拒绝。"德国中间人黑森的菲利普亲王（Prince Philip of Hesse）在几天后对齐亚诺解释道，而那天下午希特勒本人试图安抚不满的里宾特洛甫道："噢，不要把这一切都看得如此严重……那张纸丝毫没有意义。"[38]

* * *

当这些政治家们在巴伐利亚州深思熟虑时，英国的民众焦急地等待着。战备尚未放松，从伦敦出发的各列火车满载着新的撤离人员。各个国民兵役征募站汇报了源源不断的志愿者，而坎特伯雷大教堂的工匠们从东南面的耳堂开始了小心移除彩色玻璃的任务。那天傍晚，1938年9月29日星期四，"另一俱乐部"（由丘吉尔和后来的伯肯黑德勋爵史密斯于1911年创办）在萨伏依酒店的宾纳福号房间开会。丘吉尔当时的脾气火暴，他整个下午都在努力召集更多人联名发送一封力劝张伯伦不要放弃捷克人的电报，然而安东尼·艾登和克莱门特·艾德礼都不愿意签名。眼下，他斥责起在场的两位内阁大臣达夫·库珀和沃尔特·埃利奥特。"在第一次世界大战中积攒了丰富经验和漂亮履历的值得敬佩的人怎么能如此懦弱地纵容一项政策？"他坚决地问道，"那是卑鄙的、丑恶的、没有人性的和自取灭亡的。"早已极度沮丧的库珀竭尽全力为自己辩白。他辱骂了林德曼教授，接下来还有鲍勃·布思比、支持绥靖的《观察家报》主编加文。加文受到了冒犯，冲出了餐厅并拒绝回归这个俱乐部长达6年。"后来所有人都相互辱骂着，然后温斯顿的话结束了这一切，他说在下一次大选时，他将在国家的每一个社会主义阵地发言反对英国政府。"库珀在他的日记中记录道。³⁹ 大约凌晨 1 点，有人飞奔出去，到斯特兰德大街去买一份已经刊登了在慕尼黑达成的协议的粗略概述的第一版晨报。随着库珀仔细察看着这些条款，他的脸红了起来。"我接受不了这个，"他告诉布思比，"我要辞职。"⁴⁰ 当晚餐终于结束时，丘吉尔和年轻的保守党议员理查德·劳（Richard Law）一起离开了。在街上，他们驻足在一家里面坐满了欢快的顾客的餐馆前面。"那些可怜的人们！"丘吉尔评论道，"他们几乎不知道他们将不得不面对什么。"⁴¹

* * *

1938 年 9 月 30 日下午 5 点半刚过，张伯伦的飞机着陆了。① 这里刚刚下过一场大暴雨，不过并没有浇灭人群的热情，他们不仅聚集在赫斯顿，还站满了整整一条大西路。随着机舱门打开，张伯伦露出面来，现场一片热烈的欢呼声，紧接着欢呼三次，然后又三次，再三次。那种欢腾和解脱被那天上午《每日快报》的头版标题刻画下来，用巨大的字母简单地写着："和平。"⁴² 现在，首相准备向全国乃至全世界透露他带给他们的和平的限度。在无数的广播话筒和新闻摄影机前面，他表明"捷克斯洛伐克问题的和解……在我看来，仅仅是整个欧洲都可能寻得和平的更大范围的和解的前奏"。接下来，他举起那张薄薄的纸，以至于它在风中拍打着，他朗读了那份带有德国总理希特勒先生"以及我的"签名的宣言。

张伯伦随后驱车前往白金汉宫，在那里国王邀请了他及张伯伦夫人与国王夫妇一起在阳台上向一大群民众的掌声与喝彩致意。这是一种公然违反宪法的行为，可是其受欢迎的程度是毋庸置疑的。《统治吧，不列颠尼亚！》和《他是一个快乐的好小伙》响彻整片广场，同时这 4 个人微笑着挥手。国王示意张伯伦往前站，于是首相独自沉浸在那片追捧声中足有 2 分钟。当首相的汽车随后试图从白金汉宫开往唐宁街时，英国广播公司的汤米·伍德罗夫（Tommy Woodroffe）努力地给他的听众们传递着这种

---

① 他本来会更早到达，但是在与希特勒交谈之后，他被带着去参观了一些慕尼黑的风景名胜，包括施特内克啤酒馆——纳粹党就是在这家啤酒馆里创建起来的。

兴奋：

> 他来了，前面有两名警察开路，是骑警，这辆汽车几乎无法转弯，因为拥挤的人群已经来到了马路上，暂时拦住了它。这里的人们正在变得极度兴奋，而这是我见过的最难忘的景象之一：对一个为了他的国家已经竭尽全力的人进行的一次完全无组织的、自发的欢迎。这是最美好的自发行动：没有人告诉他们要来这，没有人被要求来这。但是不知道为什么，各行各业的人们都不知不觉地来到这里证明他们的存在。[43]

"你可能会认为我们赢得了一场重大的胜利，而不是刚刚背叛了一个小国。"奥姆·萨金特从外交部的阳台上看着眼前的一切，评论道。[44]

最后终于抵达了唐宁街10号里面，道格拉斯听到有人重复了安妮·张伯伦的建议，让首相站到窗前再现迪斯雷利的关于"光荣的和平"的著名自夸。张伯伦再一次表示反对，可是后来在他上楼梯时却改了主意。晚上7点27分，二楼的窗户打开了，首相出现在那里并发表了那段将永远缠绕着他和他的声名的讲话：

> 我亲爱的朋友们，这是我们历史上的第二次，光荣的和平从德国回到了唐宁街。我相信这是我们时代的和平。我们从心底感谢你们……现在我劝你们回家去，然后躺在你们的床上安静地睡一觉。[45]

*　　*　　*

与发生在布拉格的场景相比，这种反差是可悲的。9月30日的清晨6点20分，捷克外交部长卡米尔·克罗夫塔（Kamil Krofta）被德国代办从床上叫醒，被告知他的国家将于午夜开始被占领。贝奈斯得知这个消息时正在他的浴缸里。"这是一次背叛，其将成为它自己的惩罚，"他预言，"他们〔西欧民主国家〕认为他们将以我们为代价拯救他们自己免于陷入战争和革命。他们错了。"这位总统曾一度思忖着反抗并向莫斯科去信寻求意见。然而到了中午,捷克政府屈服了。在共和国国防委员会,贝奈斯眼含热泪地宣布,历史上"没有以这样一种方式对待一个主权国家的先例……我们遭到了抛弃和背叛"。共产党领袖克莱门特·哥特瓦尔德(Klement Gottwald)想要抗争并让他的同事们感到愧疚,提醒他们即便是"赤脚的埃塞俄比亚人"也找到了勇气去抵抗意大利人。贝奈斯坚持说,可是这个比较是不对的。"我们不是被希特勒打败的,"他解释道,"而是被我们的朋友们。"[46]

那天下午晚些时候,捷克总理、陆军上将扬·西罗维(Jan Syrový)面向全国广播。扩音器已在瓦茨拉夫广场上搭建起来,当西罗维宣布了那个赤裸裸的事实,称留给他们唯一的选择是要么投降,要么"牺牲掉我们妻孩的性命"时,群众在眼含热泪的静默中聆听着。[47]随着捷克的国歌接近尾声,一股怒气在人群中席卷而过,它朝着赫拉德卡尼城堡涌去,大声喊着"不,不,不!","打倒贝奈斯!","让捷克斯洛伐克永存!"以及"捷克斯洛伐克万岁!"。[48]

* * *

这是达拉第惧怕的欢迎仪式。不过巴黎人还是欢迎他们的总理,仿佛他是一名打了胜仗的英雄。博内甚至没有听弗朗索瓦-庞塞说明《慕尼黑协定》条款——"和平必将到来,"他插话道,"那是重点。"——确保了达拉第的汽车从布尔歇机场出发后沿途都通过电台进行广播,因此道路两旁挤满了欢呼的人群,反复呼喊着"达拉第万岁!"以及"和平万岁!"。[49]法国总理认为这种兴高采烈是搞错了,然而4天后他在国民议会又为这份协定进行辩护,宣称他"没什么"遗憾,还称之为"一次和平的道德胜利"。[50]经过了刚好6个小时的辩论,除了共产主义者和两位右翼人士之外,议员们取得了一致的意见,而在休会前进行投票表决时,法国政府争取到了535对75的多数票。

在伦敦,关于《慕尼黑协定》的4天议会辩论以达夫·库珀的辞职声明作为开始。"首相始终认为要以通情达理的语言和希特勒先生讲话。"他从座间通道下面的"圣赫勒拿"议员席上宣称。"我始终相信武力威胁的语言对他更管用。"[51] 后来他对朋友们说，其实是"光荣的和平"的说法让他无法忍受。如果张伯伦"从慕尼黑回来时说'带着糟糕的、十足的、空前的耻辱的和平'，或许我就会留下来。但是'光荣'的和平！"[52] 其他大臣们也都持这样的观点，可是没有达到他们愿意效法库珀的程度。认为张伯伦"疯了，而且被一个怪胎催眠了"的哈里·克鲁克香克提交了辞职信，不过随后经劝说，他又回心转意。其余人——斯坦利、德·拉·沃尔、埃利奥特、温特顿以及伯奈斯——则从未到达写辞职信的地步。

在库珀的声明之后进行的那场辩论是在现代议会史上最激烈且两极分化的辩论之一。克莱门特·艾德礼为反对党打头阵，抨击了他所说的"野蛮暴力的胜利"，在此过程中，一个"英勇的、文明的和民主的民族"被出卖给了"一个残酷无情的专制政府"。[53] 在他后面发言的是自由党领袖阿奇·辛克莱，后者谴责张伯伦在纳粹的威胁面前"意志消沉"并且将"公道和对条约的尊重……抛到九霄云外"。[54] 在辩论的另一方，一名右翼持孤立主义态度的保守党议员维克托·雷克斯（Victor Raikes）对该协定极尽溢美之言，预言首相将"作为有史以来欧洲最伟大的政治家名垂青史"。[55]

张伯伦在这场辩论一开始便发了言并从议会的各个角落收到了感激的致敬。不过正是来自他自己这边的批评最引人注目。理查德·劳——先前是一名相当忠诚的政府支持者，也是一名首相的儿子——问道，他们真的会相信"那些通过暴力与背信弃义得势掌权的人们，凭借暴力与背信弃义为他们自己守住政权的人们，凭借暴力与背信弃义实现他们最伟大的胜利的人们，突然间就被首相那富有魅力的眼光说服了……相信暴力与背信弃义不用付出代价吗？"[56] 事实是，克兰伯恩勋爵表明，和平暂时保住了，可这仅仅是因为"扔给了狼群一个小国，而该国在面临几乎无法忍受的挑衅时所展现出的勇气与尊严给了我们所有人启示与激励"。[57] 对利奥·埃默里来说，慕尼黑只不过是"富于侵略性的军国主义曾赢得的最伟大的——也是最便宜的——胜利"。[58]

到了丘吉尔在第三天发言的时候，议会已经愈发焦躁。"我们遭受了一次彻底且十足的失败。"他宣称。"胡说。"南希·阿斯特大声嚷道。丘吉尔继续。他问道:"首相实际上达成了什么?""和平!"保守党议员们大喊。可丘吉尔的发言不会被叫喊声盖过去。他坚持说,《慕尼黑协定》所改变的只是让那位德国的独裁者"心满意足地享用一道接着一道端给他的食物,而不用再从餐桌上夺走它们了"。现在,一切都结束了。"沉默的、悲哀的、被抛弃的、残缺不全的捷克斯洛伐克逐渐消失在黑暗里。"[59] 丘吉尔不是对英国民众明显的解脱感到不满,而是坚持认为他们应该知道真相:

> 他们应该知道,我们不战而败,其后果将与我们一路远行;他们应该知道,我们走过了我们历史上一个糟糕的里程碑,欧洲的整体平衡已被扰乱,并且眼下那可怕的对西欧民主国家不利的言语已被宣告:"你被称在天平里,显出你的亏欠。"然后不要以为这就是结束。这仅仅是报应的开始。这仅仅是一杯苦酒的第一小口,是初尝,其将年复一年地被端到我们面前,除非凭借一次道德健康与军事活力最大限度的恢复,我们像从前一样再次奋起反抗并坚持我们的自由立场。[60]

尽管这是一番"像德摩斯梯尼的雄辩",但保守党的异见人士们面临着一个两难的窘境:他们有胆量弃权甚或投票反对政府吗?[61] 自周末起,谣言就已流传开来,称张伯伦打算利用《慕尼黑协定》之后的狂喜下令举行一次仓促的大选,到时候唯有那些一直支持他的保守党人士会得到党派"参赛表",而造反派将被标记为取消候选资格或有其他"官方的"候选人与他们进行激烈的竞争。哈罗德·麦克米伦因这个前景非常担心,以至于他找到了工党外交事务发言人休·道尔顿恳请那项被反对党否决的不信任动议不应该为了迫使反《慕尼黑协定》的保守党议员们一致支持政府而如此极端。道尔顿答应竭尽全力,甚至还表露出他相信可以达成一项协议,如果进行一次选举,到时候社会党无疑将与反对绥靖的保守党进行一场激烈的竞争。幸好,这种未雨绸缪的计划最终证明是没有必要的。悉尼·赫伯特(Sidney Herbert)爵士——一名备受尊敬的保守党议员,他曾在第一次世界大战中负伤,也众所周知即将离世——被谣言激怒,决定进行一次罕见的干预,而后严厉斥责了进行"忠诚"选举的想法,呼吁政府将这个时间用来重整军备。

这次演讲——由一名"以其最忠诚的表现代表了保守党的传统"并且明显有着身体问题的人发表——的效果是极好的。[62]有关议会解散的传言逐渐消失了,而后当张伯伦在辩论的第四天闭会时,他明确表明大选取消了。保守党的造反派更有胆量了。然而,关于是要投票反对政府(正如丘吉尔希望的)还是仅仅弃权(艾登和埃默里愿意做到的极限),他们依然意见不一。最终,经决定,最好是形成一条统一战线,所有人投弃权票,不能让有些人进入反对党团体而另一些人仍然坐在他们的席位上。然而即便那样,一些将得益于他们作为"反绥靖人士"以及《慕尼黑协定》反对者的声名的人的反政府资历也并没有像他们后来声称的那样深厚。正如埃默里对张伯伦承认的,在首相致闭幕词——被普遍认可为一次巨大的成功——之后,他和艾登都想追随他进入政府团体,但又觉得他们不能让他们的朋友们失望。[63]在计算票数时,不足30位保守党议员拒绝支持政府,同时,有366人投票赞成《慕尼黑协定》。

* * *

《慕尼黑协定》当时是——并且依然是——曾达成过的最有争议的协定之一。一次不光彩的投降,"一项对所有人来说最棒且最开明的重大成就",一段至关重要的喘息时间,这场争论已经激烈地持续了超过80年。[①]没有人可以否认的是,它对捷克斯洛伐克这个国家来说是一场灾难。捷克人失去了1.1万平方英里的领土,包含280万苏台德日耳曼人和80万捷克人,还有他们的全部防御工事以及他们的绝大部分自然资源。他们保卫自己的能力消失殆尽,而这个被削弱的国家的未来——尽管有那些《慕

---

① 这是泰勒(A. J. P. Taylor)说的,"[《慕尼黑协定》]是在英国人的生活中一项对所有人来说最棒且最开明的重大成就",不过他后来声称这句话的本意是讽刺挖苦。(艾伦·约翰·珀西瓦尔·泰勒,《第二次世界大战的起源》,伦敦,1961年,第189页)

尼黑协定》强国们授予的"担保"——顶多处于朝不保夕的状态。对于那些支持纳粹政权的苏台德日耳曼人来说，这是一个庆祝的理由。可是对于那40万社会民主党人、共产主义逃亡者或犹太人来说，没有喜悦可言。捷克人唯一的安慰——这也仅在回想起来时才显而易见——是通过和平地默然接受德国人的要求，他们避免了那些确实进行了反抗并得到了西欧民主国家的"支持"的波兰人随后将经历的歼灭战和野蛮占领。捷克人在纳粹党的统治下饱受折磨，可波兰人遭受的更多。

对希特勒来说，《慕尼黑协定》表面上是一次巨大的成功。他得到了他在戈德斯贝格所要求的一切——唯一真正的区别在于，正如丘吉尔指出的，现在占领的时间错开了，超过10天，而不是立刻全部发生。当然，如我们现在所知，希特勒想要一场原本会让他有可能吞并整个捷克斯洛伐克的局部战争，于是几乎马上就后悔了他所达成的协议。"那个家伙〔张伯伦〕搞砸了我进入布拉格的机会。"他在随后不久抱怨道。[64] 不过这并没有减弱他实现了其表明的目标这个事实。他要求在10月1日之前得到苏台德地区，而到了9月底，它就成了他的囊中之物。与此同时，纳粹帝国的边境扩大了，而德国的实力也增加了。西欧民主国家的疲软暴露出来，而德国元首自身的威望及受欢迎程度达到了新的高度。

最后不能不提的是，虽然他后来并不知道这件事，但这次慕尼黑会议破坏了德国反对党要在希特勒下令行军的时刻将他拉下台的一次阴谋。这场在9月15日之前便准备就绪并且由总参谋长、陆军上将弗朗茨·哈尔德（Franz Halder）率领的政变当初能否成功是值得怀疑的。毋庸置疑的是，它在西欧的首相和总理们决定登上他们的飞机时就结束了。"我们坚定地相信我们会成功，"哈尔德在纽伦堡出庭作证时说道，"可现在来了个张伯伦先生，一下子就避免了战争的威胁……使用武力的关键时刻避开了。"[65]

从西欧大国的角度来看，《慕尼黑协定》最重要的辩护基于英国和法国都没有为1938年的战争做好准备这个事实，而《慕尼黑协定》额外给予了他们一年的时间去做准备——所谓的"喘息时间"。"感谢上帝有《慕尼黑协定》。"张伯伦政府里的空军部副部长哈罗德·贝尔福写道，他回忆称，在1938年秋，英国仅拥有2架能飞的喷火式战斗机且实在没有更多的飓风式战斗机。[66] 当然，贝尔福是对的。喷火式战斗机、飓风式战斗机和雷达——所有这些在不列颠之战中左右着胜利或失败——不是在1938年，而是在1939年才准备好。然而，这个理由所忽略的是德国在1938年的处境不可能发动不列颠之战。1939年和1940年发生的事情最终证明——不仅它首先需要打败它的近邻并争取到沿英吉利海峡海岸的机场，然后它才能将注意力转向英国，而且在1938年纳粹德国空军的配备也不足以进行一次远程战略轰炸战。当然，不是所有这些都为西欧的领导人们所知，其中许多人都被德国的宣传欺骗了。1938年8月，法国空军参谋长约瑟夫·维耶曼（Joseph Vuillemin）将军在结束了一次对纳粹德国空军及其设施为期6天的参观回来后宣称，在战争打响后的头一个月里，法国空军将会损失掉该组织的40%，其间，德国人就在法方面前驾驶着同一批闪闪发光的飞机在机场之间飞来飞去。[67] 的确，法国空军的状态当时非常糟糕。在1938年9月，它的1126架飞机中只有700架能用，而新式机型不足50架。与此相反的是，第二局估计德国有2760架飞机，包括1368架轰炸机。然而，法国人没能意识到的——某种程度上归因于美国飞行员林白（Charles Lindbergh）[①]上校末世般的预测——是这些飞机中有相当一部分是飞不了的。实际上，在1938年9月，在那2760架中只有1699架可以飞上天。[68] 更重要的是，德国在西线只有8个师，相比之下，法国有23个（第二局大致是知道的），而西墙基本上等同于一个建筑工地。最后，虽然他们很少被纳入这个综合体进行考量，但捷克拥有装备精良、积极性极高的34个师。

事实是——正如英国和法国的情报都很清楚的——德国人在1938年并没有为一场大战做好准备，并且本可以被置于一种极端艰难的，或许是

[①] 林白，在成为独自飞越大西洋的第一人之后一跃成名，对纳粹德国空军以及德国的航空制造能力留下了深刻的印象，他在1936年至1938年间获准对这两方面进行了多次视察。然而他并非专家，而且，正如休·道尔顿所言，"对于军用飞机比我们的埃米·约翰逊（Amy Johnson）多知道不了多少"。1938年9月，他吓坏了法国的部长们，因为他声称德国人拥有8000架军用飞机（差不多是真实数字的7倍），还有一个月生产1500架的能力。"法国和英国的城镇将被夷为平地。"这位"孤独的老鹰"预言。此外他也支持纳粹德国并在后来通过美国第一委员会参与了反对美国干预战争的运动。

不可能应对的处境当中，倘若英国、法国和苏联携手用武力保卫捷克斯洛伐克。"那是不可能的。"阿尔弗雷德·约德尔将军在纽伦堡出庭作证时，当他被问及德国成功的机会时，说道，倘若英国和法国在1938年9月作战，"以5个作战师和7个预备役师在仅仅是个大型施工现场的西面的防御工事中去抵抗100个法国师。那在军事上是不可能的。"[69] 德国最高指挥部对捷克防御工事的实力也不抱有任何幻想。"如果战争爆发了，"埃里希·冯·曼施坦因（Erich von Manstein）元帅在1946年解释道（与约德尔不同，他没有被判死刑），"不论我们的西部边境还是我们与波兰的国界事实上都无法由我们自己有效地防御，而毫无疑问捷克斯洛伐克当初要是进行自我防御，我们就会被它的防御工事阻碍，因为我们没有办法突破。"[70]

这不是要弱化西欧各国严重的军事不足，也不是要否认由《慕尼黑协定》赢得的那一年让亟须的重整军备有了机会。问题是那个"喘息时间"同样也为德国人享有，他们利用它来加速他们自己的重整军备并完成西墙的修建。① 此外，由吞并苏台德地区所赢得的战利品数不胜数：150万支步枪，750架飞机，600辆坦克，2000门野战炮，更别说木材以及其他原材料了。[71] 这样一来，当西欧强国在这"额外的一年"中取得了相当大的进展时，德国人则取得了更大的进展，从很大程度上超越了英法两国人，首先在陆上，其次在空中。在这样的情况下，《慕尼黑协定》的捍卫者们现在有了更充分的理由，他们指出，正如当时被不断提及的，在1938年为捷克斯洛伐克而战将会在英国和法国分裂舆论，同时英国不大可能会享有自治领的支持（至少在最初），所有这一切令他们的反战态度明确。

然而不利的是，他们失去了将苏联绑定到一个对抗纳粹德国的"大联盟"（正如丘吉尔所拥护的）中的机会，如果当时真的打起仗来，从最一开始它就会把德国人逼进一场两面夹击的持久战中，这一切所带来的影响一定要进行权衡。当然，他们有充分的理由不信任斯大林（正如丘吉尔后来发现的），但是他们有甚至更充分的理由不信任希特勒——张伯伦愿意接受他的诺言。李维诺夫曾再三重申苏联决心要信守其对捷克斯洛伐克的

---

① 截至1938年9月底，只有517座掩体落成，然而12个月后，这个数字涨到了11283座。

承诺（按照《苏捷条约》的条款，只要法国首先介入），就像他还清楚表明，如果阻止德国侵略的这次机会错失了，那么苏联将退回到孤立状态。固然，关于苏联的援助有实际存在的种种困难，主要在于苏联不与捷克斯洛伐克接壤，而且波兰和罗马尼亚都不愿意让红军穿越他们的领土。然而，随着这场危机恶化，罗马尼亚人开始暗示苏联的飞机可以穿越他们的领空，而单单苏联的物资援助就会有重要的价值。在3月，李维诺夫承诺了贝奈斯1000架飞机的"最小绝对值"，而后在9月21日至24日间，苏联武装部队开始进行了部分的军事动员，涉及大约33万人。[72] 不过这无济于事。整个危机期间，英法两国人一再拒绝接受苏联想要合作的提议，并且当《慕尼黑协定》到来时，苏联人——和捷克人一样——被排除在外。李维诺夫的集体安全策略已然失败，而后克里姆林宫里的那些聪明人便开始思忖那明摆着的另一个选择——一笔与纳粹德国的交易。

关键是，《慕尼黑协定》让希特勒相信西欧各国永远都不会进行战斗而只会继续接受他的要求。"当我说出'战争'这个词时，张伯伦怕得发抖。别告诉我他是个危险人物。"在《协定》签署不久后，有人听到德国元首这样讥讽道。[73] 后来，当他在波兰战役前试图让他的将军们变得更加坚定时，他宣称："我们的敌人都是小可怜虫。我在慕尼黑见过他们。"[74] 这是一次误判，其后果将被全世界认识到。

18

我们时代的和平

和平从招贴画上飘舞下来,而不是在天使的翅膀之上。

——爱德华·摩根·福斯特(E. M. Forster),
《为民主欢呼两次》,1938 年 7 月

《慕尼黑协定》将内维尔·张伯伦带到了人气的巅峰。"张伯伦玩偶",有的穿着西装,有的穿着钓鱼的行头,销售火爆,还有 9 万人收集了《每日见闻报》的优惠券为了一张凸印在盘子上的首相的照片。超过 2 万封贺信被送至唐宁街 10 号,还有钓鱼竿、雨伞、鲜花、巧克力、鲑鱼假蝇、拖鞋、烟斗、烟熏鲱鱼、雪茄、香槟、苹果酒、画片、"编织精美的获奖袜子"、成箱的苹果、威尔士羔羊脊肉、松鸡、一个"婚礼蛋糕"、一架三角钢琴、观剧小望远镜、时钟、手表、"一个泽西牛奶罐的复制品"、一朵四叶草、灯泡、姜饼、粗花呢布料、德国的莱茵白葡萄酒、凝脂奶油、"吉利的马蹄铁"以及一双荷兰木鞋。[1]

这是令人惊叹的贮藏,不过有些更离谱的礼物令英国外交部头疼。1938 年 9 月 30 日,就在慕尼黑会议的第二天,《巴黎晚报》宣布它正在设立一项公共基金来为英国首相在法国乡村一条有鳟鱼的溪流附近购买一处住宅,截至 10 月 4 日,已募得将近 50 万法郎。英国外交部担心起来。如果首相拒绝接受这个好意,他就会冒险得罪法国人。如果相反,他接受了,他将不得不到他的房产逗留并确保它维护得当。最终经决定,婉言谢绝将是最安全的做法。首相"在欧洲没有领土方面的野心",英国外交部带着明显的讽刺宣称道,而后给使馆官员们发去指示,吩咐他们要拒绝一切"房屋、河流、山峦,诸如此类"。[2]

并不是说这就可以封堵住从全世界大量涌来赞美的洪流,从一名意识到"要不是您,德国元首本会让欧洲陷入又一场战争,其恐怖是无法言说的"的15岁伊拉克男孩,到美国总统。[3] 在这些感激之情的表达中有一些是近乎亵渎神明的。《纽约每日新闻》报声称,在这位首相身上有某种东西"像基督一样",而孟买佛陀协会恭贺首相将佛陀真正的"教诲及其原则"付诸实践。[4] 几周后,在1938年11月12日,张伯伦听说,一名希腊农民老妪一直以来都将有小洞的十字架——作为真十字架的遗物——戴在脖子上,然而现在却希望得到"一点张伯伦先生雨伞上的东西"。[5]

然而并非全是喜悦,就像达夫·库珀收到的诚然没那么冗长的公众来信显示。"作为一名第一次世界大战中的二等兵,也是一个痛恨并恐惧战争的人,"惠特里奇(A. E. Whitteridge)在1938年10月2日写道——库珀收到的大概4000封来信中的一封——"我愿意给予你我充满敬意的感谢,为了你在我们国家自诺曼征服之后所蒙受的最严重的耻辱翌日所采取的行动。"[6] 另一名在艾尔郡经营一家小制造厂的来信人宣称《慕尼黑协定》带给他"抑制不住的羞愧",而前海员约翰·爱德华·史密斯(John Edward Smith)认为"整个辉煌的海军都与你同在"。[7]

无疑最高兴的人是英国皇室。乔治六世在危机期间不止一次提议写信给希特勒,就像"一名退役军人写给另一名",他对他的首相所采取的行动方式充满赞赏并且完全赞同他签订的这项《协定》。[8] 同样兴奋的还有温莎公爵,据他妻子所言,他一直被战争的趋势折磨得苦不堪言,以至于他"决心要亲自去见希特勒,倘若张伯伦先生没去的话"。[9] 眼下这位公爵给首相发去了他衷心的祝贺——此外还有一些祝贺来自他的弟弟肯特公爵、他的妹妹长公主、他的弟媳英国王后和他的母亲玛丽王后。玛丽王后尤其被那些人——譬如库珀——对首相的吹毛求疵惹恼。"他带回来了和平,"她写给她的儿子英国国王,"为什么他们不能心怀感激?"[10]

在大多数贵族中,这种愉悦也丝毫不减。来自贵族成员们的赞美信填满了首相办公室里的收件盘,其中有一封来自库珀的姐夫拉特兰公爵(the Duke of Rutland),他为库珀的行为致歉。还有一封信,尤其发人深省,是巴克卢公爵在这位前第一海军大臣辞职之后写给库珀的。巴克卢——他于1935年在公爵领地即位后便成了英国最大的地主——在第一次世界大战期间打了4年的仗，有着对战争可以理解的恐惧，此外他深信英国和德国一定永远不要再打起来。在希特勒上任之后，为了研究那个政权并建立友好联系，他对德国进行了一系列私下的访问。他的日记清楚记录道，他发现纳粹党有很多地方都令人生厌。然而，他相信下一场战争将意味着文明的终结——在英国无疑是旧秩序的终结——因此，要尽一切努力与希特勒达成谅解。他的来信，既坦诚又乐观得天真，说了很多有关当时英国上流社会很重要一部分人的思维模式：

> 在我们当中有人可以事先证明或判定在任何情况下都不可能信任希特勒或德国吗？希特勒或许在此之前从未遇到过一名绅士兼政治家，还是一个有能力与他抗衡的人，他还可以和他商谈，而后非常惊讶地发现他自己向我们的首相做出了相当多的让步……倘若我们与德国没有协议，我们唯一的选择似乎就是战争，而备战……将意味着我们要开战，把其他一切都排除在外，包括在我们的社会活动上的巨大开销……我一直非常希望这场欧洲之战的噩梦可以消除，而自信能伴随着推动贸易复苏得到恢复，贸易复苏对我们的所有产业来说都太需要了，包括我与之有着密切联系的萧条的农业和苏格兰羊毛业（更不要说我自己的农业焦虑了），还希望一次复兴的繁荣将使议会能够实施一切它想实施的，并且不要从我们这里征收甚至更重的税款……倘若我们国家所有的开销都将用于备战，衰败一定会在其他方面继续，而不满将导致某个社会主义党派执政的令人不快的和灾难性的后果……难道你不认为我们的首相与希特勒已经取得了一个非常不错的开始吗？而且希特勒通过进一步的洽谈很可能会获益并有所习得。请不要太好战了，好吗？莫莉（Mollie）公爵夫人对于你不再担任海军负责人会感到非常苦恼。我对你始终拿不准，不过我期待最好的结果！[11]

尽管有这类客气的想法，但那依然是个不安分的时期。"整个国家都情绪高涨",人气小说家,也是反《慕尼黑协定》的保守党议员罗纳德·卡特兰的姐姐芭芭拉·卡特兰(Barbara Cartland)回忆道。"通常沉着冷静且对政治不感兴趣的人们开始情绪失控,对那些与他们意见不合的人勃然大怒,对于最轻微的挑衅也表现得粗鲁无礼。"[12] "夫妻间不再相互交流,父子间相互说着无法原谅的话。"黛安娜·库珀夫人写道。[13] 根据她的丈夫达夫所言,当时丈夫们往往倾向于支持《慕尼黑协定》而妻子们则反对它。对于理查德·劳和哈罗德·尼科尔森来说,实际情况看似相反。"英格兰的女人们表现出惧怕,而非勇气,"尼科尔森在1938年11月初面向全国妇女委员会发表演说时斥责道,"人们会感觉到一种新的担忧,即和平主义的起因甚至可能是因普遍坚称畏惧战争是女性的特权以及民族的命运对她们来说自然没有当前保全家人性命重要而产生的。"[14] 劳在一年后反思了局势,甚至更具谴责性地说:

> 倘若女性没有投票权,就不会存在任何保守党妇女协会。她们是元凶。我们的祖先竟愚蠢到认为女性会使政治变得崇高且神圣。她们像野蛮人一样,不受除了最粗糙的物质上的考虑因素之外任何因素的影响,她们除了堕落和耻辱没有给政治带来什么。在1918年之前,一名像内维尔·张伯伦这样非凡的人本是难以想象的。[15]

"大众观察"倾向于支持这个观点。根据危机期间收集到的舆论概况来看,男性更赞同"对抗希特勒",而女性往往会支持张伯伦及其为和平付出的努力。张伯伦当然相信这是实情,并且在接下来的一年中试图通过呼吁英国的女性来巩固对他政策的支持。[16]

另一个重要的,不过同样普遍的差异,是在年轻人与上了年纪的人之间。罗纳德·卡特兰在对他的伯明翰选民们发表讲话时,发现大多数年轻人都反对《慕尼黑协定》,而他们那些依然记得第一次世界大战的父母则坚定地为它辩护。"除了主耶稣这个可以接受的例外,在曾踏足过这个世界的人中,没有比张伯伦先生更伟大的了。"一名上了年纪的居民声称。[17] 在其他地方,一名名叫克里斯托弗·卡多根(Christopher Cadogan)的牛津大学本科生回到家后发现他的父亲、海军中校弗朗西斯·卡多根（Francis Cadogan，他在第一次世界大战期间曾在皇家海军服役）吩咐男管家拿来香槟，这样他们就可以为首相的成功举杯庆祝了。当儿子婉言拒绝举起酒杯时，父亲将他从家里赶了出去，而后有一段时间拒绝和他讲话。克里斯托弗后来在服役期间在塞浦路斯的海岸附近溺水而亡。[18]

最激烈的怒火对准了那些拒绝为《慕尼黑协定》投票并公开抨击首相的保守党议员们。"我想要把他的脑袋碾成冻。"一名前印度总督的夫人威林登夫人（Lady Willingdon）在达夫·库珀辞职之后宣称。[19] "那些叛徒们——温斯顿·丘吉尔，你的弟弟，还有他的同类，都该被枪毙。"芭芭拉·卡特兰在伦敦的一次午餐期间被告知。[20] 这些"叛徒们"也没有大发慈悲。丘吉尔"像比林斯门海鲜市场的粗野女人一样对我恶语相加"，一名保守党议员在《慕尼黑协定》辩论之后抱怨道，而库珀在与一名支持绥靖的议员进行争辩时怒火中烧，以至于他最终扼住了他的喉咙。[21] 哈罗德·麦克米伦在1938年的盖伊·福克斯之夜烧毁了张伯伦的稻草像（令村子里的孩子们很高兴，也让他妻子的公爵亲戚们感到惊愕），后来在电影院中当首相出现在银幕上时，他用意大利语大喊"雨伞！雨伞！"，令在场的观众感到震惊。[22]

在《慕尼黑协定》辩论之后的几周中，几乎所有反对《慕尼黑协定》的议员们都面对着严厉的批评，甚至还有来自他们地方党派受到保守党中央部的煽动而做出的取消候选资格的威胁。"我所有重要的支持者们都火冒三丈，我的领导层要求见我，而后我得到的大体印象是，在下周我所出席的一场或全部许多场会议上，我很可能会被石头砸。"在《慕尼黑协定》辩论后不久，克兰伯恩勋爵给安东尼·艾登写道。[23] 一周后，他写信给他的叔叔塞西尔子爵："我因我当地那些政见保守的老家伙们陷入了大麻烦，不过在经过一段很漫长的争吵后，已经从他们那里争取到了自由说出我对政府的外交政策所持看法的权力。他们认为，无一例外，我是（a）一名社会主义者，（b）一个战争贩子，还是（c）一个写匿名信中伤首相的人。我不知道保守党是怎么了，他们在我看来愚蠢得目光短浅且脑筋错乱。"[24]

其他造反的保守党人受到的处罚则没有那么轻。达夫·库珀实际上已被他的威斯敏斯特圣乔治协会置于考察期,而阿索尔公爵夫人对她的金罗斯和西珀斯郡协会要在下一届选举中寻找一名新候选人的决定做出了回应,辞去了她的席位并作为一名无党派候选人参选。① 在随后的补选中,保守党使出了浑身解数来对抗这位公爵夫人,那绝对是18世纪的方式,其间抹黑、龌龊的伎俩和低级的贿赂都用到了,她以大约1300的票差被打败。之后不多久,民族自由党的陆军大臣莱斯利·霍尔-贝利沙对《泰晤士报》的军事记者巴兹尔·利德尔-哈特发表意见称,这个"保守党班子甚至比纳粹党班子还要强悍。它可能有着不同的目标,但它同样的冷酷和残忍。它压制任何不顺从当局的人"。[25]

甚至丘吉尔——部分归因于政府的党鞭们——也在他的埃平选区面临着麻烦,并且不得不让大家知道,如果他没有得到他的协会的支持,他将"向选民们发起呼吁"。[26] 当罗瑟米尔子爵(他支持《慕尼黑协定》但不希望看到丘吉尔被逐出下议院)听说了此事时,他写信给他的老朋友,力劝他"稍安勿躁"。"只要内维尔·张伯伦还是首相,他的声名将不会受到影响,而在他的党派中任何挑战那个事实的议员都可能会遭受一次彻底的权势丧失。"这位报业大亨告诫说。"公众如此畏惧遭受轰炸,以至于他们会支持任何让他们远离战争的人……我不认为埃平的选民们可靠,因为埃平位于敌人的飞机驶近伦敦的线路之一上。"[27]

在这样的情况之下,根本不意外的是,在保守党的造反派中几乎没有人胆敢在计划于1938年10月27日举行的牛津补选中发起支持反《慕尼黑协定》人民阵线候选人的运动。实际上,唯一在任期内的,勇敢的,或者说有勇无谋到足以前往牛津去声言反对保守党候选人的保守党人是哈罗德·麦克米伦,他在聚集了激动的反《慕尼黑协定》者的群众大会上说,你们"可以一直通过把基督徒扔给狮子来安抚它们,可这些基督徒对此有别的说法"。[28]

在其他任何时候,这场牛津补选都本该是一次普通的权力争夺。保守

---

① 这位"红色公爵夫人"——因她公开宣布支持西班牙共和派而出名——在《慕尼黑协定》辩论期间一直在美国做巡回演讲。然而回到英国后,她很快便通过演说和批评这项《协定》的小册子来让她的反对意见为人所知。

极度狂喜与极度痛苦：1938年3月15日，在宣布德奥合并之后，希特勒在维也纳的英雄广场上向亢奋的人群发表演说

维也纳的犹太人被迫刷洗街道

"如他的愚蠢一般自负,又如他的自负一般愚蠢":前德国驻英大使、新任德国外交部长约阿希姆·冯·里宾特洛甫离开德国驻伦敦大使馆,1938年3月13日

对德国问题的两个截然不同的观念:罗伯特·范西塔特爵士(左)和他的外交部常务次官职位继任者亚历山大·卡多根爵士在唐宁街,1938年9月11日

"乘坐飞机的和平信使"：在捷克危机期间，内维尔·张伯伦准备离开赫斯顿机场赶赴他与希特勒的第一次会面，1938年9月15日

这次谈话一点也不顺畅：张伯伦在贝格霍夫努力寒暄，1938年9月15日

两人都满面笑容,但张伯伦于1938年9月22日—24日在巴德戈德斯贝格与希特勒的第二次会面以僵局告终

"多么糟糕啊……我们必须在这里挖战壕,戴上防毒面具,就因为在一个遥远的国家发生了争吵"——内维尔·张伯伦,1938年9月27日

1938年9月29日，慕尼黑会议的参与者们：内维尔·张伯伦、爱德华·达拉第、阿道夫·希特勒、贝尼托·墨索里尼和加莱阿佐·齐亚诺伯爵

"和平！"：一名伦敦花商表达她的感激，1938年9月30日

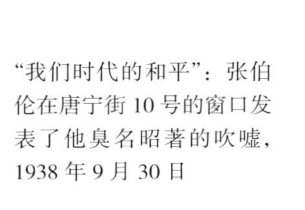

"我们时代的和平"：张伯伦在唐宁街10号的窗口发表了他臭名昭著的吹嘘，1938年9月30日

百感交集：《慕尼黑协定》之后，苏台德地区埃格镇的女人们对德军进入该地区的反应

罗马假日：张伯伦检阅意大利领袖的私人警卫队，1939年1月11日

"赤裸裸的且恬不知耻的侵略":德军进入位于布拉格的赫拉德卡尼城堡的院子,1939 年 3 月 15 日

魔鬼联盟:苏联外交委员维亚切斯拉夫·莫洛托夫在约阿希姆·冯·里宾特洛甫和明显很高兴的约瑟夫·斯大林的注视下,签署了《纳粹-苏联条约》,1939 年 8 月 23 日

闪电战：德国士兵行进穿过波兰乡间，1939年9月1日

在逆境中联合起来的对手：温斯顿·丘吉尔和内维尔·张伯伦，1940年2月23日

党自1885年之后便一直占据着席位（有2年例外），而那位保守党候选人、31岁的昆廷·霍格（Quintin Hogg）还是现任内阁大臣黑尔舍姆勋爵的儿子。不过，就在《慕尼黑协定》的4周后，随着工党和自由党候选人纷纷让位支持一名单枪匹马的反绥靖候选人、贝利奥尔学院院长"桑迪"·林赛（A. D. 'Sandie' Lindsay），这次牛津选举演变为一场关于《慕尼黑协定》的全民公决。如同在其他地方一样，年轻人带头反对《慕尼黑协定》。就在投票前2周，一个名叫爱德华·希思（Edward Heath）的贝利奥尔本科生，也是助理风琴手，虽然是牛津大学保守党协会的一名重要成员，但依然劝说牛津辩论社的成员们支持这项动议，即"这个议会强烈谴责政府的不光彩的和平政策"。[29] 其他年轻人——主要是持左翼观点的——包括罗伊·詹金斯（Roy Jenkins）、丹尼斯·希利（Denis Healey）、帕特里克·戈登·沃克（Patrick Gordon Walker）、理查德·克罗斯曼（Richard Crossman）、弗兰克·帕克南（Frank Pakenham）和克里斯托弗·梅休（Christopher Mayhew），他们发起了支持林赛的运动，后来也将继续拥有卓越的政治生涯。

桑迪·林赛是一名不大可能会成功的人民阵线候选人。他是一名伦理学教授，也是信仰基督教的社会主义者，他表明与失业者同心同德的方式是要禁止在学生宿舍供应纽堡龙虾。不过，由于他那群兴奋的年轻支持者们，这次牛津补选彻底成为一场闹剧。"给霍格的一票就是给希特勒的一票！"林赛的支持者们反复呼喊着。"投票给霍格就能解救你们摆脱困境。"霍格回击道。[30] 最终，霍格以超过3000票胜出，可保守党的多数票被削减了一半。在投票选举前夕，霍格形容《慕尼黑协定》是"由一己之力创造出的现代最伟大的奇迹"。[31] 现在他告诉他欢呼的支持者们，这不是他的胜利，而是张伯伦先生的。[32]

张伯伦很快就为他从唐宁街的窗户展现迪斯雷利式的兴高采烈而懊悔。在1938年10月6日结束了《慕尼黑协定》辩论之后，他便力求淡化他对于"我们时代的和平"的宣告，解释称讲这些话"的时候正处于某种强烈的情感之中，在漫长且筋疲力尽的一天之后，在我开车经过了数英里兴奋的、热情的、欢呼的人群之后"。[33] 然而，正如他的私人信件表明的，首相的确真的相信《慕尼黑协定》是一次巨大的成功，倘若维护得当，其可以促成他一直以来为之努力奋斗的长久和平。"我确定有朝一日捷克人会明白，我们所做的事是要为他们保全一个更幸福的未来，"他在 10 月 2 日写给坎特伯雷大主教，或许还带着一些愧疚，"我还真诚地相信我们终于开辟了这条通向全面绥靖的道路，仅凭它就可以将世界从混乱之中拯救出来。"[34] 几周后，他对他的继母坦承道，他发觉"很难相信再有一场如此严重且危险的危机会出现"，至少在相当长的一段时间内是如此，而他正在寻求的是"一次信心的恢复，其将让我们所有人停止武装并回归到原本的让这个世界成为一个更宜居的地方的任务当中"。[35]

在张伯伦的同事中很少人有这样的分析。对政府内外的许多保守党人来说，《慕尼黑协定》是一次痛苦的经历，它因国家没有为战争做好准备而变得不可避免。然而，当他们主张——正如《慕尼黑协定》的支持者们后来为张伯伦辩护时主张的——由《慕尼黑协定》换来的时间应当用于加倍进行英国的重整军备时，他们受到了首相的冷遇。"可是难道你们不明白？我带回来了和平。"张伯伦对斯温顿勋爵抗议道，后者刚好提出这样一个要求作为支持该《协定》的交换。[36] 几周后，在 10 月 31 日，他突然责骂起那些内阁大臣们——这些人包括埃利奥特、温特顿、德·拉·沃尔、斯坦利、霍尔-贝利沙、金斯利·伍德（Kingsley Wood）以及，最重要的，哈利法克斯——他们一直在为扩大或加速重整军备进行争辩。"我们的外交政策是一种绥靖政策"，首相解释着，补充道"重整军备……一直以来受到了大量错误的重视，仿佛《慕尼黑协定》的一个结果是，它对我们扩大我们的重整军备计划来说将是必要的。加速现有计划是一回事，然而在我们的计划范围内有所增加则是另一回事，后者将导致一场新的军备竞赛。[他]希望或许有可能采取积极的措施并通过其他方式将《慕尼黑协定》深入下去，旨在争取更良好的关系"，正如他还希望"有朝一日我们将有能力获得一种限制军备的办法，然而这何时将被证明是有可能的，现在说为时尚早"。[37]

甚至更让首相生气的，是那些继续抨击他和他的伟大成就的保守党议员们。"极权主义国家的特征之一至少不是他们习惯于弄脏他们自己的安乐窝。"他于 11 月 1 日在下议院不耐烦地说出了一句揭露性的题外话。[38] 尤其是,他发觉不得不留住他自己政府内部这些"弱势同胞"(他习惯这样称呼他们)的支持令人厌烦,而与此同时又要为他自己辩解,对抗一直在"对我展开频繁的阴谋策划"的丘吉尔及其支持者们。[39] 然而,在这场较量中,首相有一个秘密优势。那位阴险的前军情五处军官约瑟夫·鲍尔爵士自从艾登辞职后就始终没有懈怠,并在这段时间里成功地窃听了许多重要的反绥靖人士的电话,其中就有丘吉尔的。"他们当然完全不知道我对他们的行动了如指掌。"张伯伦向他的妹妹艾达吹嘘道。不过"我频频得到有关他们所做所说的情报,这些已经第 n 次表明温斯顿可以多么彻底地欺骗他自己"。[40]

对首相来说更令人担忧的是对《慕尼黑协定》的吹捧消逝得多快。尽管保守党在牛津设法保住了地位,然而他们在随后一周的达特福德补选中失利了——大体上也是关于《慕尼黑协定》议题的争辩——紧随其后是弗农·巴特利特于 11 月 17 日在布里奇沃特作为一名无党派反绥靖候选人参选时引起哗然的胜利。大概同一时间,一项由《新闻纪事报》进行的民意调查发现,在被问及的英国人中有 86% 不相信希特勒所表示的他没有进一步的领土野心。这个调查结果起初被禁止发表,因为该报的董事长沃尔特·莱顿爵士——他被政府严重压制着——不想"让德国的情绪恶化"。[41] 但仍有许多其他迹象表明,整体气氛正在变得愈发不满,譬如这封寄自 10 月中旬的写给报社的匿名信:

> 我认为"内心出口贸易"现在依然非常红火,坎特伯雷大主教已经宣告我们的内心同情捷克人。我相信在 1935 年运送的第一批大宗货物离岸时,当时,正如你会回想起来的,我们的内心同情"勇敢的阿比西尼亚人"(我们的石油,当然,都给了墨索里尼)。从那时起,大批物资便运送至西班牙、奥地利和中国。我希望那些收货人是心怀感激的,不过有传言称一些较小的国家正在窃窃私语——怀着十足的恶意——说我们已经丧了胆,还丢了心。[42]

希特勒也没有让张伯伦好过些。他怨恨西欧强国把他从他的"小仗"中"骗"了出来并且气愤于德国民众因和平得到了维护而展现出来的那种热情,10月9日,在萨尔布吕肯,他在一场用德国外交官乌尔里希·冯·哈塞尔的话来形容是"粗鲁到不可思议的演说"中怒斥,谴责库珀、艾登和丘吉尔在贩卖战争,然后警告英国放下他们"自《凡尔赛和约》时期以来的架子"且不要插手德国的事务。[43] "我们再也无法容忍家庭女教师们的教导了!"他宣称。[44] 几周后,他在魏玛重复了这些抨击,同时还庆祝了德国已经结束了被那些"手持雨伞型"资产阶级领导人影响的事实。[45] 更糟糕的还在后面。

* * *

1938年11月7日上午,德国驻巴黎大使馆的三等秘书被一名17岁的波兰犹太人射杀。在戈培尔的竭力主张下,希特勒决定让德国犹太人"感受群众的愤怒"的时候到了。[46] 警察被撤走,冲锋队被派遣出动。在11月9日和10日的夜间,一股反犹主义暴力与破坏的浪潮席卷了德国和奥地利。267座犹太会堂被纵火或被炸毁;超过7500个犹太人经营的商店被砸烂。被成群的冲锋队员破门而入的犹太人的住所遭到了肆意破坏和劫掠,房屋的主人们遭到了殴打或忍受着兽性的腐化。数百名犹太人被谋杀,而另一些情愿自行了断的人们割破了他们的手腕或是从楼上纵身跳下。在这场集体迫害之后的日子里,大约3万名犹太男性被逮捕并被遣送至达豪、布痕瓦尔德和萨克森豪森。

英国的以及国际的舆论因"水晶之夜"而大为震惊。《新闻纪事报》称这是"自黑暗时代以来最令人愤怒的集体迫害",而《泰晤士报》宣称"在世界面前决意抹黑德国的外国鼓吹者中没有人可以写出比那些焚烧与殴打、对手无寸铁且无辜的民众发动流氓袭击更夸张的故事来,昨天它让那个国家名誉扫地"。[47] 对于支持张伯伦的《旁观者》杂志的主编威尔逊·哈里斯(Wilson Harris)来说,"过去一周所发生的事情已经毁掉了绥靖这个词"——一种看似在大多数英国民众中共有的情绪,根据一项盖洛普民意调查显示，其中有73%的人赞同这种说法，即"在德国发生的迫害犹太人事件是对英德之间达成良好谅解的一个阻碍"。[48]

甚至连亲德派也做出了对此深恶痛绝的反应，不过对某些人来说，痛惜的首要原因是其对绥靖事业造成的损失。"我得说，希特勒从来不帮忙，而总是令张伯伦的工作更难做。"这是"奇普斯"·钱农在他1938年11月15日的日记中随意写下的评论。一周后，他的态度变得有几分强硬了：

> 从来没有一个人指责我是反德派，但我真的再也无法忍受当前的那个政权了，它似乎已经丧失了一切理智与理性。他们是疯了吗？实行了如此残忍的对犹太人的迫害，这是目光短浅的、残酷的，也是没有必要的，而眼下，报纸告诉我们，我们将会看到罗马天主教徒也遭受迫害。[49]

其他流露出厌恶与失望的纳粹亲善者包括伦敦德里侯爵——他迟一步承认道，在德国正沉湎于"一种迫害……有着中世纪的凶残"时，不可能存在有关殖民地绥靖的洽谈——以及芒特坦普尔勋爵，他辞去了英德联谊会主席的职务。[50] 相反，布罗克特勋爵继续了他计划好的与戈林的狩猎之旅，而后回到英格兰将他的东道主的与希特勒的坚称广而告之，即他们既不了解也没有参与近期发生的骚乱。他"一定是蠢蛋里最容易上当的"，霍勒斯·朗博尔德以这种只能说是最仁慈的评价指出。[51]

抗议声最大且对德国政府谴责最强烈的国家是美国。罗斯福总统在11月15日的一场新闻发布会上痛斥了这种暴力并宣告他正在召回美国大使。更多的谴责来自参、众两院，还有前总统赫伯特·胡佛（Herbert Hoover），他走到新闻摄影机前面去强烈反对这种"在近代历史上绝无仅有的野蛮的偏狭"。[52] "舆论毫无例外地被德国激怒并对它显示出敌意。"11月14日，德国大使汉斯-海因里希·迪克霍夫（Hans-Heinrich Dieckhoff）汇报。此外，强烈的抗议"不仅来自犹太人，还以同等强度来自所有阵营和阶级"，包括之前亲德的美国阵营。"尤其给我留下印象的，"这位大使继续道，"是这个事实，即几乎无一例外地，那些体面的爱国的圈子——

在他们的世界观里，他们是彻底反共的，大部分也是反犹的——也开始转身离我们远去。"[53]

"水晶之夜"的影响是即将摧毁美国人对绥靖已然衰颓的信心。尽管罗斯福在他听到关于希特勒为四国会议发出的邀请时给张伯伦发送了电报"好样的"，但这位总统和大多数美国人对《慕尼黑协定》的热情都是转瞬即逝的。[54] 实际上，许多美国人从一开始便对英国处理捷克危机的方式持批评的态度，而且，正如约瑟夫·肯尼迪对安东尼·艾登解释的，"反英"情绪的压力在美国空前高涨。[55] 为了抵消这种情绪，美国大使（他依然对绥靖保留着信心，即便他的同胞们不然）力劝艾登接受一份来自美国全国制造商协会的邀请，在他们于12月9日在纽约召开的会议上发表讲话。艾登起初拒绝了这份邀请，而后被说服，并于1938年12月3日登上了备有一箱荣获"大使奖"的香槟的"阿奎塔尼亚号"。

艾登受到的欢迎类似于那种给予好莱坞明星的待遇。4000人聚集在华尔道夫酒店聆听他的演讲，这还在三家全国无线电网络上进行直播。当他走进酒店的餐厅时，《希望与荣耀的土地》响起，还有一大群摄影师一窝蜂地跑来跑去，拍下他的每一个瞬间。就在他正要讲话之前，有人从另一张桌子递给他一张纸条："不论你做什么都不要在意这些摄影师——诺埃尔·科沃德（Noël Coward）。"[56] 艾登告诉他的听众们，在这个世界上存在着重大的危险，但大不列颠愿意直面它们，就像它先前在其历史上做过的那样，"既不颓靡，也不怯懦"。当然，它并不希望劝诱其他人"去为我们火中取栗"。[57]

这一切进行得极其顺利。美国国会以其官方记录发表了此次演讲，艾登在他所到之处也都会收获掌声及欢呼声。美国新闻界将夸张的说法推向了新高度。"他是白马王子。他是与龙搏斗的圣乔治。他为原则辞职。他不是一个见风使舵之徒。他可以顽抗到最后一个回合并在击倒对手获胜之后回来。他是一名英格兰人。"《纽约先驱论坛报》称赞道。[58] "你可以在这里竞选总统并从容应对。"前民主党总统候选人阿尔·史密斯（Al Smith）恭维道。[59] 然而，在艾登享受着这些赞歌的同时，他也因美国人对张伯伦及其政府的看法而感到担忧。"我对我觉察到的那种氛围感到震惊。"他回国后写信给斯坦利·鲍德温。

> 可怜的南希［·阿斯特］和她的克莱夫登集团已经造成了很大破坏，90%的美国人坚定地相信在保守党中只有你我二人不是经过伪装的法西斯分子……我大部分的时间都用在了坚决表明内维尔不是法西斯，约翰·西蒙也不总是个"骗子"上……我希望在绝大多数情况下我没有替约·西作伪证……肯尼迪会担心是对的，我也依然如此。这个政府已经失去了重新俘获这些人的权利，而南希应该被迫关闭克莱夫登。[60]

苏格兰记者罗伯特·布鲁斯·洛克哈特形成了类似的看法，他之前是外交官，也是间谍，他在1939年1月开始了一次巡美讲座。"我前往的几乎每一个地方，反纳粹情绪都很强烈。不过对英国政府的批判甚至更为猛烈。"他指出。大多数笑话对准了英国首相——以多萝西·帕克（Dorothy Parker）的玩笑为典型，挖苦张伯伦是"历史上第一名自由泳时速达250英里的首相"——而一枚白色雨伞样式的领针则成了那些认为英国本应继续支持捷克斯洛伐克的女士们最新的时尚配饰。这种普遍流行的看法被一本名为《英格兰：一个行将就木的寡头统治的国家》的小册子记录下来，其中这位作者，小说家兼记者路易斯·布罗姆菲尔德（Louis Bromfield），"以具有说服力的伯明翰体"阐明了英国绥靖独裁国家的政策已经造成或即将造成的每一个结果：

> 1. 在整个欧洲、亚洲以及美国，威望的极大丧失。
> 2. 对英美友谊这项事业和美国对英格兰的尊敬造成的极大损害。
> 3. 给英国的投资者们，还有外国的投资者们，在收益和资本两方面带来的极大亏损。
> 4. 给世界上的独裁者和不法之徒带来的极大安慰和激励。
> 5. 英国对这些民主国家的领导力的丧失。
> 6. 外国对地中海区域的控制，对大英帝国的生死至关重要。

对英国人来说幸运的是，纳粹甚至更为成功地疏远了美国舆论。对英国人的失望来自对纳粹的普遍憎恶，纳粹由于他们在宣传上的愚钝成功地加重了他们的罪行，以一本名为《乔治·华盛顿：第一名纳粹》的小册子为代表。布鲁斯·洛克哈特揶揄地表示："我们有史以来拥有过的最棒的英国驻美大使是阿道夫·希特勒。"[61]

* * *

和几乎其他所有人一样，张伯伦因"水晶之夜"而感到震惊。"显然，纳粹的仇恨将不择手段地为他们的暴行找到一个借口。"他写给艾达，不过他主要的抱怨在于一个事实，即"关于英德关系似乎的确存在某些致命性，其总是妨碍改善它们的每一份努力"。[62]显而易见的是，在绥靖方面进一步的官方努力暂时是不可能了。然而张伯伦不愿意仅仅因为德国本国的兽性就放弃他的整个政策。

1938年11月23日，一个穿着一身深灰色西装和浅色粗花呢大衣，大概5英尺9英寸高，有着蓝色的眼睛、直挺的大鼻子和深色头发的男人悄悄溜进了位于卡尔顿府联排的德国大使馆。首相的新闻秘书乔治·斯图尔德（George Steward）前来与德国的新闻专员弗里茨·黑塞进行一次密谈。这二人之间的关系早已建立起来。有段时间，斯图尔德一直充当首相与德国人的秘密联络通道，很可能是在约瑟夫·鲍尔爵士的管理之下，就像阿德里安·丹利曾经是意大利人的情报中转人一样。在他的上一次到访中，即于《慕尼黑协定》的12天后，斯图尔德前来恳请德国人在他们的宣传中"再三强调"称"他们信任张伯伦，因为他想要和平"，并"着重表明他们的要生活在与英国民众的长久友谊中的愿望"。这样做的重要性，斯图尔德解释称，是首相正在违背英国外交部的意愿为一项英德谅解而努力，外交部正在试图"蓄意破坏"他的计划，甚至还有他自己内阁中的某些成员。[63]

眼下，在"水晶之夜"的2周后，首相的密使前来传达张伯伦的迫切愿望，即应当采取一些"看得见的措施，按照《慕尼黑协定》中规定的方式"。斯图尔德尤其建议达成一项旨在使空战"更人性化"的协议，甚或"一份涉及对各自重要势力范围表示认可的英德联合声明"。为此，让里宾特洛甫或其他某位德国部长来一趟伦敦是很重要的，因为让张伯伦在没有更多进展的情况下再一次出访德国是不可能了。不管怎样，英国政府能做的是"担保"这位德国部长在英国新闻界会得到一个有利的评介，因为英国外交部那位臭名昭著的反对纳粹的新闻负责人雷克斯·利珀（Rex Leeper）已经在《慕尼黑协定》之后的大清洗中从他的职位上被除名了。对于这次不寻常的谈话，黑塞在写给里宾特洛甫的报告中这样总结道：

> 请允许我发表我的看法，这个出人意料的建议是又一个迹象，表明英格兰想要与我们达成谅解的愿望是多么强烈，此外它也证明……大不列颠已经准备好在接下来的一年中从我们这里切实地接受一切并满足我们的每一个愿望。至于其他，具有重大意义的是，这位代表利用这个机会，给我详细介绍了英格兰政府已经自发采取的多种措施，来给源自反犹主义的糟糕情绪画上一个句号，以便消除这个在我们的关系中造成摩擦的特别缘由。[64]

斯图尔德的到访并非未被察觉。军情五处成功地在德国大使馆内部收获一名间谍，而一份有关这位新闻官到访的报告，连同他的描述以及黑塞的备忘录的副本，很快就出现在英国外交部常务次官的办公桌上。卡多根被他读到的内容吓得胆战心惊。"即便这些秘密协商成功了，它们导致的结果也只会令德国的温和派感到不安，令当权的极端主义者感到宽慰，并且形成某种将成为大英帝国的终结的开端的冒牌'协议'。"他在记录里写道。[65]哈利法克斯与张伯伦当面对峙，后者对这个曝光出来的秘闻假装"大吃一惊"。[66]卡多根不信，却从这个实际情况中得到了安慰，即所有此类进一步往来眼下至少都不可能了。斯图尔德当时是最后一次到访卡尔顿府联排。

* * *

张伯伦愈发意志消沉，尽管他向希尔达汇报称，他和哈利法克斯在1938年11月23—26日到访巴黎期间——意在给"法国民众一次宣泄他们被压抑的感激与喜爱之情的机会"，此外也是增强达拉第的信心——受到了"令人愉快的接待"，但在那里也依然存在一些嘘声以及"艾登万岁！"和"打倒《慕尼黑协定》"的呼喊声。[67] 与此同时，张伯伦一直在面对来自他自己党内接连不断且愈演愈烈的批评。正如他在一封随后写给他妹妹的信中继续道，那周，"竟然遇到一名年资较浅的大臣［罗伯特·赫德森（Robert Hudson），海外贸易秘书］来找我并透露称，除非我开除掉至少2位，最好是4位我的同事"，赫德森及其伙伴不相信他们正在重整军备方面尽其职责，否则到时候"他和许多其他年纪较轻的大臣们将不得不重新考虑他们的立场了"。[68] 最终，那所谓的"副秘书长们的反叛"不了了之，不过它还是让首相感觉危机四伏、垂头丧气。"有时我感觉我希望民主见鬼去，我还经常想，什么样的首相曾像我一样不得不经受这样一番磨难。"他在12月17日向艾达抱怨道。[69]

更加让人劳心费神的是，大量迹象表明希特勒远没有安稳下来成为张伯伦所希望的那位心满意足的、爱好和平的政治家，而是正在为新冒险做着准备。10月14日，慕尼黑会议刚刚过去2周，戈林就宣布了德国在重整军备方面的一次大规模扩充（包括纳粹德国空军在规模上增加5倍），而后在12月初，德国政府正式发布通告，称它打算行使《英德海军协定》中的一项条款，其允许它建造达到完全等同于英国潜艇吨位总和的潜艇。伴随这些公开宣言的是一系列情报报告，表明希特勒"神志几乎不正常"，"内心充满了一种对这个国家完全丧失理智的仇恨"，而德国新闻界也加入了一场恶毒的运动，称"不列颠是'头号公敌'"。[70]

起初，人们以为德国的下一次政变会发生在东面。情报机构相信乌克兰将是希特勒的新目标，一个根据罗伯特·范西塔特爵士的熟人所提供的依据进行推断的结果。然而，在12月中旬，英国驻柏林大使馆的一等秘书伊冯·柯克帕特里克被一名与德意志国防军有着紧密联系的已经退休的德国高级官员告知，希特勒打算"在3月轰炸伦敦"。[71] 正如结果表明的，这是一则错误的谣言，相当有可能是由反战的德国军事情报负责人、海军上将威廉·卡纳里斯传出，力图吓得英国人推行坚定的政策。在有限的程度上，它起了作用。哈利法克斯不出所料地慌了，而后一组防空排炮被安放在将德国大使馆尽收眼底的韦林顿兵营。大约在同一时间，内阁同意在格拉斯哥郊外建造一个新的军工厂，计划一年生产超过300门防空炮。对于那些多年来一直在鼓动增加国防采购的人们来说，这是一点好消息。"在这些恐惧的浪潮之中，我们每次都被向前再推进一点"，亨利·波纳尔少将指出，倘若"我们有足够多这些危机，我们甚或有能力拥有一支装备良好的战地部队，在那位财政大臣萨姆·霍尔及其同类不知道的情况下！"。[72]

然而，在其他所有方面，几乎都没什么值得庆贺的事了。1938年12月22日，卡多根在他的日记中写道，对于这"艰难又焦虑的"一年，他最多只能说，最终"我们都还好好地活着"。1939年会同样如此吗？卡多根不确定。"在我看来，除非在德国发生革命，否则我们一定会陷入战争中挣扎。之前的希望也的确很微弱。我只能祈求上帝来帮我完成我在自己的领域里能做的那一点事，然后保佑我们所有人，让我们安全地度过危机。"[73] 从锡辛赫斯特——尼科尔森家族在1930年购得的那座位于肯特郡威尔德的都铎式城堡——审视着眼前的场景，哈罗德·尼科尔森对1938年的告别辞，尽管因为嘲讽而生动有趣起来，但也同样是悲观的："这是糟糕的一年。张伯伦已经破坏了国际均势，而尼格斯（Niggs）[他的第二个儿子]得到了一个三等学位。令人不快的一年。明年将会更糟糕。"[74]

19

遭到背弃的张伯伦

在伯明翰从未有人对市长食言过;当然在欧洲也没有人会对英格兰首相食言。

——达夫·库珀,

《张伯伦:坦诚的描述》[1]

1939年1月11日下午4点20分,那趟专列准时进入罗马的主终点站停靠。两组轨道已被覆盖以搭建起一个加大的站台,而火车站,像这个城市的其他地方一样,被英国米字旗和意大利三色旗装点起来。墨索里尼紧裹着一件黑色双排扣军大衣在站台上等待着,他的脸上露出"一丝得意的笑",一起的还有齐亚诺,他的帽子傲慢地歪戴着,以及一群法西斯大人物。[2] 此外在场的还有英国大使珀思勋爵(Lord Perth)和大概1000名英国侨民。随着火车渐渐停下来,乐队开始演奏,而后张伯伦从他的车厢里面带笑容出现了,迎接他的是法西斯军礼和意大利领袖戴着手套的手。根据新闻片解说员的说法,在英国首相检阅撒丁岛的英国近卫步兵团卫队以及意大利领袖自己的私人警卫队时,人群注意到他没有忘记他的雨伞,此外还有一顶散发着光泽的高顶礼帽,几乎得到了"片刻欣慰"。[3] 这四个人——张伯伦、墨索里尼、哈利法克斯和齐亚诺——随后走出火车站,在那里他们对一大群民众的掌声表示了感谢。

虽然受到了热烈的欢迎,但此次张伯伦和哈利法克斯的罗马访问依然引发了争议。1938年11月16日,英国人终于认可《英意协定》正式生效,但那仅仅是在墨索里尼有效地胁迫了他们之后——通过威胁要与德国签署一项军事联盟,除非该《协定》立即生效。在这之后是一次极端的反法宣传运动，于 1938 年 11 月 30 日发起，当时支持法西斯主义的法国国民议会突然爆发出"突尼斯，科西嘉，尼斯，萨伏依"的呼喊声。[4] 法国舆论被激怒，达拉第也宣布他不会交出法国领土的一分一毫。英国报纸赞许了这次反抗——因达拉第在北非及地中海区域的法国殖民地进行的公开新年巡回访问而得到凸显——并严厉谴责了意大利的挑衅。然而，这并没有减轻法国人对英意峰会的不安，而且，正如亚历山大·卡多根爵士在 12 月 2 日记录的，法国大使正在恳求英国人"给那些卖冰激凌的小贩们当头一棒"。[5]

结果表明，法国人无须担心。尽管张伯伦私下里支持法国做出在领土方面的让步以便实现与意大利友好关系的恢复，然而他既没有提出这个话题，也没有试图达成一项他自己的协议。其实，正如齐亚诺向里宾特洛甫汇报道的，这次访问是"一大杯柠檬水"。[6] 英国人被带去听歌剧，在无名烈士墓前祭献花圈，还观看了体型健壮的意大利女子用实心球做的陌生运动。可以理解的是，尽管看到意大利小伙子们携带着小型步枪有一种使人警醒的效果，他们认为"罗马步"——墨索里尼对德国正步的公然剽窃——荒唐可笑。

张伯伦度过了一段快活的时光。在每一个地方他都得到了自发前来的群众的欢呼喝彩，而当他准备进行他与意大利领袖的第一次对话时，意方不得不派出警察来让威尼斯宫外的喧哗安静下来。张伯伦喜欢墨索里尼。不像希特勒，他看起来不是一个"狂热分子"，甚至还有种幽默感。首相在他回国时写信给国王，生动地描绘了这位意大利独裁者，有着深色的皮肤——"比很多印度人还要深"——和暗褐色的眼睛。尽管他费了九牛二虎之力以保持身材，但张伯伦认为墨索里尼发福了，不过"他依然在身心两方面都极其警觉又充满活力"。[7] 这种生命力的一个可能的来源，英国人对此猜测道，是有流言称"墨索"（张伯伦总是这样称呼他）最近换了情妇。"他之前有一名意大利女人，料想她应该一直令他筋疲力尽，"哈利法克斯的私人秘书奥利弗·哈维记录道，"而眼下他有了一名德国还是捷克的情妇，据说这一名更冷静！"张伯伦没有将这则信息传递给国王。[8]

首相相信他已经实现了他的主要目标。这些是要削弱德意轴心并说服墨索里尼去制止希特勒的一切"疯狗"行径。[9]"我有信心,我们已经建立起的私人往来会倾向于让墨索里尼保持在正轨上。"他告诉国王,而1939年1月18日的内阁会议纪要记录了首相坚信"墨索里尼先生与希特勒先生对彼此无法完全赞同"。[10]现实,就像除了那位毫无作用的珀思(哈维认为他甚至不会说意大利语)几乎任何一名大使本该有能力看出来的一样,是截然不同的。尽管对希特勒的野心存有阵阵担忧,墨索里尼依然坚定地站在德国的阵营当中,并且仅在英国人到访前10天决定将德国、意大利与日本之间签订的《反共产国际协定》改头换面成一个全面军事同盟。除此之外,也和张伯伦对他美好乐观的评价形成可悲的反差,意大利领袖明显对英国的大臣们不当回事。他在访问第一晚于威尼斯宫举办的盛大晚宴结束后转向齐亚诺,传递了一个尖刻的评价,称张伯伦和哈利法克斯"与开创大英帝国的弗朗西斯·德雷克(Francis Drake)们以及其他了不起的冒险家们"不可同日而语,只是"一个个富人们的守旧陈腐的儿子,他们将会失掉他们的帝国"。[11]更糟糕的是,他取笑了张伯伦的雨伞。

*　　*　　*

与此同时,有关一次迫在眉睫的德国袭击的谣言继续流传。由于海军上将卡纳里斯及其参谋长汉斯·奥斯特(Hans Oster)的工作——依然在设法吓唬西欧强国加速它们的重整军备——荷兰眼下似乎成了德国布局的重心,甚至连瑞士也作为一个潜在目标而被谈及。同一时间,继续有报告称希特勒正在策划一次对大不列颠的大规模空袭,因为据说他认为伦敦"可以在几天之内被接连不断的轰炸摧毁"。[12]哈利法克斯在一封给罗斯福总统的电报中解释道:

> 所有这些报告有着一致的预测,即这个危险阶段将于临近2月底时开始,英王陛下政府不想危言耸听,可如今,正像在去年的7月、8月和9月一样,引人注目的是,有一种总的趋势贯穿在所有这些报告中,而忽视它们是不可能的……此外,正在令他周围的温和派担忧害

怕的希特勒的精神状态、他对大不列颠丧失理智的狂怒和他的权欲熏心与实施一次对抗西欧强国的孤注一掷的政变是完全一致的。[13]

当外交政策委员会在1939年1月23日召开会议时，大家一致同意对荷兰的袭击将构成开战的理由，而后在2月6日，张伯伦觉得有必要在下议院宣布，任何对"法国的切身利益"构成威胁的事"一定会唤起这个国家的即刻合作"。[14]

各种情报报告和对法国的诺言都预示着"有限责任"战略的终结。哈利法克斯已经担忧了一段时间，恐怕缺少一项欧洲大陆承诺会令法国人过于失败主义，以至于使他们变得甚至连他们自己的国界线都没有能力保卫了，也担心这会迫使他们与德国达成一项协议，1月26日，他告诉帝国国防委员会，称他眼下支持一项对欧洲大陆的全面承诺，包括将英国远征军增至3倍，将国防义勇军、参谋会谈和征兵增至2倍。这位外交大臣在发表讲话时支持莱斯利·霍尔-贝利沙，而莱斯利除了上述之外，还一直在敦促成立一个供给部。"我说过，如果我们即将参战，对于我们原本的生活方式而言，那绝非易事，那也不是一场我们能够在其中限定我们责任的战争。"这位陆军大臣在他的日记中记录道。此外，"下一场战争的影响……会十分巨大，以至于倘若在一开始还没有一个供给部存在的话，便存在一个危险，即这场战争会在这个机构能够被建立起来之前输掉"。[15]

起初，张伯伦仍在抵制这些呼声。正如他在2月2日告诉内阁的："在每一个分支机构中都能为了增加的军备找出一个无可辩驳的理由，如果不理会这些提议的财政方面。可财政不容忽视，因为我们的财政实力是我们在任何一场短时间内不会结束的战争中最强有力的武器之一。"他得到了财政大臣约翰·西蒙爵士的支持，后者对于为装备一支甚至不算精良的战地部队所提出的8100万英镑这个数字表现出畏缩。[16]然而，不出2个星期，第一和第二财政大臣就屈服了。正规军的4个师将为在欧洲大陆发挥作用做好准备（而不是之前计划的2个），此外还有2个机动师和国防义勇军的4个师。通过将最后一拨人的登船从战争爆发后的4个月推迟至6个月，他们又节省了一些开支，然而不论这一点还是对一个供给部持续的抵制都削弱不了这个决定的革命性的本质。内阁一直在奋力阻止一种局面——到时候英国士兵们将不得不在欧洲大陆上作战，就像他们的祖先曾经做过的那样；眼下内阁已经接受了，假如战争到来，这将是一个不可避免的现实。1月29日，英国政府正式要求与法国人确立详细的参谋会谈，为一场不仅要对抗德国，还有意大利的战争来出谋划策。[17]

尽管有很多情报警告，但张伯伦依然保持着非同寻常的乐观。他反对哈利法克斯试图在他预计于1月28日在伯明翰发表的一段演说中"加入某种强硬的态度"，相反却呼吁希特勒为和平事业做出他的"贡献"。[18] 2天后，当希特勒在他掌权的六周年之际面向德国议会发表讲话并且没有提出任何新的领土方面的要求时——不过他的确预言了倘若再有一场战争的话"欧洲犹太种族的毁灭"——张伯伦相信他的呼声得到了回应。[19] "我自己开始感觉到终于我们即将处在那些独裁者的上风。"他在2月5日向希尔达吹嘘道，补充说希特勒已经错过了先前9月份的那班车。无论如何，他深感欣喜，德国人"现在根本不可能像那时候他们本可以做到的那样把我们搞得如此一团糟了，而我们却可以把他们搞得更糟糕"。[20]

张伯伦的乐观受到了内维尔·亨德森爵士的鼓舞，后者尽管因为一次喉癌手术从柏林缺席了3个月，但仍抓紧一切时间驳斥迫在眉睫的德国侵略传闻。"我的第一印象是德国人没在思忖任何疯狂的冒险，他们的罗盘正指向和平。"这位大使在1939年2月16日传达了他的想法。[21] 前一晚，亨德森出席了德英协会的一场晚宴，在那里该协会主席科堡公爵（the Duke of Coburg，维多利亚女王的孙子，也是这位大使同时期的伊顿校友）振奋人心地谈起了英德关系的未来。据亨德森所言，这位公爵的演讲在最后一刻被改写了，并且很可能得到了"希特勒先生本人的亲自认可"。[22] 张伯伦欣喜若狂。"这似乎比我迄今为止见过的任何事情都更接近我一直以来要求得到的那个答复。"他回答亨德森，随后开始憧憬即将到来的裁军会谈，甚至还有对解决德国殖民地所有权的一次新尝试。[23] 然而，外交大臣可没有像他一样的热情，前者写信给大使强烈反对首相对局势"相当乐观的"评价："我自身并不觉得有任何希望能够让有关殖民地的讨论产生任何意义……除非并且直到你的德国朋友们可以真正表达出非常悦耳的言语作为友好内心的证明。"[24]

这个挖苦表明，哈利法克斯从绥靖派到反对派的转变过程从《慕尼黑协定》之后才加快了速度。奥利弗·哈维认为他几乎"认不出来了，和一年前的哈［利法克斯］相比"，指出这位外交大臣眼下将希特勒视作一个必须被正视的"违法犯罪的疯子"。[25] 这对张伯伦来说是一个相当大的打击，他又一次被迫采用各种阴险狡诈的方式以便实行他的政策，其中之一便是继续鼓励对德国的半官方访问，譬如那次由支持绥靖的英格兰银行行长蒙塔古·诺曼（Montagu Norman）于1939年1月进行的访问。关于那次出行，英国外交部完全被蒙在鼓里，而后才经由一个"从德国自身那边的间接途径"意外发现。"我们由此看到了［这位］首相的政策的进一步运用，背着他的外交大臣行事并在外对那些独裁者们保留一项副业。"满腔愤慨的哈维记录道。[26] 还有一名英国外交部曾经（并且仍然）对此人完全不知情的业余外交官，他是前保守党议员，也是法西斯的认同者亨利·德拉蒙德·沃尔夫（Henry Drummond Wolff）。根据德拉蒙德·沃尔夫自己的叙述，他在1939年1月对柏林的访问（他在那一年即将进行的4次访问中的第一次）纯属一次个人举动。事实上，如同他对德国大使馆的一名官员解释称的，他当前的旅行得到了英国首相的一名"重要顾问"的认可，那几乎可以肯定是约瑟夫·鲍尔。[27] 大门被推开了，德拉蒙德·沃尔夫很快发觉自己正在与戈林会面，后者成功地说服了这位完全不加批判的前议员相信希特勒依然"极度渴望与大英帝国达成全面和解"。[28]

这样的报告，连同他对德国日益增加的经济难题的体谅，只起到了助长张伯伦早已怒放的乐观精神的作用。"我得到的所有这些情报似乎都指着和平的方向，"他在2月19日写给希尔达，"我还要再重复一遍，我相信我们终于已经处在了那些独裁者的上风。"[29] 1周后，他预言了"一段时间的日趋增进的祥和"，而后在3月7日告诉一场晚宴上的保守党议员们，"随着我们的重整军备在扩充，会发生一场德国之战的威胁每天都在减少"。[30] 2天后，他接待了议会民众接待厅的记者们以表达他的观点，即局势相比之前一段时间已经"不那么紧张了"，还提请考虑一次新裁军大会的可能性。这次发布会——在许多报刊上被一字不差地援引——从哈利法克斯那里招来了一通尖锐的指责,他担心德国人会"信心大增地认为我们正在感受到压力"。[31] 张伯伦假装悔悟并写信给他的外交大臣为这次"失言"致歉,然而私下里,他毫无悔意。首相在1939年3月12日写信给艾达,说明当他知道他是对的时,他对批评便是免疫的,并且"像查塔姆一样,'我知道我可以拯救这个国家,而我不相信其他任何人可以'。"[32] 3天后,希特勒入侵了捷克斯洛伐克的残余部分。

* * *

德国人接管捷克斯洛伐克本不该令人感到意外。在1939年的2月中旬之前,范西塔特的情报网一直在警告会有入侵发生,而到了3月初,英国秘密情报局和军情五处都在重复这些报告。在一份2月20日发给哈利法克斯的备忘录中,范西塔特援引了英德联谊会秘书康韦尔-埃文斯——曾经是一名纳粹政权的辩护者,如今是一名坚定的反绥靖人士——着重表明希特勒打算在不久的将来进军捷克斯洛伐克的话。"希特勒打算采取的方法是在斯洛伐克人中挑起一场独立运动。捷克人对这些权利索取的抵制到时候将给予希特勒武力干涉,或者换句话说,入侵捷克斯洛伐克剩余地区的机会。"[33] 正如接下来的几周表明,这经证实是一次完全精准的预测。

1939年3月9日,在一次要将他那已沦陷的国家团结在一起的绝望的尝试中,埃米尔·哈查博士(Dr Emil Hácha)——捷克-斯洛伐克总统①贝奈斯的继任者——解散了那个附属的斯洛伐克内阁,他相信它马上就要宣布独立,还监禁了那位已被废黜的斯洛伐克总理约瑟夫·蒂索神父(Father Jozef Tiso)。希特勒看出了他的机会,第二天,他告诉戈培尔、里宾特洛甫和凯特尔,他打算利用这个形势来占领捷克斯洛伐克的剩余地区,而后又在3天之内,命令被释放出来的蒂索宣告斯洛伐克的独立并正式请求纳粹帝国的"保护"。到了第二天上午,1939年3月14日,斯洛

---

① 这个连字符在《慕尼黑协定》之后被加上去了,体现了这个国家的分裂。

伐克议会确实宣布了独立，而到了当天下午，虚弱的哈查博士，与他的外交部长、他的秘书和他的女儿一起，坐上了开往柏林的火车去恳求让他的国家继续存在下去。

希特勒让这位神经备受折磨的总统一直等到凌晨 1 点 15 分，才听了哈查可悲的讲话，然后开始了一套熟练的说辞。德国陆军将在那天早上 6 点钟进军捷克斯洛伐克，如果总统不希望看到捷克人血浆四溅，布拉格也遭到摧毁的话，他就要下令捷克陆军不要进行任何抵抗。哈查一度昏厥过去，要么就是轻微的心脏病发作，而后不得不由希特勒的私人医师特奥多尔·莫雷尔医生（Dr Theodor Morell）为其打了一针才苏醒过来。一个想法浮现在希特勒的口译员保罗·施密特的脑海中，即如果这位捷克总统有任何闪失的话，那么"全世界明天都会说他是在总理府被谋杀的"。[34] 不知幸运还是不幸，哈查恢复了意识，并在接近凌晨 4 点钟时签署了将捷克-斯洛伐克这个国家的未来置于这位德国元首掌控之中的声明。2 小时后，7 支德国军团越过边境进入波希米亚。他们没有遭遇任何抵抗，在 3 月 15 日上午 9 点钟之前，先遣队到达了布拉格。希特勒乘坐专列跟在后面，在利帕（Leipa，在首都以北大约 60 英里）下车，乘坐汽车继续接下来的行程。尽管雪花纷飞，他依然在大半车程里都保持站立，他的面部僵硬，一只手臂伸在外面。那晚他住在赫拉德卡尼城堡，波希米亚国王们的古老住处，第二天一早，布拉格的市民们醒来后看到阳台的栏杆上飘动着卐字饰。

* * *

入侵捷克斯洛伐克——对《慕尼黑协定》最公然的违背——在英国引发了愤慨。"历史上还从未发生过这样赤裸裸的、放肆的对书面契约的背离，"愤愤不平的"奇普斯"·钱农指出，"其方式超出了可以理解的范畴，而他［希特勒］对首相的无情抛弃叫人目瞪口呆。我永远无法原谅他。"[35]《新闻纪事报》抨击称这是一次"赤裸裸的且恬不知耻的侵略"行径，同时《观察家报》的主编加文（自《慕尼黑协定》之后转变为德国的——尽管不是意大利的——外交政策的反对者）描述为"欧洲近代史册上最可耻且不祥的一页"。[36] 每家报纸都指出了希特勒在外交政策上要求合法性的损人利己或睁眼说瞎话的行为。"直到这一刻，希特勒先生始终反复宣称他的目标是德意志民族的统一，他的数次军事政变也始终至少有这个正当的理由，即他们给一个长期以来被拒绝给予统一的伟大民族带来了统一。"《泰晤士报》写道，而《每日电讯报》宣称，通过野蛮地将捷克人并入纳粹帝国，这位德国领导人已经"卸下了其面具"。[37]

人们就绥靖眼下已成为过去的想法瞬间达成共识。弹指一挥间，希特勒就违背了他的诺言——否认曾声称苏台德地区算是他最后一次在领土方面的要求——还暴露出他的批评者们始终控诉他的那种"对征服的强烈欲望"。与这样一个人不可能再有更多往来了，张伯伦的一名忠诚拥护者在他的日记中提到，等"我们足够强大"时，"我们"就该立刻与他作战。[38] 在巴黎，达拉第俘获了民心——他对法国国民议会宣布，他们要做的只有"备战"这一件事。《慕尼黑协定》已被"破坏"，《法德宣言》——法国自己于1938年12月6日签订的"一纸宣言"——已经从"字面上和本质上"遭到违背。[39] 作为回应，法国议员们投票同意给予总理非常时期的权力，允许政府下令实施为了国家防御的一切必要措施。

相比之下，张伯伦没有立即抓住这件事具有转变性的本质，他被希特勒的背信弃义惊呆了，在入侵那天上午的内阁会议上，他主要关心的事情是要强调这个事实，即保卫被分裂的捷克-斯洛伐克的担保——由英法两国在《慕尼黑协定》之后做出——不复存在，因为那个国家"现已彻底分裂"。[40] 他紧接着对下议院发表了那种不动声色的冷淡的声明，以至于《新闻纪事报》将其比作"一名公司的董事长在宣布关闭一家海外地区的分公司"。[41] 甚至更令人震惊的是，他宣布他打算继续执行他的绥靖政策。这顷刻间引发了强烈的抵制。戴维·格伦费尔（David Grenfell）代表工党发言，抨击了这"超出一切理解范畴的轻信"，而乔赛亚·韦奇伍德（Josiah Wedgwood）谴责首相"被他对那些独裁者们的感情蒙蔽了双眼"。[42] 虽然保守党的批评者们在辩论期间多半保持着沉默，但他们觉得"张伯伦要么不得不走人，要么不得不彻底转变他的政策"，而一些年资较深的大臣们担心这个政府能否维持下去。[43]

张伯伦恰好及时意识到了他的失误。这场辩论的 2 天后，在他 70 岁寿辰的前一天，在伯明翰的一次演讲期间，他发出了更坚定的声音。他谴责了对《慕尼黑协定》的违背，还通过提出希特勒的未来野心这个无法避免的问题来表明一种新的怀疑论："这是最后一次对一个小国进行袭击吗？抑或在它之后还会有更多次袭击？难道事实上这是朝着企图用武力统领世界这个方向迈出的一步？"他随后第一次警告称，英国宁愿参战也不允许这样一种态势发展下去。为了和平，没有什么是他不愿意牺牲的——什么都愿意，更确切地说，除了"我们已经享有数百年的，我们也永远都不会放弃的自由"。因此，"最严重的错误"莫过于"认为因为它相信战争是一件毫无意义且残酷的事，这个国家到目前为止已经丧失了它的骨气，以至于倘若它被迫参与的话，它是不会最大限度地发挥它的力量来参与对抗这样一项挑战的"。[44]

*　　*　　*

起初，张伯伦不情愿加入"要在目前无法预见的条件下履行的未明确的新承诺"。[45] 然而，几个小时之内，一次新危机就产生了，它不仅会导致这个意图的中止，还将促成一次英国外交政策的革命。1939 年 3 月 17 日星期五的下午——占领布拉格的 2 天后——那位容易激动的罗马尼亚驻伦敦公使维尔吉尔·蒂莱亚（Virgil Tilea）拜访了哈利法克斯，并告知他德国人正在要求对罗马尼亚的出口进行垄断，而且看起来随时准备要进攻他的国家。这个信息不仅是错误的，它还在故意误导。然而，因布拉格政变而感到紧张的英国外交部严肃认真地对待了这个消息，并且急得团团转。内阁大臣们取消了他们的周末计划，封封电报很快就被发往华沙、安卡拉、雅典、贝尔格莱德、巴黎和莫斯科，询问对德国的进攻将做何反应。在不到 24 小时的时间里，英国驻布加勒斯特大使发电报称，在蒂莱亚的故事里"没有一句实话"，可截至当时依然太迟。英国内阁已经受到惊吓，有关即将到来的德国暴行的谣言也已见诸报端。[46] 一场寻求外交威慑的努力开始了。

张伯伦的第一个想法是支持一项四国宣言，凭此，倘若再有某个欧洲国家的安全或独立受到任何威胁，英国、法国、苏联和波兰将同意共同磋商并给予"联合抵抗"。[47]苏联人应允了，可是不信任苏联人又害怕惹恼希特勒的波兰人拒绝了。张伯伦放弃了这项计划。他和波兰人一样"对苏联怀有深深的不信任"，而且怀疑苏联能否发动"一次有效进攻，即便它想"。[48]对首相来说，当前形势的关键是波兰。参谋长们提醒他，至关重要的是，德国人应当被迫在两条战线上作战，而波兰，它既和德国也和罗马尼亚接壤，看起来是一个比苏联更好的战略上的——更别说意识形态上的——选择。因此，外交政策委员会在1939年3月27日的一次会议上决定，放弃围绕苏联建立联盟的任何努力，然后尝试一种环环相扣的防御协议制度，通过这种方式波兰人将被劝诱出面援助罗马尼亚人，因为一旦他们这样做了，英国和法国就会加入这场斗争。很多内阁大臣，尤其是塞缪尔·霍尔爵士，不赞成将苏联人排除在外，可张伯伦和哈利法克斯态度坚决。英国马上拿出一种外交威慑非常关键，而当前唯一可行的是聚焦于波兰和罗马尼亚，而非苏联。[49]

迫使张伯伦对波兰担保的——甚至在10天前对他来说还是一个深恶痛绝的责任——是接二连三的恐怖故事。除了对罗马尼亚的"威胁"之外，还有持续出现的有关空袭英国的谣言，以及从3月20日起，有关德国计划入侵波兰的诸多报告。3月21日——这一天法国总统阿尔贝·勒布伦（Albert Lebrun）抵达伦敦进行国事访问——希特勒最新的最后通牒传来，这次是要立陶宛归还因《凡尔赛和约》而从德国被划走的位于东普鲁士北部的梅梅尔领地。当晚张伯伦抵达白金汉宫赴国宴，有人告诉他德国人已经沿他们的西部边境动员了20个师。这成功地破坏了首相的晚餐，如同他向艾达抱怨的，他唯一的轻松时刻就是当两位珠光宝气的公爵夫人向他抱怨一名一直在勾引她们的法国代表团的高级成员时。[50]

1939年3月29日，当那位不久前被驱逐出境的《新闻纪事报》驻柏林记者，26岁的伊恩·科尔文（Ian Colvin）带着有关一次迫在眉睫的德国突击波兰的"令人毛骨悚然的"详细资料抵达英国外交部时，这个临界点出现了。[51] 哈利法克斯印象深刻并带这位年轻人去向首相复述他的故事。张伯伦发觉他听到的很多内容——一次临近的"对波兰的突然袭击",紧随其后是吞并立陶宛,还有苏德联盟——都太天马行空了,以至于他怀疑它的真实性。[52] 然而,那一天还是到来了,一封来自英国驻柏林武官的公文似乎证实了科尔文的故事。哈利法克斯强烈要求立即宣布支持波兰,张伯伦默许了。在第二天上午的一次内阁紧急会议上,大臣们同意"涉水过河",而后给华沙和巴黎事先写好的电报被发出。[53] 那位狡猾的波兰外交部长约瑟夫·贝克上校(Colonel Józef Beck)——他一直在故意拖延英国让波兰宣布支持罗马尼亚的要求——"在他轻弹两下烟灰之间的工夫"就同意了,而后在1939年3月31日星期五的下午2点45分,张伯伦对着挤满了人的下议院宣布,倘若波兰遇袭,英王陛下政府和法国政府都会觉得"有义务马上倾尽力量给予波兰政府一切支持"。[54]

几个月后,拉博·巴特勒沉思着外交大臣的特质,断定对哈利法克斯最准确的洞悉即他是一名猎狐犬专家。他的许多隐喻都来自打猎,尤其偏爱的是"在一个人能看出一条跳出来的路之前,他不应该跳进一片田野"。然而,在波兰担保这件事上,"不得不突然间冷血地从一条危险的主路上跳过高高的树篱"。[55] 先把巴特勒(在高级别人士中几乎唯一一名)本就会继续就它对波兰的要求绥靖德国这个事实摆到一边,这并非一个不准确的描述。担保波兰的决定是在根本没有考虑一旦他们被要求这样做时波兰的军事能力或西欧强国将如何履行他们的诺言的情况下做出的。更糟糕的是,由于简单地发布了一份单边保证,英国人失去了他们拥有的那一个为了说服目光短浅的贝克去答应与波兰的邻国达成一系列防御协议的杠杆。罗马尼亚人,尽管他们的国家受到了"威胁",并未构成这份声明的一部分,而苏联大使也仅在张伯伦宣布它的2小时前才被告知这项倡议。可以理解的是,苏联人怒火中烧。"张伯伦正在提示希特勒将他的侵略对准东北方向。"长期备受煎熬的马克西姆·李维诺夫写给伊万·麦斯基。他"在指望我们去反抗对波罗的海地区的侵占,也在期待这会促成他一直以来所盼望的苏德冲突"。[56] 苏联的意见也不是唯一提出批评的声音。虽然这份担保受到了下议院几乎每一方以及大多数报刊的欢迎,劳合·乔治依然警告张伯伦称将苏联人排除在外是"要命的危险",而鲍勃·布思比后来把它称作"英国历史上最鲁莽的姿态之一"。[57]

为张伯伦和哈利法克斯说句公道话,这两个人都没有把对波兰的担保看作最终的决定,也没有孤立地看作一项切实可行的军事主张。相反,3月31日的宣告是一个意欲威慑希特勒不要对波兰立即发动进攻的暂时的解决办法,它随后将被用作一项范围更大的东欧防御协议的基石。不幸的是,由于已经得到了奖赏,英国人发现不可能劝诱波兰人加入这场游戏了。贝克为了洽谈于4月4日抵达伦敦,尽管张伯伦和哈利法克斯二人都出面恳求,但他还是拒绝将苏联纳入协议,也拒绝承诺万一德国发动袭击时波兰对罗马尼亚的援助。张伯伦发觉这种态度——尤其是关于罗马尼亚的——令人失望。然而,他还是能够自我安慰地认为他的行动得到了广泛的支持,而且"希特勒已经受到了明显的抑制"。[58]不过,一个危机似乎尚未平,另一个又起了。

*　　*　　*

墨索里尼不甘落于希特勒之后,在1939年4月7日黎明入侵了阿尔巴尼亚王国。索古一世(King Zog)敦促他的国民战斗"到最后一滴血",然后便带着他的匈牙利王后、他们刚出生两天的儿子和国家的大量黄金储备逃跑了。再次被迫放弃一个垂钓日的张伯伦怒不可遏,他以其声誉为赌注试图将墨索里尼争取过来,而且在前一周才经由约瑟夫·鲍尔和阿德里安·丹利捎信称他愿意在意大利与法国之间充当调解人。现在,如同一名遭到傲慢拒绝的情人,他咒骂那位意大利独裁者是"告密者和无赖",并承认"我对独裁者们的保证曾怀有的那种信任正在迅速被削减"。他拒绝斥责《英意协定》,但无疑"与意大利友好关系的恢复已经被墨索妨碍了,就像希特勒已经阻碍了任何与德国和解的机会"。[59]

与布拉格政变一样,阿尔巴尼亚的这场冒险触发了一连串活动。哈利法克斯从一场3小时的教堂礼拜仪式中出来(当天是耶稣受难日),与卡多根达成一致,认为英国必须立即行动起来设立"一道与希腊和土耳其的屏障"来确保地中海区域的安全，而后在 4 月 10 日，外交政策委员会决定希腊应当被给予保障。①60 有关意大利入侵科孚岛的谣言盛行开来，而英国海军部对目前正在意大利港口外围"优哉游哉"的许多英国军舰感到紧张不安。61 与此同时，罗马尼亚人正在为了他们的自我保护而鼓动。危言耸听的蒂莱亚再一次采取行动却受到了英国外交部的冷遇。英国人还没有打算对所有人发布单边保证。然而在英国人表示拒绝之处，法国人咬钩了。达拉第被德国人很快要进攻石油储量丰富的罗马尼亚的故事搅得心神不宁，强烈要求一份西欧支持的即刻声明。英国人提出抗议——英国的策略是要建造一座由多个国家构成的"堤坝"，而非聚积松散的巨石——但当法国人最终不肯妥协时又做出了让步。1939 年 4 月 13 日，张伯伦宣布了对希腊和罗马尼亚的担保，紧接着一个月后是一项英国-土耳其的共同防御宣言。

与这场狂乱外交并驾齐驱的是英国重整军备方面的一系列重大进展。3 月 29 日，捷克斯洛伐克被吞并的 2 周后，英国内阁决定将国防义勇军的规模翻倍，而后在 4 月 20 日，张伯伦终于宣布创建供给部。同一天，他被迫屈从于来自法国政府、他自己的党派以及霍尔-贝利沙（他在这个问题上威胁要辞去作为陆军大臣的职务）的几乎无法阻挡的压力，同意推行征兵。4 月 27 日，尽管工党提出了值得注意的反对意见，但下议院依然通过了《军事训练法案》。它是一个有限的措施——仅包括年龄在 20 至 21 岁的男性——但它也是一个关键的信号：英国在近 300 年来，在和平时期，第一次推行义务兵役。

* * *

对于许多曾经支持绥靖的人来说，捷克斯洛伐克遭入侵意味着一个转折点。"我不情愿地开始相信纳粹主义正试图成为不折不扣的世界主宰。"汉密尔顿公爵（Duke of Hamilton）在正式成为公爵前不久写道，他先前

---

① 据哈罗德·麦克米伦所言，外交大臣听到这场入侵后的即刻反应是："还是在耶稣受难日！"

是英德友谊的拥护者，1941年5月10日当他伞降在苏格兰南部时，希特勒的党派副元首鲁道夫·赫斯（Rudolf Hess）正在去拜访他的路上。[62] 洛锡安侯爵承认他看错了希特勒——"实际上是个什么事都做得出来的狂热的暴徒"，而伦敦德里侯爵向一名同样认同希特勒的人抱怨称："那位德国总理，我遗憾地说，已经超越了一切限度，依我看不可能再对他的声明和许诺给予任何信任了。"[63] 甚至连为独裁者们辩护的《每日邮报》的乔治·沃德·普赖斯也经历了一场转变并在他的新书《审判年》（Year of Reckoning）中宣称，在英国与德国之间构建"亲切友好的关系"的机会"逝去了"。他还首次承认，纳粹党在德国内部"作恶多端"。[64]

然而，对于一小部分人来说，这赌注太高了，以至于不能放弃通过合理的让步来满足希特勒的尝试。其实，一些英国贵族似乎已经因眼下一直作为一场"不可避免的"战争而被谈及的开战的可能性变得战战兢兢，以至于他们决定，在那些最初的政治同路人和业余外交官们正在离开这场政治角逐时，加入它。由此，威灵顿公爵成为"右翼俱乐部"最早期的成员之一——一个亲德的、支持和平的、反犹太的精英组织，由议员阿奇博尔德·拉姆齐（Archibald Ramsay）上尉于1939年5月创建；威斯敏斯特公爵加入了"纽带"——一个亲德的，在很多情况下支持纳粹并反犹太的个人群体，因改善英德关系的共同愿望而联结在一起；还有不久后即将成为贝德福德公爵的塔维斯托克侯爵，创建了英国人民党（the British People's Party）——一次在经济上激进的、和平主义的、亲德的"运动"。①

另一名即将在绥靖的幕后故事中扮演一个小角色但日益绝望的贵族是巴克卢公爵。巴克卢公爵是《慕尼黑协定》的热切支持者，也是对德战争的坚决反对者，他不认为布拉格政变应该改变英国政府的政策。相反，正如他在这件事后不久给拉博·巴特勒写信说到的："希特勒和里宾特洛甫都不可能完全像报刊上写的那样没有人性……而我认为即使在这样的时期，英国也能将他们的总政策指引到更安全的途径上。"尤其是，这位公爵担心在这两个国家之间已经形成的猜疑气氛自我应验的可能性。如果

---

① 1941年12月7日，苏格兰国内安全区域委员会很晚才决定，万一德国入侵，就要扣押当时的贝德福德公爵。

每一方都相信另一方决意要开战，那么战争势必会成为结果。在这种情况下，他认为让"非官方的出访者"去和纳粹政权的要员们维持他们的往来是很重要的，从而减少猜疑，还有"甚至连米特福德小姐与德国元首频繁见面的影响也不该被低估"。[65]

正是以这样的心态，巴克卢公爵决定赶在希特勒的 50 岁生日庆典之前出访柏林，预计在 1939 年 4 月 20 日，一起去的还有布罗克特勋爵。力求展现英国的坚定态度的外交部大为震惊。"汝等众神！难道世界颠倒了吗？"是亚历山大·卡多根爵士在他得知这个消息后的反应。这位常务次官不想让德国元首收到任何"'生日祝福'（因为我们一个都不想要！）"，并且尤其感到震惊的是骑士桥圣保罗大教堂教区长的一项鲁莽计划，其中希特勒将被劝说利用他的生日这个时机来召集一次国际和平大会。哈利法克斯和卡多根都见了这位教区长并说明"他们对他的想法不以为意"，然而这位教区长已经将他的计划托付给巴克卢公爵，后者已经在英国外交部能够设法拦住他之前赶赴德国。卡多根剩下所希望的一切就是"那两个疯子"（布罗克特和巴克卢）"能十分明确地表示出他们绝没有得到任何一种官方的认可"。[66]

幸好，英国大使馆能够对这些贵族成员的活动起到某种刹车的作用。二人在 4 月 15 日抵达柏林后，抓紧时间寻求大使馆的建议，关于他们倘若迫于压力要接受德国元首的生日庆典邀请应当如何答复。英方的法律顾问乔治·奥格尔维-福布斯爵士（Sir George Ogilvie-Forbes）非常老练，他忍住了想要告诉阁下们他们本可以待在英格兰就能避免这种窘境的冲动，取而代之的是他表明布罗克特是一名独立的公民，必须依靠他自己的判断（像它实际存在的那样），而这位公爵是王室内务总管，一名"皇阁的高级官员"。鉴于此，巴克卢必须考虑这种可能性，即他在这次活动上的出席会被"广而告之"和"充分利用"，有可能会被一些人认为是"与英王陛下政府当前的感受不完全吻合的"。因此将这个问题递交给白金汉宫难道不是慎重的吗？抑或"发现"事实上还有另一个"不在德国的"需要他紧急出席的约定？[67]巴克卢公爵采纳了这个建议。他请教了国王的私人秘书，而后当得到答复称英王陛下其实更愿意他的内务总管不要出席德国元首的生日庆典时，这位公爵搭上提早的航班回到了英格兰。

尽管如此，巴克卢公爵离开德国时依然怀着一种重新燃起的乐观意识。他已经见了一大拨人——主要是德国的贵族成员——并且与里宾特洛甫进行了一次长时间的面谈。他写了一份关于他此次访问的报告交给首相及外交部，表明那些他与之交谈的人有"很大的信心和决心"要避免战争，还有一个普遍的"愿望要改善英德关系"。关键是，他相信波兰问题是可以解决的。希特勒的要求——归还但泽（一个几乎完全隶属德国的城市）并使经由波兰走廊的运输更自由——是"与近期的侵略行径相比……非常合理且自然的，而他们的让步很可能会把一个非常危险的区域问题的风险降至最低，也把我们的人民因一个糟糕的理由而被迫投入战争的风险降至最低"。至关重要的一点是要说服波兰人进行协商。[68]

在一封写给巴特勒的附信中，巴克卢公爵甚至更不加约束地表达了他的乐观态度，不过他担心英国议会里战争贩子们的影响：

> 伦敦的氛围和西区的流言蜚语及反德偏见令人沮丧，而且近来愈演愈烈。眼下对于少数个人来说似乎极不可能成功地对抗丘吉尔、埃默里、艾登之类的公众人物，以及那些掌控着新闻界的许多人的强大影响力。我感觉他们其实一直以来都在轻蔑地拒绝妥协的可能性，也不屑于考虑对方可能提出的任何主张，这样一来就把战争拉得更近了。如果我们不想看到温斯顿·丘吉尔和其他一些人进入内阁，不想看到一个完全的反德集团导致一场世界大战爆发，从而以数百万人的牺牲为代价来决定究竟是温斯顿还是希特勒应该占据首位，那么张伯伦先生在和平的基础上早日取得成功似乎是最重要的。[69]

* * *

张伯伦因来自巴克卢和布罗克特的报告而受到了鼓舞。不像那位公爵，布罗克特依然为了生日游行而留下来，在那里他得知希特勒否认他违反了《慕尼黑协定》——他声称，捷克斯洛伐克只不过是突然瓦解了——

而且仅在不久前，有人听到德国元首宣称他一生中"最引以为豪的一天"将是当他能够欢迎英王和王后来到柏林时的那一天。[70]"这么说我们所有人都彻底误会了，"张伯伦开玩笑说，"希特勒'真是个不错的年轻人'，我们都错看了他！"尽管如此，他还是感到振奋。"每一个和平度过的月份都使战争变得更加不大可能会发生"，他在1939年接近4月底时写给他的妹妹们，虽然"我预料会有更多的强烈焦虑期"，但或许有可能"希特勒已经意识到他眼下触到了极限并且决定要粉饰太平"。[71]

这是一个徒劳的希望。胁迫波兰人割让前德国港口城市但泽并在波兰走廊（其将德国一分为二）问题上做出让步的企图令他感到挫败，希特勒早已决定通过武力来解决"波兰问题"。他被英国的担保激怒——"我要给他们酿制一种魔鬼的毒药。"他在听到这个消息时发誓道——而没有被吓住。[72]到了4月3日，下令执行入侵波兰的《白色方案》计划的指示准备就绪，而后在4月11日，希特勒将其公布。这项指示声明，武装部队一定要准备好在1939年9月1日之后随时实施行动。倒计时开始了。

20

威慑独裁者

> 我不愿意将苏联视作一个热爱自由的国家，可我们眼下不能没有它……我知道他们已经枪毙了许多人，但他们剩下的仍然还有大约1.7亿人。
>
> ——议员罗伯特·鲍尔（Robert Bower），
> 下议院，1939年3月15日[1]

英国对波兰的担保包含了巨大的风险，也含有相当大的讽刺。一下子，英国政府就把关于国家是否要参战的决定让给了一个他们实际上对其一无所知的"遥远的国家"和一个被赫伯特·乔治·威尔斯近来形容为"可被确诊患有精神病的疯子"的人。[2] 奥斯汀·张伯伦之前宣称波兰走廊不值得一名英国近卫步兵团的士兵为其牺牲，而仅在一年前，他同父异母的弟弟也拒绝为捷克斯洛伐克担保，理由是英王陛下政府不可能把如此至关重要的一个决定交给外国势力的反复无常。当然，这份波兰担保制定的目的并非是要导致战争，而是要威慑希特勒不敢发起战争。然而，为了让这股威慑力量产生效果，西欧强国有必要与苏联——一个普遍不受信任的并且纳粹德国起初被认为是对抗它的堡垒的国家——达成谅解。

一开始，英国人和法国人都不认为苏联特别重要，参谋长们质疑它的军事价值，而外交官们也指向其他国家对与它联系在一起的不情愿。不论如何，伴随英国人在东欧建立联盟制度的失败，以及反对党在威斯敏斯特的聒噪坚持，苏联的议题变得尤为突出。1939年4月14日，哈利法克斯勋爵吩咐英国驻莫斯科大使威廉·西兹爵士（Sir William Seeds）去问李维诺夫，苏联人是否会发表一项保证对沿它的西部边境的任何一个沦为无端侵犯的受害者的邻国给予支持的声明。李维诺夫友好地拒绝了。取而代之的，他提议在英国、法国和苏联之间达成一项三方互助协定，来涵盖在波罗的海与黑海之间的所有国家。这项协定英国人不予考虑。外交政策委员会在与苏联的结盟中看不到任何好处——相反，这样一个举动很可能令英国在东欧的盟国感到不安——而且，尽管张伯伦已经向工党领导层保证他"对与苏联达成协议没有意识形态上的反对"，但他私下里承认对它持有"深深的怀疑"。[3]

张伯伦的不信任并非独一无二。"奇普斯"·钱农认为与布尔什维克进行合作"蠢疯了"，而前英国驻日本大使弗朗西斯·林德利爵士（Sir Francis Lindley）告诉保守党的外交政策委员会（就在圣灵降临节款待了张伯伦一家之后），称他"每天晚上都祈祷这场英俄秀会搞砸，因为它将意味着战争而非和平，况且共产主义宣传是本世纪最大的恶行"。[4] 然而，不出几周，张伯伦便处于来自他自己的内阁的重压之下，要他掩藏疑虑并接纳苏联的主动姿态。

1939 年 5 月 4 日，有消息称李维诺夫已被免职，而维亚切斯拉夫·莫洛托夫（Vyacheslav Molotov）——斯大林的得力助手，也是苏联部长会议（苏联人民委员会）主席——已被任命为新的人民外交委员。英国外交部既困惑又担心。尽管麦斯基坚称这次任命并不预示在苏联的政策中会有任何变化，但西兹担心它释放了摒弃集体安全且退回到孤立状态的信号。6 天后，参谋长们上演了一出惊人的态度大转变，建议与苏联结成一个全面的军事同盟。"苏联作为我们的盟国所能提供的积极的且全心全意的援助将是极具价值的，尤其是在遏制大量敌人武力这方面。"他们写道，而反过来，重要的是不能"忽略德国与苏联之间的和解——一个德国总参谋部已经考虑了很多年的目标——会带来的危险"。[5]

这些进展有助于说服内阁中的大多数人——包括哈利法克斯——认为事实上苏联人的提议眼下应该被接受。取代了托马斯·英斯基普爵士成为国防协调大臣的查特菲尔德勋爵（Lord Chatfield）认为与苏联开战的可能性将是对德国的"巨大威慑"，而塞缪尔·霍尔爵士也主张"我们应当……竭尽全力地将苏联邀请到我们这边来"并避免达成一项苏德协议这个噩梦般的可能。[6]法国人早已表明他们愿意接受苏联的提议，而且一直在游说英国人照做，而张伯伦在议会中的反对者——工党、劳合·乔治以及丘吉尔——也从未动摇过那种被首相描述为他们的"认为苏联是我们得救的关键的可悲信念"的想法。[7]

张伯伦依然全力反对结盟的想法。他保留了他对于苏联的军事价值的疑虑，不过更重要的是，他意识到结盟将意味着欧洲最终分化成"对立的阵营"，由此对任何未来的谈判，甚或"与极权主义者的讨论"都关上了大门。[8]"我无法让自己不去怀疑他们［苏联人］最感兴趣的是看到'资本主义'强国将彼此撕成碎片，而他们自己却置身事外。"他在5月21日对艾达坦承道。前一天，他告诉亚历山大·卡多根爵士，他宁愿辞职也不要与苏联签署结盟。[9]

对张伯伦来说不幸的是，在他的同事中几乎没有人与他意见一致。哈利法克斯勉强得出结论称他们应当"一不做二不休"，接受苏联的提议，甚至连约翰·西蒙爵士现在也似乎支持这次结盟了。[10]不论如何，正当所有人看起来都茫然无措时，霍勒斯·威尔逊爵士想出了一个极其巧妙的解决办法。与其简单地接受苏联人的提议，不如英国人该坚称他们的义务应来源于《国际联盟盟约》。这样一来，他们就会"抓住所有那些政治游离者"（亲苏派、国联的怪人、集体安全的热衷者），赋予该协议一个"临时的特性"，而且最关键的是，不会惹恼德国人。[11]这是一次绝妙的犬儒主义的行动。不仅张伯伦自他成为首相之后鲜有提及国联——一个他所轻视的机构——而且它在满洲、阿比西尼亚、奥地利和捷克斯洛伐克抵抗侵略的失败是这十年中最显眼的主题之一。眼下令它起死回生只会唤起苏联的猜疑而起不到任何吓唬德国人的作用。"它只会让纳粹拿我们寻开心。"担心传统的结盟"可能会是一场近在咫尺的战争的信号"的钱农笑言。[12]不过，正如一名历史学家写道，这是"一种恶毒得糊涂且罪恶得愚蠢的聪明才智"，而莫洛托夫拒绝理解就像西方与苏联结盟是为了其自身的利益一样，与西方结成同盟是为了苏联的利益，并且拒绝相应地做出妥协，这同样是冥顽不化的，此外，从1941—1945年的角度来看，2600万苏联人丧生，这是要被提起公诉的。[13]

* * *

张伯伦如此反对这个苏联联盟的原因之一是他还没有完全放弃绥靖。尽管他意识到了德国对波兰的意图的危险并挣扎着寻求他那朝着缓和两国间紧张关系的道路,"只要犹太人继续顽固地拒绝枪毙希特勒!",但他依然相信当前的局势通过谨慎的,必要的话还有秘密的外交手段,还有得救。[14] 1939年5月3日,卡多根看到了一则间接提及"10号又在一直谈论'绥靖'"的电话窃听,而奥利弗·哈维相信在《泰晤士报》上刊登的拉什克利夫勋爵(Lord Rushcliffe)提倡在波兰与德国之间进行谈判的一封信是受到了霍勒斯·威尔逊的启发。几周后,张伯伦开启了一项让"斯堪的纳维亚人"在但泽问题上充当调解人的秘密计划。[15] 它无果而终,不过暗示了他对他的政策坚定的信心,抑或,如同英国海外部队的总监察长、陆军上将埃德蒙·艾恩赛德爵士的说法,他的"坚定信念,即上帝选择了他作为阻止这场战争威胁的人"。[16]

如果张伯伦依然希望谈判可以产生结果,舆论则是既更加怀疑又更加坚决的。"我老公说,眼下因为我们不能再相信希特勒了,和他争论也就没用了;现在我们必须要打他个落花流水。"弗吉尼娅·考尔斯的女房东在布拉格遭入侵不久后解释道。[17] 大约在同一时间,德文郡公爵,一名政府的初级议员,决定征询他的司机的看法。"好吧,吉布森(Gibson),你又怎么看希特勒呢?""哦,阁下,依我看……他在这个区一点也不受欢迎。"他收到了一个轻描淡写的回答。[18]

这样的看法似乎很典型。在7月,一项民意调查发现,76%的英国人相信如果德国和波兰因但泽而开战,那么英国应当履行它的义务并宣战,同时一份法国的问卷调查表明,70%的法国公民支持进一步抵制德国的要求。压倒性的87%的英国人支持与苏联结盟,甚至连那个孤立主义的捍卫者《每日快报》也指出了这种新的反抗精神:"这些天,在英国,我们拥有4900万名外交大臣,他们似乎都想要表明立场。"[19]

在4月末,接二连三的文章看起来都在催促张伯伦"把丘吉尔找回来"。《新闻晚报》想要他担任第一海军大臣或空军大臣,而《星期日画报》建议任命他为枢密院议长,因为现任朗西曼勋爵"傲慢无礼地要开始一个长达4个月的假期"。[20] 3天后,《画报》的编辑写信给丘吉尔,说他收到了超过2000封来信,几乎所有信件都是支持的:"'不再巴结希特勒'是评论的总的态度。"[21] 大约在同一时间,维克托·卡扎勒特记录了他的坚信,即温斯顿眼下应该身处内阁。"在过去的5年中关于一切他都是对的,而他被纳入政府将会更好地展示给德国我们是认真的。"[22]

许多人都希望看到丘吉尔被任命去领导那个新成立的供给部——他自1936年以来一直在为之发起运动的一项创新。可是当首相于4月20日在下议院起身时,他宣布这个职位即将由民族自由党的运输大臣,也是一个无名之辈莱斯利·伯金(Leslie Burgin)担任。听着对这项宣布做出回应的嘈杂声,哈罗德·尼科尔森无法断定它是一阵"震惊的倒抽气"还是一片"痛苦的叹息"。可以肯定的是,张伯伦不考虑丘吉尔并只是任命又一名应声虫的决定造成了一种极为恶劣的印象,这使尼科尔森还有其他人,确信首相正在奉行"一项双重政策——一面是公开的武装政策,另一面是'皇帝的秘密',即绥靖外加霍勒斯·威尔逊"。[23]

这大体上是正确的。张伯伦在4月23日写信给艾达,解释称供给部的职位不适合丘吉尔,然而从更根本上说,他决意要将他排除在外,理由是"倘若有任何与独裁者们缓解紧张局势并回归正常关系的可能,我都不会冒险做出肯定会被他们视为挑战的事"。[24] 接下来的一周,他透露道,他正在思考一个接近墨索里尼的新方式,作为一种"让希特勒先生保持安静"的手段,此外还表露了他的如释重负,称希特勒在4月28日的议会演讲——其间他宣布放弃《德波互不侵犯条约》和《英德海军协定》——"比预期更愿意和解而且不那么挑衅了"。"我看不出希特勒要为了但泽发动一次世界大战。"他胸有成竹地表示。[25]

相反,哈利法克斯已经摆脱了他之前的幻觉,如同钱农指出的,"当下在很多点上都和内维尔渐行渐远"。[26] 在6月初,他因在上议院的一次演讲搅得反绥靖人士烦躁不安,其间他试图要向德国民众保证英国还没有"完全放弃与德国达成谅解的渴望",甚至还提及了可能会经过调整的"所有权争夺"以"实现长久的和平"。[27] 不过这多半是作为一种对声称英国正在不顾一切地通过一项包围政策来碾压德国的纳粹宣传的反驳而经过设计的。几周后，他面向皇家国际事务研究所的演讲提供了迥然不同的实质性内容。卡多根总结道，该主题是"我们不想打仗，但如果我们真要打"。哈利法克斯也恰如其分地发表了看法，告诉他的听众，军事力量的威胁正在"绑架世界"，而当前的主要任务必须是"要反抗侵略"。[28]

与此同时，"把丘吉尔找回来"的运动即将达到顶峰。1939年7月3日，在被尼科尔森、安东尼·艾登和阿斯特勋爵（自《慕尼黑协定》之后转变为最坚决的抵制者）游说之后，《每日电讯报》登出了一篇强烈要求丘吉尔被纳入政府的掷地有声的两栏社论。在这之前在《观察家报》上已经有过一次来自加文的类似请求，在这之后还有来自《约克郡邮报》《曼彻斯特卫报》《每日镜报》《新闻纪事报》《星报》《晚报》的呼吁。7月5日，罗瑟米尔子爵点燃了《每日邮报》的大炮给予支持，而后很快，几乎整个新闻界都联合起来，只有比弗布鲁克勋爵名下的报刊和《泰晤士报》依然不参与这次运动。对于保守党贵族成员塞尔伯恩勋爵（Lord Selborne）来说，这个问题很简单。"我从来都不是丘吉尔先生的追随者，"这位前内阁大臣在一封写给《每日电讯报》的信中解释道，"可我认同那些认为在这个特别的时刻他被纳入……政府将形成一种甚至连戈培尔博士都不能不理解的姿态的人们。"[29]

中校格哈德·冯·什未林伯爵（Count Gerhard von Schwerin）让英国政府认清了这一点，他是德国总参谋部的一名军官，也是反战者，在7月初前往伦敦去敦促英国人下定决心一路凭借某种招摇的行为抵制进一步的侵略。首先，他努力得到了一次觐见的机会。"如果你想知道对于他在当我们的国家与他的国家之间的关系像今天这样糟糕的时候来到这里我是怎么想的，我认为这真他妈的厚颜无耻。"军事情报处的一名官员评论道。[30]然而，最终，这位伯爵成功地见到了许多重要人物，包括首席副党鞭詹姆斯·斯图尔特（James Stuart）、前英国驻柏林武官、陆军上将詹姆斯·马歇尔-康沃尔（General James Marshall-Cornwall），以及英国外交部的格拉德温·杰布（Gladwyn Jebb）。对这三人小组，什未林解释道："希特勒确信英国的外交政策极其无力。"他不相信英国愿意在波兰问题上以它的帝国为代价去冒风险,而只有行动才有可能让他醒悟。什未林建议在波罗的海展现一次英国的海军实力,并派遣一支空中打击部队至法国。无论如何,到目前为止,给德国元首留下深刻印象的最有效的方式将是召回丘吉尔。"丘吉尔是希特勒害怕的唯一一名英格兰人",这位军官解释道,而"仅凭给他一个最重要的大臣职位这个事实就足以让希特勒相信我们是真的要起来对抗他"。[31]

张伯伦没有被说服。他欣赏丘吉尔的能力,但不确定将他纳入内阁是否会让自己的工作更容易些。从他自己的经验来看,丘吉尔往往倾向于主宰事情的全过程,而他的接连不断涌现出来的想法和备忘录能够"独占整个部门的时间"。无论如何,从更根本上说,他反对召回丘吉尔,因为他"尚未放弃和平的希望"。波兰的局势是危险的,可"如果希特勒以一种正常的方式来索要但泽,或许是有可能把事情安排妥当的"。[32]

不管张伯伦的乐观来源于何处,都不会是来自国际舞台上的进展。1939年5月22日,齐亚诺和里宾特洛甫签署了一项德意军事同盟,所谓的《钢铁条约》,而后在6月中旬,日本人封锁了英国在中国北部的天津租界。张伯伦发觉"面对这样的羞辱我们还不得不束手无策真是让人颇为恼火",但也认识到这太危险了,不能因与"日本人"陷入冲突而"在希特勒的道路上放置这样的诱惑"。[33] 来自德国的诸多报告也没能提供任何类似激励的作用。有关但泽政变的传闻——据说到处都是党卫军成员——从4月中旬开始蔓延开来,在5月5日那天,内维尔·亨德森爵士转述了一次发生在戈林与希特勒之间的联络官卡尔-海因里希·博登夏茨将军(General Karl-Heinrich Bodenschatz)和波兰武官之间的谈话细节,其间这位将军声称"战争今年是避免不了了"。[34]

同样地——尽管没有更加地——令人担忧的是柏林和莫斯科之间恢复友好关系的谣言。罗伯特·范西塔特爵士的情报网在5月初开始汇报关于德苏谈判的信息,而后在当月8日,新任法国驻柏林大使罗贝尔·库隆德尔(Robert Coulondre)告诉亨德森,他的线人相信希特勒正力求与斯大林签订一项互不侵犯条约。接下来的1个月,里宾特洛甫的幕僚长,也是反纳粹的反对派成员埃里克·科尔特(Erich Kordt)抵达伦敦,警告英国人德苏谈判早已展开，倘若英国人想与苏联结盟，那么他们"最好赶快动手！"[35]据科尔特所言，希特勒尚未决定他要何时进攻波兰人，但是由伊恩·科尔文（Ian Colvin）提供的独立情报表明，8月25日确定要有"一场最终决战"。[36]

在这种形势下，公开的或官方的绥靖尝试显然是不可能了。英国承诺保卫波兰的独立，而英国政府的任务是要让希特勒相信这是认真的。然而在幕后，很多削弱了此立场的半官方的讨论正在展开。6月6日，赫尔穆特·沃尔塔特博士（Dr Helmut Wohltat）——在戈林领导下的德国四年（经济）计划的最重要的官员——在威斯敏斯特公爵的伦敦寓所会见了霍勒斯·威尔逊爵士、约瑟夫·鲍尔爵士和亨利·德拉蒙德·沃尔夫。那位公爵并不在场，那次谈话似乎也没有保留任何记录。然而，从随后的记载里明显可以看出，沃尔塔特提出了一项经济上的绥靖计划，其中英国将"承认德国在欧洲东南部及东部地区的经济利益范围"。第二天，当他对先前是此类改善性方式的拥护者的弗兰克·阿什顿-格沃特金重复他的计划时，他几乎没有得到认同。"如果我们正在找寻一个和平的象征，我认为，倘若希特勒先生能够重组他的内阁并给予他的某些顾问他们的工作充分应得的休闲机会，那将更有效。"这位英国外交部的官员冷幽默地做出评论。[37]不过沃尔塔特因他与首相的两位最亲密的顾问的会面——足够给戈林发送一份谈话报告——受到了鼓舞，而后当他于7月17日回到伦敦时，赶紧再次拜访了威尔逊并重新提起了这个话题。

根据他对他与沃尔塔特在7月19日和20日的那两次谈话的记录，威尔逊既坚决又含糊。像街上任何善良的居民一样，这位首席工业顾问解释道，英国人十分愿意睦邻友好，可是他们不喜欢"假如住户里有一家会在夜间制造很多扰民的噪音并且第二天又去一些其他居民家门口捶门"。正因如此，英国政府愿意聆听任何有助于改善他们两国之间关系的想法，但是鉴于近期发生的不友好行为，"这种主动性必须来自德国那边"。[38]

沃尔塔特的叙述则迥然不同。据这位德国官员所言，威尔逊准备了一份备忘录，据说得到了张伯伦的认可，它提议在这两个国家之间建立促成一份宣布放弃侵略的英德声明（威尔逊解释称，这将使英国对波兰的担保变得"多余")的秘密谈判,在彼此的经济领域宣告"互不干涉",签署一项裁军协议,并且在非洲实现"殖民地共管"。[39] 应当强调的是,这份文件从未被找到,而沃尔塔特及其盟友,德国大使赫伯特·冯·迪克森(Herbert von Dirksen)的目的是要通过说服希特勒重新开始与英国人的谈判来避免战争。因为这些原因,历史学家们——很可能是正确的——对沃尔塔特的记录不予理会。无论如何,还有另一名线人暗示在这次会议中所讨论的内容比威尔逊在他的笔记中承认的要多。7月21日,在威尔逊与沃尔塔特第二次见面的第二天,艾登的前议会私人秘书吉姆·托马斯激动地写信给克兰伯恩勋爵,说他从最可靠的消息来源处听说,霍勒斯·威尔逊有一项要给予德国"一笔巨额贷款"的计划,以此作为裁军和归还波希米亚与摩拉维亚的交换。根据托马斯的线人的说法,政府不指望这项计划会被接受,但相信它将为10月的大选提供平台。"他们会说'我们已经主动给予德国一个合理的建议,它拒绝了,因此我们必须举国团结起来支持验尸官[张伯伦]去面对这个势不两立的德国'",接下来会有一轮"第二次霍尔-赖伐尔式的交易尝试"。[40] 有意思的是,沃尔塔特也提到过,鲍尔告诉他大选被临时安排在11月14日,首相不得不决定他打算就和平还是备战德国的议题参加竞选。

当然很可能托马斯的线人(可能是法国大使馆内部的某个人)是错的,是在夸大其词,抑或只是在试图扼杀任何潜在的英德谈判。克兰伯恩当然没有过分激动的反应,他评论道:"恕我直言,对于霍勒斯·威尔逊爵士,我认为他的新计划是他幼稚的脑袋瓜里想出来的那众多计划里最愚蠢的。"[41] 不管怎样,不是威尔逊引发了一次全面的外交冲突,而是海外贸易大臣罗伯特·赫德森的鲁莽行为引发的。

根据赫德森对他与沃尔塔特之间对话的描述——其发生在7月20日晚,差不多紧接着威尔逊的第二次会议——他提出了很多也许能缓解国际紧张局势的雄心勃勃的计划。有大量诸如苏联和中国这样给予了"资本发展几乎无限良机"的区域;英国、美国和德国应该废除外汇限制和进口配额;还有张伯伦的一项非洲殖民地管理新制度的旧点子。不幸的是,欧洲动荡的状况所导致的结果是许多民众都相信英国不久就要与德国开战了。然而，倘若发生一个根本性的变化，希特勒愿意答应某种程度的裁军，那么就有可能"使德国立足于一个强大的经济基础之上了"。[42] 这是核心。第二天晚上，根据一名保守党议员同侪所言，赫德森"看上去好像他刚刚继承了一大笔财富，用泡热水澡来庆祝他的好运"，还在一场有记者维克托·戈登-伦诺克斯和弗农·巴特利特出席的晚宴上吹嘘他的"挽救和平的"积极行动。[43] 而后在第二天上午，7月22日，《每日电讯报》和《新闻纪事报》都宣布了那则轰动性的新闻——英国提供给德国一笔1亿英镑的贷款作为裁军的交换。

此消息瞬间掀起轩然大波。巴黎和华沙做出了可以理解的惊愕反应，而德国和意大利的新闻界奚落了这个例证了英国"鲨鱼般的要买通世界的狂热"的"夏洛克提议"。[44] 英国的报纸沉浸在猜测性的愤怒之中，种种疑问也在议会中被提及。张伯伦否认存在或曾经存在有关一笔英国贷款的讨论。赫德森没有提出过这样的建议，并且不管怎样，他一直在按照自己的想法做事。可损害已然形成。尽管法国人和波兰人接受了英国人的否认，但这次事件依然成了给轴心国的一份宣传礼，同时这条"超级绥靖信息"最重要的影响是即将助长苏联人早已程度颇深的猜疑。"我不确定愚蠢能否被推至一个更加彻底的极端。"英国外交部的格拉德温·杰布评论道。[45]

*　　*　　*

张伯伦被赫德森的"失言"惹恼，它造成了巨大的损害并且让他的敌人们有机会说，"看吧，我告诉过你会这样。他的意思是要出卖波兰人。"无论如何，他还是很高兴通过"更谨慎的渠道"去继续进行对话。[46] 7月27日，支持绥靖的《星期日泰晤士报》掌门人凯姆斯利勋爵（Lord Kemsley）在拜罗伊特与希特勒进行了一次长达1小时的面谈，其间他成功地从德国元首那里得到暗示，即英国和德国应当各自把他们的要求写在纸上，以期"或许能促成一次讨论"。①[47] 唐宁街的反应很兴奋，而后发出

---

① 凯姆斯利对纳粹党的首席理论家和自称外交政策专家的阿尔弗雷德·罗森堡的保证帮助不大，称张伯伦"将不情愿地在莫斯科进行谈判，并且随时准备退出"；同时他的妻子宣称"只有犹太人才想在德国与英格兰之间引发一场战争"。

了一则秘密回复。

与此同时，张伯伦和哈利法克斯正在接触戈林的两位瑞典商务伙伴阿克塞尔·文纳-格伦（Axel Wenner-Gren）和比耶·达勒鲁斯（Birger Dahlerus），他们承担起了在这位元帅和英国政府之间充当中间人的职责。据达勒鲁斯所言，倘若戈林能够会见一拨可以向他说明"英国的观点"的英国商人，这将大有裨益。[48]哈利法克斯应允了，而后在8月7日，7位来自工商业的领军人物在石勒苏益格-荷尔斯泰因的一座属于达勒鲁斯妻子的庄园里会见了这位元帅。在那里他们对英国的立场做了一番深入的总结，强调称，虽然国家不想打仗，但它已决定"武力的任意行使一定要限制在某种程度内"。[49]他们讲话时，戈林面露愠色并摆出一副生气的面孔，在递给他的备忘录上潦草记下挖苦的评论。等这些与他谈话的英国人说完之后，他开始了激愤的长篇大论，痛斥英国人，因为他们的伪善、他们对他国事务的干涉和他们鼓吹战争的行径。英国和波兰必须马上与德国解决但泽的问题；在英国政府与德国政府间必须进行直接对话；还必须要举行一次四国会议来最终确定所有未解决的事情，他要求到。[50]

甚至更让人气馁的是那位不屈不挠的英德关系缓和的探求者欧内斯特·坦南特的报告，他在7月末开始了最后一次对里宾特洛甫的"和平使命"。正如坦南特回忆道，这二人间的上一次见面是6月在柏林，那并非是一次愉快的经历。这位德国外交部长表现出他极度的自命不凡，而这位商业银行家被迫听说了里宾特洛甫的和希特勒对于从英格兰民众那里收到的众多来信的震惊，信里"要求请他务必要确保战争等到阿斯科特赛马会之后再爆发，或者等到伊顿与哈罗的对抗赛之后，又或者等到各类其他的体育赛事或社会活动之后"。[51]尽管有这次经历和大量相反的证据，坦南特依然相信里宾特洛甫"渴望"达成英德谅解。于是，他写信给张伯伦请求他批准尝试一种新的方法，而后在7月10日，霍勒斯·威尔逊传达了首相的有条件的准许。这些条件包括，这次任务要保密，还有这位银行家要固守政府下定决心要"援助任何独立受到威胁的国家"，但也愿意"和通情达理的人讲道理"的立场。[52]

不幸的是，如坦南特本应知道的，对于里宾特洛甫没有任何情理可言。他在萨尔茨堡的古堡里见到了这位德国外交部长，在他的东道主就英格兰人的愚蠢和懦弱这个话题开始长达 4 个小时的咆哮之前，他仅仅简单地喝了一杯茶。德国元首主动提出了不少于 7 个友情建议，可英格兰人"太势利，经过了几个世纪对世界的主宰以及牛津和剑桥的传统，不愿承认德国或其他任何国家应该在完全平等的条件下存在"，驳回了它们。目前国际局势的紧张状态完全要归因于英国人，还有他们与波兰人签下的那个"荒唐的"条约。战争眼下很有可能发生，而且它将成为历史上最可怕且最无情的战争：

> 它将意味着，要么是德意志帝国的终结和德意志民族的毁灭，要么是大英帝国的终结和英国民族的毁灭——德国元首已经决定这将是不可避免且有必要的，如果英国想要打仗（而且它的主战派似乎正在日益壮大），它随时都可以打——德国已经准备好了。

当坦南特指向英国在海上的优势以及（如今）在空中的均势时，这位德国外交部长展示了他因其闻名的那番夸夸其谈："我亲爱的坦南特，英国的优势或劣势从未进入我们的计算，因为英国永远不可能追上我们。对于 1 条马其诺防线，我们有七八条牢不可破的齐格菲防线，而你们的规模越大，你们将损失的人就越多。"不，战争将给英国和法国招致灾难，如果他们真想避免它，那么他们就要说服波兰人屈从于德国元首的要求。

第二天，7 月 27 日，坦南特和里宾特洛甫一起踏上了后者返回柏林的 11 小时火车之旅。此外坐在火车上的还有里宾特洛甫的私人幕僚长瓦尔特·赫韦尔（Walther Hewel）和希特勒寥寥无几的密友中的一名。"即将到来的 8 月会是和平还是风雨交加的呢？"坦南特打听道。赫韦尔以为他说"秋天"而非"8 月"，便回答说它会是一个风雨交加的秋天，除非波兰人醒悟过来。"没错，可 8 月呢？"这位银行家坚持问道。"哦 8 月，在 8 月份不大可能会发生什么。德国元首愿意等待——他甚至有可能等上 1 年或更久，不过但泽最终将回归纳粹帝国的管辖。"[53]

21

最后一季

> 就这样，我们继续着：打板球，等待赛马特别活动，精心安排暑假……但我们是清醒的吗？更糟糕的是，难道诸神在毁灭降临之前就让我们精神错乱了吗？
>
> ——罗纳德·卡特兰（Ronald Cartland），
> 《前进》，1939年夏[1]

英法对但泽的兴趣并非固有的。但泽（或者如波兰人称呼它为"格但斯克"）在《凡尔赛和约》之前是一座隶属于德国的城市，它在国际联盟的保护下作为一个"自由市"的状况——内部由纳粹管理，外部由波兰人管理——在几乎每一方看来都是一项不尽如人意的折中方案。1939年5月4日，《泰晤士报》宣称"但泽真的不值得一战"，而在同一天，一名前法国空军部长马塞尔·戴亚（Marcel Déat）也在《杰作》上声称不应该指望法国士兵"为了但泽牺牲"。[2]来自英王陛下政府驻柏林大使——用他的法国同事的话来说，一个从捷克斯洛伐克遭入侵这件事中"没能学到任何东西"的人——的意见是一致的。[3]"我个人确信，直到但泽归还给德国，欧洲才可能会有永久的和平，"内维尔·亨德森爵士在5月24日写道，"波兰人主宰不了生活在但泽的40万德国人——因此一定要由德国来做。"[4]几周前，他公开赞同了德国反对波兰走廊的辩词——主张"倘若苏格兰与英格兰被一条爱尔兰走廊分开，我们至少会想得到希特勒当下所要求的东西"——还声明了他的观点，即因为这两个问题中的任何一个而"不知不觉陷入一场世界大战将是伤天害理的"。[5]

这是要离题了。正如张伯伦在3月18日亲自告诉内阁的，问题不是但泽或波兰走廊的对或错，而是"德国是否打算以武力统领欧洲"。[6] 鉴于此，波兰担保是一次故意的挑衅：警告德国如果它沿着它目前的方向继续，它将会发现它自己进入与大英帝国交战的状态了。不过张伯伦也同意亨德森的观点。尽管他在公开讲话中态度始终如一，称如果德国试图以武力夺取但泽，那么这将意味着战争，然而他私下里承认，倘若希特勒"能有一点点耐心，我料想可以找到一种既能满足德国的要求，也能保卫波兰的独立和经济安全的方式"。[7] 7月10日，他召埃德蒙·艾恩赛德将军来唐宁街。艾恩赛德绰号为"小不点"（他的身高超过 6 英尺 4 英寸），在担任了一段时间直布罗陀总督后于近期回到英国。眼下，艾恩赛德在他的日记中指出，张伯伦正委托他一项设法逼迫波兰人做出决定的使命：

> 他告诉我，他们搞不清波兰人要做什么，并要我前去那里弄个明白。贝克总是敷衍他们说，他们的行动取决于他们遭到挑衅的程度。我告诉他，我们的王牌是我们已经给予了一份担保，假如波兰感到它的独立遭到了威胁，那他们一定要告诉我们他们打算怎么做……张伯伦称希特勒的承诺一点用也没有。我们必须得到某个明确的、切实可行的保证，让但泽在纳粹帝国的统治之下，波兰也将拥有和它现在所拥有的那些同等的切实权利。想出一些会束缚住希特勒的保证这件事不该难倒协约国的智囊。[8]

7 天后——体现了明显缺乏紧迫感的拖延——艾恩赛德抵达华沙。从很多方面来看，他的访问都是一次了不起的成功。作为一名传奇潇洒的军官（约翰·巴肯的理查德·汉内的灵感来源），艾恩赛德受到了华沙市民的热烈欢迎并与波兰总司令爱德华·雷兹-希米格维（Edward Rydz-Śmigły）元帅相处愉快。令伦敦松了口气的是，他了解到波兰人无意采取任何莽撞之举。在询问那位元帅万一德军占领了但泽，他将采取何种行动时，雷兹-希米格维回答说，他会派遣一名军官，举着一面休战旗，去问"他们在那里做什么"。[9] 艾恩赛德对波兰的军事努力留下了深刻的印象，同时，波兰人尽管怨恨英国拒绝为重整军备提供一笔大额贷款（基于财政原因），但依然因这位将军的有关"英王陛下政府……履行他们对波兰的担保条款"的决心的保证而感到振奋。[10]

* * *

与此同时，苏联洽谈进展并不顺利。正如本可以预料到的，一提起国际联盟便激起了苏联的怀疑。5月27日，莫洛托夫谴责英国力求通过以复杂低效的日内瓦流程为条件来让提议的结盟失去作用。英国大使威廉·西兹爵士坚决地提出抗议。英国人无意援用国联的机制，只有它的原则。可是这位苏联外交部长并不买账，他坐在讲台上一张巨大的书桌后面，拒绝接受这位大使的保证并固执地坚持他的怀疑。西兹绝望了，他在第二次令人沮丧的对克里姆林宫的拜访之后写信给哈利法克斯勋爵，哀叹这是他的宿命，要对付这样一个人，"对外交事务一无所知，并且对这个人来说，谈判的概念——因为显然不同于他的党首强加意愿于人的做法——是全然陌生的"。尽管如此，这位外交部长拥有一种"愚蠢的狡猾"，而西兹的说法——他至少成功地消除了这位政治委员的某些"更公然的误解"——表明这位大使并不完全相信莫洛托夫的愚钝。[11]

不论这位头脑不灵活而身体灵活的苏联政委——顶着个炮弹似的脑袋，长着珠子般的眼睛，还挂着"西伯利亚的冬天般的笑容"——的意图是什么，他在伦敦的同事仍在继续为了达成一项英苏条约毫不含糊地努力着。[12] 当英国外交部宣布它即将派遣威廉·斯特朗爵士前往莫斯科以便向西兹简要说明政府的立场时，伊万·麦斯基力劝哈利法克斯亲自前往。"如果你立刻答应，本周或最迟下周前往莫斯科，在那里进行谈判到最后并签署条约，欧洲的和平将会保住。"[13] 安东尼·艾登对哈利法克斯阐述了同样的主张，前者指出首相已经至少3次飞去面见希特勒，而且张伯伦和哈利法克斯二人都已拜访过墨索里尼，苏联人有理由期待同样的待遇。倘若外交大臣不亲自前往，那么艾登自愿效劳。哈利法克斯被后面的建议鼓动，可张伯伦表示拒绝。"你不会相信有人会如此愚蠢，"他对艾达惊呼，"不论派遣一名大臣还是一名前大臣，这都是对付一个像莫洛托夫这样强硬的讨价还价者最糟糕的策略。"哈利法克斯"同意并放弃了这项提议",可接下来"劳合·乔治对巴特勒重复了它,甚至还建议,如果我们不认可安东尼,就该温斯顿去!我肯定他们三个人在一起详细地探讨过了,而且他们在其中看到了一种进入内阁的方式,或许稍后还要换上来一名更加顺从的首相呢!"。[14]

接下来的6周由棘手的、复杂的和极端沮丧的谈判组成。6月2日,莫洛托夫交给西兹和法国大使保罗-埃米尔·纳吉亚尔(Paul-Emile Naggiar)那份苏联修订的条约草案。最重要的变化包括:除了比利时、希腊、土耳其、罗马尼亚和波兰(不过没有如英法两国人所想的瑞士及荷兰)对拉脱维亚、爱沙尼亚和芬兰提供担保,禁止单独媾和;一项与这份政治协议同步生效的军事协定。他们对于这些重点中的每一条都存在异议,最明显的是芬兰人、爱沙尼亚人和拉脱维亚人都不想获得担保,而波兰人和罗马尼亚人很愿意获得担保,但不是由苏联人来给予。极度渴望达成一项协议的法国人敦促英国人快点答复。不过这花了两周的时间,并且外交政策委员会开了3次会,然后英国人才准备好他们的回应。当他们最终拿出他们对那份修订草案的重新起草时,他们决定要避开波罗的海诸国的议题,不点名说定被这项条约涵盖的任一国家并坚决要求在对一个非保护国做出任何干涉之前要在签署国之间进行磋商。苏联禁止单独媾和的条款被略去,而国际联盟重新出现在开头段落。莫洛托夫火冒三丈。他花岗岩般的面孔浮现出罕见的生命力,他谴责英法两国人对待苏联人像对待"笨蛋和傻瓜"一样。[15] "如果英王陛下政府和法国政府将苏联政府视为一群幼稚的或愚蠢的人,他自己能笑得出来,可是他保证不了每一个人都会如此冷静看待。"——明显是在说斯大林。[16]

随着法国人敦促他们接受苏联人的要求,英国人开始做出让步。其实,苏联谈判的整个故事就是英国人朝着苏联立场的缓慢转变,而莫洛托夫坐在他荒诞不经的讲台上一动不动。不多久,英国人便开始展现出极度挫败的迹象。"苏联人真叫人受不了,"亚历山大·卡多根爵士在6月20日潦草地写道,"我们给了他们想要的一切,双手奉上,然后他们只是将其随意一扔。莫洛托夫就是一个愚昧无知又疑心重的土包子。"[17] 3天后,在与麦斯基的一次面谈中，哈利法克斯指责了苏联人使用"德国人的谈判方法"，随后直截了当地问这位大使他的上级们是否真的想要一份协议。[18] 在莫斯科，斯特朗写道，他敢说"我们最终会达成点什么的"，但是有一个相当大的风险是，到了达成那一点的时候，他们也都将"达到年龄的限制并进入退休状态了"。[19]

挫败感并非全在英国这边。6月29日，最高苏维埃的副主席，也是与德国恢复友好关系的拥护者安德烈·日丹诺夫（Andrei Zhdanov）在《真理报》上抨击了英法的谈判策略，谴责英法两国人不想要一份"真正的协议"而仅仅是在利用会谈作为一种准备"他们自己的舆论，为了与侵略者们达成一项最终协议"的手段。[20] 这种说法是不公正的，它是在英国人刚刚承认波罗的海诸国的议题之后发生的，同时苏联人依然还在拒绝将瑞士及荷兰纳入该协议，它也是令人担忧的。无论如何，法国人倾向于责怪英国人没能迅速达成一项协议。正如乔治·博内在1939年7月5日写信给法国驻伦敦大使夏尔·科尔班（Charles Corbin），称最新的苏联提议——它们要求在苏联、波兰和土耳其之间签订单独的但是同时生效的条约，还要求定义将使苏联人有机会干涉波罗的海诸国（即便他们没有遭到入侵）的"间接侵略"——比他们一开始提出的那些还要糟糕得多。"看来我们坚决要求有必要迅速展开谈判，并且为了避免节外生枝，每次无关原则性问题时都接受苏联的文本是非常正确的。"这位法国外交部长写道。在那同一天，一份法国外交部的备忘录哀叹了英国人在谈判期间表现出的"极端缓慢"。[21]

7月的前3周没什么两样。英国人做出了更多的让步，可苏联人继续刁难。斯特朗认为这是一次"令人感到羞辱的经历"。"一次又一次地，我们坚定了一个立场，而一周过后，我们又摒弃了它；我们感觉到莫洛托夫从一开始就确信我们会被迫放弃它的。"他在7月20日写道：①

---

① 这个外交上的先见之明并非单纯由于英国之前的行为模式。正如很久以后才被揭露出来的，苏联人在英国外交部通信司曾有一名间谍。这使他们总能保持领先于英国人一步的状态，同时也使他们能够以创纪录的用时对英法提议做出回应。

他们对我们的不信任和猜疑在谈判期间并没有减少,我认为,他们对我们的尊敬也没有增加。我们在对他们来说不必要的点上提出了一个又一个难题的事实建立了一种印象,即我们或许不是在认真寻求一项协议;而我们最终让步的事实则倾向于提醒他们,我们依然还是那个(如他们所见)在过去屈服于日本、意大利和德国的国家,在未来我们很可能会重蹈覆辙。我们或许本该更加明智地在一个较早的阶段便以这份协议为代价付给苏联,因为我们的处境难以讨价还价,还因为,伴随国际局势恶化,苏联的价钱很可能会涨。[22]

张伯伦并不担心。尽管亨德森早已告诉卡多根,他"凭直觉认为德国人正在接近斯大林",并且戈林近期已经声明"德国和苏联不会永远是敌人"——英国人在整个夏天收到的将近 20 个警告之一——但是首相,连同英国大多数的决策者,没能认真地对待这次德苏和解的可能性。[23] 7 月 10 日,张伯伦向外交政策委员会传递了亨德森的矛盾的观点,即"在目前的情况下,德国和苏联完全不可能凑到一起",并在 9 天后告诉同事们,他"无法使他自己相信在苏联与德国之间有可能结成一个真正的同盟"。[24] 事实上,首相非常愿意看到谈判破裂。他在 7 月 15 日写信给希尔达,表达了他的如释重负,称哈利法克斯终于"受够了"那位"令人恼火的"莫洛托夫。一周后,他还坦承道:"我们只是在那不可避免的破裂到来之前拖延时间,而且相当难做的是,我将不得不为拖沓的行动承担指责,当时如果我没有被其他人妨碍,我本来会在很久以前就以某种方式结束商讨。"[25] 无论如何,在破裂可能到来之前,双方均做出了让步,这似乎预示着一个谈判的新阶段,甚至还有达成一项协议的希望。

7 月 23 日,莫洛托夫要求即刻开始军事会谈,向英法两国人保证一旦这些展开,余下的政治难题便可以迎刃而解。不是没有道理的,英国人始终反对这样的举动。军事对话会进一步拖延协议,同时,正如斯特朗评论的,"在我们确定他们会成为我们的盟友之前,就指望我们与苏联政府谈论军事秘密,这实在是非同寻常"。[26] 然而,为了争取结盟,英国人眼下愿意在这一点上做出让步,而后在 7 月 25 日,哈利法克斯盼咐西兹去告诉莫洛托夫这个好消息。不幸的是，一个闹剧或黑色喜剧的元素当下混入了整个进程。

法国人预料到军事会谈（苏联人自谈判之初便一直在强烈要求）的需要，在 7 月初便选定了他们的军事代表团。它由一名机械化作战专家艾梅·杜芒将军（General Aimé Doumenc）率领，眼下受博内的命令尽快前往莫斯科继续谈判，并"不惜任何代价为我们达成一项协议"。[27] 英国人没那么井然有序。使团尚未选定，更别说事先的准备了，而且正如哈利法克斯的说明，要想召集一个使团至少需要 10 天。英国人很晚才开始把他们的行动安排得有条不紊。早在 7 月 20 日，斯特朗就建议这个使团的带头人必须至少是和艾恩赛德将军同等级别的。艾恩赛德对华沙的访问得到了广泛的宣传，而苏联人——早已因英国人没能派遣一名内阁大臣去进行谈判而受到冒犯——不会有更低的期待。英国政府没能听从这个劝告。海军上将、尊敬的雷金纳德·艾尔默·兰弗利·普伦基特-厄恩利-厄尔-德拉克斯爵士（Sir Reginald Aylmer Ranfurly Plunkett-Ernle-Erle-Drax）听上去像一个吉尔伯特与沙利文的轻歌剧里的角色。事实上，他是英国皇家海军里最聪明的人之一，曾在第一次世界大战期间取得过卓越的战绩，也是太阳能供热最早的先驱之一。遗憾的是，他在部队之外几乎完全不为人所知，甚至也不在海军参谋之列。当斯大林得知了英法代表团的人员构成时，他的反应恰如斯特朗所担心的。"他们并不是认真的，"他对莫洛托夫说道，"这些人不可能有真正的权威。伦敦和巴黎又在消遣了。""这会谈还应该进行吗？"这位外交部长询问。"嗯，如果他们一定要这样，那就必须进行。"这位苏联领导者回答。[28]

* * *

代表团抵达莫斯科最快的方法是要么乘火车，要么坐飞机。法国人偏爱火车，可英国人指出那样一来他们将不得不经过柏林，而这是不大明智的。因为别的原因，空中选项同样打了折扣。直飞是不可能的，有担心认为在苏联机场提供的汽油可能不适用于西欧的发动机。这样一来就剩海路了。搭乘军舰的问题被提出来，可哈利法克斯认为这"会形成过分重视使团的效果"。帝国国防委员会秘书"帕格"·伊斯梅将军（General 'Pug' Ismay）捕捉到了这个讨论的荒唐，提议"他们可以骑自行车去"。[29] 最终，英国人选定了"埃克塞特城市号"，一艘只能开到时速13节的老式商船，而且要花大半个星期才能到达列宁格勒。当麦斯基见到工党外交事务发言人休·道尔顿时，他抑制不住他的狂怒："苏联人对于英国人的种种方式的恼怒已经超出了所有极限。"这位议员记录道：

> 我们不派遣一名大臣前往莫斯科；我们仅仅派去了一名外勤干事。当参谋会谈取得了一致的意见后，我们仅派遣了二级和三级军代表，他们中没有人够格与伏罗希洛夫（Voroshilov）[苏联作战部长]平等对话。他抱怨道，而我们派遣他们去，不坐飞机，也不乘一艘速度快的军舰，而是搭上了一条慢速货船。"你们对待我们，"他说，"总是像对待略逊一筹的家伙一样。"[30]

不论张伯伦还是哈利法克斯都没有因时间的拖延而感到担忧。当博内已经给杜芒留下了有必要"尽快"达成一项协议的印象时，德拉克斯的官方指示却说明他要"非常缓慢地展开对话，观察政治谈判的进程并与英王陛下的大使保持非常紧密的联系"。[31] 8月4日，他和首相进行了一次面谈。德拉克斯发觉张伯伦"对于苏联的局势有几分焦虑和不安"。"下议院给他施压采取进一步的行动，超出了他本想做到的程度"，带着最大的但显然无意识的反讽，他还表露出"某些怀疑，对于'绥靖'是否有可能达成期望的结果"。[32]

最终，在1939年8月5日，"埃克塞特城市号"启航了。对于这两个都没有意识到时间不多了的代表团来说——正如德拉克斯记录道，在伦敦的每一个人都确信苏联人愿意达成一项令人满意的协议——接下来的5天是一段快乐的时光。每天上午他们在船上的玻璃温室里见面讨论策略，而晚上的时间则用来享用由包着头巾的服务员端上来的盛大的咖喱晚宴。他们不工作的时候，有沙壶球和甲板网球锦标赛。在8月10日的上午早些时候，他们到达了列宁格勒，在进行了一天的观光之后（他们错过了本打算在 8 月 9 日搭乘的那列火车），他们搭上了开往莫斯科的午夜火车。在那里，他们受到了苏联人的热烈欢迎。苏方为向他们表示敬意举办了一场宴会，自然伴随着接连不断的祝酒，人们喝掉了大量的伏特加。遗憾的是，这场宴会最终证明是英法苏合作的高潮。

第二天上午，1939 年 8 月 12 日星期六，这三支代表团在斯皮里多诺夫卡宫碰面召开他们的第一场会议。这个开场简直无法更糟。伏罗希洛夫，那位冷酷无情的苏联作战部长，①一开始便大声读出他的准予他"与英法代表团进行谈判并签署一项军事公约"的权力的资历，而后要求其余人照做。英国人当时一定感觉像是忘记带家庭作业的小学生。因为当杜芒能够拿出一封达拉第的来信时，德拉克斯什么也没有。"尽管或许我本该想到这一点，但这依然是一件让人难以置信的事，政府和外交部居然在没有给我们提供资历证明或任何类似文件的情况下就让我们起航。"他后来评论道。33 伏罗希洛夫表露出极大的失望。苏维埃联盟本以为他们将和全权代表进行谈判。无论如何，在一阵尴尬过后——其间德拉克斯答应给伦敦去信索要他的资历证明——这位元帅同意继续进行商讨。对于苏维埃联盟如何能够为了共同的目标进行最佳合作，英法两国人有什么样的建议呢？德拉克斯开始列举合作的"原则"，可伏罗希洛夫打断了他。苏维埃联盟不关心"原则"，只在乎"具体的计划"。34 不情愿地，英法两国人开始夸张地描述他们的武力，还有一旦打起仗来，他们计划如何使用它们。伏罗希洛夫不以为然并在他们陈述的每一个点上对与他对谈的代表们进行了盘问。

无论如何，直到 8 月 14 日的第三场会议才触及问题的关键。为了让苏维埃联盟成为在与德国——它和这个国家没有领土接壤——作战中的支援力量，有必要让红军穿过波兰和罗马尼亚。这两个英法已经对其给予了保证的国家同意这样做了吗？德拉克斯有所掩饰地说道："倘若一个人正在河中溺水而另一个人说他已经准备好并愿意扔给他一个救生圈，他会

---

① 他在大清洗期间亲自签署了 185 份处决名单。

谢绝这个帮忙吗？"[35] 可伏罗希洛夫继续施压。苏维埃联盟必须获准派遣它的部队经过维尔诺隘口和波兰的加利西亚（罗马尼亚是次要的考虑对象）。在不能保证它可以这样做的情况下，进一步的洽谈是徒劳的，这些谈话也一定会被视为一次失败。

后知后觉地，英法两国人急忙去劝说波兰人。法国大使在8月17日拜访了贝克，而英国大使是在第二天下午。答复依然还是一样的。波兰人担心他们再也不能将他们赶出去，断然拒绝允许苏联人进入他们的地盘。考虑到自苏联人打到华沙城下还没过20年，而且波兰在过去的200年中在那个国家的手中遭受过不止4次瓜分，这是可以理解的。波兰人恐惧苏联人，如果没有比恐惧德国人更多的话，也是一样多，而假如（凭借某种奇迹）他们有能力击退那匹德国狼，结果却被留在这头苏联熊的怀抱之中，那确实算不上什么胜利。

在这块礁石上，谈判搁浅了。代表团在8月15日和16日再次碰面，可17日伏罗希洛夫坚决要求他们必须休会，直到英法两国人从华沙和布加勒斯特得到答复。英国人被迫又一次去观光，参观了列宁墓——"不是给城市景点增添愉悦的地方。"德拉克斯心想——还步行穿过"人民文化休闲公园"——一种敌对的概念，考虑到这里的"文化"连同大量的宣传，经由一连串扩音器不加区别地传递出来。[36] 他们走到每一个地方，身后都有秘密警察尾随，甚至还发现几个内务人民委员部的便衣警察藏在了大使馆花园的灌木丛里。8月21日，他们回到了斯皮里多诺夫卡宫，但无济于事。英法两国人没能说服波兰人，而苏联人正处在与另一名追求者示好的后期阶段。这个军事使团失败了。

* * *

尽管战争的乌云正在聚拢起来，传统英格兰夏季的风俗依旧持续不减。50万人聚集在埃普索姆观看罗斯伯里勋爵的雄性小马驹"蓝彼得"赢得德比赛马会，还有其他大批的民众汇集在阿斯科特、亨利和考斯。一场大型"夏季连衣裙和帽饰的展示"在伊顿与哈罗的板球对抗赛——这场比赛见证了哈罗结束30年的背运——上被留意到，同时，譬如诺森伯兰郡公爵夫人（毛茛黄的绉绸印花连衣裙和烟熏色的毛皮短袖披肩）和诺福克郡公爵夫人（浅色蔓长春花蓝的绉绸，还有绺绺鸟毛插在一顶蓝色的布列塔尼水手草帽上）那样的上流社会人士的优雅也确保了古德伍德的杯赛日完全达到了"阿斯科特的标准"。[37]

至于那些舞会、晚宴和派对——伦敦"季"的晚间固定活动——它们，倒不如说，甚至比在前些年还要更欢愉和更铺张。超过1000名宾客出席了7月6日在霍兰别墅举办的那场舞会，当时一支由肯·"蛇臀"·约翰逊指挥的黑人乐队的出场，虽然具有争议，但着实叫人兴奋，驱使特怀斯登夫人聚会上的宾客们加入了在斯坦诺普门6号的两段式楼梯下的一场特大型康茄舞会。无论如何，不容置疑的最精彩的部分要数马尔伯勒公爵及公爵夫人为庆祝他们的长女萨拉·斯潘塞-丘吉尔小姐"初入社交界"在布莱尼姆宫举办的那场舞会了。几乎整个社交、政治、外交阶层都到场了，由一大群身着黄蓝色的18世纪制服的男仆侍候着。"奇普斯"·钱农从未见过任何像它一样的场面：

> 整座宫殿被泛光灯照亮，而它富丽堂皇的巴洛克之美在几英里以外都能看到。几湾湖水也被泛光灯照亮了，还有更美的，那出了名的露天平台，那里泛着蓝绿色的光，还有提洛尔人边走边唱；而尽管那里有700人甚或更多，但那个地方一点也不拥挤。那场面欢愉、有朝气、绚丽多姿，简言之，完美。我不愿离去，但还是在大约凌晨4点半走了，并最后看了一眼那个下面有湖的巴洛克风格的露台，以及各式金色的雕像和那座宏伟的宫殿。我们究竟还能再次看到类似的场面吗？这样一种社交聚会没有过时吗？曾经整个英格兰都认为它会过气，然而现在没有。香槟简直汇成了河。[38]

罗纳德·卡特兰大为惊诧，甚至心烦意乱，人们居然可以继续"打板球，等待赛马特别活动"并"精心安排暑假"。"难道诸神在我们毁灭之前就让我们精神错乱了吗？"他琢磨着。[39] 不过，假定那些享受1939年夏天的人们对当时日益恶化的国际局势无知或无感是错误的。相反，正如一名刚刚加入国防义勇军的年轻的饮酒狂欢者回忆说：我们"很清楚地意识到战争可能就在拐角处"，因此，"从男性的观点来看，当时的氛围确实是'及时行乐，因为明天我们就要死了'"。[40] 剑桥大学足球队首发阵容的队长彼得·斯塔德（Peter Studd）表现出一种类似的"把握现在"的态度，当时他告诉一名采访者，说他"希望上帝保佑，希特勒在板球赛季结束之前不会宣战"。[41]

无论如何，关于张伯伦因整个夏季休会期要将议会从8月4日延期至10月3日的计划，人们存在合乎情理的担心。工党和自由党反对派，还有像丘吉尔那样的反绥靖的保守党人，都因这项提议感到震惊。德军正在进行战时动员，但泽的紧张局势愈演愈烈，苏联谈判尚未完成，而首相现在要给议员们放2个月的长假。在一次他使出了"浑身解数，包括雄辩术、机智风趣和反讽"的演讲中，丘吉尔抨击了这次有计划的休会，争辩道它将传递给英国的敌人们最糟糕的信号。下议院声称这是最"可怕的关于英国国家意志的表达"，而且政府在这个时候对议会说："走开！跑去玩吧。带上你们的防毒面具。"将是"灾难性的""可悲的""可耻的"。[42] 亚瑟·格林伍德代表工党发言，表明反对党不相信首相不会利用议会的缺席来重新实行他的绥靖政策，这个看法得到了自由党领袖阿奇·辛克莱的赞同。

对于这些抨击，还有来自利奥·埃默里、维维安·亚当斯和理查德·劳的请求，张伯伦以一场"狭隘的、激烈的、有倾向性的演讲"做出回应，其间他宣称在休会问题上的投票将被视为一次对政府的信心表决。[43] 这样一来便终结了这个问题（保守党议员永远不会投票推翻政府），可是紧接着，罗纳德·卡特兰用戏剧性的措辞抨击了首相的决定。令保守党议员席震惊得倒吸一口气的是，这位32岁的年轻人声称有一种"富于想象的又荒唐的印象……存在于这个国家，即首相有独裁的想法"。这当然是荒谬的，不过它是一种会因首相拒绝赞同提早重组议会而巩固的印象。事实是，卡特兰继续道，他的情绪愈发激动起来，"我们当前所处的局势是，不出一个月，我们就有可能要去打仗了，而且我们有可能就要牺牲了"。

这时，帕特里克·汉农爵士（Sir Patrick Hannon）和其他众多保守党议员大笑起来。卡特兰涨红了脸，冲他们发起火来。你们大可以嘲笑，但是"有数千名年轻的小伙子此时此刻正在军营里面训练……而如果我们不能不时地一起开会并保持议会正常运转的话，我们在这里起码能做的，是展现出我们对这个民主制度怀有极大的信心"。[44]

卡特兰的演讲效果是"触电似的"。[45]不出几分钟的工夫，汉农就起身痛斥这位尊敬的金斯诺顿的议员阁下"有毒的"言论，然而丘吉尔则赶紧送上他的祝贺："好样的，老弟，好样的！"[46]张伯伦在分组表决中轻松获胜，不过将近40位保守党议员——包括丘吉尔、卡特兰、哈罗德·麦克米伦、安东尼·艾登和鲍勃·布思比——弃权了。第二天，《标准晚报》的头版大肆宣扬："首相索要昨晚没有投票的议员名单。他们都将被列入黑名单。"[47]尤其是要磨刀霍霍向卡特兰，20位保守党议员会见政府党鞭们强烈要求将他除名，同时伯明翰的该党核心班子的负责人理查德·爱德华兹（Richard Edwards）给张伯伦去信跟他说，他和金斯诺顿的保守党协会主席都一致认为"应该再寻找一名候选人"去竞选接下来的大选。[48]张伯伦很高兴。"至于卡特兰先生，"他在那场辩论的3天后写信给艾达，"我希望他在金斯诺顿实质上已经身败名裂，我也正在采取措施激励当地的反对派……我们最终或许会丢掉这个席位，但我宁愿（暂时地）那样做，也不愿把一个叛徒留在阵营中。"[49]9个月后，罗纳德·卡特兰少校在带领他的人前往敦刻尔克时，被德军的一枚子弹射杀了。

* * *

8月6日，张伯伦搭上了直达苏格兰的卧铺列车，在那里他希望花两个星期的时间在威斯敏斯特公爵的萨瑟兰庄园垂钓。首相相信来自德国的据说大约200万人即将武装起来的消息令人不安，但并非叫人绝望。"我的一切情报都表明希特勒眼下意识到，他在没有一场大战的情况下无法攫取其他任何东西，"他在马上就要出发前向他的妹妹希尔达吐露道，"因此已经决定将但泽问题暂时搁置。"他预料不久之后他们将听到部队沿波兰边境大规模移动"以及一连串会让温斯顿变得歇斯底里的不祥的备战传闻"。可这些只不过是"心理战"的必然要素。[50]

遗憾的是，尽管全国其他地区正在遭受一场暴雨，萨瑟兰却极为干燥，并且河面低于钓鱼水位6英寸。令人难以置信的是，张伯伦在那周一开始就成功地捕到了2条鲑鱼，不过他的好运也到此为止了。8月14日，他得到了一份在希特勒与国际联盟但泽专员卡尔·布尔克哈特（Carl Burckhardt）之间进行的一次面谈的叙述，其间德国元首威胁要"碾压波兰人……以此后将找不到波兰痕迹的方式"。[51] 5天后，哈利法克斯写信给他，附上了由罗伯特·范西塔特爵士的一名线人费力收集得来的情报，表明入侵波兰行动将在8月25日至28日之间的某个时候开始。[52] 哈利法克斯想让张伯伦给希特勒寄一封信，强调英国要以暴制暴的决心，并请首相从苏格兰回来。张伯伦在8月21日的上午到达并开始起草一封信。与此同时，英国外交部从德国收到了一则隐晦的信息，声称戈林提议飞往伦敦与首相进行紧急会谈。张伯伦接受了这个"让人费解的建议"并安排好让这位元帅降落在一个废弃的小型机场，然后驱车载他前往首相别墅，那里所有人员都将被打发走，而电话也将被掐断。[53] 这个计划的日期是1939年8月23日星期三，可它从未发生。原因很简单，却也令人极为震惊。8月21日深夜，德国官方通讯社宣布，"德国政府和苏联政府已经同意缔结一项互不侵犯条约"，并且"外交部长冯·里宾特洛甫先生将为了结束谈判在8月23日星期三前往莫斯科"。[54] 斯大林做出了他的选择。

22

最终时刻

我们正在经历艰难的时刻,但我希望我们或许总有一天可以成功避免最糟糕的事情发生。倘若这样的话,我将依然希望有机会去追赶你的松鸡。

——内维尔·张伯伦写给巴克卢公爵,
1939 年 8 月 30 日 [1]

这项《纳粹-苏联条约》的出现对于西欧强国来说就像"一颗十足的炸弹"。[2] 奥利弗·哈维发现英国外交部处在一片惊愕之中,而法国总理爱德华·达拉第则抱怨"他无法理解法国的外交官们和谈判员们怎么能一直遭受如此欺骗"。[3] 对于那些始终不信任苏联人的家伙们来说,这是一次辩白。"后来我意识到苏联人欺骗了我们,正如我一直认为他们会这样做的。""奇普斯"·钱农在 1939 年 8 月 22 日上午打开他手中的一份《每日快报》后记录道。"他们是世上最龌龊的人。眼下似乎要开战了,还有随之而来的瓜分波兰。"[4] 正在普利茅斯港搭乘帆船的哈罗德·尼科尔森听到这个消息时得出了同样的结论:

这粉碎了我们的和平阵线,也使我们对波兰、罗马尼亚和希腊的担保变得非常可疑。里宾特洛甫肯定在偷笑。我对这个消息感到相当震惊,而后糊里糊涂地坐在甲板上,那些小渔船就在我周围。我担心它意味着我们受了奇耻大辱。[5]

张伯伦极度沮丧。尽管他从未想与苏联结盟并且要为英法没能争取到结盟负大部分的责任，但他意识到德国入侵波兰的道路眼下已经敞开。"他看上去精疲力竭，"在8月23日傍晚拜访过他的美国大使约瑟夫·肯尼迪记录道，"他说他想不出下一步要说或要做什么了。他感到他的一切努力都已前功尽弃。'我不能再飞了，因为时不再来。'"[6] 不过倘若首相觉得有权自怜的话，在这个最诡异的新联盟面前就永远不会存在任何垮掉的问题了。相反，在这个消息得到证实的几小时内，内阁发布了一项宣称这项条约绝不会影响英国对波兰的义务的声明，而后不出几个小时的工夫，英国大使就已经在他赶赴贝希特斯加登的路上了，身上还装着一封写给希特勒的重申这些保证的信。

内维尔·亨德森爵士发觉希特勒正处在他最好斗的情绪当中。德国元首责怪英国人阻碍了和平解决波兰问题，还因波兰人对德意志少数群体所谓的攻击而怒斥他们。亨德森为英国政策沉着冷静的辩护并没奏效。希特勒谴责英格兰人给了波兰人一张"空白支票"，还警告称如果波兰的挑衅继续，他不会回避战争。随后，希特勒递给这位大使他给张伯伦的回信——在信中他再次表明了他要以武力解决波兰局面的决心，如果必要的话——他表示，显然英格兰已经下定决心要"歼灭德国"，而他更愿意现在开战，在他50岁的时候，而不愿在5年或10年之后。亨德森提出抗议，同时依然坚称英国肯定会为波兰而战，可希特勒似乎正处在一种"理智对他来说什么也不是"的情绪当中。[7] 事实上，德国元首认为他一直都是极其聪明的。亨德森刚一离开，他就拍着大腿并以一种得意的口吻宣布："张伯伦不会挺过这次交涉。他的内阁将在今晚垮台。"[8]

第二天，8月24日星期四，英国内阁开会决定要征召海岸防御和防空部队的剩余力量。他们早已下令进行了大量的防御准备，包括集结了辅助空军和5000名海军预备役军人，还征用了大约80艘商船及拖网渔船以备战时所需。空袭预警方案已进入待命状态，保护脆弱点免遭蓄意破坏的命令也已下达。在法国，90万人正在被征召入伍，而法国政府也取消了那次本该成为第一届的戛纳电影节。前一天，当亨德森正与希特勒争辩之时，整个法国国防班底聚集在达拉第的办公室斟酌当前局势。乔治·博内想要试图耍滑逃避法国对波兰的义务，可得到了参谋长们支持的内阁中的鹰派占了上风。一场法军全面动员的准备工作继续展开,而后在8月25日的傍晚,达拉第面向全国发表了一次激动人心的广播。

张伯伦在前一天下午面向下议院的演讲就没那么鼓舞人心了。尼科尔森将其比作"一名验尸官在总结一桩谋杀案"。[9]然而,他的确再次确认了英国对波兰的承诺,而且与捷克危机期间他那臭名昭著的广播对比鲜明,宣称如果战争即将因但泽而爆发,那么英国将为之战斗的不会是"一片陌生土地上一个遥远城市的政治未来",而是"那些原则的维护……破坏它们就意味着破坏所有和平的可能性以及全世界人民的安全"。[10]议员们在平静的沉默中听着。没有先前9月那种紧张的预期了,只有顺从和坚定。"恐惧,"反绥靖议员"路易斯"·斯皮尔斯将军写道,"已经消失了。"[11]那晚,约瑟夫·肯尼迪到访唐宁街,在那里他发现首相心情沮丧但意志坚决。"别担心,内维尔,我依然相信上帝与你同在。"这位大使安慰道。张伯伦认为上帝工作得不够努力,这也是可以原谅的。[12]

* * *

入侵波兰预计在8月26日黎明开始,那份《纳粹-苏联条约》一经签署,命令就立即下达出去了。希特勒眼下比以往任何时候都要更加自信地认为西欧强国不会干涉。"我在慕尼黑已经见过了那二位执雨伞的先生,张伯伦和达拉第,也对他们有所了解,"当他的将军们在这件事情上表露出疑虑时,他向他们保证,"他们永远阻止不了我解决波兰问题。那些在伦敦和巴黎小口抿着咖啡的人这一次也会袖手旁观。"[13]然而,读到8月25日上午英国报纸的译文——所有文章都带着对张伯伦的演讲的强烈赞同——他开始心生疑虑并决定要做出离间英国(希特勒似乎鲜少顾及法国)的最后一次努力。下午1点半,亨德森抵达帝国总理府。在那里,德国元首知会这位大使,称他决定要朝着与英格兰达成谅解的方向做出最后一次努力。波兰问题,他解释道,必需得到解决。德国要在它的边境上忍受"马其顿条款"是令人无法容忍的。[14]无论如何,这件事一旦达成,他愿意给予英格兰一个明确又慷慨的提议。他将为大英帝国提供担保,并将纳粹帝国的武装力量置于它的任意支配之下——只要英国答应满足德国的"有限的"殖民地要求。[15] 亨德森应该立即飞抵伦敦——他正在给他安排一架专机——并向内阁重复这番话。希特勒最后的口气是一种刻意的搞怪。他生性是位艺术家,而一旦波兰议题解决了,他打算"作为艺术家来结束他的生命,而不是作为战争贩子"。他不想"把德国变成一个纯粹的军营"。[16]

希特勒将这位大使打发走后,传令在下午 3 点 02 分前进。对波兰的军事行动将于第二天上午开始,而英国人——还在讨论他的提议——将非常意外且困惑地发现他们置身事外了。不过,5 小时后,这项命令被急忙撤销了。一整天,希特勒都在等待墨索里尼对他那封表明入侵波兰迫在眉睫而他期待他的轴心国伙伴站在他这边的信件的答复。在下午 5 点 45 分送达的意大利领袖的回复——在德军已经开始朝着他们的出发点移动的 3 小时后——深深地震惊了希特勒。墨索里尼遗憾地表示,意大利在现阶段没有能力参与作战,并且将在军事冲突中保持中立。仅在几分钟前,希特勒接见了法国大使罗贝尔·库隆德尔,他以法国军官的身份承诺,倘若波兰遇袭,法国将为之战斗。甚至更严重的是,他获悉,几乎同时,英国人在那天下午与波兰签署了正式的军事联盟。希特勒大吃一惊。他曾确信英国人在虚张声势,可此时此刻他们在用最好战的方式傲慢拒绝他的"提议"。(事实上,当英国政府在那个波兰联盟的后面附上他们的签名时,他们还没有听说那个"提议"。)他的期待落空了,他的信心粉碎了。在 1 小时之内,他就失去了那位他一直信赖的盟友,还收获了那两个他低估了的对手。在一阵惊慌失措中,希特勒派人去请德军最高统帅部负责人威廉·凯特尔将军。

"我需要时间,"德国元首表明,"军队可以叫停吗?"

"我不得不看一下时间表。"这位将军回答。

"那么叫人去拿,伙计!"

在仔细查看了这份文件之后,凯特尔宣称军队可以叫停,但是这个命令必须现在就传达出去。希特勒下了令。这场战争,暂时,不会发生了。[17]

＊　　＊　　＊

　　英国人没有被希特勒的提议诱惑。希特勒要以他自己的方式解决波兰问题的决定早已被回绝，而他要为大英帝国做担保的提议也被视为傲慢无礼。不过，有一种看法认为，希特勒正在寻找一条出路，而英国人应该帮助他找到它。8月25日深夜，在哈利法克斯起草了一份"非常糟糕的答复"之后，霍勒斯·威尔逊和拉博·巴特勒——仅有的与亨德森一起为了又一份《慕尼黑协定》"像河狸一样地工作"的人——拿出了一份甚至更糟糕的回复。[18] 内阁将它批驳得体无完肤。莱斯利·霍尔-贝利沙谴责它是"低三下四的、谄媚的、毕恭毕敬的……在任何条件下"我们都不该"给人留下我们将在我们给予波兰的允诺上动摇的印象"。[19] 同事们表示赞同，而后张伯伦宣布大臣们可以把他们的建议发给财政大臣。那晚，张伯伦、哈利法克斯、巴特勒、约翰·西蒙爵士和亚历山大·卡多根爵士着手撰写一项新草案，第二天上午，哈利法克斯和卡多根，连同威廉·斯特朗爵士与英国外交部的威廉·马尔金爵士一起，继续进行那项工作。8月27日星期天下午，内阁成员按要求提交他们的建议。这让托马斯·英斯基普爵士想起了上学的时候，"每个人都默默地卷起他们的作业本，还不时地传出一阵低沉的意见交流声"。[20]

　　在这同一场会议上，张伯伦给予了内阁关于一名一直在英国外交部与戈林之间充当中间人的"神秘人"的更多细节。[21] 这个人是比耶·达勒鲁斯，那位在当月早些时候在那些英国商人们与那位德国元帅之间促成了那次会议的天真而不知疲倦的瑞典人。8月25日，达勒鲁斯在英国外交部拜访了哈利法克斯。由于官方谈判现已在进行中，这位外交大臣婉拒了他的工作。然而，那天傍晚，达勒鲁斯接到一通戈林打来的电话，在通话中这位德国元帅表示，当前的局势极其严峻，而战争随时可能爆发。第二天上午，达勒鲁斯回到英国外交部，在那里他问哈利法克斯他是否会给戈林写一封强调英国要朝着一份和平协议的方向努力的意愿的信。在与张伯伦进行了短暂的讨论之后，哈利法克斯帮了忙，而后达勒鲁斯飞往德国。

　　他在晚上7点降落在柏林的滕珀尔霍夫机场，随后被直接带着去见戈林，后者正在他的专列上等着，在柏林与他的乡间住所的中途。达勒鲁斯发觉这位元帅严肃又紧张。他撕开哈利法克斯的信，结果却想起他的英文水平不足以读懂它。"达勒鲁斯先生！"他命令道，"把这封信翻译成德文，还要记住，每一个音节都传达着正确的意思，这是何等重要。"[22] 根据哈利法克斯的说法，这封信函只不过是"老生常谈的信息"，重复着英国对和平的渴望。[23] 然而，戈林却对他听到的内容印象深刻，还下令让火车停下，这样一来他和达勒鲁斯就可以返回柏林了。在那里，戈林唤醒了希特勒并把他介绍给达勒鲁斯。尽管当时已是午夜，但希特勒依然纵情于一段 20 分钟的个人的长篇大论之中，抨击波兰人的同时也埋怨英国人，在此之前不论达勒鲁斯还是戈林都无法切入正题。他非常激动，并且在某一阶段似乎要在他们面前崩溃了。"我要建造 U 型潜艇，建造 U 型潜艇，建造 U 型潜艇。"他用短促刺耳的词组大声叫嚷道，预言倘若战争在英格兰与德国之间爆发了，他会怎么做。"我要建造飞机，建造飞机，建造飞机……如果不该有黄油，我会第一个不吃黄油，不吃黄油。"[24]

最终，希特勒平静下来，给了达勒鲁斯一套类似他在前一天已经给亨德森的那些建议。他想要与英国结盟，可他也想要但泽和波兰走廊。达勒鲁斯即将前往伦敦并向英国人重复这个提议。怀着热切的心情，这个瑞典人告辞了。他相信世界的和平取决于他的使命，而后他在早上 8 点钟乘坐一架德国政府的飞机，启程之前他一直兴奋得睡不着。那天下午，8 月 27 日星期天，他向张伯伦、哈利法克斯和卡多根传达了这个信息。

这三个人的反应很镇定。尽管希特勒的最新提议与给予亨德森的那些十分不同以至于引起混淆，但它们在本质上是相同的，而且，正如卡多根指出，"并没有给予我们太多额外的信息"。[25] 张伯伦对达勒鲁斯印象平平，而英国外交部通过称呼他为"海象"透露了它对这位瑞典中间人的看法。[26] 无论如何，他是一个对戈林有用的中间人，而内阁也赞同首相，认为只要他坚持这个态度，即英国人确实极度渴望一份和平协议，但不会违背他们对波兰的义务，他们就应当继续利用他。英国人相信应该在德国政府与波兰政府间直接协商出一个解决办法，在没有威胁与恫吓的情况下。倘若这达成了，他们愿意加入，和其他国家一起为那份协议作保。

这是给希特勒的"提议"的官方回复的主旨，经过了 3 天的时间，至少 3 次单独的起草委员会和 3 次内阁会议，终于在 8 月 28 日星期一的下午完成了。没什么能说服英王陛下政府抛弃波兰人，可是它极度渴望一个和平的解决办法，并敦促大臣与波兰政府直接谈判。随着德国取消进攻的报告纷纷送达，伦敦和巴黎的乐观精神在一个周末的工夫就已高涨起来。希特勒似乎在动摇，而来自罗马的所有迹象都表明墨索里尼不愿意在战斗中支持他的盟友。洋洋得意的库隆德尔在 8 月 30 日下午写信给达拉第：

> 这场武力的检验已经转变为我们的优势，我从一名可靠的线人那里听说，希特勒先生已经犹豫不决 5 天了，而且在纳粹党内部存在着动摇情绪，在民众当中也有一种日益高涨的不满。这次进攻本来定在 8 月 25 日至 26 日的夜间。由于不确定的原因，希特勒在最后关头退缩了……我们一定要坚持住、坚持住、坚持住。[27]

英国外交部同样抱持这个看法。英国秘密情报局一直在汇报德国最高指挥部内部的分歧，而德国大使馆的顾问也向威廉·斯特朗证实，关于遵循何种方针，"柏林还在犹豫"。"我将他的观点看作是，由于我们绝对的（却不具煽动性的）坚定，也由于波兰人的谨慎和适度，一条和平的出路眼下依然是有可能的。"这位英国官员写道。[28] 不过，希特勒还有其他的计划。

他在做出推迟入侵波兰的决定之后一直忍受着某种近似精神崩溃的折磨，这位德国独裁者正在重拾他的气魄。这本来通过他自己的手段就能找回来，那几乎是肯定的，然而不幸的是，达勒鲁斯似乎在此过程中凭借他对英国人迫切想要达成和解的热情又夸张的叙述扮演了一个重要的角色。英国外交部后来读到这位瑞典人对这些天的描述时，被他的质朴——好像还需要进一步的证明——惊到了，而比耶·达勒鲁斯的故事，在第二次世界大战前的最后几天，例证了在这段时期业余外交的极其负面的影响。

无论如何，现阶段，官方渠道依然在运转。8 月 28 日晚上 10 点半，喝下半瓶香槟以壮胆的亨德森到达帝国总理府去呈递英国的答复。早已开始重新安排 9 月 1 日的入侵的希特勒假装有兴趣。他比在他们上一次的会面中更冷静，而且尽管他提到了"歼灭波兰"，却丝毫没有惯常的装腔作势。德国元首重复了他的要求，这位大使也重申了英国支持波兰人的决心。最后，希特勒问亨德森——他仅此一次在会谈中讲了大部分的话——英国是否愿意接受与德国结盟。亨德森答曰："从个人角度来讲"，他"不排除这样一种可能性，只要事情的发展证明这样做是正确的"。[29]他留下了这番可能引发后患的话后便告辞了，希特勒已经答应仔细阅读这份文件并在适当的时候给出他正式的答复。

第二天上午，8 月 29 日星期二，经戈林事先指点的达勒鲁斯给英国外交部捎信说希特勒眼下相信一项和平协议是确定有可能的。又一次，英国人的乐观精神高涨起来。更多鼓舞人心的沟通随之而来。尽管大部分德国陆军已沿波兰边境整装待发，但这位瑞典人坚称希特勒"十分渴望与大不列颠建立友好关系，以至于他愿意赴远道去见波兰人"。[30]过度紧张的亨德森开始放松下来，尽管他不满于达勒鲁斯闯入了他的领域，但他依然以雪利酒款待这位中间人并在他的腊肠狗般的殷勤中得到了安慰。晚上 7 点 15 分，胸前别着红色康乃馨的他再一次出现在帝国总理府去接收希特勒的回复。

不出几分钟，他的乐观就烟消云散了。希特勒叫嚷着谴责波兰人及其"野蛮的暴行"。[31]德国政府再也不要向这些挑衅屈服。然而，从真诚渴望与英格兰建立友谊的角度来讲，只要一名作为全权代表的波兰密使在 1939 年 8 月 30 日星期三——即在接下来的 20 个小时之内抵达柏林，德国政府就愿意参与谈判。当亨德森读到这个要求后，他谴责希特勒在发布一份最后通牒，而后这次面谈进一步地恶化了。希特勒开始叫嚷起来，指责英国人丝毫不在乎"德国人是否在波兰遭到了屠杀"。亨德森受到了冒犯，继而比希特勒叫声还要大。"我告诉他我不要从他或任何人那里听到这样的言语。"他对英国政府的人道的口头诽谤是不能容忍的。"倘若他想打仗，他会梦想成真的。"德军可能很强大，可英格兰也有着丝毫不逊色的坚决"并且会比德国能够坚挺的时间更长一点，如此等等"。[32]第二天，亨德森写信给哈利法克斯，表示他希望他没有做得太过。大声叫嚷通常不是一名英国大使的本分，可当时希特勒也不是一个正常人，他解释道。在他的贝希特斯加登面谈中，他下大力气来以他自己克制的镇静与希特勒的胡言乱语形成鲜明对比，可这并没奏效，而"我认为就此一次，一定要让希特勒尝尝他曾给别人的苦头"。[33]

虽然有这次技艺精湛的表演，亨德森依然建议波兰政府答应希特勒的要求，甚至还敦促法国大使让他的政府去说服波兰人。这引发了来自英国驻华沙大使霍华德·肯纳德爵士（Sir Howard Kennard）的强烈斥责，他致电称波兰人"宁愿打仗和惨死，也不要向这样的耻辱屈服，尤其是在捷克-斯洛伐克、立陶宛及奥地利的那些实例之后"。[34]哈利法克斯表示同意。德国人的时间表完全不合情理，而亨德森受命将这一点传达给德国政府，他在凌晨4点钟打电话给里宾特洛甫完成了这项任务。

* * *

第二天一整天，8月30日星期三，亨德森继续敦促伦敦去说服波兰人"相信这第11个小时的努力，进而与希特勒先生建立直接的联系"，甚至还建议称或许可以请求教皇庇护十二世（Pope Pius XII）去推进某个"不偏不倚的解决办法"。[35]然而，英国政府依然保持坚定。拉博·巴特勒后来抱怨称，就英国外交部而言，在给波兰人施压进行谈判这件事上存在一个"绝对的顾忌"——他相信，这是"在一些人的心中由《慕尼黑协定》导致的羞耻"的结果。[36]张伯伦告诉内阁，这是希特勒的霸凌技艺的又一例证，而展现出"我们在这一点上不会让步"是绝对必要的。[37]在当天早些时候，他以非凡的信心回复了一封巴克卢公爵的来信："我们正在经历艰难的时刻，但我希望我们或许总有一天可以成功避免最糟糕的事情发生。倘若这样的话，我将依然希望有机会去追赶你的松鸡。"[38]通过达勒鲁斯传递出去的误导性的信息声称希特勒愿意在走廊问题上考虑一次全民公决，可这并没有改变波兰谈判代表的议题。中午，约瑟夫·贝克上校通知肯纳德，波兰政府决定要进行军事动员——对于60个德国师沿他们的边境整装待发的自然的回应——而后在下午，亨德森转交了那份看似是一份德国作战新计划的文件。

午夜，就在德国的那份要求波兰密使到访的最后通牒到期之后，亨德森走进了德国外交部的旧建筑去见里宾特洛甫并递送英国人的正式答复。自从5天前推迟了入侵，这位好战的外交部长——他曾向希特勒保证英国人永远不会参战——就一直在拼命地设法恢复他的地位，并且，用一名德国外交部官员的话来说，正在积极地"渴望战争"。[39] 口译员保罗·施密特回想道，他到达了俾斯麦以前的办公室，激动得"几乎颤抖起来"，并且在那位英国大使进行沟通时拒绝一动不动地坐着，而是不停地突然站起来，双臂交叉在胸前，问亨德森是否还有其他更多要说的。当那位大使再次表示指望一名波兰全权代表在如此短暂的通知时间内到达不合情理时，这位外交部长打断了他的话。"时间到了，"他假装冷静地说道，"你们政府本要召来的波兰人在哪呢？"亨德森重复了他刚刚说过的话，然后表明英国人已经要求波兰人采取一切可能的措施避免边境冲突，眼下也要求德国政府照做。里宾特洛甫再一次火冒三丈。波兰人才是侵略者，他怒斥道。亨德森愈发被激怒了，他继续说着。英国人竭力主张德国政府以召唤波兰大使这种正常的方式将它的提议传达给波兰政府。此外，他们一直都有收到关于德国人在波兰进行着蓄意破坏行为的报告。

这时，里宾特洛甫彻底发飙了。"那是波兰政府的一个该死的谎言。"他咆哮道，猛地站起来，他的脸涨得通红。"我只能告诉你，亨德森先生，现在的处境他妈的很危险！"那位一本正经的大使被如此不符合外交传统的言语震惊到了，起身并向对方叫嚷。"你刚刚说了'他妈的'……那可不是一个政治家在如此严峻的形势下该使用的词汇。"有那么一瞬间，施密特以为这两个人就要开始挥拳头了。无论如何，在一阵气愤又沉重的呼吸声过后，紧张的局面缓和下来，这两位外交官重新回到了他们的座位上。

里宾特洛甫接下来朗读了一连串旨在解决"波兰问题"的提议。亨德森索要一份副本，但里宾特洛甫拒绝了。"反正它已经失效了，因为那位波兰使者尚未出现。"[40] 亨德森稍后才开始明白，这位德国外交部长正在积极地为战争而努力。不过，这并没有阻止他要求那位波兰大使在凌晨 2 点来拜访他并以"最强硬的措辞"敦促那位波兰大使立刻致电华沙，这样一来贝克便可以请求得到一份德国提议的副本了。[41]

＊　　＊　　＊

1939 年 8 月 31 日星期四是充满了起伏不定的情感、相互矛盾的报告和孤注一掷的尝试的一天。这天从伦敦的决策者们译解并接着阅读亨德森对他与里宾特洛甫的对话的叙述开始。"这听上去并不是很让人振奋。"哈利法克斯带着他特有的轻描淡写的态度回忆道。随后从那位大使（他在凌晨 4 点钟才上床睡觉）那里传来了一封新的电报，声称根据他刚刚得到的情报，除非在接下来的两三个小时里发生点什么，否则德国政府就要向波兰宣战了。[①] 内阁仍然拒绝向希特勒的霸凌屈服。相反，英国海军被动员起来，从脆弱地区（主要是伦敦）开始撤离 300 万妇女和儿童的决定也已做出。令亨利·波纳尔少将感到宽慰的是，政府最终批准补足陆军后备军的兵力，还征召了新一批皇家空军地勤人员。

在柏林，弗朗茨·哈尔德将军（General Franz Halder）在清晨 6 点半获悉希特勒决定要继续那场临时安排在第二天，即 9 月 1 日星期五黎明的进攻。"事情看起来似乎终成定局。"戈培尔记录道。不过，即使现在，也依然有那些在奋力挽救和平的人们。上午 11 点钟，齐亚诺致电哈利法克斯，表示如果英国人能让波兰人放弃但泽，那么墨索里尼愿意用他的影响力去设法说服希特勒召开一次大会。英国人拒绝了。不过，当张伯伦和哈利法克斯正在讨论这项提议时，那位意大利外交部长——由于他的反战以及对德国人的反感暂时转变为最忠诚的亲英派——再次打来电话传达关于召开一次国际会议以修订《凡尔赛和约》的新提议。张伯伦回复称，

[①] 这位"提供情报的人"是恩斯特·冯·魏茨泽克，经由意大利大使贝尔纳多·阿保守科（Bernardo Attolico），其相当于由这位国务秘书通过让英国人迫使波兰人做出让步来维护和平的最后一次尝试。事实上，希特勒从未有过像正式"宣战"一样有绅士风度地做任何事的任何打算，而过了那个时间入侵的命令就无法撤销的最后期限是下午 4 点钟，而不是上午 10 点钟。

如果首先能在很大程度上遣散部队的话，才有可能考虑这样一项提议。在法国，达拉第甚至连走到那一步也不愿意，他告诉英国大使，他宁愿辞职也不要接受墨索里尼的邀请去参加第二个慕尼黑会议。博内和往常一样支持接受邀请，但被读过了前一天库隆德尔的信件摘录的法国总理以权力否决。我们一定要"坚持住、坚持住、坚持住"，这位"沃克吕兹公牛"援引道，一拳猛砸在桌子上。[42]

与此同时，那位轻信的达勒鲁斯继续扮演着戈林计划的角色。他在 8 月 30—31 日深夜向英国人提供了一份德国提议的副本，在第二天上午 11 点钟去拜访了波兰大使约瑟夫·利普斯基（Józef Lipski）并建议他去见这位德国元帅，不论他想要什么都签字，然后"全部问题就解决了，我们也能一起去猎牡鹿了"。[43] 当盛怒之下的利普斯基回避了这样一个来自完全没有外交或政治权威的生手的建议时，这位瑞典人断定是好战的波兰人正在破坏这最后的和平机会，而后致电伦敦，通过英国大使馆的一条没有安全保障的电话线路发牢骚。德国人的建议是"极其开明的"，他告诉霍勒斯·威尔逊。他刚刚才去见过利普斯基并且……这时，威尔逊听到一个德国人的声音在重复达勒鲁斯的话。他不顾一切地设法让这个瑞典人停下来，可达勒鲁斯继续说着。显然，波兰人正在"阻碍可能的一场谈判"，他说。希特勒周围的人们正在"竭尽全力去阻止他，但是……倘若波兰人不肯来到柏林——"威尔逊将听筒放下了。[44]

几乎就在同一时间，希特勒签署了那项批准入侵波兰的命令。那些提议（里宾特洛甫曾将它们读给亨德森却拒绝传达给波兰人）只不过是他设计托词的方式：一种借此他就可以告诉德国民众，说他给华沙提供了合理的条件，但波兰人拒绝了它们的手段。当贝克吩咐利普斯基去传达波兰政府想要参与谈判的意愿时，这位大使发觉首先就不可能得到一个预约，最后，他在下午 6 点半见到了里宾特洛甫，但是利普斯基刚一承认他没有权力代表他的国家做出让步，这位外交部长就终止了这次面谈。晚上 9 点钟，德国的那些建议在德国电台进行了广播，同时伴随着声称波兰人已经知晓它们有 2 天的时间了的说法。在伦敦，卡多根命令英国外交部新闻部"扼杀掉这个"谎言，可是在某处，德国人得到了一份达勒鲁斯从英国大使馆内部发表意见的笔录本，称这些提议是"极其开明的"，而且显然波兰人正在蓄意破坏计划的谈判。[45] 1小时前，打扮成波兰公民的党卫军成员接管了在波兰边境上的格莱维茨电台，他们在那里抛尸——有两具是从一个集中营运来的，第三具是被致命的注射杀害的——并冒充反德广播。其他有组织的行动发生在霍赫林登（Hochlinden）的海关大楼（更多的集中营受害者在附近的树林里被枪毙）以及贝奇纳（Pitschen）的一座废弃的护林人小屋。9月1日星期五凌晨4点45分，枪炮打响。战争开始了。

*　　*　　*

接下来的48小时是高度紧张和极度沮丧的一段时间。当丘吉尔在星期五下午早些时候见到张伯伦时，首相告诉他木已成舟：他看不到任何能避免与德国发生军事冲突的希望了，并邀请他的对手成为他打算组建的小规模战时内阁的一员。长久以来一直在提醒注意纳粹的危险又一直被忽视，对于这位年纪较轻的家伙来说，这是一个个人辩白的时刻，不过战斗号召并没有如他预期在这次会面之后出现。

法国政府害怕在他们完成军事动员及撤离他们的妇孺之前就遭到轰炸，便设法尽可能长时间地推迟宣战，同时博内尽他所能地避免让法国不得不履行它的义务。当英国人拒绝支持这些努力——它们围绕着墨索里尼的大会提议——这位法国外交部长要求在递送一份英法最后通牒与宣战之间要有48小时的时间间隔。[46] 在这件事上，他得到了达拉第的支持，后者已被甘末林将军说服，相信延期的军事优势。英国人提出反对，但无济于事。博内"为了拖延而竭尽全力耍滑。"奥利弗·哈维记录道。[47]

至此阶段，9月2日星期六的下午，甚至连最忠实的亲法派的耐心也在接受着考验。"倘若法国又一次没能履行义务，还出卖了波兰人，像它出卖捷克人那样"，丘吉尔在与那位法国大使的通话中大声叫嚷道，那么一直以来都是法国的朋友的他"将彻底不关心它的命运了"。当私下里强烈反对他的政府行为的倒霉的夏尔·科尔班嘟哝着一些有关"技术难题"

的不满时，丘吉尔打断了他："该死的技术难题！如果一枚德国炸弹掉在了一个波兰人的头上，我想你会说这是一个对他来说的技术难题。"[48]

下议院在那天晚上晚些时候的争吵——当时利奥·埃默里力劝工党"为英格兰发言"，甚至连政府最坚定的支持者们似乎也处在了反抗的边缘——解决了问题。一份最后通牒不能再被耽搁了，张伯伦在晚上9点半通过电话告诉达拉第：政府挺不过去了。如果法国不能与英国行动一致，那么英国将单独行动。3小时后，哈利法克斯发给亨德森一封电报。这位大使要争取和德国外交部长在那天上午9点钟进行一次面谈并呈递给他一份即将于3小时后——英国夏令时上午11点钟——到期的英国的最后通牒。

帝国总理府内的情绪一直处在波动之中。希特勒曾确信英国人不会干涉，不料却在8月25日发生了一场信任危机，此后他一直受里宾特洛甫鼓动，将英法没能立即共同发布一份最后通牒视作他最初假定的证实。眼下，因为英国人请求在9月3日星期天的上午9点进行一次约见，所以毫无疑问这位外交部长是大错特错，甚至一意孤行的。里宾特洛甫终于面对现实，拒绝见亨德森，并派施密特代替他去接待这位大使。英国的最后通牒要求终止战争行动并迅速撤离所有德国部队——否则就是战争。"一阵彻底的静默，"那位口译员回忆道，当他在德国元首的书房里为希特勒和里宾特洛甫翻译完这份最后通牒的半小时后，"希特勒一动不动地坐着，凝视着前方。"然后，他转向了里宾特洛甫，"带着一种凶神恶煞的表情，仿佛在暗示他的外交部长在英格兰可能会有的反应上误导了他"，质问道："现在怎么办？"[49]

就在1.5小时过后，英国乃至全世界的数百万听众听到了一个冷冰冰的、吱吱啦啦的声音，以葬礼般沉痛的口吻广播道："我正在从唐宁街10号的内阁会议室对你们讲话……"

23

绥靖的鬼魂

向前进，内维尔的战士们
朝着战争进军，
有皇家海军
在前面继续：
内维尔拿着他的雨伞
带头对抗敌人，
拖着脚走进战斗
看着他可爱的人儿离去……

小国或许会消亡
传单像雨水一样飘落，
可内维尔的小集团
将保持不变。
捷克人和波兰人备受煎熬，
芬兰被送进监狱，
我们有内维尔的承诺
而那不会失效。

——留在一名张伯伦派议员办公桌上的匿名诗，
1940 年 2 月 [1]

有 20 分钟，事情看起来好像这场战争恰如英国人担心的那样已经打响了。张伯伦刚一结束他通知宣战的广播，空袭警报就开始长鸣起来。

"那是空袭警告。"首相告诉内阁会议室里包括哈利法克斯勋爵、亚历山大·卡多根爵士和拉博·巴特勒在内的议会成员。大家笑起来。"如果是真的，那就太好笑了。"有人说道。可张伯伦继续坚持："那是空袭警告。"与会者开始散去。安妮·张伯伦提着一篮子供应的食物出现，而巴特勒——他拿定主意，如果他即将死去，那么应该是在外交部——朝着查尔斯国王街走去。[2]

沿着这条路，一群反绥靖议员们，包括安东尼·艾登、达夫·库珀、哈罗德·尼科尔森和利奥·埃默里，正从在罗纳德·特里位于安妮王后门的家里召开的一次会议中离开。"他们不该在我们从无线电收音机上听到那些内容之后还那样做，"埃默里评论道，"人们会认为那是空袭警告。""我的天啊！"尼科尔森惊呼，"那是空袭警告！"这群人一边保持着他们的步子并勇敢尝试着闲聊，一边朝议会走去。然而，他们才走了几步，路易斯·斯皮尔斯就坐着车出现了。所有人都挤了进去——尼科尔森坐在了埃默里的大腿上，艾登又坐在了尼科尔森的腿上——而后这辆车便朝着下议院猛地向前蹿了出去。[3]

在相反的方向，丘吉尔正在莫珀斯公寓的屋顶上查看着眼前的情景。随着这15分钟的警告时间过去，他走下来，拿起一瓶白兰地，然后朝着防空洞走去。[4] 就在他进去之前，他想象着接下来可能会发生的毁灭：那著名的"瀑布般的砖石倒塌"，其将成为那场期待已久的来自空中"制胜一击"的特征。[5] 不过炸弹并没有落下来。

*　　*　　*

事后看来，1939年9月3日星期天上午11点28分的这次错误警报是西边战事一个恰当的开场，其最初8个月的特点是在英吉利海峡两边——除了在海上——明显缺乏攻击性。不仅"制胜一击"没能成为现实，而且，除了对英国船舶的攻击之外，纳粹德国空军在1939年9月至1940年7月之间一直让不列颠群岛处在不受打扰的状态之中。作为回报，英国皇家空军在德国各城市上空抛撒了传单而非炸弹，同时法国人象征性地挺进萨尔州 5 英里，然后停下来并退回至马其诺防线的安全区。

在波兰，情况则截然不同。德国的炸弹在波兰各城市上空如雨点般落下，同时德意志国防军的装甲师以闪电般的速度前进以包围那勇敢但配备不足的波兰陆军。① 9 月 17 日，到了法国人承诺沿西欧前线发动进攻的日子，波兰人遭遇了"背后捅刀子"，因为苏联红军越过了他们的东部边境去索要作为《纳粹-苏联条约》的一部分而授予斯大林的这个国家的那部分领土。[6]

至此阶段，一切都差不多结束了。"它就像是一场狩猎派对，"心急如焚的波兰驻伦敦大使爱德华·拉钦斯基伯爵对休·道尔顿惊呼道，"我们是山鹑，而他们是枪。"[7] 在最后的日子里，肖邦的《军队舞曲》和波兰国歌在广播中连续播放，然而波兰人缺乏的并不是爱国精神。他们能力不如人的空军被消灭了，华沙在 1939 年 9 月 28 日投降，经过了 10 天持续的轰炸，这座城市已经变成了"一片熊熊燃烧的火海"。[8] 7 万名波兰士兵在与德国人作战时被杀害；13.3 万人负伤，还有 70 万人成了战俘。无数平民死于轰炸，而数千人，也可能数万人，被党卫军以及德意志国防军谋杀。在东边，苏联人报告了 5 万波兰死亡人数，但没有受伤人数——一项暗示着像在 1940 年 3 月至 5 月间在卡廷森林附近发生的那些一样的大规模处决的统计数据。[9] 在接下来的 6 年当中，估计有 570 万名——战前人口总数的 1/5——波兰人在德国以及（暂时的）苏联的占领下死亡或遭到谋杀。[10]

* * *

波兰人有理由相信他们遭到了他们的西欧盟友的背叛。每天，拉钦斯基都要拜访英国外交部去恳求英国的援助，但是并没有比他在巴黎的同事取得更大的成功。波兰会获救的，英法领导人很久以前就已决定，不是通

---

① 波兰人屈从于英法的压力，在 8 月 29 日撤销了军事动员令，随后在第二天又重新发布了该命令，委婉地说，这并没有任何帮助。结果是大范围的混乱，只有大概 1/3 的波兰陆军在入侵发生时被适当地调集起来。

过直接的军事援助,而仅仅凭借长期战争过后同盟国的伟大胜利。对于认为《英波协议》不仅仅是一纸承诺或突然形成的威慑因素的那些人来说,这是既不光彩又很荒唐的。路易斯·斯皮尔斯威胁要在议会上提出这个议题,但被空军大臣金斯利·伍德爵士劝阻了,后者坚持认为英国人做什么都帮助不了波兰人。当利奥·埃默里力劝伍德用燃烧弹去摧毁黑森林(一个众所周知的德国军火库)时,他得到了一个甚至更荒谬的回答:"你知道它是私人财产吗?……为什么,你会要我下一个去轰炸埃森?"——意指德国在鲁尔区的军火工业中心。[11]

事实上在同盟国推迟空战的决定背后存在明智的原因。正如已被任命为第一海军大臣的丘吉尔向休·道尔顿解释的,推迟在空中的对峙是对英国有利的,因为过去的每个月都会让英国皇家空军——眼下正以惊人的速度大量配备飓风式战斗机和喷火式战斗机——有机会缩小与纳粹德国空军的差距。此外,从中立国——尤其是美国——的观点来看,可取的是,发起一场必然会导致平民伤亡的轰炸战的应该是德国人。丘吉尔解释道,即便你瞄准了军事目标,"也总是会有飞溅",而非作战人员势必会被杀害。"如果我们可以的话,让我们争取第一批被击中的妇孺是英国人,而不是德国人。"[12]

这个战略所忽视的是对英法士气正在耗尽的影响,以及由假定同盟国并不是认真的中立国(既友好也怀有敌意)得出的消极结论。"一直有一种普遍的怨言,抱怨我们在这里正忍受着严重的不适、战时灯火管制、上涨的食物价格……撤离者们躺在各自的备用床上,也没个结果——而波兰人被炸得粉碎。"吉姆·托马斯在9月25日写信给克兰伯恩勋爵。[13] 意大利驻巴黎大使发表意见称他见过"几次未经宣布就发动的战争",但这还是他第一次见到一场"宣布了却没有发动"的战争,而美国的记者们也开始提及这场"假战"。[14]

招致最多嘲笑的行动是在德国各城市上空抛撒数百万张宣传单,而纳粹德国空军在波兰各城市上空投掷炸弹。这些怪诞的突袭被丑化成一场"五彩纸屑战",关于它们的玩笑很快就流传开来。一个刊登在《每日电讯报》上的故事讲述了一名飞行员从他抛撒传单的外出任务中提早返回

2 小时。这名年轻人遭到了他的指挥官的质问,然后解释称他没有费劲去将线绳割断,而是简单地把它们成捆扔出了飞机。"好家伙,老弟,"这位指挥官慌张地说道,"你或许已经杀了人!"[15] 在另一个场合,美国记者约翰·根室(John Gunther)拜访了新成立的情报部,想要一份传单的文本,结果却被告知,"我们不能泄露可能对敌人有价值的情报"。[16] 甚至更惊人的是英国广播公司不允许霍勒斯·朗博尔德爵士发表关于德国的广播的决定,理由是这位前任大使过于"反纳粹"了。[17]

在当时以及后来形成的一种主张认为同盟国本应利用由波兰战役提供的那个机会对德国发动一次重要的进攻。"如果说我们在 1939 年没有垮掉,那仅仅是由于这个事实,即在波兰战役期间",英法两国人保持着"彻底无作为",阿尔弗雷德·约德尔将军在他的纽伦堡审判上作证道。[18] 不过,固然同盟国在西欧前线曾享有数字上的优势——相较于 35 个德国师,它们有 85 个法国师和 4 个英国师——那样的行动永远不会是一种现实的可能性。除了那些降低成功概率的因素之外——同盟国在军需上的不足,西墙,比利时的中立状态——不论是在英法两国的决策者(对他们来说,防御心态是根深蒂固的)中,还是在英法两国的全体民众之中,根本没有先发制人的意愿。

正如事实发生的那样,张伯伦不认为进攻是必要的。他之前一直相信德国的经济困难会阻止希特勒发动战争,眼下希望这些因德国港口的封锁而加剧的困难将在德国的大后方加速导致一场危机。"在一场那样的等待战中,我相信我们可以比德国人撑得久,"他在 9 月 23 日写信给艾达,补充道,"我不相信为了获取胜利就需要制造浩劫,它们肯定会让我们失去太平。"两周过后,他甚至更加自信:

> 我的政策一如既往。牢牢坚持住。继续施加经济压力,继续全力推进军火生产和军事准备,不要采取攻势,除非希特勒开始进攻。我认为如果我们获准执行这项政策,到了春天我们就会赢得这场战争。[19]

即便以张伯伦的标准来看,这也是异想天开的乐观。皇家海军的封锁曾耗费了4年时间才让德国在1918年屈膝投降，而由于和斯大林的协议，德国人眼下正在接收从苏联用火车运来的大量谷物、原油及其他原材料。此外，由于决定发动一场"等待战"，同盟国将主动权让给了希特勒，后者利用它施以一系列毁灭性的意外打击，同时这场所谓的"无聊战"的延续引发了一波可以理解的在政治上的强烈抵制。[20] "来自前线有关英国行动的死寂令公众的情绪十分恼火，"前掌玺大臣索尔兹伯里勋爵在9月22日写信给哈利法克斯勋爵，"他们无疑不仅对我们承诺给予帮助的那些人们感到深切的同情，而且惊讶于德国的困难一直都没有被充分利用。"当然，索尔兹伯里承认，对于英国活跃度的不足或许存在合理的原因，"但很可能会引起公众过度猜疑的是困扰他们的'绥靖'的阴影"。[21]

没有任何帮助的是，张伯伦丝毫没有展露出人们对一名战时领袖所期待的那种热情和决心。他向议会发表的每周陈述枯燥乏味又令人沮丧——好似"在朗读上一次开会会议纪要的一家殡仪公司的"秘书，根据哈罗德·尼科尔森的说法——而他对先前绥靖派的留用，譬如约翰·西蒙爵士和塞缪尔·霍尔爵士，进一步削弱了人们对政府继续参与这场战争的能力的信心。[22]

当有人宣布于9月12日在阿布维尔市首次召开会议的最高战时委员会将仅由张伯伦、查特菲尔德勋爵、国防协调大臣、达拉第和甘末林将军组成时，反绥靖的理查德·劳无法抑制他的绝望，他写信给同为批评者的保罗·埃姆里斯-埃文斯：

> 我对这个最高战时委员会充满了恐惧，他[张伯伦]真的误以为他是一名伟大的军事领袖吗？……我曾十分担忧那个战时内阁，可现在这个是绝对骇人的。这个老家伙不会继续活很久，这样想的话好倒是好，正如我的确这样想，但是在他还活着的时候，他或许能轻而易举地毁了我们所有人。我有时就想想安东尼·艾登[作为殖民地大臣被忆起]和温斯顿来安慰我自己，可是他们寡不敌众，除了辞职，他们还能做什么呢？……我夜不能寐，想着多年来我是如何一直在对我的选民们说，倘若他们投票给社会主义者，那将意味着战

争，而他们必须支持政府，如果他们想要和平的话。当一个人想到这些时——所有那些上一次被杀害的人，所有那些眼下即将被杀害的人——一切都因为少数几位老家伙的固执和想象力匮乏以及众多年轻人的缺少骨气而被白白糟蹋了。但凡我再有一次机会从政，我会离开保守党……"教育"保守党是可能做到的这个理论站不住脚。然而我不认为我们当中有人还会再次从政。[23]

就在写下这封信的同一天，人们听到宣布称张伯伦将前内政大臣约翰·吉尔摩爵士（Sir John Gilmour）"从棺材里挖出来"去管理新成立的海运部了。这几乎会让人"琢磨他是否正设法赢得这场战争"，赫伯特·阿斯奎思（Herbert Asquith）的女儿，也是重要的反绥靖人士维奥莱特·博纳姆·卡特（Violet Bonham Carter）评论道。[24]

对比之下，丘吉尔的声望正在上升。他很高兴回到英国海军部，这个他在第一次世界大战的前几年曾经管理过的部门，他得益于海上战争在长达8个月的静坐战中始终是唯一活跃的战场这个事实。9月26日，他对海军先前4周的活动进行了一次扣人心弦的叙述，其间他发出的每一个音"从深思到轻浮，从坚定到十足的稚气"。[25] "你可以感觉到议会的情绪随着每一个字攀升"，尼科尔森记录道，他不是唯一将这种雄辩术与张伯伦枯燥乏味的表现进行对比的人。"在那20分钟里，丘吉尔将他自己推到了离首相职位更近的地方，比以往任何时候都要近。后来在各个游说团体中，甚至连张伯伦派也在说'我们现在已经找到了我们的领袖。'"[26] 吉姆·托马斯心想，他"从未见过前座议员看起来如此愤怒"。[27]

* * *

1939年10月12日，张伯伦驳回了期待已久的希特勒的"和平提议"，在这之前，德国元首在一次面向德国议会的演讲中暗示了召开一次国际会议的可能性，前提是西欧强国接受其对波兰的瓜分。尽管首相对于在一年之内结束这场战争依然保持乐观，但他判断德国人还没有"十分确信他们赢不了"。[28] 况且，他认为"那个被诅咒的疯子"——阿道夫·希特勒——的下台是和平谈判的一个必不可少的先决条件。[29] 他在 11 月 5 日写给艾达：

> 他必须要么死，要么去圣赫勒拿岛，要么成为一个真正的公共工程建筑设计师，最好待在一家'养老院'里，他的随从也必须走，将戈林排除在外倒是有可能，后者或许能在过渡政府中得到某个装饰性的职位。一旦摆脱了纳粹，我想我们不该觉得在波兰、捷克-斯洛伐克、犹太人、裁军等问题上在德国有任何严重的困难了。我们真正的麻烦更有可能是在对付法国上。[30]

在他 10 月 12 日的演讲之前——这次演讲通过要求德国政府证明它"对和平的渴望，且凭借自己明确的行动"而有效地推卸了责任——张伯伦承认他"更害怕一份和平提议，超过一次空袭"，因为和平提议将会鼓舞那些"不惜任何代价以获取和平的人"。[31] 这样的人为数众多，这一点他毫不怀疑。仅在前一周收到的总数为 2450 封的来信中就有 1860 封力劝他以一个又一个权宜之计去"阻止这场战争"。[32]

更不祥的是 9 月 12 日在威斯敏斯特公爵的住处召开的那次会议。出席的人有巴克卢公爵、阿诺德勋爵（英德联谊会成员）、莫蒂斯通勋爵（Lord Mottistone，又一名成员，也是里宾特洛甫的朋友）、拉什克利夫勋爵（前工党大臣）、菲利普·吉布斯爵士（Sir Philip Gibbs，记者，以绥靖派著称）、亨利·德拉蒙德·沃尔夫和伦敦圣奥尔本教堂的教区牧师，这次会议一开始由威斯敏斯特大声朗读一份宣言，其中他抨击了那些"由左翼和犹太人控制的"报纸，它们采取"直至纳粹主义被连根拔起才有可能出现和平的态度"。相反，这"两个最相似的种族"相互打起仗来才是一场灾难，而政府应当尽早愿意探讨和平选项。肯定的是，一旦波兰被攻占，就没有理由继续斗争了。德国"在地面上是不可战胜的，不论在东面还是西面"，而伦敦（这位公爵拥有相当大一部分伦敦的土地）算是"地表最佳的空中目标"。[33]

丘吉尔对这份很快便在唐宁街和英国外交部流传开来的宣言做出回

应，他写信给这位公爵，他曾经在法国与之一起打野猪的老朋友，警告他不要发表这种失败主义的言论，同时约瑟夫·鲍尔爵士也提醒张伯伦，"政府在目前这个时候表现出倾听任何这类建议的最轻微的迹象都将是极其危险的"。① 34 张伯伦在苏格兰已经享受过了威斯敏斯特的殷勤款待，眼下似乎被这份宣言搞得很尴尬。不过，当他的老对手劳合·乔治于10月30日在呼吁政府仔细考虑希特勒可能愿意提出的任何和平条款之后从达夫·库珀那里受到了打击时，他还是很高兴的。"当他坐下去时，我一跃而起"，库珀记起，他当时"气得脸色发白"。"我谴责他在宣扬投降。我说他的演讲在德国会得到愉快的反响，在那里人们会说，这个声称赢得了上一次战争的人早已在承认这次战争中的失败。"35

根据政府党鞭查尔斯·沃特豪斯（Charles Waterhouse）的说法，议会当时"势不可挡地反对"那位前首相，他"像一只被鞭子抽打过的小狗似的"离开了议院。不过，那天傍晚，在保守党后座议员1922委员会的一次会议上，他听说西里尔·卡尔弗韦尔（Cyril Culverwell，西布里斯托尔议员）要求"几乎不惜任何代价地获取和平"，阿奇博尔德·索思比爵士（Sir Archibald Southby，埃普瑟姆）呼吁"以非常低的代价来获取和平"，还有来自阿诺德·威尔逊爵士（希钦）、查尔斯·凯泽爵士（Sir Charles Cayzer，切斯特）和阿奇博尔德·拉姆齐上尉（Captain Archibald Ramsay，皮布尔斯和南中洛锡安，也是右翼俱乐部的创始人）"一脉相承的"演讲。36 几周前，他在卡尔顿俱乐部偶然遇到了那位喋喋不休的罗伯特·赫德森在宣称"又一个《慕尼黑协定》"以及"一点更多的绥靖"的好处，而在10月4日，首席副党鞭詹姆斯·斯图尔特以此方式写信给巴克卢公爵：

> 我假装不了……装作我很遗憾听到劳合·乔治讲了一大堆他昨

---

① 丘吉尔的信以及鲍尔随后的拜访看似起到了效果。在9月26日于威斯敏斯特的住处举行的第二次同样充满了失败主义情绪的会议上，这位公爵自己并没有到场。然而，这次会议的规模更大，包括所有先前的与会者（除了圣奥尔本的教区牧师），还有"零星几位"议员（包括阿诺德·威尔逊爵士）、工党贵族成员诺埃尔-巴克斯顿勋爵（Lord Noel-Buxton）、骑士桥圣保罗的教区牧师以及圣保罗大教堂的一名咏礼司铎。

天说的那些话——尽管当然有人将他视为叛徒。

我愿欢迎任何会为这场愚蠢的战争画上句号的事——尽管于事无补,倘若它除了暂时的妥协之外什么办法都拿不出来,而后过个一年左右再次发生战事。[37]

事实是,政府愿意考虑,或者至少去倾听各种和平提议——在此阶段它们有着各种各样的来源并且源源不断——但是依然坚决拒绝与希特勒谈判。"核心事实是没有人会梦想着对希特勒可能做出的任何承诺给予丝毫信任,因此要找到一种达成和平解决的方式是极其困难的,除非推翻德国政府,而这仅可能在一场德国败北的血雨腥风的斗争结束时发生。"通常被视为绥靖派中首要人物的约翰·西蒙爵士于1939年10月13日在他的日记中记录道。[38]

一个月后,在应对大量和平试探方面展现出了巨大耐心的哈利法克斯以此方式回复了利顿伯爵(the Earl of Lytton)的来信:

我能料想,将我们想要的那些东西在一张纸上写下来,关于捷克斯洛伐克、波兰、奥地利、裁军、在欧洲的政治与经济合作等,那不会特别难。然而当我们完成了所有这一切时,只要我是在与希特勒以及那个众所周知的纳粹政权打交道,我对处境的安全就肯定感觉不到丝毫信心。[39]

张伯伦新任命的助理私人秘书乔克·科尔维尔(Jock Colville)记录了首相在1939年10月末同意了一份计划的和平协议的"9点中的8点",这份协议将见证波兰与捷克在一个由戈林领导的政府的统治下恢复独立,但坚决要求"希特勒本人在这个计划的新秩序里不能扮演任何角色"。[40] 3个月后,他的态度甚至更为坚决。在回复一封巴克卢公爵的来函时——其质询了英国的战争目的,还打听了通过戈林来进行谈判的可能性——张伯伦在口吻上听起来几乎就像是丘吉尔:

我亲爱的沃尔特……

……我已经仔细研读了你说的每一句话，在我看来，我们之间意见的分歧取决于你信中打出的最后一段里提出的那个问题。在那个段落中，你似乎在暗示，我们不必承担与德国坚决作战的义务，因为它再三的侵略行径尚未直接触及大英帝国。倘若那是你的暗指［对此巴克卢在纸张边缘处潦草地写下"不是"］，那么我们的看法的确大相径庭。在我看来，过去几年中所发生的事情无疑证明德国在它自己面前早已设立了一项侵略和扩张计划，就像德奥合并之后是夺取捷克斯洛伐克，而夺取捷克斯洛伐克之后是入侵波兰，因此到了一定的时候，法国将遭遇袭击，而大英帝国也会受到攻击。

你知道我多么强烈地渴望通过和平的方式来阻止这可悲的一系列事件。我相信，慕尼黑是和平解决的最后机会，也是德国诚意的最终检验，但是希特勒故意拒绝了那次机会并表现了他的无诚意。当德国在得到对后果的充分警告下仍入侵波兰时，即便是通过战争也要阻止这一进程的最后机会已经到来了。而我一点也不怀疑，当我们在9月份加入这场战争时，我们这样做不仅仅是为了保卫波兰，也是为了保卫法国和大英帝国。倘若真是这样，那么正如你自己也意识到的，我们必须做好准备在必要的时候战斗到底。尽管如此，我依然希望更加明智的忠告或许还能在德国占上风，我们或许还能达成我们阻止侵略的目的而不必承受在上一次战争中那种程度的痛苦和损失……

我很清楚许多"和平试探"早已从德国的消息来源处公布出来，而且这些"试探"经常与戈林这个名字联系在一起，但是到目前为止它们都没有包含任何令人满意的那种必不可少的心意转变的证据……

你也担心一场作为反对希特勒而开始的战争眼下已经变成一场反对德国的战争。我要再次提醒你，事实上我们当下正在与之作战的是侵略。侵略，一直以来都是希特勒的政策，也当然没有证据显示它已经不再是。那就是为什么我们要对希特勒开战，也是为什么只要他能说服或迫使德国支持他推行这样一种政策，我们就一定要对德国发动战争……

　　让我再次强调一遍,我们当然不会放过任何实现正义和平的机会,条件是我们能够确信这种促成的和平会一直延续下去。无论如何,我要继续劝告整个国家,没有什么会比无定论的和平或回归到武装休战更糟糕的了,而我们和我们的盟国必须准备好去坚决地打这场仗,直到能够赢得真正的和平。[41]

替巴克卢和其他许多有着与他类似感受的人们说句公道话,英国的战争目的的确切定义最终证实是对政府而言的一大难题。英国为了保卫波兰加入了这场战争,但是到了 10 月初,那个国家就被攻占了,而且希特勒一直坚称他和西欧列强没有纷争。德比勋爵在波兰战役临近结束时写信给比弗布鲁克勋爵:

　　我希望我知道我们在为何而战,如果是要把希特勒打得稀巴烂,我理解并强烈认同,可如果是要重建波兰,我就没那么有热情了。要不是因为我憎恶的那个国际联盟——或者因为《洛迦诺》,我始终认为它是一个被严重高估了的公约——眼下我们就不会在为波兰而战。[42]

苏联红军的加入使这个问题变得更加复杂了。如果英国是在为波兰的独立而战,那么顺理成章地,它就应该与苏维埃联盟以及纳粹德国作战。卡多根在 9 月 23 日记录道:

　　哈利法克斯问我关于我们的"战争目的",我告诉他我看到了糟糕的困境。在没有与苏联交战的情况下,我们再也不能说"撤出波兰"了,而那是我们不想去做的事!我料想当前的呼声是"废除希特勒主义"。[可]要是希特勒将权力移交给戈林怎么办?!……要是德国眼下稳坐钓鱼台怎么办?甘末林在我看来并不像是一心扑在了齐格菲防线上。我们怎么办?狂热地扩充我们的军备?为了什么?……必须设法把这个问题想明白。[43]

没过多久，关于英国的战争目的的困惑就开始以黑色幽默表达出来。一首来自英国外交部的五行打油诗坚定地将张伯伦纳入了它的瞄准器：

> 一名有痛风病的年迈政治家
> 当被问及这场战争是怎么回事时
> 在一份书面答复中
> 说道："我和我的同事们
> 正在竭尽全力去弄明白。"[44]

这对张伯伦来说是不公平的，他虽然厌恶这场战争，但是在英国一直为何而战这个问题上是没有任何疑惑的。不过他在鼓舞整个国家上的无能，结合着军事行动的持续缺乏（除了在海上），导致了人们对他的领导力与日俱增的批评。对此，张伯伦的反应是向他的妹妹们发牢骚，尤其是对于工党，他相信他们在做不光彩的事。无论如何，他对于这场战争的进展方式完全没有不满。他始终怀疑希特勒在西面开战的欲望——因为这"势必会带来十分惊人的损失以至于危及整个纳粹体制"——随着战争没有发生的时间越长，他相信这不会发生的乐观精神就越高涨。[45] 11月5日，他高兴地向艾达汇报，"由士兵们预言的"对马其诺防线的进攻威胁似乎正在逐渐消失。而且虽然"我们听说那个检验的时间会……在3月或在4月……但我有一种'预感'，这场战争会在春天之前结束"。[46] 当月晚些时候，他得到情报称希特勒即将进攻低地国家，但他拒绝把这当回事，因为"之前已经收到过太多次进攻的确切日期了"。的确，他看不到任何改变其想法的理由，依然相信希特勒会继续"回避任何势必会导致真正糟糕的战斗的行动"。无论如何，他开始"想，除非他们［德国人］先在肚子上挨上一记真正的重拳，否则我们是否该好好对待他们"。[47]

正如事实表明，后来重拳出击的是德国人。

24

张伯伦的垮台

向前进，内维尔的战士们
继续打这场仗，
使命的号角声
召唤着你们，像往常一样。
现在没有党派，
不要听党棍们的话，
仅为了你们的国家
开动你们的脑筋吧。

向前进，英国的战士们
朝着战争直接进军，
跟随一名英勇的新领袖，
胜利，一如往昔。
——留在查尔斯·沃特豪斯上尉办公桌上的一首匿名诗的末尾诗节，1940年5月1日。[1]

随着从1939年进入1940年，大多数英国民众产生他们正在参与一场战争彩排的想法是情有可原的。建筑物被用沙袋封堵起来，人们穿上了制服，随身带着防毒面具，却少了那种危机感。医院的床位——预计每天有3万伤员——依然是空的，而英国远征军，远不像那首流行的《静坐战》歌曲唱的那样在齐格菲防线上晾晒他们的衣物，而是正在修建掩体和挖战壕。在这一时期，英国人面对的唯一真正的危险源于自己规定的灯火管制，在 1939 年的最后 4 个月里，它在机动车事故中夺走了超过 2000 条人命，对比之下，在西线上只有 3 名英国人死亡。然而如果说在西线鲜有这场战争的证据，世界其他地方的情况就不尽然了。

1939 年 11 月 30 日，斯大林由于没能通过谈判达成他在领土方面的要求，便下令红军入侵中立国芬兰。西方舆论一片震怒。苏联被从国际联盟除名（这一报复行为在克里姆林宫里几乎没有引起任何不安），同时伊万·麦斯基注意到了英国人的"盛怒"，事实上，他们对这次侵略行为表现出的愤怒比对德国入侵波兰时更强烈。[2] 受到芬兰人英勇抵抗的激励——他们在 1939 年 12 月至 1940 年 2 月间成功地对规模要大得多的苏联部队施以一连串惊人的打击——很快就出现了向芬兰派遣军事援助的呼声。撇开为波兰提出这类要求的人很少这一事实不谈，英法两国人对波兰一直都有契约性义务，在纳粹德国依然不可战胜的时候冒与苏联开战的风险，这种灾难性的愚蠢想法似乎既不足以影响公众舆论，也不足以影响一些同盟国的决策者们。

马克西姆·魏刚将军写给莫里斯·甘末林将军的信中说："我认为在芬兰重创苏联是必要之举。"言谈中体现出法国人希望将战争挪到离法国领土尽可能远的地方。[3] 英国人的态度则更加谨慎。哈利法克斯勋爵不想把苏联列入英国的敌人阵营，而张伯伦也不认为斯大林的冒险行动需要西方做出回应。然而，到 1940 年 2 月，帮助芬兰人的想法开始与另一项计划纠缠在一起：阻止瑞典向德国供应铁矿石。

* * *

阻止铁矿石从瑞典流入德国的想法自然源于同盟国的经济战策略。瑞典的资源对德国的军备制造至关重要：伦敦的经济作战部估计，德国在战争的第一年需要进口 900 万吨。有人主张，阻止这类供应将会对德国的作战能力予以重击。这项计划的主要支持者温斯顿·丘吉尔在 1939 年 12 月 16 日的战时内阁中宣称，这将会"缩短这场战争并拯救成千上万条生命"。[4] 其他人表示同意。"尝试阻止［德国人］从瑞典获得铁矿石供应……

有很多好处，或许也是决定性的。"帝国总参谋长、陆军上将埃德蒙·艾恩赛德爵士在一份提交给战时内阁的文件中写道；甚至连天生谨慎的张伯伦也承认，这或许会成为"这场战争的一个转折点"。[5]

问题是斯堪的纳维亚人的中立状态。矿石主要是在瑞典北部的耶利瓦勒镇附近开采，然后用船运输，夏季经由波的尼亚湾，而在冬季（当这片海湾上冻时）则从挪威的纳尔维克港运输。为了阻止那些矿石的运输，英国人需要违反斯堪的纳维亚的中立性，在挪威领海布下水雷（从而迫使德国的船只进入外海，在那里他们会被英国皇家海军扣押）或者自己占领那些矿场。这样一来就产生了一种左右为难的窘境。同盟国本来是为了保卫小国们的权利而参战，要如何证明违反斯堪的纳维亚的中立性是有理由的呢？更重要的是，其他的中立国，尤其是美国，对这种公然藐视国际法的行为会作何反应呢？哈利法克斯向他的同事们保证，答案会是"不太好"。

这场芬兰战争看来为这个进退两难的困境提供了一个解决办法。以援助芬兰人为借口，同盟国将派遣一支远征军去夺取瑞典矿田以及一些挪威港口的控制权。幸运的是（尽管对芬兰来说并不是），芬兰人于1940年3月12日投降了，从而在它启动之前扼杀了这项冒着与挪威、瑞典以及苏联开战的风险的"愚蠢"计划。[6]然而这并不是这件事情的终结。丘吉尔决心要阻止矿石的输送，最终成功地说服他的同事们允许他在挪威海域布雷，在4月8日一早，234枚马克17型水雷被布设在了离纳尔维克不远的韦斯特峡湾。同一时间，一支远征军已在福斯湾集结起来，准备在希特勒以入侵挪威作为回应时做出反应。然而，英国人不知道的是，德国人早已展开行动了。

希特勒预料到了同盟国会封堵矿石，早已安排了预备在1939年12月中旬入侵挪威的计划。在做出这个决定后的几周中，德国人的意图昭然若揭。1940年1月4日的联合情报委员会简报上写着："有报告称，德国陆军及海军在波罗的海各港口为对斯堪的纳维亚有可能采取的行动而做的准备并没有保密，实际上恰恰相反。"1月7日的报告表明："部队正在基尔和其他德国波罗的海港口城市接受登陆作战训练。"1月23日，"据说在波罗的海各港口有48部运输工具正在准备中"。[7] 3月26日，一名高级别的瑞典线人警告英国驻斯德哥尔摩空军武官，称德国人正在"聚集飞机和船舶"，以便可能"占领挪威多个小型机场和港口"。3月30日，法国海军部长通知他的新总理保罗·雷诺①，称德国人已经收集了"远征挪威南部基地的资料"。[8]

未能留意到这份情报并且未为德国的攻击做好准备——抑或，更甚者，没能轰炸侵略军正在进行准备的港口城市——令人难以置信。同样叫人无法理解的是张伯伦日益高涨的乐观精神，这导致他在4月4日一次广为人知的演讲中宣称，希特勒已经"错失良机了"。[9] 5天后——在英国布雷行动的24小时后——德国的空中及海上部队登陆并攻占了挪威的克里斯蒂安桑、斯塔万格、卑尔根、特隆赫姆、纳尔维克和奥斯陆等港口，同时还迅速占领了丹麦。英国人迟迟没有意识到他们犯下了多么严重的错误。艾恩赛德将军在他的日记中评论道："这是一件可悲的事，我们之前没完没了地争吵，而现在我们却和德国人走到了一起［实际上是在挪威］。"[10] 财政大臣约翰·西蒙爵士想法与之一致，他告诉乔克·科尔维尔，德国人"非常聪明"，而"我们是傻瓜，我们是傻瓜！"。[11]

英国人试图夺回港口并将德国人逐出挪威的惨败被完整载入了史册。[12] 没有地图、交通工具、无线电收发设备以及最关键的空中支援，一名法国军官评论道，英国人似乎是"按照对祖鲁人的惩罚叛乱者的征伐的方式来设想这场战役的"。[13] 更糟糕的是计划和目标的不停更改，结果导致了可以预见的混乱局面，并最终导致了灾难。德国人在顽强地作战，而同盟国则证实了他们在不论是相互之间，还是与他们各自的军队之间协调变换作战方面的无能。以纳尔维克的提早收复为代价对位于该国中部的古都特隆赫姆进行海上攻击的方案已经敲定后，随即又以牺牲试图进行钳形攻势的地面部队为代价被撤销了。到了4月27日，英国战时内阁已经决定要减少其损失。一直在没有滑雪板、雪地靴和迷彩服的情况下在大雪中以及接连不断的空袭下作战的英国部队将从挪威中部撤离，只在北边留一小支部队集中力量夺回纳尔维克。当时的情况，用一名美国战地记者的话来说，"乱极了"。[14]

---

① 达拉第已于3月20日辞职，在此之前，300名法国议员在对其政府的信任动议中投了弃权票，原因是政府未能援助芬兰。

* * *

这场挪威灾难所引发的震惊相当大。英国人受错误的新闻报道鼓舞，一直在期盼着一场胜利。相反，英国皇家海军被耍得团团转（尽管很多德国的驱逐舰和U型潜艇后来被击沉），而英国的陆军也经历了一场确凿无疑的失败。"屈辱和愤怒是主基调。"罗伯特·布鲁斯·洛克哈特在从《泰晤士报》记者科林·库特（Colin Coote）那里听到了这个故事后记录道。[15] 4月30日下午，哈罗德·尼科尔森赶赴了一场监督委员会——一个由索尔兹伯里勋爵担任主席的资深政府批评者组成的机构——的会议，发觉"一帮人闷闷不乐"："整体的想法是，我们可能会输掉这场战争。"[16]

这次战败的责任落在了张伯伦身上。对于那些了解前几周曲折情况的人来说，这个判断很显然是不公平的。倘若有一个人要为这次失败负责的话，那就是丘吉尔，与他在其战争回忆录中描绘的形象正相反，他在究竟是纳尔维克还是特隆赫姆该成为同盟国的作战焦点这个问题上再三改变主意。4月12日，陆军部常务次官，也是丘吉尔的朋友格里格，愤怒地说："我们一定要在温斯顿和小不点［艾恩赛德］把这整场战争搞砸之前让首相介入这件事。"[17] 几天后，在丘吉尔已经快把参谋长们逼到哗变的地步后，张伯伦被迫重新担任军事协调委员会主席。这个举动效果巨大。怒火平息了，事情有条不紊地继续进行着，而将精力集中在特隆赫姆的决定取得了一致通过。然而，在白厅的秘密范围之外，这件事几乎没有人知晓，而越来越多人认为张伯伦缺少要赢得这场战争的冷酷决心，这个观点最终证明是决定性的。

休·道尔顿在5月1日记录道，在决定要撤离挪威南部的消息开始泄漏后，"下议院中出现了反对首相的浪潮"。甚至连保守党议员们也在说"他现在必须离开"。[18] 第二天，政府党鞭、坚定的张伯伦派查尔斯·沃特豪斯在他的办公桌上发现了一首匿名诗，呼吁保守党议员们"不要听党棍们的话"，而要开动他们的"脑筋"去找到一名"英勇的新领袖"。[19] 后来，当他走在走廊里时，观察到议员之间有"很多窃窃私语和争吵"。他指出，张伯伦的反对者们看起来"像找到了果酱柜钥匙的男孩们"，"我怀疑他们是否真的找到了"。[20]

尽管存在所有那些阴谋，但是由挪威灾难引发的事件并非不可避免的。张伯伦享有超过 200 人的下议院多数席位，而丘吉尔也因这次的彻底失败而形象受损。政府党鞭们开始了一场政治诽谤运动，将第一海军大臣称作"这场挪威灾祸的真正元凶"，同时不遗余力地稳固张伯伦的地位。[21] 那些希望关于这次惨败的辩论将预示首相垮台的人是悲观的。英国外交部的奥姆·萨金特确信"什么都不会发生"，而张伯伦将继续主持议会。他始终相信要经受一场"灾难才能唤醒这个国家并把这个政府赶下台"，但他目前怀疑挪威所引起的灾难是否足以使保守党议员们从麻木中清醒过来。"我们不得不再等更多的事件发生，"他忧郁地评论道，"或许是入侵苏格兰。"[22] 然而，其他人并不那么有把握。"奇普斯"·钱农担心张伯伦的日子或许不多了，而首席党鞭大卫·马杰森也宣称他们正在面临"自 1931 年 8 月以来最严重的政治危机"。①[23] 一切都取决于这场被安排在下周，即 1940 年 5 月 7 日和 8 日的关于政府对这场战争的处理的辩论。

* * *

这场挪威辩论号称是英国历史上最重要的一次辩论。它无疑是自克伦威尔时期以来最具戏剧性的，而他的话即将带着毁灭性的影响被引用。下午不到 4 点的时候，张伯伦走进议院，迎接他的是来自工党议员席"错失良机"的叫喊声以及来自保守党议员席精心安排的欢呼声。[24] 他的发言很糟糕。在反对党的嘲笑声下，他被搅得既疲惫又恼火，讲话磕磕巴巴，看起来窘迫不堪，总体上丝毫没有展现出议员们熟悉的那种自信。他对这次挪威远征的辩解枯燥乏味（埃及大使睡着了），而且在许多人看来也是谬见。他在嘉许了撤离的成功并指出了德国人蒙受的损失后，表示事情另一面可能引发的后果被"严重夸大了"。[25] 自由党议员丁格尔·富特（Dingle Foot）回忆道，"没有人听了他的演讲会认为英国遭受了一场大败"，而当

---

① 1931 年 8 月，拉姆齐·麦克唐纳的工党政府因削减失业救济金以便暂时阻止抛售英镑的问题而分裂，而后国民政府诞生。

张伯伦坐下时,只有政府的"应声虫们"鼓掌了。[26]

尽管如此,人们普遍认为政府即将"要逃脱罪责"。[27]事实证明情况并非如此,这很大程度上应归功于北朴次茅斯的保守党议员、海军上将罗杰·凯斯爵士(Sir Roger Keyes),他身着海军上将的全套制服,胸前佩戴6排勋章,在傍晚7点一过就起身发表了一番对政府应对这场挪威战役方式的极具破坏力的控诉。

凯斯是率领过1918年泽布吕赫突袭行动的第一次世界大战的英雄,[①]他身穿制服,解释道,因为他想要代表这场战斗中的许多军官及士兵们、代表远洋海军发言,他们感觉到非常失望。他以一种给他的论证增添了分量的紧张声音断言,德国的军舰成功地进入了挪威海域并让一支入侵部队登陆,那不是他们的错。各个脆弱的港口城市和小型机场有将近一个月无人问津,那不是他们的错。德国人能够用坦克、重型火炮和机械化运输工具来补给其初始部队,那不是他们的错。英国的地面部队所指望的对特隆赫姆的海军猛攻未能实现,那也不是他们的错。不,那过错在于伦敦的优柔寡断和白厅决策委员会制度。这是"一个令人震惊的无能的故事",他向议会保证道,这样的事"永远不该有机会发生"。加里波利的悲剧已经"一步步"被重蹈,倘若政府不希望输掉这场战争,那么他们就要牢牢记住纳尔逊的格言,即"最勇敢的办法就是最安全的"。[28]这是哈罗德·尼科尔森有史以来听到过的最激动人心的演讲。不过这并不是结束。

8:03时,副议长叫保守党异见者的带头人利奥·埃默里发言。埃默里的演说是出了名的啰唆,通常对他的听众有一种催眠的效果。这一次则不然。他决心要迫使张伯伦政府下台,花了一上午的时间仔细准备他的演讲,甚至还查阅了几句他最喜欢的奥利弗·克伦威尔的语录。在重读这位后来的护国公在1653年解散残缺议会的讲话时,他琢磨这是不是"太难消化了",但还是决定留着它以备不时之需。

埃默里一开始就断言是议会本身在接受考验——因为"如果我们输掉这场战争,遭到永久谴责的不是这个或那个临时政府,而是议会这一机

---

① 1918年4月23日的泽布吕赫突袭是英国皇家海军想要封锁这个比利时港口,从而使停泊在当地的德国U型潜艇及船只无法进入英吉利海峡的一次失败尝试。

构"——而后便投入了对这次整个斯堪的纳维亚传奇的一番毁灭性的揭露:"一个缺少前瞻和准备的故事,一个优柔寡断、行动迟缓和害怕冒险的故事。"如果这是一场孤立的灾难,那是一回事,可它不是。他声称,这场战争的整个指挥方式,正在受到政府的怠惰的影响。"我们不能像现在这样继续下去,"他在议会各部门越来越多的掌声中宣布,"必须要有改变。"喝彩声。"我们一定要想方设法让那些与我们的敌人在斗志、胆量、决心以及对胜利的渴求上旗鼓相当的人进入政府。"更多的喝彩声。"今天我们正在为了我们的生命、我们的自由、我们的一切而战;我们不能继续像现在这样被牵着鼻子走了。"29

埃默里停顿了一下。他到达了他演讲结尾的高潮:这一刻他不得不决定是否要读出他那天上午抄下来的那些话。他很清楚走得太远的危险。"我当时并不是要力求得到一个戏剧性的结尾,而是要达到一个实际的目的;要推翻政府。"他回忆道。然而议会毫无疑问是站在他这边的,此外他又在"我的演讲在我周围的议员席上激发出的汹涌情绪的推动下",便决定将谨慎抛诸脑后。30

他早已引用过克伦威尔责备约翰·汉普登(John Hampden)在议会军中雇佣"年老体衰的公职人员"(一种对张伯伦、西蒙和霍尔的挖苦)的话,现在他打算再引用点别的。他是不情愿这样做的,因为他在提及的是"老朋友和同事"①,但这些话他认为适用于当前形势。

> 这是克伦威尔在认为长期议会不再适合管理国家事务时对它说过的话:"你们已经在这里坐得太久了,一直以来你们又做了什么好事呢。我说,离开吧,让我们做个了结。看在上帝的分上,走!"31

尽管对于当这个警告被传达出来时张伯伦是否在议院里尚存争议,但是正如他的议会私人秘书亚历克·道格拉斯-霍姆所回忆的,它仍是"一把刺入心脏的匕首"。32

---

① 不仅张伯伦曾是埃默里争取到他的席位的原因,而且埃默里是张伯伦的儿子弗兰克的教父。

*　　*　　*

辩论的第二天同样充满戏剧性。刚开始时，工党的赫伯特·莫里森出人意料地宣布反对党要求在辩论结束时进行表决——实际上是一次对政府的信任投票。张伯伦马上跳了起来，"像角落里的老鼠一样露出了他的牙齿"，接受了这个挑战。[33] "我在议会里是有朋友的，"他宣称——用到的短语就像"错过了时机"或"我们时代的和平"一样不得体又有破坏性，因为它在国家危难时刻呼吁党派表忠心——"我呼吁我的朋友们今晚来投票厅支持我们。"[34]

下一个重要时刻是大卫·劳合·乔治发表演讲，维奥莱特·博纳姆·卡特（她的父亲是赫伯特·阿斯奎思，劳合·乔治在第一次世界大战期间取代了他的位置）将其形容为"有史以来我从他那里听到的最棒且最淋漓尽致的演讲"。[35] 他严厉斥责了政府应对这次挪威远征的方式，不过他依然试图为丘吉尔开脱，称他不认为第一海军大臣该为在那里发生的所有事情负责。当丘吉尔坚称他要为海军部所做的一切负全责时，他的朋友和前合作伙伴嘱咐他不要让他自己"变成防空洞以防轰炸后的碎片砸到他的同事们"。[36] 反对党议员们哄堂大笑，他们之前一直在呼喊支持，嗓子都喊哑了。霍勒斯·威尔逊从楼上的旁听席观察着，被写在他们许多人脸上的仇恨吓了一跳："那是多年来压抑的怨恨和私仇。"[37] 另一名在高处的观察者是安妮·张伯伦，她穿着一身黑，只有胸前别着的一小束紫罗兰，"当她看着下面那疯狂的斗兽场时，她看上去无限悲哀，因为里面的狮子们都在为了喝她丈夫的血而努力"。向来忠诚的"奇普斯"·钱农为了用一种"爱的气氛"来包围他，在张伯伦身后找到了一个位子。然而这可不是能够挡住劳合·乔治仔细瞄准的箭的盾牌。[38] 这位威尔士奇才坚称，现在的问题不是首相的朋友们，而是国家的一个大敌。首相在和平与战争的情况下都见过希特勒，并且"总是被对方打败"。眼下，他正在呼吁牺牲。"我郑重表示，首相应当作一个牺牲的表率，因为比起他献出公章，没什么能为这场战争的胜利做出更多的贡献了。"[39]

* * *

与此同时，党鞭们和议会私人秘书们正在拼命设法阻止这次反叛。"就再给一次机会。"他们恳求道。[40] 政府会重组；西蒙和霍尔会离开；首相愿意接受他们想提出的任何要求。可是一切都太迟了。造反派意志坚决，而后在一次由多个异见团体共同召开的会议上，他们决定要全面反对政府。更令首相的支持者们担忧的是，许多先前的张伯伦派都表示他们也打算造反。亚历克·道格拉斯解释道："事实是，我认识的年轻军官中没有一个能够全心全意地支持政府。"作为一名陶尔哈姆莱茨步枪队的军官，他一直在既没有布伦式轻机枪也没有弹药的情况下"训练"他的士兵们。[41] 另一名由忠诚派变成造反派的是斯梅西克的议员罗伊·怀斯（Roy Wise）。他是女王皇家军团里的一名中校，从挪威回来后，他决心要为了他的那些接连不断地"被德国的飞机轰炸，想回击却手无寸铁，甚至连一支机枪都没有"的士兵们投票反对政府。[42]

在丘吉尔为政府值得称道的辩白之后，当终于宣布要进行分组表决时，休·道尔顿被众多涌入反对厅的保守党议员所淹没，他们中许多人还穿着制服。

> 在当天早些时候，我并没有想到，充其量，我们会有超过 12 到 15 位政府支持者和我们一起进来……事实上，我们当时有 40 到 50 人。我热泪盈眶。他们中许多人都把他们自此将投出的最后一票投给支持他们的国家，反对他们的党派。[43]

"内奸！"张伯伦的支持者们朝那些变节者大喊。接着传来"鼠辈！"和"应声虫！"的回应。[44] 大卫·马杰森及 3 位另外的计票员缓缓走向议长座椅下面书记员的写字台。"挤满了人的议员席极度紧张，以至于他们看起来像绷紧的金属丝一样在颤动。"路易斯·斯皮尔斯回忆道。[45] 他们鞠了一躬，然后马杰森用他清晰的、威严的声音大声朗读出结果：

右侧赞成票——281；左侧反对票——200。

骚乱爆发了。政府超过 200 张的多数票被大幅度削减至仅剩 81 票。41 位政府议员（他们中有 33 位保守党人）投票反对政府，而另外 40 多人弃权。① 这是一次惨重的道德失败。在结果出来之前，在张伯伦的支持者中的共识是，他将不得不辞职，除非他能得到超过 100 张的多数票——战时所需的最低支持率。反对党议员席爆发出欢呼喝彩声，很快就出现了"辞职！"和"走！"的叫喊声。维奥莱特·博纳姆·卡特吃惊地看到"一本正经又体面的保守党人如哈罗德·麦克米伦——穿着他那高高的白衣领，戴着牢牢固定的夹鼻眼镜——像受到刺激的狒狒一样在大声吼叫着'走！走！走！'"[46] 乔赛亚·韦奇伍德开始高唱《统治吧，不列颠尼亚！》，而麦克米伦，"像个咧着嘴狂笑的男学生一样"，给这首歌曲平添了他毫无乐感的声音，之后他们两个人都被保守党的忠诚派用怒吼声压了下去。[47]

张伯伦看上去仿佛被人在肚子上击了一拳，不过他还是有尊严地起身，朝他的支持者们——他们从马杰森那里收到了欢呼的信号——报以微笑，然后开始越过他的内阁同事们伸出来的脚择路而行。刚刚投票反对政府的斯皮尔斯注视着他离去，发觉自己的怒气正逐渐消散：

> 他走出议会，而后穿过大厅，脚步沉重，一个着实悲哀又可怜的身影。他的思绪一定像他穿的衣服一样黑暗。在他所有的希望都破灭了以及所有的努力都白费了之后，当他孤独地走出去时，之前本是那么愤怒地反对他的政策的我深深地为他感到难过。[48]

*　　*　　*

接下来的 24 小时，张伯伦一直在设法说服工党领导层加入由他领导的真正的国民政府——他唯一幸存的机会——而其他所有人则一直在讨

---

① 故意弃权的确切数字不可能查明，因为很多议员由于生病或派驻海外而缺席。

论他的继任者。大多数的保守党议员、工党和自由党、内阁、新闻界、张伯伦以及国王都更倾向于哈利法克斯,而不是丘吉尔,这一点被完整地记载下来。与那位不按常理出牌的达达尼尔战役的发起者不同,虽然他有长达30年的政治生涯,却备受尊敬且完全没有敌人,这位备受尊敬的保守主义的权威,在几乎每一个人看来都是不二之选。问题是哈利法克斯并不想得到这份工作。1939年5月,维克托·卡扎勒特告诉特威兹缪尔勋爵(Lord Tweedsmuir),哈利法克斯"完全拒绝考虑成为首相这个想法"。[49]一年过去了,几乎什么都没变。他的贵族头衔作为明显的障碍被提及:哈利法克斯认为,在缺席下议院政治活动中心的情况下担任这个职位是不可能的。不过他似乎也已经意识到他自己作为一名潜在的战时领袖的不足之处,特别是当与丘吉尔显而易见的特质进行对比时。的确,考虑到哈利法克斯在静坐战期间展现出了甚至比张伯伦更弱的好战性,而且很大程度上更加懒散,这个看法竟没有更广泛地流传开来真是出人意料。然而不管哪一种情况,他都不会成为首相。

哈利法克斯拒绝屈从于各方恳求,而后当工党领导层在5月10日下午4点45分(投票表决的40个小时之后)确认他们不愿意在张伯伦手下任职时,首相已走投无路。他曾希望德国在当天清晨黎明时分开始的对低地国家的侵略或许可以给他一个喘息的机会,但很快就被打消了。下午6点,他向国王呈递了他的辞呈并举荐丘吉尔作为他的继任者。①

之后不久,亚历克·道格拉斯和乔克·科尔维尔来到外交部巴特勒的办公室,加入了"奇普斯"·钱农与拉博·巴特勒的活动。"我打开一瓶香槟,"钱农记录道,"然后我们4位张伯伦先生忠诚的追随者'为水上的国王'干杯。"[50] 喝了酒,道格拉斯和巴特勒——他们两个人在23年后成了

---

① "我接受了他的辞呈,"乔治六世在他当晚的日记中记录道,"并告诉他我认为他遭受了多么不公的待遇,而我也为发生的这一切争议感到非常难过。我们紧接着就他的继任者进行了一番闲谈。我当然举荐哈利法克斯,可是他告诉我哈没有那个热情,因为身处上议院,他只能在一切实际工作展开的下议院充当一个影子或者一个鬼魂。我对这个说法很失望,因为我认为哈是不二人选,而他的贵族头衔可以被暂时搁置起来。后来我意识到只有一个受全国信任的能够让我请来组建新政府的人,那就是温斯顿。我问张伯伦他的意见,他告诉我温斯顿就是那个要请来的人。"

竞争首相职位的对手——滔滔不绝起来。"拉博说他认为英国良好文明的政治传统——皮特的政治而不是福克斯的——已经被卖给了现代政治史上最有影响的投机者,"科尔维尔记录道,"这场突如其来的温斯顿及其乌合之众的政变是一次严重的灾难,也是不必要的灾难:张[伯伦]先生、哈利法克斯勋爵和奥利弗·斯坦利[他对这次挪威辩论的贡献微乎其微]将这张'入场证转让出去了'。他们懦弱地屈服于一个其主要支持来自那些低能却话多的同类人的美国混血儿。"[51]

与此同时,丘吉尔已经开始与他的命运同行。

25

绥靖的背水一战

我们永远不会投降。

——温斯顿·丘吉尔，
1940年6月4日[1]

绥靖主义的背水一战发生在两个多星期后。同盟军被德国的进攻搞得措手不及（虽然这是早就预料到的），很快就陷入了混乱，而德意志国防军则深入到了荷兰及比利时境内。1940年5月14日，陆军上将格尔德·冯·伦德施泰特（Gerd von Rundstedt）的A集团军突破了法国在色当——拿破仑三世在1870年决定性地败给普鲁士人的地方——的防线并在5月20日到达了英吉利海峡，困住了英国陆军和北部的法国陆军。面临着法国的沦陷和英国远征军（BEF）可能的失利，战时内阁——现由温斯顿·丘吉尔（首相）、内维尔·张伯伦（枢密院议长）、哈利法克斯勋爵（外交大臣）、克莱门特·艾德礼（掌玺大臣）和亚瑟·格林伍德（不管大臣）组成——开始讨论和平洽谈的可能性。

促成这次辩论的人是哈利法克斯。他对法国的沦陷和对英国前景的失败论者感到惊骇，认为自己有责任看一看希特勒准备提出什么条件。5月25日，他得到了丘吉尔的批准去接洽意大利大使朱塞佩·巴斯蒂亚尼尼（Giuseppe Bastianini），表面上是去商量能够使意大利答应保持中立的办法（贿赂），也是为了判断墨索里尼是否愿意在同盟国与希特勒之间充当调解人。巴斯蒂亚尼尼对此很鼓励，他察觉到了英国外交大臣的真正目的，询问是否有可能讨论"不仅只有英国和意大利，还有其他国家"——换句话说，德国。当哈利法克斯回答说，在这场战争仍然在继续的情况下很难想象这样的讨论时,这位大使向他保证,一旦这样的会谈开始,"战争就会毫无意义"。[2]

第二天,5月26日星期日,随着英国远征军开始朝着敦刻尔克撤退,哈利法克斯在战时内阁的三次单独会议上提出了探讨和平条款的可能性。他说:"我们不得不面对这一现实,即眼下的问题不是要彻底打败德国,而是维护我们自己帝国的独立,如果可能的话,还有法国的独立。"在这种情况下,假如"对本国独立至关重要的事情"得到了保证,丘吉尔愿意参与讨论吗?[3]尽管丘吉尔已经因参谋长们的一份委婉地称作《英国在某种不测情况下的战略》(亦即法国的沦陷)的报告增强了信心,其中指出,只要英国的海军和空军保持完好无损,可以去击退德国的入侵,英国就可以凭借自己的力量挺过去,但他认为在现阶段不能够直接拒绝。他自己作为首相的地位远远没有稳固,加上与他的外交大臣(大多数保守党议员都希望让他来接替张伯伦)的公开决裂有可能使得这一切变得不可能。因此他表明,他认为"希特勒会同意任何我们可以接受的条款都是难以置信的……倘若我们能够凭借放弃马耳他和直布罗陀[给意大利]以及一些非洲殖民地[给德国]来摆脱这个困境,他会迫不及待地接受它"。然而,唯一安全的对策"是让希特勒相信他不可能打败我们"。[4]

随后的24小时只带来了最糟糕的消息。希特勒在5月26日上午解除了他颇有争议的暂停前进的命令①,到27日,德军先头部队距离敦刻尔克只有不到5英里了。有效的抵抗26日下午在加莱结束了,可丘吉尔觉得必须要命令当地的指挥官继续作战,以便保护朝着敦刻尔克撤退的英国大部队的侧翼。傍晚7点钟,英国远征军从法国撤离的"发电机计划"的指令下达。当晚的晚些时候,英国外交部获悉,比利时国王利奥波德三世正在准备与德国单独媾和。第二天,5月27日星期一,清晨7点15分,丘吉尔被一通电话叫醒,打来的人是海军中将萨默维尔(Somerville),他汇报称德军已经将他们的枪炮移到了加莱以北,眼下正在炮轰靠近敦刻

---

① 希特勒担心那里的地势对于坦克来说会太过泥泞,而且得到了戈林的保证,称纳粹德国空军可以独立摧毁受困的英国远征军,于是在5月24日下令德军装甲师停止前进,就在距离敦刻尔克15英里的地方。这给"发电机计划"的实践提供了关键性的窗口。

克的船只。在当天剩下的时间里,德国空军对滞留在敦刻尔克的同盟国军队发起了不间断的攻击。无论如何,关键的战斗正在伦敦打响。

下午4点半,战时内阁外加阿奇博尔德·辛克莱爵士——新上任的空军大臣,重要的是他还是丘吉尔的盟友——开了第二次会议。这次会议仅持续了1.5小时,却可以说是这场战争中最重要的90分钟;当然也是希特勒最接近胜利的时候。[5] 在看过了哈利法克斯提交的关于《接近墨索里尼先生的建议》的备忘录后,丘吉尔表明他对这种举动抱有严重的怀疑。辛克莱立即鼎力支持首相。"他确信,"战时内阁的会议记录写着,"在此时接近意大利是徒劳的……任何我们表现出的软弱都将激励德国人和意大利人,也容易削弱本国和自治领的士气。"艾德礼和格林伍德均表示同意。"如果我们提出以割让英国的领土为代价来争取条件的消息传出去,结果会很糟糕,"格林伍德争辩道,"如果继续这样的做法,那将是一场灾难。"

丘吉尔紧接着表明了他明确地反对哈利法克斯的计划。接近墨索里尼几乎肯定会被"轻蔑地"看待,也会"严重损害我们在该国作战立场的完整"。

> 目前我们在欧洲的威望很低。我们能够挽回的唯一方式就是通过向世界展示德国没有打败我们……纵然我们被打败了,我们也不会比现在放弃斗争的结果更糟。因此让我们避免与法国一起被拖下深渊吧。这全部花招都是有意要让我们深深地卷入谈判,使得我们再也不能回头。[6]

哈利法克斯听了这番"可怕的胡扯"后,就像他在其日记中形容的那样,随后提出了要辞职的间接威胁。[7] 这促成了那次在唐宁街花园里著名的散步,其间,丘吉尔就算没能改变他的外交大臣的观点,显然也成功地阻止了哈利法克斯迈出这二人都清楚足以摧毁政府的一步。

尽管如此,哈利法克斯在第二天,即5月28日星期二,在战时内阁于4点钟在下议院开会时重申了他的主张。这位外交大臣提出要与墨索里尼接洽（法国政府也一直在敦促这件事）后，要求他的同事们不要"忽略这样一个事实，即我们或许会在法国从这场战争中退出以及我们的飞机制造厂遭遇轰炸之前，获得比我们在3个月后能得到的更有利的条件"。丘吉尔再一次表示反对。希特勒提出不损害英国的独立或完整的条款的可能性微乎其微，而当英国的谈判员们起身离开会议桌时，正如他们必然会做的，"我们将会发现，眼下由我们掌握的一切能够解决问题的力量都将不复存在"。在这个关键时刻，张伯伦——他在之前的会议上始终设法在哈利法克斯与丘吉尔之间保持一种平衡，不过倾向于后者——决定宣布支持首相。内阁会议记录显示，"枢密院议长……同意这个总体判断"，张伯伦指出，虽然继续战斗算是一场危险的赌博，但"打仗之外的另一种选择"也"包含了相当大的风险"。因此，他"得出的结论是"，在目前这个阶段，"按照提议的方式进行接洽没什么好处"。这是一次极为重要的干预——一次在18个月前，当哈利法克斯因戈德斯贝格要求反对张伯伦时的那个局面的角色互换——倘若走了另一条路，就可能会改变历史的进程。[8]

丘吉尔现在将棋子走到了要将死哈利法克斯的位置。他结束了这次会议，要求战时内阁在他与目前为止被排除在他们的审议之外的其余内阁成员开过会之后，在7点再次召开会议。丘吉尔向这25位保守党、工党、国家自由党、自由党和国民工党大臣们概括了敦刻尔克的形势，丝毫没有"淡化这场灾难或是接下来可能会发生的譬如德军成功进军巴黎和法国投降这样更进一步的灾难的程度"。[9]他说，显然德国人会很快开始将他们的注意力转向不列颠群岛，并且"无疑会试图侵略我们"。在这种情况下，正如新任命的经济作战大臣休·道尔顿所记载的，丘吉尔曾考虑过他是否"有责任考虑去与'那个人'谈判"，但拿定主意称，"认为倘若我们现在设法讲和会得到比我们战斗到底更有利的条款，这都是空想"。[10]

> 德国人会索要我们的舰队——那将被称作"裁军"——我们的海军基地，还有许多其他的东西。我们将会变成一个奴隶国，尽管一个作为希特勒的傀儡的英国政府会被组建起来——"在［奥斯瓦尔德·］莫斯里［英国法西斯联盟的领导人］或某个此类人的领导下"。

而在这一切都结束后,我们会在哪里呢?另一方面,我们拥有大批后备部队和巨大的优势。因此,他说:"我们一定要继续,我们一定要战斗到底,在这里或在别处,如果我们这个漫长的岛国故事终要结束,那么只有当我们每一个人都躺在战场上,被自己的血噎住窒息时,它才会结束。"[11]

没有一个人表露出"哪怕是最微弱的异议",当丘吉尔结束发言时,几位大臣赶忙去向他表达赞许。当战时内阁在傍晚7点继续开会时,他说,他不记得"以前曾听到过一群在政坛上身居要位的人如此明确有力地表达他们自己的想法"。"他们没有表露出对法国处境的惊忧,却在他告诉他们说我们绝无可能放弃斗争时表露出最大的满足"。[12]

面对如此一致的决议,哈利法克斯别无选择,只有接受失败。他提出法国希望向罗斯福总统发出吁请,不过当丘吉尔驳回这个说法,主张"大胆一搏"将赢得美国的尊敬,"而卑躬屈膝的吁请……将造成最坏的影响"时,他没有提出异议。丘吉尔赢了。

与此同时,从敦刻尔克撤离的情况正在开始好转。第二天,即5月29日星期三,尽管受到持续不断的空袭,仍有4.7万名士兵得到营救。第二天,5.38万人获救。接下来的一天,6.8万人获救。截至6月4日结束时——"发电机计划"开始的9天后——共33.8226万人成功撤离,包括超过12.5万名法国士兵。[13]考虑到4.5万人是参谋长们曾设想有可能营救的最多人数,这无异于一次奇迹,并且从很大程度上坚定了战时内阁和整个国家要继续斗争的决心。在一份外交部备忘录中有人建议,应当准备好将皇室和政府疏散到"海外帝国的某个地方,这场战争将从那里继续进行",丘吉尔在回复中明确强调:回答是"不"。他在6月1日的会议记录中说:"我相信在他们试图侵略我们岛屿的那一天,我们一定会让他们感到懊悔。此类讨论不会准允。"[14]当国家美术馆馆长肯尼思·克拉克建议将该博物馆的画作寄往加拿大以便妥善保存时,他得到了类似的答复。"不。把它们埋藏在山洞和地窖里。什么都不能离开。我们会打败他们的。"[15]

3天后，伴随最后一批同盟国士兵从敦刻尔克撤离，丘吉尔用世代相传的话阐述了这个精神。他告诉下议院，他满怀信心地认为他们有能力保卫他们的岛国并"安然度过这场战争风暴……如果有必要的话，战斗将持续多年，如果有必要的话，我们将孤军奋战"。无论如何，那是英王陛下政府的决心，是"他们中每一个人"的：

> 我们将在法国战斗，我们将在海上战斗，我们将以愈加坚定的决心和愈加强大的力量在空中战斗，我们将保卫我们的岛屿，无论代价会是什么。我们将在海滩上战斗，我们将在登陆地战斗，我们将在田野和街道上战斗，我们将在山上战斗；我们决不投降，即使——我一点也不相信这种情况会发生——这个岛屿或是它的大部分领土被占领，并陷入饥荒，到那时，我们帝国在海外的领土在英国舰队的武装守卫下，也会继续进行斗争，直到上帝认为时机合适之时，新世界将以强大的力量前来拯救并解放这个旧世界。[16]

这是丘吉尔战胜哈利法克斯及绥靖派的最终信号：是1940年最令人印象深刻的对拒绝承认希特勒胜利的反抗的表达。仅仅两个多星期后，法国与德国签署了一份停战协议。半个欧洲眼下已经处于希特勒的控制之下。英国孤军奋战，但它将继续战斗。绥靖的时代已经过去；战争的时代又开始了。

后 记

"罪人们"

> 所有那些上一次被杀害的人,所有那些眼下即将被杀害的人——一切都因为几位老家伙的固执和想象力的匮乏以及众多年轻人的缺少骨气而被白白糟蹋了。
> ——理查德·劳致保罗·埃姆里斯-埃文斯,1939年9月13日[1]

> 他试图从一场重大灾难中拯救世界的做法是正确的,而历史将给出这样的裁决。
> ——塞缪尔·霍尔爵士致安妮·张伯伦,1940年11月11日[2]

在静坐战期间的一个夜晚,英国外交部政治情报部门的成员们讨论着哪些政客可能会被视为"对这场战争负有罪责并且该当被绞死在路灯柱上"。根据前记者兼间谍罗伯特·布鲁斯·洛克哈特的记载,大家对几位主要候选人是存在共识的。1931年至1935年间的外交大臣约翰·西蒙爵士首当其冲要被押上死囚车,其次是斯坦利·鲍德温和塞缪尔·霍尔爵士。其他被判处死刑的人包括"那些想要抨击每一个人并投票反对重整军备的工党疯子们,比弗布鲁克勋爵(因为支持孤立和"不战"宣传)、杰弗里·道森和《泰晤士报》",当然,还有首相内维尔·张伯伦。[3]

4个月后,随着英国远征军从敦刻尔克的撤离,3位比弗布鲁克勋爵报业的记者站在《标准晚报》办公室的楼顶上进行了一次类似的对话。因为对这次英国历史上影响最重大的失败以及导致它的事件原委感到惊骇,前自由党议员弗兰克·欧文(Frank Owen)、保守党议员彼得·霍华德(Peter Howard)和未来的工党领袖迈克尔·富特决定撰写一本书来羞辱那些他们认为要为这次彻底的失败负责的人。《罪人们》在短短 4 天内完成，并展现出了显著的谩骂才能，用其中一位作者的话来说，这本书畅销得"像一本情色经典"。[4] 到 10 月，该书已经被重印了 22 次，而到年底时，它已经成功地将这场灾祸归咎于国民政府的重要成员——尤其是内维尔·张伯伦，不仅在同代人，而且在广大后代的心中。

当然，第二次世界大战的压倒性责任在于阿道夫·希特勒，只有他和他最狂热的追随者渴望战争，只有他有意促成导致战争的一系列事件。然而，尽管希特勒是唯一需要为这场悲剧负责的人，但那个问题依然存在：他是如何能有机会制造这样的不幸的呢？一个在 1918 年战败，国土面积缩减，军备遭限，还被潜在的仇敌包围的国家，它是如何能有机会在短短 20 年后便跻身至有能力挑战全球霸权并差点实现其目标的地位呢？

对于许多同时代的人来说，答案仅仅是欧洲外交的失败。鲍勃·布思比在 1947 年声称，"只需一点点政治才能，本可以相当容易地避免这上一次战争"。[5] 丘吉尔称它为"不必要的战争"，而英波历史学家刘易斯·纳米尔（Lewis Namier）则认为，"有几个关头，战争本可以在不做过多努力或牺牲的情况下被阻止"。[6] 鉴于在那 10 年中的大部分时间里他都保持着与张伯伦的亲密伙伴关系，更耐人寻味的是由前财政部常务次官沃伦·费希尔爵士在战争结束 3 年后进行的关于英国外交政策的严格调查：

> 1935 年，我们就阿比西尼亚的完整向意大利人发表了一番道德的陈词滥调，没有给他们带来任何好处，只是驱使意大利钻进了德国的怀抱；1936 年，我们又就他们对莱茵兰的军事重占向德国人发出了一份又一份的调查问卷。
>
> 当西班牙内战爆发时，我们用一项除了我们自己之外没有人遵守的不干涉条约来自欺欺人。然后在 1938 年，我们瓜分了捷克斯洛伐克。
>
> 尽管这个简短的概述省略了许多事情，包括我们在（日本入侵）中国东北问题上的愚蠢表现或无表现，但对未来的寓意是显而易见的……

要是大英帝国、美国和法国一齐直面这些事实，那么从对中国东北的掠夺开始，随后是对阿比西尼亚的暴行，对中国的全面进攻，对奥地利与捷克斯洛伐克的占领，到自1939年9月起直至最终的一系列可怕的事情，本都是可以被阻止的；因此，这些国家没有谁可以否认或逃避沉重的责任。[7]

为绥靖政策辩护的依据基于四个方面：英法重整军备的糟糕状况意味着，不论是英国还是法国，在1939年的秋天之前都没有做好战争准备；战争在此之前爆发会分裂舆论，而且很可能会分裂大英帝国；直到捷克斯洛伐克在1939年3月遭遇入侵，希特勒才被证明是不可信的；试图通过向纳粹德国做出让步来避免发生新的世界大战的恐怖是值得一试的合理政策。

1938年——在那一年，西方各国本可以采取更强硬的态度反对德国的扩张；在那一年，战争差点爆发——英法在军备上存在严重不足，这一点毋庸置疑。到慕尼黑会议时，英国认为保卫家园所必需的52支战斗机中队里，只有29支准备就绪（大部分是过时的"角斗士""狂怒""长手套""恶魔"型号），而法国为缩小与纳粹德国空军之间差距而进行的迟来的尝试也仅早了6个月。然而，同样毋庸置疑的是，德国人在1938年也完全不具备发动一场大规模战争的条件。在捷克危机发生时，德意志国防军只拥有3个轻装甲坦克师以及仅够维持6周激战的弹药。1938年9月，德国有2700余架一线飞机，但其中只有2/3适合参与作战，而且只有一半是现代机型。[8]在1938年的秋天，德国空军不仅没有能力发起英法两国人所担心的那种战略轰炸战役，而且它的主要任务——正如连法国总参谋部在他们冷静下来的时候也承认的那样——是去协助摧毁捷克斯洛伐克。

当然，英法两国人并不完全了解德意志国防军内部的不足，他们被纳粹宣传搞得眼花缭乱，还被吓破了胆，在莱茵兰被重新占领之后的那些年里，他们对德国军事实力的欣赏持续膨胀。然而，他们本该意识到的是他们自己的战略及军事优势。除了与意大利的非正式结盟之外（正如事实证明的那样，这更多是妨碍而非帮助），1938年9月德国在外交上处于孤立状态，极需自然资源，并且其西翼危险地暴露在外。相比之下，西方诸国拥有世界上最大的帝国的资源，对海洋的掌控以及23个师（还有可能再组建30个师），面对的仅是8个德国师和一系列沿德国西部边境未修建完成的掩体。此外还有那份《捷克斯洛伐克-苏联互助条约》。

苏联在捷克斯洛伐克战争中会扮演的角色始终是一个值得推敲的问题。除了在后勤方面难以抵达其盟国，苏联军队的效能以及斯大林的可靠性都是可疑的。无论如何，可以肯定地说，倘若未能履行其对捷克斯洛伐克的义务，苏联会在很大程度上损失颜面，然而让苏联与西方哪怕只是在名义上结盟——不退回孤立状态也不加入德国阵营——也明显是对同盟国有好处的。事实是，尽管在1938年的秋天，战略优势在同盟国这边——肯定比次年德国吞并捷克斯洛伐克并与苏联缔结条约后的战略优势更大——但结果证明英法两国都没能领会或利用这一现实。

这在很大程度上是由于这两个国家在政治及心理结构造成的。因受到第一次世界大战的精神创伤和对遭受轰炸的恐惧，英法政治阶层已经被和平主义的精神——如果不是学说的话——所浸染。他们也是民主主义者：他们确信——不无道理地——像战争这样严重的事情需要公众的支持，而除非英法两国民众都感觉到他们的安全即将受到直接威胁，否则这种支持是不会出现的。这一点已作为一种合理的假定被许多历史学家所接受。《慕尼黑协定》之后的狂喜似乎表明张伯伦的政策得到了大量支持，而自治领也表明他们反对因捷克斯洛伐克开战。然而，这并非全貌。在德奥合并之后不久的一项民意调查中，当被问及倘若捷克人遭遇袭击，英国是否应该承诺支持他们时，不到半数的人断然回答"不"（1/3说"是"，1/4不置可否）；而一项在戈德斯贝格会议期间进行的类似调查显示，只有22%的调查对象支持绥靖，有43%的人表示反对。[9]慕尼黑会议带来的欣慰迅速转变为羞愧感和不信任感似乎证实了这些样本，而英国公众在1938年秋天备战时的冷静则表明政治家们低估了大众。最后，根据保守党议员保罗·埃姆里斯-埃文斯的观察，在莱茵兰被重新占领之后，英国政府始终拒绝引导舆论，相反选择躲在公众舆论背后。要是英国的政治领导人们讲清楚德国威胁的本质和抵制它的必要性——正如丘吉尔做的——那么舆论本可能出现非常不同的情况。[10]然而，这需要假定英国的决策者们本身已经充分理解了德国威胁的本质。

没能觉察到纳粹政权和阿道夫·希特勒的本性，是英国的政策制定者们在此时期最大的失败，因为所有后来的失败——没能充分地重整军备，没能建立联盟（尤其是与苏联），没能投射英国的力量，也没能教育大众舆论——都是源于此。对于绥靖主义的捍卫者来说，这是一种非历史主义的做法。他们争辩道，直到希特勒撕毁《慕尼黑协定》并进军布拉格之后，他才表现出他在撒谎，而纳粹政权的所有恐怖之处也是在战争结束后才逐渐显现出来。①然而，这种说法是基于对证据的选择性解读。1933年，希特勒坚称他所想要的只是与其他欧洲强国在军备上平等，却随后回绝了英国要将欧洲大陆的陆军部队标准化至20万人的计划，还把德国从裁军大会及国际联盟中脱离出来。他承诺履行保证了莱茵兰的非军事化性质的《洛迦诺公约》，然后在违背了那项协议之后，又宣称他不再有"在欧洲的领土方面的要求"。[11]他拒绝承认任何计划或希望与奥地利合并的意图，然后在吞并了那个国家之后，又对捷克人重复了同样的保证。最后，他声称，他对苏台德日耳曼人的唯一愿望就只是在捷克国内的地位平等。

纳粹政权的真正本质，倒不如说是更明显的。镇压反对者和迫害犹太人的行动在希特勒上台后的几周内就开始了，而"长刀之夜"和集中营的大量涌现给外国舆论留下了深刻印象。对于那些了解该政权实际情况——其拥护者会在他们的帽子上佩戴骷髅头和交叉骨的标志，并把年轻人培养成战士和种族优越论者——的人来说，热爱和平的民主人士能够与民族社会主义德国达成友好协议的想法始终是一种妄想。霍勒斯·朗博尔德爵士在读了内维尔·亨德森爵士对他作为英国大使那2年半的叙述之后给他写道：

---

① "当时始终有一种可能性，即在那里（慕尼黑）达到其高潮的'绥靖'会成功。"当时的卫生部大臣马尔科姆·麦克唐纳在1940年11月坚称，而基思·费林（Keith Feiling）在他所写的授权传记《内维尔·张伯伦的一生》中认为，"如果有人妄称他在1937年就预见到了1939年至1941年的天意，那他是在自欺欺人"。

> 你将你的书描述为"一次使命的失败",然而由于两个原因,没有人可以在柏林取得成功。这两个原因是:a)任何英方代表都不得不与之打交道的有野兽特征的本性;b)张伯伦的,很可能也是其政府的愚蠢的信念,认为在1937年凭借对德国采取绥靖政策是有可能取得成果的。希特勒是一个邪恶的人,他的政权及思想体系也是邪恶的。你不能向邪恶妥协。[12]

除了朗博尔德——他对《我的奋斗》的仔细研读使他早在1933年4月就警告英国政府,需要注意指引着那位新德国总理的具有侵略性和扩张性的意识形态——罗伯特·范西塔特爵士、陆军准将坦珀利、奥斯汀·张伯伦爵士、拉尔夫·威格拉姆,当然还有丘吉尔,都是从最一开始便了解"那个禽兽的本性"并主张采取补救措施的典型人物。

* * *

因为所有这些原因,很难为绥靖派,尤其是内维尔·张伯伦的种种行为开脱。尽管反事实历史从定义来说是推测性的,但不难想象,一个更强有力的外交政策能够如何去产生一个比在1939年9月这个世界所面对的更好的结果。要是英法两国人强制执行《凡尔赛和约》的军备条款;要是他们拆穿墨索里尼的虚张声势并利用皇家海军来阻止其攻占阿比西尼亚(从而维护了国际联盟,也向希特勒传递了一则重要信息);要是他们识破希特勒的虚张声势并将那2.2万名德国士兵强行赶出莱茵兰;要是他们建立了一个旨在阻止德国进一步侵略行径的联盟,而不是允许希特勒逐个击破他的受害者;还有,要是他们在捷克危机期间愿意直接反对希特勒,或在必要时开战——那我们便可以设想历史将沿着另一个进程发展。那样一来,依然很可能发生一场战争——在希特勒当权的情况下,战争的可能性总是极高——但它不会非要这般浩荡,这般漫长,或这般可怕。

相反,英国人试图和希特勒讲道理。早期在这个方向上的努力并没有伴随着更加紧迫的重整军备计划,这依然是对斯坦利·鲍德温的主要指控；① 面对如此矛盾的证据，他们以牺牲旨在遏制其继任者的联盟为代价，继续推行这些政策。张伯伦并非是没有看到证据。他读过《我的奋斗》的节选，也读过斯蒂芬·罗伯茨的《希特勒建造的房子》。可是他对自身判断力的坚信，再加上他天生的乐观，让他忽略了它。"如果我接受了作者的结论，我应该会绝望，"他就罗伯茨的分析写道，"但我不接受，也不会接受。"[13] 读了他的私人往来信件，很难不同意那些指责他傲慢且自负的人的看法。他"完全确信"他当时一直采取的方式是正确的，并拒绝做出改变，尽管希特勒回绝了他的殖民地计划，尽管德奥合并了，尽管有戈德斯贝格一行，尽管有慕尼黑会议，尽管还有"水晶之夜"。[14] 对于反绥靖主义的保守党议员维维安·亚当斯来说，首相"这么久都没能领会希特勒主义"，简直可以被看作是"一个该死的奇迹"。[15] 然而还有更实际的解释。

张伯伦和任何和平主义者一样厌恶战争，而且尽管关于他的地方政府背景的玩笑常常是不公正的——按大卫·劳合·乔治的说法是"一位在萧条年份里的伯明翰好市长阁下"——但有种观点认为，他和他的副手霍勒斯·威尔逊都是从解决商业或劳资纠纷的角度来处理外交事务的。[16] 达夫·库珀于1939年初在一篇关于其前领导的简短的人物概述中写道：

> 张伯伦在伯明翰从未见过任何与阿道夫·希特勒有一丝相像的人。他总是发觉，他所遇到的人，不论在商界还是在地方政府，都与他自己没什么不同——他们通情达理且坦率真诚，而且事实证明，只要进行一定的取舍，最后总是能与他们达成双方都满意的交易。
>
> 在他看来，这些独裁者们也一定是通情达理的人。他们想要某些让步，而有些让步也是英国承受得起的。所以，他越早能够处理它们越好。他的动机并不可耻，方法也不无道理。他的失误只不过就是那个和一匹披着羊皮的狼玩耍的小男孩所犯的错误——一个可以原谅的

---

① 正如已经指出的，英国直到1936—1939年才开始认真地重整军备，这反倒是幸运的，因为更早的努力只会让皇家空军配备上大量过时的机型。然而，这个具有讽刺意味的情形只有在回顾时才清晰可见。同时代的人并不知晓战争不会在1939年9月之前爆发（实际上，它在前一年就差点爆发了），而英国防御能力的不足——尤其是在空中——是阻止决策者们对那些独裁者政府采取一个更坚定的立场的诸多因素之一。

动物学错误——不过对那个犯错的玩家来说，结果往往是致命的。[17]

对张伯伦的辩护者来说，他在慕尼黑争取到的那"额外的一年"是关键。1940年11月，马尔科姆·麦克唐纳声称，尽管绥靖的首要目标失败了，但这个政策的"重要性一点也没有"丧失掉，因为"这通过将当前这场战争推迟整整一年，给了英国进行军事准备的时间，这将使本来很可能出现的失败变成眼下的……无疑会是欧洲文明的胜利"。[18]这个主张的问题不仅在于慕尼黑会议与战争爆发之间的这段时期——也是战略形势恶化的时期——德国在军备水平上超过了英国，而且，正如连它的受益者都承认的，它本质上是事后才能追溯的。正如亚历克·道格拉斯在1940年2月告诉乔克·科尔维尔的那样，英国对战争的毫无准备"在慕尼黑危机期间对首相影响很大，但必须公平地承认，他和霍勒斯·威尔逊相信，他们可以借牺牲掉捷克斯洛伐克实现永久的和平，而希特勒也将得到满足"。[19]这一事实后来得到了威尔逊亲自证实，他作证道，"我们的政策从来都不只是为了推迟战争，或使我们能够更加团结地参战。绥靖的目的是要完全、永远地避免战争"——因此，张伯伦不愿意在慕尼黑会议之后增加军备。[20]

在这件事上，张伯伦显然失败了。鉴于与他打交道的那个人的性格和意识形态，很难想象他会不这么做。不过，远非不可避免的是，他还忽视了建立一个能够威慑住希特勒的，抑或是在战争来临之际，尽可能迅速地打败他的联盟体系。与他的继任者不同，他以冷淡的轻蔑态度对待美国，而他未能争取到与苏联的协议也是在那灾难性的十年中最严重的失误之一。他仅有的毫无争议的成就是当英国最后终于决定要以武力阻止希特勒时，他让它团结起来，还有它的帝国在背后支持它。然而甚至连这项成就也是源于他的政策的最终失败。张伯伦的动机从来无须怀疑，他的努力是巨大的且坚定的，可他的政策严重误解了他所面对的那个人的本性，也忽略了那些本可以更快遏制住他或打败他的偶然事件。从任何意义上讲，这都是一场悲剧。

注 释

前言 "不要重蹈覆辙!"

1. *New Statesman*, 1944, quoted in Sidney Aster, 'Appeasement: Before and After Revisionism', *Diplomacy & Statecraft*, vol. 19. no. 3 (2008), pp. 443–80; Martin Gilbert, *The Roots of Appeasement* (London, 1966), p. xi.

序幕 暴风雨来袭

1. John Julius Norwich (ed.), *The Duff Cooper Diaries 1915–1951* (London, 2005), 3 September 1939, p. 274.
2. Hugh Dalton, *The Fateful Years: Memoirs 1931–1945* (London, 1957), p. 263.
3. Hansard, HC Deb, 1 September 1939, vol. 351, cols 125–33.
4. Nigel Nicolson (ed.), *Harold Nicolson Diaries: 1907–1963* (London, 2004), 27 September 1939, p. 203.
5. Beamish Papers, Diary, 2 September 1939, BEAM 3/3.
6. Hankey Papers, Hankey to his wife, 3 September 1939, HNKY 3/43.
7. Beverley Baxter, *Men, Martyrs and Mountebanks: Beverley Baxter's Inner Story of Personalities and Events behind the War* (London, 1940), p. 14.
8. N. A. Rose (ed.), *Baffy: The Diaries of Blanche Dugdale 1936–1947* (London, 1973), 2 September 1939, p. 149.
9. Robert Rhodes James (ed.), *'Chips': The Diaries of Sir Henry Channon* (London, 1967), 2 September 1939, p. 212.
10. Nicolson (ed.), *Harold Nicolson Diaries and Letters*, 2 September 1939, p. 418.
11. Major-General Sir Edward Spears, *Assignment to Catastrophe, Vol. I: Prelude to Dunkirk July 1939–May 1940* (London, 1954), p. 20.
12. Hansard, HC Deb, 2 September 1939, vol. 351, col. 281.
13. Spears, *Assignment to Catastrophe*, p. 20.
14. John Barnes and David Nicholson (eds), *The Leo Amery Diaries, Vol. II: The Empire at Bay 1929–1945* (London, 1988), 2 September 1939, p. 570.
15. Hansard, HC Deb, 2 September 1939, vol. 351, cols 282–3.
16. James (ed.), *'Chips'*, 2 September 1939, p. 213.
17. Nicolson, *Harold Nicolson Diaries and Letters*, 2 September 1939, p. 419.
18. Sir Reginald Dorman-Smith, 'Recollections', *Sunday Times*, 6 September 1966.

19. Ibid.

1　希特勒的实践

1. *DBFP, Second Series, Vol. V* (London, 1956) – Rumbold to Sir John Simon, 30 June 1933, no. 229.
2. *The Times*, 31 January 1933.
3. Stuart Ball (ed.), *Parliament and Politics in the Age of Baldwin and MacDonald: The Headlam Diaries 1923–1935* (London, 1992), p. 258.
4. *Daily Telegraph*, 31 January 1933.
5. *News Chronicle*, 31 January 1933; *Daily Herald*, 31 January 1933.
6. *The Times*, 30 January 1933.
7. *The Times*, 31 January 1933.
8. New Statesman, 4 February 1933.《新政治家》周刊由金斯利·马丁（Kingsley Martin）编辑，他在这一时期利用这份杂志倡导和平主义以及后来的绥靖主义。
9. *Morning Post*, 30 January 1933.
10. Quoted in *Scotsman*, 31 January 1933.
11. *L'Ami du peuple*, 31 January 1933; Coty in *L'Ami du peuple*, 7 February 1933.
12. Quoted in Martin Gilbert, *Sir Horace Rumbold: Portrait of a Diplomat 1869–1941* (London, 1973), p. 367.
13. *DDF, First Series, Vol. II*, François-Poncet to Paul-Boncour, 1 February 1933, no. 253.
14. *Scotsman*, 4 April 1933.
15. Kenneth Young (ed.), *The Diaries of Sir Robert Bruce Lockhart, Vol. I: 1915–1938* (London, 1973), 6 March 1933, pp. 248–9.
16. Hamilton Papers, Heyne to Hamilton, 1 April 1933, Hamilton 14/2/3.
17. Hamilton Papers, Hamilton to Heyne, 23 October 1933.
18. Hamilton Papers, Hamilton to Frau von Flesch-Brunningen, 30 November 1933.
19. Hamilton Papers, Hamilton to Rebecca West, 15 March 1933.
20. John Lee, *A Soldier's Life: General Sir Ian Hamilton, 1853–1947* (London, 2000), p. 263.
21. Quoted in Richard Griffiths, *Fellow Travellers of the Right: British Enthusiasts for Nazi Germany 1933–9* (Oxford, 1980), p. 76.
22. *DBFP, Second Series, Vol. V*, Simon to Rumbold, 10 May 1933, no. 126.
23. *The Scarlet Pimpernel* (London Films/United Artists, 1934).
24. Martin Gilbert, *The Roots of Appeasement* (London, 1966), Appendix I, 'The "Fontainebleau Memorandum"', p. 189.
25. United States Department of State, *Peace and War: United States Foreign Policy 1931–1941* (Washington, 1943), pp. 179–81.
26. Robert Graves, *Goodbye to All That*, rev. ed. (Harmondsworth, 1960), p. 240.
27. MacDonald Diary, 2 February 1930, MS MacDonald, PRO 30/69/1753; Gilbert, *The Roots of Appeasement*, pp. 127, 131.
28. Thomas C. H. Jones, *A Diary with Letters 1931–1950* (London, 1954), 29 April 1933, p. 108.
29. Harold Nicolson, quoted in Gilbert, *Sir Horace Rumbold*, p. 318.
30. Robert Vansittart, *The Mist Procession: The Autobiography of Lord Vansittart* (London, 1958), p. 476.

31. *DBFP, Second Series, Vol. V*, Rumbold to Simon, 26 April 1933, no. 36.
32. Ibid., enclosure no. 127.
33. Vansittart Papers, Minutes, 6 May 1933, VNST 2/3.
34. Cabinet Minutes, 17 May 1933, CAB 23/76/7/88.
35. Jeremy Noakes and Geoffrey Pridham (eds), *Documents on Nazism 1919–1945* (London, 1974), pp. 509–10.
36. Quoted in Peter Jackson, *France and the Nazi Menace: Intelligence and Policy Making 1933–1939* (Oxford, 2000), p. 64.
37. Joseph Goebbels, confidential speech to members of the German press, 5 April 1940, quoted in Volker Ullrich, *Hitler: Ascent 1889–1939* (London, 2016), p. 478.
38. Adolf Hitler, *Mein Kampf* (New York, 1939), pp. 978–9.
39. *DDF, First Series, Vol. III*, no. 259.
40. Sir Ivone Kirkpatrick, *The Inner Circle: Memoirs* (London, 1959), p. 90.
41. Gaynor Johnson (ed.), *Our Man in Berlin: The Diary of Sir Eric Phipps 1933–1937* (Basingstoke, 2007), pp. 30–31.
42. Vernon Bartlett, *Nazi Germany Explained* (London, 1933), p. 199.
43. Brian Bond (ed.), *Chief of Staff: The Diaries of Lieutenant-General Sir Henry Pownall, Vol. I – 1933–1940* (London, 1972), 7 July 1933, p. 20.
44. Phipps Papers, Hankey to Phipps, September 1933, PHPP I 3/3.
45. Robert Rhodes James, *Bob Boothby: A Portrait* (London, 1991), p. 60.
46. Ibid., p. 138.
47. Robert Boothby, *Boothby: Recollections of a Rebel* (London, 1978), pp. 110–11.
48. Robert Boothby, *I Fight to Live* (London, 1947), p. 124.

2 "我歌颂武器和那个男人"

1. Winston Churchill, speech at Winchester House, Epping, 23 February 1931.
2. Hansard, HC Deb, 23 November 1932, vol. 272, col. 81.
3. Hansard, HC Deb, 23 March 1933, vol. 276, col. 542.
4. Hansard, HC Deb, 13 April 1933, vol. 276, col. 2792.
5. David Lloyd George, *War Memoirs, Vol. I* (London, 1933), p. 52.
6. *Daily Express*, 13 February 1933.
7. Martin Gilbert, *Winston Churchill, Vol. V, 1922–1939*; *Daily Telegraph*, 11 February 1933.
8. Hansard, HC Deb, 30 July 1934, vol. 292, col. 2401.
9. Denis Mack Smith, *Mussolini* (London, 1981), pp. 194–5.
10. Quoted in *Nottingham Evening Post*, 9 March 1933.
11. Keith Middlemas and John Barnes, *Baldwin: A Biography* (London, 1969), p. 745.
12. Hansard, HC Deb, 12 November 1936, vol. 317, col. 1144.
13. Winston S. Churchill, *The Second World War, Vol. I: The Gathering Storm* (London, 1948), pp. 169, 615.
14. Nick Smart (ed.), *The Diaries and Letters of Robert Bernays 1932–1939: An Insider's Account of the House of Commons* (Lewiston, NY, 1996), 9 July 1936, p. 271.
15. Robert Boothby, *I Fight to Live* (London, 1947), pp. 35–6.
16. Quoted in Middlemas and Barnes, *Baldwin*, p. 722.
17. Hansard, HC Deb, 10 November 1932, vol. 270, col. 632.

18. J. F. C. Fuller, *The Reformation of War* (London, 1923), p. 150.
19. Hansard, HC Deb, 30 July 1934, vol. 292, col. 2368.
20. *Leeds Mercury*, 29 June 1933.
21. War Cabinet Minutes, 15 August 1939, CAB 23/15/270.
22. Simon Papers, Naval Staff Memorandum, 31 January 1932.
23. Chiefs of Staff Annual Review of Defence Policy, February 1932, CAB 53/22/10.
24. *DBFP, Second Series, Vol. V* (London, 1956), Rumbold to Simon, 27 June 1933, no. 223.
25. S. W. Roskill, *Hankey: Man of Secrets, Vol. III 1931–1963* (London, 1974), p. 86.
26. Hansard, HC Deb, 7 November 1933, vol. 281, col. 138.
27. Hansard, HC Deb, 7 February 1934, vol. 285, col. 1197.
28. *DBFP, Second Series, Vol. V*, Rumbold to Simon, 27 June 1933, no. 223.
29. Ibid., Memorandum by Vansittart on German rearmament, 14 July 1933, no. 253.
30. N. H. Gibbs, *History of the Second World War: Grand Strategy, Vol. I – Rearmament Policy* (London, 1976), p. 135.
31. Cabinet Minutes, 28 February 1934, CAB 23/78/7.
32. Hansard, HC Deb, 8 March 1934, vol. 286, col. 2027.
33. Ibid., col. 2048.
34. Ibid., col. 2057.
35. Ibid., col. 2072.
36. Ibid., col. 2078.
37. Committee of Defence Requirements Sub-Committee Report, 28 February 1934, PREM 1/175/79.
38. 52nd Conclusions, 2 July 1934, CAB 27/504; Michael Howard, *The Continental Commitment: The Dilemma of British Defence Policy in the Era of the Two World Wars* (London, 1972), p. 108.
39. Gibbs, *History of the Second World War: Grand Strategy*, p. 106.
40. DC(M)(32) Paper 120, 'Note by the Chancellor of the Exchequer on the Report of the DRC', 20 June 1934, CAB 16/111.
41. Hansard, HC Deb, 10 November 1932, vol. 270, col. 632.
42. Brian Bond (ed.), *Chief of Staff: The Diaries of Lieutenant-General Sir Henry Pownall, Vol. I – 1933–1940* (London, 1972) – 3 May and 21 June 1934 pp. 42, 46.
43. Ibid.
44. Ibid., p. 48.
45. 有关法国情报部门与法国政策制定之间关系的深入研究，请参阅 Peter Jackson, *France and the Nazi Menace: Intelligence and Policy Making 1933–1939* (Oxford, 2000), pp. 53–76。
46. Quoted in Piers Brendon, *The Dark Valley: A Panorama of the 1930s* (London, 2000), p. 139.
47. Quoted in Martin Gilbert, *Winston S. Churchill, Vol V: 1922–1939* (London, 1976), p. 552.
48. Ibid., p. 552.
49. Hansard, HC Deb, 30 July 1934, vol. 292, col. 2349.
50. Ibid., cols 2373–4.
51. Hansard, HC Deb, 13 July 1934, vol. 292, col. 675.
52. Cabinet Minutes, 26 November 1934, CAB 23/80/10.
53. *DBFP, Second Series, Vol. XII* (London, 1972), Memoranda by Phipps on German

rearmament, 23 November 1934, no. 208.
54. *DBFP, Second Series, Vol. XII*, Minute by Simon, 28 November 1934, no. 231.
55. Cabinet Minutes, 21 November 1934, CAB 23/80/214.
56. Quoted in Gilbert, *Winston S. Churchill, Vol. V*, pp. 571–2.
57. Harold Macmillan, *Winds of Change 1914–1939* (London, 1966), p. 575.
58. Hansard, HC Deb, 28 November 1934, vol. 295, col. 863.
59. *Daily Telegraph*, 29 November 1934.
60. *Daily Mail*, 29 November 1934.
61. Hansard, HC Deb, 28 November 1934, vol. 295, col. 883.
62. Ibid., col. 917.

3　与希特勒饮茶

1. Thomas C. H. Jones, *A Diary with Letters 1931–1950* (London, 1954), p. 125.
2. Earl of Avon, *Facing the Dictators* (London, 1962), p. 61.
3. Ibid., p. 69.
4. Avon Papers, Diary, 20 February 1934, AP 20/1/14.
5. Baldwin Papers, Eden to Baldwin, 21 February 1934, vol. 122, ff. 31–3.
6. Avon Papers, Eden to MacDonald, 22 February 1934, AP 14/1/338/4.
7. Robert Vansittart, *The Mist Procession: The Autobiography of Lord Vansittart* (London, 1958), p. 346.
8. *DBFP, Second Series, Vol. VI* (London, 1957), Simon to Phipps, 23 February 1934, No. 308.
9. Avon Papers, Diary, 24 February 1934, AP 20/1/14.
10. *DBFP, Second Series, Vol. VI*, Phipps to Simon, 21 March 1934, no. 360.
11. Reported in *The Times*, 12 March 1934.
12. Robert Rhodes James, *Anthony Eden* (London, 1986), p. 135; D. R. Thorpe, *Eden: The Life and Times of Anthony Eden* (London, 2003), p. 130
13. Nicolson Papers, Diary, 2 February 1934.
14. Hansard, HC Deb, 13 April 1933, vol. 276, col. 2759.
15. John Hallett (E. H. Carr), 'The Prussian Complex', *Fortnightly Review*, 1 January 1933, pp. 37–45.
16. John Maynard Keynes, *The Economic Consequences of the Peace* (London, 1919), p. 209.
17. Quoted in Martin Gilbert, *The Roots of Appeasement* (London, 1966), p. 52.
18. Reported in *The Times*, 13 March 1933.
19. Ben Pimlott (ed.), *The Political Diary of Hugh Dalton 1918–40, 1945–60* (London, 1986), 18 August 1933, p. 179.
20. *The Times*, 10 April 1933.
21. Hansard, HC Deb, 23 March 1933, vol. 276, col. 617.
22. Quoted in Michael Bloch, *Ribbentrop* (London, 1992), p. 52.
23. *Manchester Guardian*, 12 May 1933.
24. *DGFP, Series C, Vol. II* (London, 1959), Ambassador in Great Britain to Foreign Ministry, 10 November 1933, no. 57.
25. Jones, *A Diary with Letters*, 3 July 1932, p. 44; J. R. M. Butler, *Lord Lothian (Philip Kerr) 1882–1940* (London, 1960), p. 237.
26. Letter to *Manchester Guardian*, 10 May 1935.

27. Butler, *Lord Lothian*, p. 197.
28. Vernon Bartlett, *Nazi Germany Explained* (London, 1933), p. 267.
29. *DGFP, Series C, Vol. III* (London, 1959), Ambassador in Great Britain to Foreign Ministry, no. 445.
30. *DBFP, Second Series, Vol. XII* (London, 1972), no. 391; Lothian Papers, Lothian to Simon, 30 January 1935.
31. *The Times*, 1 February 1935.
32. Pimlott (ed.), *The Political Diary of Hugh Dalton*, p. 164.
33. Allen to Ellen Wilkinson, 30 April 1934, quoted in Martin Gilbert, *Plough My Own Furrow: The Story of Lord Allen of Hurtwood as Told through His Writings and Correspondence* (London, 1965), pp. 354–5.
34. Allen notes, quoted ibid., p. 358.
35. *Daily Telegraph*, 28 January 1935, quoted ibid., p. 358.
36. Butler Papers, Dorothy Bonareies to R. A. Butler, 9 November 1932, RAB G4-73; Nick Smart (ed.), *The Diaries and Letters of Robert Bernays 1932–1939: An Insider's Account of the House of Commons* (Lewiston, NY, 1996), 9 May 1933, p. 75.
37. Eric Hobsbawm, *The Age of Extremes: The Short Twentieth Century 1914–1991* (London, 1994).
38. Quoted in Martin Gilbert, *Winston S. Churchill, Vol V: 1922–1939* (London, 1976), p. 226; quoted in Andrew Gilmour, 'The Changing Reactions of the British Press towards Mussolini's Italy' (unpublished thesis, Oxford University, 1986), p. 3; quoted in Alexander Anievas, 'The International Political Economy of Appeasement: The Social Sources of British Foreign Policy During the 1930s', *Review of International Studies*, vol. 37, no. 2 (2011), p. 617.
39. S. J. Taylor, *The Great Outsiders: Northcliffe, Rothermere and the Daily Mail* (London, 1996), p. 191.
40. Gavin Bowd, *Fascist Scotland: Caledonia and the Far Right* (Edinburgh, 2013), pp. 19–20.
41. *Daily Mail*, 10 July 1933.
42. *Daily Mail*, 28 November 1933.
43. *Daily Mail*, 28 December 1934.
44. Letter from Rothermere to Churchill, 13 May 1935, quoted in Martin Gilbert, *Winston S. Churchill, Vol. V: Companion, Part 3: The Coming of War 1936–1939* (London, 1982), p. 1171.
45. *Daily Mail*, 7 November 1933; ibid., 13 November 1934.
46. Quoted in Taylor, *The Great Outsiders*, p. 290.
47. Quoted in Griffiths, *Fellow Travellers of the Right*, p. 157; Arnold Wilson, 'Germany in May', *English Review*, June 1934.
48. Quoted in Karina Urbach, *Go-Betweens for Hitler* (Oxford, 2015), p. 246.
49. *DBFP, Second Series, Vol. XII*, Phipps to Simon, 16 December 1934, no. 294.
50. Gaynor Johnson (ed.), *Our Man in Berlin: The Diary of Sir Eric Phipps 1933–1937* (Basingstoke, 2007), p. 85.
51. *DBFP, Second Series, Vol. XII*, Vansittart to Phipps, 2 February 1935, No. 453, footnote 5.
52. Phipps Papers, Hankey to Phipps, 3 September 1933, PHPP I 3/3.
53. *Manchester Guardian*, 24 May 1934.
54. Phipps Papers, Hankey to Phipps, 3 September 1933, PHPP I 3/3.

55. Adam Sisman, *Hugh Trevor-Roper: The Biography* (London, 2010), p. 39.
56. *DBFP, Second Series, Vol. XII*, Phipps to Simon, 26 September 1934, no. 120.
57. Ibid., Drummond to Simon, 18 February 1935, no. 466.
58. Ian Kershaw, *Making Friends with Hitler: Lord Londonderry and Britain's Road to War* (London, 2004), p. 33.
59. L. S. Amery, *My Political Life, Vol. III: The Unforgiving Years 1929–1940* (London, 1955), p. 380.
60. Hamilton Papers, Hamilton to T. J. Schwartz, 24 July 1934, 14/2/3.
61. Gordon Martel (ed.), *The Times and Appeasement: The Journals of A. L. Kennedy 1932–1939* (Cambridge, 2000), 19 September 1934, p. 146.
62. *Manchester Guardian*, 2 July 1934.
63. Smart (ed.), *The Diaries and Letters of Robert Bernays*, 2 July 1934, pp. 145–6.
64. *Daily Telegraph*, 7 July 1934.
65. Robert Self (ed.), *The Neville Chamberlain Diary Letters, Vol. IV: The Downing Street Years 1934–1940* (Aldershot, 2005), 7 July 1934, p. 78.
66. Ibid., 28 July 1934, p. 81.
67. Avon Papers, Astor to Eden, 2 October 1933, AP 14/1/139.
68. Kenneth Young (ed.), *The Diaries of Sir Robert Bruce Lockhart, Vol. I: 1915–1938* (London, 1973), 7 July 1933, p. 260.
69. Richard Davenport-Hines, *Universal Man: The Seven Lives of John Maynard Keynes* (London, 2015), p. 308; Stuart Ball (ed.), *Parliament and Politics in the Age of Baldwin and MacDonald: The Headlam Diaries 1923–1935* (London, 1992), 23 June 1933, p. 273.
70. Martin Gilbert, *Sir Horace Rumbold: Portrait of a Diplomat 1869–1941* (London, 1973), p. 319.
71. Hamilton Papers, Londonderry to Hamilton, 9 August 1938, 14/2/10.
72. Robert Bernays, *Special Correspondent* (London, 1934), pp. 234.
73. Ibid., pp. 239, 228, 239.
74. Ibid., p. 210.
75. Ibid., p. 213–14.
76. Ibid.
77. Ian Kershaw, *Hitler 1889–1936: Hubris* (London, 1998), p. 547.
78. *DBFP, Second Series, Vol. XII*, Phipps to Simon, 4 February 1935, no. 412.
79. Lloyd Papers, Lloyd to Blanche Lloyd, February/March 1935, GLLD 4/3.
80. *DBFP, Second Series, Vol. XII*, Memorandum by Vansittart, 21 February 1935, no. 484.
81. N. J. Crowson (ed.), *Fleet Street, Press Barons and Politics: The Journals of Collin Brooks 1932–1940* (Cambridge, 1998), 25 January 1934, p. 56.
82. Martel (ed.), *The Times and Appeasement*, 11 July 1934, p. 143; Vansittart, *The Mist Procession*, pp. 427–8; Colin R. Coote, *Editorial: The Memoirs of Colin R. Coote* (London, 1965), p. 175.
83. Roy Jenkins, *The Chancellors* (London, 1998), p. 367.
84. Coote, *Editorial*, p. 175.
85. David Dutton, *Simon: A Political Biography of Sir John Simon* (London, 1992), p. 337.
86. Simon Papers, Diary, 11 March 1935, MS. Simon 7.
87. Hansard, HC Deb, 11 March 1935, vol. 299, col. 35.
88. Ibid., col. 77.

89. *DBFP, Second Series, Vol. XII*, Campbell to Simon, 17 March 1935, no. 587.
90. Ibid., Campbell to Simon, 18 March 1935, no. 590.
91. Paul Schmidt, *Hitler's Interpreter* (London, 1951), p. 16.
92. Salisbury Papers, Cranborne to Ormsby-Gore, March 1935, box 63.
93. Ball (ed.), *Parliament and Politics in the Age of Baldwin and MacDonald*, 18 March 1935, p. 327; Gilbert, *Sir Horace Rumbold*, p. 393.
94. Martel (ed.), *The Times and Appeasement*, 14 May 1936, p. 225.
95. Salisbury Papers, Cranborne to Ormsby-Gore, March 1935, box 63.
96. Schmidt, *Hitler's Interpreter*, pp. 17–18.
97. *DGFP, Series C, Vol. III, 1934–5*, no. 555.
98. Avon, *Facing the Dictators*, p. 135.
99. *DBFP, Second Series, Vol. XII*, no. 651.
100. Avon Papers, Diary, 25 March 1935, AP 20/1.
101. Salisbury Papers, Cranborne Diary, 23 March 1935, box 63.
102. Avon, *Facing the Dictators*, p. 139.
103. Salisbury Papers, Cranborne to William Ormsby-Gore, March 1935, box 63.
104. Salisbury Papers, Cranborne Diary, 23 March 1935, box 63.
105. Simon Papers, 27 March 1935, MS Simon 7.
106. Avon Papers, Diary, 26 March 1935, AP 20/1.
107. Schmidt, *Hitler's Interpreter*, p. 34.
108. *DBFP, Second Series, Vol. XII*, 'Notes of Anglo-French-Italian Conversations', 18 April 1935, no. 722 (footnote 43).
109. Hansard, HC Deb, 11 July 1935, vol. 304, col. 543.
110. Joachim von Ribbentrop, *The Ribbentrop Memoirs* (London, 1954), p. 41.
111. Fred Kupferman, *Laval* (Paris, 1987), p. 150.

4　阿比西尼亚乱局

1. *DDF, Second Series, Vol. I*, no. 288; cited in Zara Steiner, *The Triumph of the Dark: European International History 1933–1939* (Oxford, 2011), p. 31.
2. *Daily Telegraph*, 17 July 1935; *The Times*, 17 July 1935.
3. Nick Smart (ed.), *The Diaries and Letters of Robert Bernays 1932–1939: An Insider's Account of the House of Commons* (Lewiston, NY, 1996), Bernays to Lucy Brereton, 19 July 1935, p. 214.
4. *DBFP, Second Series, Vol. XIV* (London, 1976), Barton to Simon, 11 April 1935, no. 229.
5. Nicholas Farrell, *Mussolini: A New Life* (London, 2003), p. 261.
6. Kenneth Rose, *The Later Cecils* (London, 1975), p. 130.
7. Helen McCarthy, 'Democratizing British Foreign Policy: Rethinking the Peace Ballot 1934–1935', *Journal of British Studies*, vol. 49, no. 2 (2010), pp. 358–87.
8. *Daily Express*, 25 October 1934.
9. Robert C. Self (ed.), *The Austen Chamberlain Diary Letters* (Cambridge, 1995), p. 487.
10. Smart (ed.), *The Diaries and Letters of Robert Bernays*, 5 May 1934, p. 134.
11. Quoted in John Charmley, *Churchill: The End of Glory* (London, 1993), p. 202.
12. *The Times*, 24 July 1935.
13. *DBFP, Second Series, Vol. XIV*, Minute by Vansittart, no. 301.

14. Earl of Avon, *Facing the Dictators* (London, 1962), p. 224.
15. William E. Dodd and Martha Dodd (eds), *Ambassador Dodd's Diary 1933–1938* (London, 1941), 22 May 1935, p. 255.
16. *Daily Mail*, 15 July 1935.
17. *Evening Standard*, 13 February 1935; Robert Rhodes James (ed.), *'Chips': The Diaries of Sir Henry Channon* (London, 1967), 30 July 1935, p. 40.
18. Kenneth Rose, *King George V* (London, 1983), p. 387.
19. Victor Cazalet Papers, MS 917 02 05.
20. *The Times*, 30 August 1935; *Daily Herald*, 10 July 1935.
21. J. A. Cross, *Sir Samuel Hoare: A Political Biography* (London, 1977), pp. 219–20.
22. Salisbury Papers, Cranborne to Ormsby-Gore, 24 September 1935, box 63.
23. Philip Williamson and Edward Baldwin (eds), *Baldwin Papers: A Conservative Statesman 1908–1947* (Cambridge, 2004), p. 352.
24. Chamberlain Papers, Hoare to Chamberlain 18 August 1935, NC 7/11/28/24–5.
25. *DBFP, Second Series, Vol. XV* (London, 1976), Phipps to Hoare, 13 November 1935, no. 213.
26. Cross, *Sir Samuel Hoare*, p. 235.
27. Avon, *Facing the Dictators*, p. 298.
28. *The Times*, 16 December 1935.
29. Quoted in *DBFP, Second Series, Vol. XV*, Lindsay to Hoare, 17 December 1935, no. 387.
30. Robert Self (ed.), *The Neville Chamberlain Diary Letters, Vol. IV: The Downing Street Years 1934–1940* (Aldershot, 2005), 15 December 1935, p. 166.
31. Nigel Nicolson (ed.), *Harold Nicolson: Diaries and Letters 1930–1939* (London, 1966), 10 December 1935, p. 230.
32. Victor Cazalet Papers, Diary, December 1935.
33. Avon, *Facing the Dictators*, p. 317.
34. David Gilmour, *The Pursuit of Italy: A History of a Land, Its Regions and Their Peoples* (London, 2011), p. 322.
35. *Selected Speeches of His Imperial Majesty Haile Selassie I, 1918 to 1967* (Addis Ababa, 1967) p.313–14.

5　越过莱茵河

1. Liddell Hart Papers, 11/1938/98.
2. Ian Kershaw, *Hitler 1888–1936: Hubris* (London, 1998), p. 587.
3. William L. Shirer, *Berlin Diary: The Journal of a Foreign Correspondent 1934–1941* (London, 1941), 7 March 1936, pp. 50–51.
4. Gaynor Johnson (ed.), *Our Man in Berlin: The Diary of Sir Eric Phipps 1933–1937* (Basingstoke, 2007), 14 December 1935, p. 140.
5. Jonathan Haslam, *The Vices of Integrity: E. H. Carr 1892–1982* (London, 1999), p. 59.
6. Norman Rose, *Vansittart: Study of a Diplomat* (London, 1978), p. 190.
7. Hankey Papers, Hankey to Phipps, 2 January 1936, HNKY 5/5.
8. *DBFP, Second Series, Vol. XV* (London, 1976), 'The German Danger', Memorandum by Eden, 17 January 1936, no. 460.
9. Martin S. Alexander, *The Republic in Danger: General Maurice Gamelin and the Politics of*

French Defence 1933–1940 (Cambridge, 1992), p. 258.
10. Ibid., p. 259.
11. *The Times*, 9 March 1936.
12. Quoted in Zara Steiner, *The Triumph of the Dark: European International History 1933–1939* (Oxford, 2011), p. 144.
13. Nigel Nicolson (ed.), *Harold Nicolson: Diaries and Letters 1930–1939* (London, 1966), 9 March 1936, p. 248.
14. *DBFP, Second Series, Vol. XVI* (London, 1977), Law to Sargent, 9 March 1936, no. 55; *The Times*, 9 March 1936.
15. Thomas C. H. Jones, *A Diary with Letters 1931–1950* (London, 1954), 8 March 1936, pp. 180–81.
16. *DBFP, Second Series, Vol. XVI*, 'Eden, Memorandum for the Cabinet', 8 March 1936, no. 48.
17. Ibid., 'Account of a Meeting of the Locarno Powers', 10 March 1936, no. 61.
18. Avon Papers, 'Points to Be Made to M. Flandin', undated, 13/1/33 B.
19. Victor Cazalet Papers, Diary, March 1936.
20. N. A. Rose (ed.), *Baffy: The Diaries of Blanche Dugdale 1936–1947* (London, 1973), p. 8.
21. *DGFP, Series C, Vol. V* (London, 1961), Ambassador in Great Britain to Foreign Ministry, 9 March 1936, no. 33.
22. Earl of Avon, *Facing the Dictators* (London, 1962), p. 346.
23. N. J. Crowson, *Facing Fascism: The Conservative Party and the European Dictators 1935–1940* (London, 1997), p. 41.
24. Nicolson (ed.), *Harold Nicolson: Diaries and Letters*, 12 March 1936, pp. 249–50.
25. Cabinet Minutes, 11 March 1936, CAB 23/83/18.
26. Ben Pimlott (ed.), *The Political Diary of Hugh Dalton 1918–40, 1945–60* (London, 1986), 11 March 1936, p. 196.
27. Nicolson (ed.), *Harold Nicolson: Diaries and Letters*, 17 March 1936, p. 251.
28. Keith Feiling, *The Life of Neville Chamberlain* (London, 1946), p. 279.
29. Jones, *A Diary with Letters*, 22 March 1936, pp. 183–4.
30. Avon Papers, Simon to Baldwin, 26 March 1936, 14/1/621.
31. Nicolson (ed.), *Harold Nicolson: Diary and Letters*, 23 March 1936, p. 254.
32. Ian Colvin, *None So Blind: A British Diplomatic View of the Origins of World War II* (New York, 1965), p. 99.
33. Hansard, HC Deb, 26 March 1936, vol. 310, col. 1439.
34. Brian Bond (ed.), *Chief of Staff: The Diaries of Lieutenant-General Sir Henry Pownall, Vol. I – 1933–1940* (London, 1972), 15 April 1936, p. 109.
35. Steiner, *The Triumph of the Dark*, p. 151.
36. Quoted in William Shirer, *The Rise and Fall of the Third Reich: A History of Nazi Germany* (London, 1962), p. 293.
37. Emrys-Evans Papers, Emrys-Evans to Margesson, 13 July 1936, MS 58248.

6 王国的防御

1. *Morning Post*, 16 January 1936.
2. Robert C. Self (ed.), *The Austen Chamberlain Diary Letters* (Cambridge, 1995), AC to Hilda, 15 February 1936, p. 499.

3. Victor Cazalet Papers, Diary, 13 February 1936.
4. Martin Gilbert, *Winston S. Churchill, Vol. V: 1922–1939* (London, 1976), p. 687.
5. Martin Gilbert, *Winston S. Churchill, Vol. V, Companion, Part 3: The Coming of War 1936–1939* (London, 1982), p. 18.
6. Ibid., p. 7.
7. Gilbert, *Winston S. Churchill, Vol. V*, p. 703.
8. N. J. Crowson (ed.), *Fleet Street, Press Barons and Politics: The Journals of Collin Brooks 1932–1940* (Cambridge, 1998), 14 March 1936, p. 160.
9. Lloyd Papers, GL to George Lloyd, March 1936, GLDD 5/5.
10. 'Cato', *Guilty Men* (London, 1940), p. 75; *The Times*, 16 March 1936.
11. Victor Cazalet Papers, Diary, 4 March 1936.
12. Thomas C. H. Jones, *A Diary with Letters 1931–1950* (London, 1954), 22 May 1936, p. 204.
13. Gilbert, *Winston S. Churchill, Vol. V*, p. 686.
14. Chamberlain Papers, Hoare to Chamberlain, 23 February 1936, NC 7/11/29/29.
15. *Evening Standard*, 1 May 1936.
16. Brian Bond (ed.), *Chief of Staff: The Diaries of Lieutenant-General Sir Henry Pownall, Vol. I – 1933–1940* (London, 1972), 27 January 1936, p. 99.
17. Hansard, HC Deb, 10 March 1936, vol. 309, col. 1973.
18. Gilbert, *Winston S. Churchill, Vol. V, Companion, Part 3*, p. 164.
19. Quoted in B. H. Liddell Hart, *The Memoirs of Captain Liddell Hart, Vol. I* (London, 1965), p. 261.
20. Philip Williamson and Edward Baldwin (eds), *Baldwin Papers: A Conservative Statesman 1908–1947* (Cambridge, 2004), p. 379.
21. Nigel Nicolson (ed.), *Harold Nicolson: Diaries and Letters 1930–1939* (London, 1966), 12 November 1938, p. 278.
22. Hansard, HC Deb, 10 November 1936, vol. 317, col. 742.
23. Hansard, HC Deb, 12 November 1936, vol. 317, col. 1107.
24. Ibid., col. 1145.
25. Michael Fry, *Hitler's Wonderland* (London, 1934).

7 希特勒的仙境

1. Dawson Papers, Horace Rumbold to Dawson, 10 June 1936, MS.Dawson 78.
2. Mount Temple Papers, 'Tennant Report on Nuremberg Rally 1935', BR 81/10.
3. Ernest W. D. Tennant, *True Account* (London, 1957), p. 169.
4. Quoted in Kenneth Rose, *The Later Cecils* (London, 1975), p. 179.
5. Douglas Reed, *Insanity Fair* (London, 1938), pp. 420–21, 362; Nigel Nicolson (ed.), *Harold Nicolson Diaries and Letters 1907–1964* (London, 2004), 18 May 1938, p. 166.
6. Nicolson (ed.), *Harold Nicolson Diaries and Letters*, 6 June 1938, p. 346.
7. Kenneth Young (ed.), *The Diaries of Sir Robert Bruce Lockhart, Vol. I: 1915–1938* (London, 1973), 14 September 1934, p. 305; ibid., 8 August 1933, p. 267; Jessica Mitford, *Hons and Rebels* (London, 1960), p. 62.
8. Young (ed.), *The Diaries of Sir Robert Bruce Lockhart, Vol. I*, 13 July 1933, p. 263.
9. Philip Ziegler, *King Edward VIII: The Official Biography* (London, 1990), p. 206; Robert Rhodes James (ed.), *'Chips': The Diaries of Sir Henry Channon* (London, 1967), Whitsuntide 1935, p. 35.

10. Graham Wootton, *The Official History of the British Legion* (London, 1956), p. 185, cited in Richard Griffiths, *Fellow Travellers of the Right: British Enthusiasts for Nazi Germany 1933–9* (Oxford, 1980), p. 130.
11. James Murphy, *Who Sent Rudolf Hess?* (London, 1941), p. 11, cited in Griffiths, *Fellow Travellers of the Right*, p. 130.
12. Stuart Ball (ed.), *Parliament and Politics in the Age of Churchill and Attlee: The Headlam Diaries 1935–1951* (Cambridge, 1999), 21 November 1938, p. 145; Stuart Ball (ed.), *Parliament and Politics in the Age of Baldwin and MacDonald: The Headlam Diaries 1923–1935* (London, 1992), 1 November 1926, p. 103.
13. A. J. P. Taylor (ed.), *Lloyd George: A Diary by Frances Stevenson* (London, 1971), 22 November 1934, p. 292; Robert Rhodes James (ed.), *Memoirs of a Conservative: J. C. C. Davidson's Memoirs and Papers 1910–1937* (London, 1969), p. 405.
14. Ian Kershaw, *Making Friends with Hitler: Lord Londonderry and Britain's Road to War* (London, 2004), p. 130.
15. Ibid., pp. 139–41.
16. Nicolson (ed.), *Harold Nicolson Diaries and Letters*, 20 February 1936, p. 245.
17. Marquess of Londonderry, *Ourselves and Germany* (London, 1938), pp. 13–14.
18. Thomas C. H. Jones, *A Diary with Letters 1931–1950* (London, 1954), March 1936, p. 179.
19. Quoted in Martin Gilbert, *The Roots of Appeasement* (London, 1966), p. 165.
20. Neville Thompson, *The Anti-Appeasers: Conservative Opposition to Appeasement in the 1930s* (Oxford, 1971), pp. 156–7.
21. A. L. Rowse, *A Man of the Thirties* (London, 1979), p. 4.
22. Gaynor Johnson (ed.), *Our Man in Berlin: The Diary of Sir Eric Phipps 1933–1937* (Basingstoke, 2007), 10 November 1936, p. 188.
23. Quoted in Gilbert, *The Roots of Appeasement*, pp. 166–7.
24. Dawson Papers, Horace Rumbold to Dawson, 10 June 1936, MS.Dawson 78.
25. KV 5/3, 'Anglo-German Fellowship Annual Report 1935–1936'.
26. Michael Bloch, *Ribbentrop* (London, 1992), p. 110.
27. Ibid., p. 117.
28. The American novelist Thomas Wolfe, a spectator, quoted in Duff Hart-Davis, *Hitler's Olympics* (London, 1986), p. 151.
29. Joachim von Ribbentrop, *The Ribbentrop Memoirs* (London, 1954), p. 62.
30. Ibid.; André François-Poncet, *The Fateful Years: Memoirs of a French Ambassador in Berlin 1931–1938* (London, 1949), p. 206.
31. James (ed.), *'Chips'*, 6, 11 & 13 August 1936, p. 106; Nicolson (ed.), *Harold Nicolson Diaries and Letters*, 20 September 1936, p. 273.
32. François-Poncet, *The Fateful Years*, p. 206.
33. T. P. Conwell-Evans, 'Notes of a Conversation between Lloyd George and Hitler at Berchtesgaden, 4 September 1936', quoted in Gilbert, *The Roots of Appeasement*, Appendix 2, p. 209.
34. *Daily Express*, 17 September 1936.
35. KV 5/6, 'Security Service Report on the 1937 Nuremberg Rally'.
36. Avon Papers, Diary, 20 May 1936, AP 20/1/16.
37. James (ed.), *'Chips'*, 22 November 1936, p. 84.
38. Fritz Hesse, *Hitler and the English* (London, 1954), pp. 31–2.

39. Ibid., p. 33.

8　张伯伦登场

1. Robert Self (ed.), *The Neville Chamberlain Diary Letters, Vol. IV: The Downing Street Years 1934–1940* (Aldershot, 2005), 8 August 1937, p. 265.
2. Quoted in *The Times*, 1 February 1937.
3. 约翰·康福德的诗歌的首行，是他于1936年12月在科尔多瓦前线被杀前不久所写。约翰·康福德享年21岁。
4. 这个数字包括在苏联集中营里被处决以及那些死于虐待的人——参见 Robert Conquest, *The Great Terror: A Reassessment*, 40th anniversary ed. (London, 2008), pp. 485–6。
5. Martin Gilbert, *Winston S. Churchill, Vol. V, Companion, Part 3: The Coming of War 1936–1939* (London, 1982), p. 2.
6. Ibid., p. 143.
7. Thomas C. H. Jones, *A Diary with Letters 1931–1950* (London, 1954), 19 February 1937, p. 316.
8. *The Times*, 31 May 1937; *Sunday Times*, 30 May 1937.
9. *Daily Telegraph*, 29 May 1937.
10. Winston. S. Churchill, *Great Contemporaries* (London, 1937), p. 52.
11. Quoted in Robert Self, *Neville Chamberlain: A Political Life* (Aldershot, 2006), p. 19.
12. Ibid., p. 20.
13. Douglas-Home Papers, Neville Chamberlain character sketch.
14. Self, *Neville Chamberlain*, p. 25.
15. Ibid., p. 27.
16. Robert Self (ed.), *The Neville Chamberlain Diary Letters, Vol. I: The Making of a Politician 1915–1920* (Aldershot, 2000), NC to Hilda, 1 July 1917, p. 208.
17. Self (ed.), *The Neville Chamberlain Diary Letters, Vol. IV*, 30 May 1937, p. 253.
18. Roger Middleton, 'British Monetary and Fiscal Policy in the 1930s', *Oxford Review of Economic Policy*, vol. 26, no. 3 (2010), pp. 414–41.
19. Self (ed.), *The Neville Chamberlain Diary Letters, Vol. IV*, 12 May 1934, p. 70.
20. Ibid., 23 March 1935, p. 125.
21. Douglas-Home Papers, '20th Century Remembered', BBC interview, 11 May 1983.
22. Robert Self (ed.), *The Neville Chamberlain Diary Letters, Vol. II: The Reform Years 1921–1927* (Aldershot, 2000), NC to Ida 19 June 1927, p. 412.
23. Douglas-Home Papers, Notes, 'Neville Chamberlain 1940'.
24. Quoted in Self, *Neville Chamberlain*, p. 13; Earl of Swinton, *Sixty Years of Power: Some Memories of the Men Who Wielded It* (London, 1966), p. 111.
25. 这是1938年2月21日丘吉尔在午餐时对劳合·乔治说的一句话 [Colin Cross (ed.), *Life with Lloyd George: The Diary of A. J. Sylvester 1931–1945* (London, 1975), p. 196]，不过 Robert Self 指出，Aneurin Bevan 在1937年6月也曾说过 [Michael Foot, *Aneurin Bevan: A Biography, Vol. I – 1897–1945* (London, 1962), p. 257]。
26. Swinton, *Sixty Years of Power*, p. 110; Harold Macmillan, *The Past Masters: Politics and Politicians 1906–1939* (London, 1975), p. 134; Alistair Horne, *Macmillan 1894–1956: Vol. I of the Official Biography* (London, 1988), p. 80.

27. Lord Salter, *Memoirs of a Public Servant* (London, 1961), p. 251.
28. Douglas-Home Papers, '20th Century Remembered', BBC interview, 11 May 1983.
29. Self (ed.), *The Neville Chamberlain Diary Letters, Vol. IV*, NC to Ida, 29 February 1936, p. 178.
30. Malcolm Muggeridge, *The Thirties: 1930–1940 in Great Britain* (London, 1940), p. 77.
31. Self, *Neville Chamberlain*, p. 4; Self (ed.), *The Neville Chamberlain Diary Letters, Vol. IV*, NC to Ida, 16 October 1937, p. 275.
32. Earl of Avon, *Facing the Dictators* (London, 1962), p. 445.
33. Self (ed.), *The Neville Chamberlain Diary Letters, Vol. IV*, NC to Hilda, 28 July 1934, pp. 82–3.
34. Chamberlain Papers, NC to Hilda, 4 February 1933, NC 18/1/815.
35. *The Times*, 11 June 1936.
36. Self (ed.), *The Neville Chamberlain Diary Letters, Vol. IV*, NC to Hilda, 14 June 1936, pp. 194–5.
37. Hansard, HC Deb, 26 March 1936, vol. 310, col. 1446.
38. Keith Feiling, *The Life of Neville Chamberlain* (London, 1946), p. 324.
39. Self (ed.), *The Neville Chamberlain Diary Letters, Vol. IV*, 18 March 1935, p. 123.
40. Ibid., 14 November 1936, p. 219.
41. Gabriel Gorodetsky (ed.), *The Maisky Diaries: Red Ambassador to the Court of St James's 1932–1943* (New Haven, 2015), 29 July 1937, p. 84.
42. Cadogan Papers, Diary, 24 September 1936, ACAD 1/5.
43. Lothian Papers, 'German Memo', 11 May 1937, 250–60.
44. Avon Papers, Ormsby-Gore to Eden, 19 October 1936, AE 13/1/50 L.
45. Avon Papers, Vansittart to Eden, 21 September 1936, AE 13/1/50 F.
46. Self, *Neville Chamberlain*, p. 280.
47. Chamberlain Papers, Chamberlain to Leo Amery, 15 November 1937, NC7/11/30/6–7.
48. Avon Papers, Churchill to Eden, 3 September 1937, AE 13/1/58 F.
49. Avon Papers, Churchill to Eden, 3 September 1937, AE 13/1/58 I.
50. Malcolm Muggeridge (ed.), *Ciano's Diary 1937–1938* (London, 1952), 21 September 1937, p. 15.
51. Cabinet Minutes, 6 October 1937, CAB 23/89/7.
52. Self (ed.), *The Neville Chamberlain Diary Letters, Vol. IV*, NC to Ida, 30 October 1937, p. 280.
53. Ibid., NC to Ida, 4 July 1937, p. 259.

9 猎取和平

1. Helen P. Kirkpatrick, *Under the British Umbrella: What the English Are and How They Go to War* (New York, 1939), p. 260.
2. Robert Bernays, *Naked Fakir* (London, 1931), p. 52.
3. Quoted in Robert Self, *Neville Chamberlain: A Political Life* (Aldershot, 2006), p. 291.
4. Thomas C. H. Jones, *A Diary with Letters 1931–1950* (London, 1954), 2 June 1936, p. 215.
5. Andrew Roberts, *The Holy Fox: A Biography of Lord Halifax* (London, 1991), p. 64.
6. Earl of Avon, *Facing the Dictators* (London, 1962), p. 503.
7. Nevile Henderson, *Water under the Bridges* (London, 1945), p. 100.

8. Nevile Henderson, *Failure of a Mission: Berlin 1937–1939* (London, 1940), p. 13.
9. John Harvey (ed.), *The Diplomatic Diaries of Oliver Harvey 1937–1940* (London, 1970), p. 41; *DBFP, Second Series, Vol. XIX* (London, 1982), no. 53.
10. *The Times*, 2 June 1937.
11. Avon, *Facing the Dictators*, p. 504.
12. Henderson, *Failure of a Mission*, p. 17.
13. *DBFP, Second Series, Vol. XIX*, no. 273.
14. Hickleton Papers, Henderson to Halifax, 29 October 1937, A4/410/3/2/ii.
15. Hickleton Papers, Henderson to Halifax, 4 November 1937, A4/410/3/2/ii.
16. Halifax to Chamberlain, 8 November 1938, PREM 1/330/175.
17. R. A. C. Parker, *Chamberlain and Appeasement: British Policy and the Coming of the Second World War* (Basingstoke, 1993), p. 98.
18. Quoted in Roberts, *The Holy Fox*, p. 67.
19. Hickleton Papers, Diary, 17 November 1937, A4/410/3/3/vi.
20. Hickleton Papers, Lord Halifax's Diary: 'Visit of Lord President to Germany, 17–21 November 1937', A4/410/3/3/vi.
21. Sir Ivone Kirkpatrick, *The Inner Circle: Memoirs* (London, 1959), p. 94.
22. Lord Halifax, *Fullness of Days* (London, 1957), pp. 184–5.
23. 哈利法克斯此行的日记（他将其寄给了英国外交部以及张伯伦）、德国官方记录，还有保罗·施密特（希特勒的口译员）和柯克帕特里克的回忆录证实了这些谈话的基本内容。
24. Kirkpatrick, *The Inner Circle*, p. 95.
25. *DGFP, Series D, Vol. I* (London, 1949), Memorandum, 10 November 1937, no. 19.
26. *DGFP, Series C, Vol. I* (London, 1949), German Embassy in Great Britain to German Foreign Ministry, 18 November 1937, no. 29.
27. Hickleton Papers, Diary, 19 November 1937, A4/410/3/3/vi.
28. Paul Schmidt, *Hitler's Interpreter* (London, 1951), p. 77.
29. Kirkpatrick, *The Inner Circle*, pp. 95–7.
30. Hickleton Papers, Diary, 19 November 1937, A4/410/3/3/vi.
31. Schmidt, *Hitler's Interpreter*, p. 77.
32. Gaynor Johnson (ed.), *Our Man in Berlin: The Diary of Sir Eric Phipps 1933–1937* (Basingstoke, 2007), p. 58.
33. Hickleton Papers, Diary, 20 November 1937, A4/410/3/3/vi.
34. Ibid.
35. Ibid.
36. *DBFP, Second Series, Vol. XIX*, Henderson to Eden, 23 November 1937, no. 343, enclosure.
37. Hickleton Papers, Diary, 21 November 1937, A4/410/3/3/vi.
38. Ibid.
39. Cabinet Minutes, 24 November 1937, CAB 23/90A/5.
40. Robert Self (ed.), *The Neville Chamberlain Diary Letters, Vol. IV: The Downing Street Years 1934–1940* (Aldershot, 2005), 26 November 1937, pp. 286–7.
41. Lothian Papers, Dawson to Lothian, 23 May 1937, CD 40/17/337/340.
42. *Daily Herald*, 1 December 1937.
43. Hickleton Papers, Halifax to Southwood, 1 December 1937, A4/410/3/2.
44. Ibid.

45. Quoted in Timothy S. Benson, *Low and the Dictators* (London, 2008)
46. Henderson, *Failure of a Mission*, p. 65.
47. *DBFP, Second Series, Vol. XIX*, Henderson to Eden, 29 November 1937, no. 353.
48. Hickleton Papers, A4/410/3/2/ii.
49. Hickleton Papers, Halifax to Ormsby-Gore, 12 November 1937.
50. *DGFP, Series D. Vol. I*, no. 93.

10 "圆顶礼帽回来了！"

1. Earl of Avon, *Facing the Dictators* (London, 1962), p. 559.
2. Sumner Welles, *Seven Major Decisions* (London, 1951), p. 41.
3. *DBFP, Second Series, Vol. XIX* (London, 1982), Lindsay to Foreign Office, 12 January 1938, no. 422.
4. Ibid., Lindsay to Foreign Office, 12 January 1938, no. 423.
5. Ibid., Lindsay to Foreign Office, 12 January 1938, no. 425.
6. Hansard, HC Deb, 3 November 1937, vol. 328, col. 583.
7. David Dilks (ed.), *The Diaries of Sir Alexander Cadogan, OM, 1938–1945* (London, 1971), 13 January 1938, p. 36.
8. *DBFP, Second Series, Vol. XIX*, Foreign Office to Lindsay, 13 January 1938, enclosure no. 431.
9. Sumner Welles, *The Time for Decision* (New York and London, 1944), p. 66.
10. Robert Self, *Neville Chamberlain: A Political Life* (Aldershot, 2006), p. 281.
11. *DBFP, Second Series, Vol. XIX*, Foreign Office to Lindsay, 13 January 1938, enclosure no. 431.
12. Richard Lamb, *Mussolini and the British* (London, 1997), p. 180.
13. *DBFP, Second Series, Vol. XIX*, 'Record by Chamberlain of a Conversation with Grandi', 27 July 1937, no. 64.
14. Chamberlain Papers, Diary, 19 February 1938, NC 2/24 A; PREM 1/276/340.
15. Robert Self (ed.), *The Neville Chamberlain Diary Letters, Vol. IV: The Downing Street Years 1934–1940* (Aldershot, 2005), 8 August 1937, p. 265.
16. John Harvey (ed.), *The Diplomatic Diaries of Oliver Harvey 1937–1940* (London, 1970), 19–23 December 1937, p. 65.
17. Avon, *Facing the Dictators*, p. 455.
18. Self (ed.), *The Neville Chamberlain Diary Letters*, 12 September 1937, p. 270.
19. Harvey (ed.), *The Diplomatic Diaries of Oliver Harvey*, 17 November 1937, p. 61.
20. Ibid.
21. Avon Papers, Eden to Chamberlain, 3 November 1937, AE 13/1/49 I.
22. Avon Papers, Diary, 8 November 1937, AP 20/1/18.
23. *DBFP, Second Series, Vol. XIX*, Memorandum by Chiefs of Staff Sub-Committee of Committee of Imperial Defence, 4 February 1938, no. 491.
24. Self (ed.), *The Neville Chamberlain Diary Letters*, 12 December 1937, p. 292.
25. Ibid.
26. Avon Papers, Diary, 16 January 1938, AP 20/1/18.
27. Harvey (ed.), *The Diplomatic Diaries of Oliver Harvey*, 16 January 1938, p. 71.
28. *DBFP, Second Series, Vol. XIX*, Lindsay to Eden, 18 January 1938, no. 446.

29. Harvey (ed.), *The Diplomatic Diaries of Oliver Harvey*, 18 January 1938, p. 73.
30. Avon Papers, Diary, 18 January 1938, AP 20/1/18.
31. Avon, *Facing the Dictators*, p. 560.
32. Ibid., p. 563.
33. *DBFP, Second Series, Vol. XIX*, Eden to Lindsay, 21 January 1938, no. 456.
34. Ibid., Lindsay to Halifax, 25 February 1938, no. 588.
35. Robert Rhodes James (ed.), *Memoirs of a Conservative: J. C. C. Davidson's Memoirs and Papers, 1910–1937* (London, 1969), p. 272.
36. William C. Mills, 'Sir Joseph Ball, Adrian Dingli, and Neville Chamberlain's "Secret Channel" to Italy 1937–1940', *International History Review*, vol. 24, no. 2 (2002), pp. 278–317, at pp. 284–6.
37. Dingli Diary, 10 January 1938, quoted ibid., p. 292.
38. Ibid., p. 294.
39. Chamberlain Papers, Diary, 19 February 1938, NC 2/24 A.
40. *DBFP, Second Series, Vol. XIX*, Earl of Perth to Eden, 6 February 1938, no. 497.
41. Eden to Chamberlain, 8 February 1938, PREM 1/276/99–100.
42. Chamberlain to Eden, 8 February 1938, PREM 1/276/96.
43. *DBFP, Second Series, Vol. XIX*, Perth to Eden, 17 February 1938, no. 538.
44. Ibid., no. 543.
45. Chamberlain Papers, Diary, 19 February 1938, NC 2/24 A.
46. Malcom Muggeridge (ed.), *Ciano's Diary 1937–1938* (London, 1952), 16 February 1938, p. 76.
47. Ibid., 7 February 1938, p. 71.
48. Mills, 'Sir Joseph Ball, Adrian Dingli, and Neville Chamberlain's "Secret Channel" to Italy', p. 297.
49. Chamberlain Papers, Diary, 19 February 1938, NC 2/24 A.
50. Avon, *Facing the Dictators*, p. 582.
51. Malcolm Muggeridge (ed.), *Ciano's Diplomatic Papers* (London, 1948), p. 183.
52. Chamberlain Papers, Diary, 19 February 1938, NC 2/24 A.
53. Muggeridge (ed.), *Ciano's Diplomatic Papers*, p. 171.
54. Avon, *Facing the Dictators*, p. 582.
55. Muggeridge (ed.), *Ciano's Diplomatic Papers*, p. 183.
56. Hickleton Papers, 'A Record of Events Connected with Anthony Eden's Resignation February 19–20 1938', A4/410/4/11.
57. Cabinet Minutes, 19 February 1938, CAB 23/92/6/187.
58. John Julius Norwich (ed.), *The Duff Cooper Diaries 1915–1951* (London, 2005), p. 242.
59. Chamberlain Papers, Diary, 19 February 1938, NC 2/24 A.
60. Muggeridge (ed.), *Ciano's Diary*, 20 February 1938, p. 78.
61. Winston S. Churchill, *The Second World War, Vol. I: The Gathering Storm* (London, 1948), p. 201.
62. Robert Rhodes James (ed.), *'Chips': The Diaries of Sir Henry Channon* (London, 1967), 21 February 1938, p. 145.
63. Astor Papers, newspaper cutting hand-dated 12 March 1938.
64. 'Public Opinion Survey 1: British Institute of Public Opinion', *Public Opinion Quarterly*, vol. 4, no. 1 (1940), pp. 77–82, at p. 78.
65. Avon Papers, Lord Auckland to Eden, AP 8/2/11; quoted in Martin Gilbert, *Sir Horace*

Rumbold: Portrait of a Diplomat 1869–1941 (London, 1973), p. 432.
66. Harvey (ed.), *The Diplomatic Diaries of Oliver Harvey*, 27 February 1938, p. 103.
67. Hansard, HC Deb, 21 February 1938, vol. 332, col. 51.
68. Martin Gilbert, *Winston S. Churchill, Vol. V, Companion, Part 3* (London, 1982), p. 914, footnote 4.
69. Hansard, HC Deb, 22 February 1938, vol. 332, cols 243, 247.
70. Chamberlain Papers, NC to Ivy Chamberlain, 3 March 1938, NC1/15/5.
71. James (ed.), *'Chips'*, 5 March 1938, pp. 148–9.
72. Ibid., 4 March 1938, p. 148.
73. Harvey (ed.), *The Diplomatic Diaries of Oliver Harvey*, 23 February 1938, p. 100.
74. James (ed.), *'Chips'*, 7 March 1938, p. 149.

11　抢夺奥地利

1. Quoted in Robert C. Self (ed.), *The Austen Chamberlain Diary Letters* (Cambridge, 1995), p. 505.
2. Stuart Ball (ed.), *Parliament and Politics in the Age of Churchill and Attlee: The Headlam Diaries 1935–1951* (Cambridge, 1999), 10 March 1938, p. 125.
3. *DBFP, Second Series, Vol. XVII* (London, 1979), Phipps to Eden, 10 November 1936, no. 365.
4. Proposed invitation to General Göring to visit England for the Grand National, FO 954/10A/3594/70.
5. Hansard, HC Deb, 10 February 1938, vol. 331, col. 1239.
6. Hugh Dalton, *The Fateful Years: Memoirs 1931–1945* (London, 1957), p. 108.
7. Nigel Nicolson (ed.), *Harold Nicolson Diaries and Letters 1907–1964* (London, 2004), 26 May 1938, p. 344.
8. Stephen H. Roberts, *The House That Hitler Built* (London, 1937), p. 363.
9. Robert Self (ed.), *The Neville Chamberlain Diary Letters, Vol. IV: The Downing Street Years 1934–1940* (Aldershot, 2005), 30 January 1938, p. 300.
10. Foreign Policy Committee Minutes, 24 January 1938, CAB 27/623/4–30.
11. Ian Kershaw, *Hitler 1936–45: Nemesis* (London, 2000), p. 53.
12. Ibid., p. 59.
13. John Julius Norwich (ed.), *The Duff Cooper Diaries 1915–1951* (London, 2005), 13 February 1938, p. 240.
14. Henderson to Halifax, 24 May 1938, FO 800/269/153.
15. Henderson to Halifax, 27 February 1938, FO 800/313/1.
16. Henderson to Halifax, 9 March 1938, FO 800/313/20.
17. Reinhard Spitzy, *How We Squandered the Reich*, tr. G. T. Waddington (Wilby, Norfolk, 1997), p. 68.
18. *DBFP, Second Series, Vol XIX* (London, 1982), Henderson to Halifax, 5 March 1938, no. 615.
19. Ibid., Henderson to Halifax, 4 March 1938, no. 609; *DGFP, Series D, Vol. I* (London, 1949), Ribbentrop to Henderson, 4 March 1938, no. 138; Paul Schmidt, *Hitler's Interpreter* (London, 1951), pp. 86–7; Nevile Henderson, *Failure of a Mission: Berlin 1937–1939* (London, 1940), pp. 114–18.

20. *DBFP, Second Series, Vol. XIX*, Henderson to Halifax, 5 March 1938, no. 615.
21. *DGFP, Series D, Vol. I*, 'Record of Conversation between Halifax and Ribbentrop', 10 March 1938, no. 145.
22. Ibid., Ribbentrop to Hitler, 10 March 1938, no. 146.
23. Spitzy, *How We Squandered the Reich*, p. 187.
24. Michael Bloch, *Ribbentrop* (London, 1992), p. 171.
25. A. J. P. Taylor (ed.), *Lloyd George: A Diary by Frances Stevenson* (London, 1971), 21 May 1934, p. 262.
26. Charles Stuart (ed.), *The Reith Diaries* (London, 1975), 10 March 1938, p. 219.
27. *DBFP, Third Series, Vol. I* (London, 1949), Palairet to Halifax, 11 March 1938, no. 10.
28. Ibid., Henderson to Halifax, 11 March 1938, no. 13.
29. Ibid., no. 37.
30. *DGFP, Series D, Vol. I*, 'Memorandum by the Foreign Minister', 11 March 1938, no. 150.
31. Self (ed.), *The Neville Chamberlain Diary Letters*, 13 May 1938, p. 304.
32. John Harvey (ed.), *The Diplomatic Diaries of Oliver Harvey 1937–1940* (London, 1970), 11 March 1938, p. 113.
33. *DBFP, Third Series. Vol. I*, Halifax to Henderson, 11 March 1938, no. 44.
34. David Dilks (ed.), *The Diaries of Sir Alexander Cadogan, OM, 1938–1945* (London, 1971), 11 March 1938, p. 60.
35. Spitzy, *How We Squandered the Reich*, p. 190.
36. Volker Ullrich, *Hitler: Ascent 1889–1939* (London, 2016), p. 717.
37. Spitzy, *How We Squandered the Reich*, p. 191.
38. Ibid., p. 194.
39. George Ward Price, *Extra-Special Correspondent* (London, 1957), p. 229.
40. *The Times*, 15 March 1938; Ullrich, *Hitler: Ascent*, p. 718.
41. *DBFP, Third Series, Vol. I*, Palairet to Halifax, 14 March 1938, no. 76.
42. *The Times*, 17 February 1938.
43. *The Times*, 14 March 1938.
44. Victor Cazalet Papers, Diary, 12 & 11 March 1938.
45. Letter to *The Times*, 14 March 1938.
46. *History of The Times, Vol. IV: The 150th Anniversary and Beyond, 1912–1948* (London, 1952), Part II, p. 917.
47. Martin Gilbert, *Sir Horace Rumbold: Portrait of a Diplomat 1869–1941* (London, 1973), p. 432.
48. Letters to *The Times*, 14 & 17 March 1938.
49. Gilbert, *Sir Horace Rumbold*, pp. 433–4.
50. Mount Temple Papers, 'Memorandum by Tennant after the Austrian Plebiscite', BR 81/10.
51. Buccleuch Papers, Halifax to Buccleuch, 16 February 1938.
52. Dilks (ed.), *The Diaries of Sir Alexander Cadogan*, 15 February 1938, p. 47.
53. Harvey (ed.), *The Diplomatic Diaries of Oliver Harvey*, 15 February 1938, p. 90.
54. Dilks (ed.), *The Diaries of Sir Alexander Cadogan*, 21 February 1938, p. 55.
55. Self (ed.), *The Neville Chamberlain Diary Letters*, NC to Hilda, 13 March 1938, pp. 304–5.
56. Ibid., p. 305.
57. Earl of Woolton, *The Memoirs of the Rt Hon. the Earl of Woolton* (London, 1959), p. 132.
58. William Shirer, *The Rise and Fall of the Third Reich: A History of Nazi Germany* (London,

1962), p. 351.
59. George Glenton and William Pattinson, *The Last Chronicle of Bouverie Street* (London, 1963), pp. 73–4; Will Wainewright, *Reporting on Hitler: Rothay Reynolds and the British Press in Nazi Germany* (London, 2017), pp. 206–7.
60. G. E. R. Gedye, *Fallen Bastions: The Central European Tragedy* (London, 1939), pp. 305–7.
61. Hansard, HL Deb, 29 March 1938, vol. 108, cols 448–9, 452, 465.
62. Gabriel Gorodetsky (ed.), *The Maisky Diaries: Red Ambassador to the Court of St James's 1932–1943* (New Haven, 2015), 29 March 1938, p. 111.
63. Hansard, HC Deb, 24 March 1938, vol. 333, col. 1454.
64. Nick Smart (ed.), *The Diaries and Letters of Robert Bernays 1932–1939: An Insider's Account of the House of Commons* (Lewiston, NY, 1996), 28 March 1938, p. 348.

12 柏林的最后一趟火车

1. Quoted in John Julius Norwich (ed.), *The Duff Cooper Diaries 1915–1951* (London, 2005), 27 March 1938, p. 245.
2. David Dilks (ed.), *The Diaries of Sir Alexander Cadogan, OM, 1938–1945* (London, 1971), 12 March 1938, p. 62.
3. G. E. R. Gedye, *Fallen Bastions: The Central European Tragedy* (London, 1939), p. 396.
4. *DBFP, Third Series, Vol. II* (London, 1949), 'Notes by Chamberlain of His Conversation with Hitler', 15 September 1938, no. 340.
5. John Barnes and David Nicholson (eds), *The Leo Amery Diaries, Vol. II: The Empire at Bay 1929–1945* (London, 1988), 12 March 1938, p. 496.
6. *The Times*, 19 March 1938.
7. Martin Gilbert, *Winston S. Churchill, Vol V: 1922–1939* (London, 1976), p. 922.
8. Butler Papers, Beaumont to Butler, 16 March 1938, RAB G9/5.
9. Memorandum by the Secretary of State for Foreign Affairs, 'Possible Measures to Avert German Action in Czechoslovakia', PREM 1/265/290.
10. Foreign Policy Committee Minutes, 18 March 1938, CAB 27/623/161.
11. *DBFP, Third Series, Vol. I* (London, 1949), Newton to Halifax, 15 March 1938, no. 86.
12. Foreign Policy Committee, 18 March 1938, CAB 27/623/159–65.
13. Dilks (ed.), *The Diaries of Sir Alexander Cadogan*, 18 March 1938, p. 63.
14. Robert Self (ed.), *The Neville Chamberlain Diary Letters, Vol. IV: The Downing Street Years 1934–1940* (Aldershot, 2005), NC to Ida, 20 March 1938, p. 307.
15. Roderick Macleod and Denis Kelly (eds), *The Ironside Diaries 1937–1940* (London, 1962), 24 May 1938, p. 57; Dilks (ed.), *The Diaries of Sir Alexander Cadogan*, 16 March 1938, p. 63.
16. Foreign Policy Committee, 18 March 1938, CAB 27/623/164.
17. Halifax to Henderson, 19 March 1938, FO/800/269/56.
18. Self (ed.), *The Neville Chamberlain Diary Letters*, NC to Ida, 20 March 1938, p. 307.
19. Cabinet Minutes, 22 March 1938, CAB 23/93/2.
20. Hansard, HC Deb, 24 March 1938, vol. 333, cols 1405–6.
21. J. L. Garvin, Observer, 27 March 1938.《观察家》报主编加文是一名恐捷人士，也是一名重要的绥靖支持者。
22. *DBFP, Third Series Vol. I*, Soviet Ambassador to Halifax, 17 March 1938, no. 90.
23. Self (ed.), *The Neville Chamberlain Diary Letters*, NC to Ida, 20 March 1938, p. 307.

24. *DBFP, Third Series, Vol. I*, Chilston to Halifax, 19 April 1938, no. 148.
25. Ibid., Phipps to Halifax, 15 March 1938, no. 81.
26. Phipps to Halifax, 11 April 1938, FO 800/311/27.
27. Joseph Paul-Boncour, *Entre deux guerres: souvenirs sur la IIIe République* (Paris, 1946), pp. 97–101.
28. Self (ed.), *The Neville Chamberlain Diary Letters*, NC to Hilda, 27 March 1938, p. 309; NC to Ida, 3 April 1938, p. 313.
29. Ibid., NC to Hilda, 9 April 1938, p. 314.
30. Hansard, HC Deb, 5 May 1938, vol. 335, col. 583.
31. Self (ed.), *The Neville Chamberlain Diary Letters*, NC to Hilda, 13 March 1938, p. 306.
32. Ibid., NC to Ida, 16 April 1938, p. 316.
33. *DGFP, Series D, Vol. I* (London, 1949), Woermann to Ribbentrop, 22 April 1938, no. 750.
34. *DBFP, Third Series, Vol. I*, 'Record of Anglo-French Conversations', 28 April 1938, no. 164.
35. Dilks (ed.), *The Diaries of Sir Alexander Cadogan*, 29 April 1938, p. 73.
36. *DGFP, Series D, Vol. II* (London, 1950), Dirksen to Ribbentrop, 6 May 1938, no. 147.
37. *DBFP, Third Series, Vol. I*, Henderson to Halifax, 6 May 1938, no. 184.
38. *DGFP, Series D, Vol. II*, unsigned report with enclosures, 28 March 1938, no. 107.
39. *DBFP, Third Series, Vol. I* – Henderson to Halifax, 20 May 1938, no. 240.
40. Self (ed.), *The Neville Chamberlain Diary Letters*, NC to Hilda, 22 May 1938, p. 323.
41. Shiela Grant Duff, *Europe and the Czechs* (Harmondsworth, 1938), p. 175.
42. Virginia Cowles, *Looking for Trouble* (London, 1941), p. 123.
43. Ibid., p. 125.
44. Robert Rhodes James (ed.), *'Chips': The Diaries of Sir Henry Channon* (London, 1967), 22 May 1938, p. 196.
45. *DBFP, Third Series, Vol. I*, Henderson to Halifax, 21 May 1938, no. 249; Nevile Henderson, *Failure of a Mission: Berlin 1937–1939* (London, 1940), p. 136.
46. Dilks (ed.), *The Diaries of Sir Alexander Cadogan*, 21 May 1938, p. 79.
47. *DBFP, Third Series, Vol. I*, Halifax to Henderson, 21 May 1938, no. 250.
48. *DGFP, Series D, Vol. II*, Memorandum by Foreign Minister, 21 May 1938, no. 186.
49. Henderson, *Failure of a Mission*, pp. 137–8.
50. David Faber, *Munich: The 1938 Appeasement Crisis* (London, 2008), p. 178.
51. Henderson, *Failure of a Mission*, p. 140.
52. Volker Ullrich, *Hitler: Ascent 1889–1939* (London, 2016), p. 727.
53. *DGFP, Series D, Vol. II*, 'Directive for Operation "Green"', 30 May 1938, no. 221.
54. Jeremy Noakes and Geoffrey Pridham (eds), *Documents on Nazism 1919–1945* (London, 1974), p. 542.
55. Brian Bond (ed.), *Chief of Staff: The Diaries of Lieutenant-General Sir Henry Pownall, Vol. I – 1933–1940* (London, 1972), 23 May 1938, p. 147.
56. Self (ed.), *The Neville Chamberlain Diary Letters*, NC to Ida, 28 May 1938, p. 325.
57. Norwich (ed.), *The Duff Cooper Diaries*, 29 May 1938, pp. 249–50.
58. *DBFP, Third Series, Vol. I*, Halifax to Newton, 25 May 1938, no. 315.
59. Ibid., Phipps to Halifax, 23 May 1938, no. 286.

13 贵族派与造反派

1. Avon Papers, 14/1/731.
2. Nigel Nicolson (ed.), *Harold Nicolson Diaries and Letters 1907–1964* (London, 2004), 16 March 1938, p. 332.
3. Ben Pimlott (ed.), *The Political Diary of Hugh Dalton 1918–40, 1945–60* (London, 1986), 7 April 1938, p. 225; Hugh Dalton, *The Fateful Years: Memoirs 1931–1945* (London, 1957), p. 162.
4. Avon Papers, Sir Timothy Eden to AE, 16 March 1938, 14/1/731.
5. Avon Papers, Sir Timothy Eden to AE, 26 March 1938, 14/1/732.
6. Avon Papers, Sandys to Eden, 28 April 1938, 14/1/803.
7. Avon Papers, Cranborne to Eden, 8 June 1938, 14/1/174.
8. Robert Rhodes James, *Anthony Eden* (London, 1986), p. 203.
9. Nicolson (ed.), *Harold Nicolson Diaries and Letters*, 18 July 1939, p. 406.
10. Quoted in Kenneth Rose, *The Later Cecils* (London, 1975), p. 103.
11. Thomas C. H. Jones, *A Diary with Letters 1931–1950* (London, 1954), Abraham Flexner to Jones, 8 March 1938, p. 392.
12. Ibid., Lord Astor to Jones, March 1938, pp. 389–90.
13. Quoted in *The Times*, 6 October 1937.
14. Quoted in C. A. MacDonald, *The United States, Britain and Appeasement 1936–1939* (London, 1981), p. 73–4.
15. *The Times*, 18 March 1938.
16. Ted Schwarz, *Joseph P. Kennedy: The Mogul, the Mob, the Statesman, and the Making of an American Myth* (Hoboken, NJ, 2003), p. 236.
17. *The Times*, 19 March 1938.
18. Amanda Smith (ed.), *Hostage to Fortune: The Letters of Joseph P. Kennedy* (New York, 2001), p. 227.
19. Margesson Papers, Lord Bruntisfield to Margesson, 1 December 1938, MRGN 2/1; G. S. Harvie-Watt, *Most of My Life* (London, 1980), p. 133; J. L. P. Thomas, quoted in Andrew Roberts, *Eminent Churchillians* (London, 1994), p. 153.
20. Margesson Papers, 'Harold Macmillan's Reflections on David Margesson', MRGN 2/1.
21. 'Cato', *Guilty Men* (London, 1940), p. 91.
22. Quoted in Piers Brendon, *The Dark Valley: A Panorama of the 1930s* (London, 2000), p. 50.
23. Chamberlain Papers, Ball to Chamberlain, 21 February 1938, NC 7/11/31/10.
24. Robert Self (ed.), *The Neville Chamberlain Diary Letters, Vol. IV: The Downing Street Years 1934–1940* (Aldershot, 2005), 23 July 1939, p. 432.
25. Kenneth Clark, *Another Part of the Wood: A Self-Portrait* (London, 1974), p. 271.
26. Robert Vansittart, *The Mist Procession: The Autobiography of Lord Vansittart* (London, 1958), pp. 442–3; W. J. Brown, *So Far ...* (London, 1943), pp. 220–21.
27. *DGFP Series D, Vol. I* (London, 1949), Memorandum, London, 25 February 1938, no. 223.
28. Emrys-Evans Papers, Emrys-Evans to Julian Amery, 22 May 1956, MS 58247.
29. Rose, *The Later Cecils*, p. 171.
30. Alistair Horne, *Macmillan 1894–1956: Vol. I of the Official Biography* (London, 1988), p. 115; Norman Rose, *Harold Nicolson* (London, 2005), p. 213.
31. *Reynold's News*, 27 February 1938.

32. Claud Cockburn, *I, Claud* (Harmondsworth, 1967), p. 180.
33. Roberts, *Eminent Churchillians*, p. 12.
34. See Richard Carr, 'Veterans of the First World War and Conservative Anti-Appeasement', *Twentieth Century British History*, vol. 22, no. 1 (2011), pp. 28–51.
35. Quoted in Andrew Boyle, *'Poor, Dear Brendan': The Quest for Brendan Bracken* (London, 1974), p. 218.
36. Quoted in Rose, *The Later Cecils*, p. 280.

14　一个遥远的国度

1. Henderson to Halifax, 20 March 1938, FO 800/309/127.
2. Lord Ponsonby, Hansard, HL Deb, 29 March 1938, vol. 108, col. 461.
3. Robert Bruce Lockhart, *Jan Masaryk: A Personal Memoir* (London, 1951), p. 18.
4. Henderson to Halifax, 7 April 1938, FO 800/269/90–91.
5. Ibid.
6. *DBFP, Third Series, Vol. I* (London, 1949), Henderson to Halifax, 1 April 1938, no. 121; Mount Temple Papers, Henderson to Mount Temple, 7 March 1938, BR 76/2.
7. Mount Temple Papers, Henderson to Mount Temple, 14 March 1938, BR 76/2.
8. Nigel Nicolson (ed.), *Harold Nicolson Diaries and Letters 1907–1964* (London, 2004), 11 April 1938, p. 334.
9. Henderson to Cadogan, 2 June 1938, FO 800/269/158; David Dilks (ed.), *The Diaries of Sir Alexander Cadogan, OM, 1938–1945* (London, 1971), 31 May 1938, p. 81.
10. *DBFP, Third Series, Vol. I*, Halifax to Phipps, 31 May 1938, no. 354.
11. *The Times*, 3 June 1938.
12. *DBFP, Third Series, Vol. I*, Halifax to Newton, 4 June 1938, no. 374.
13. Ibid., Halifax to Newton, 4 June 1938, no. 374; *The History of The Times, Vol. IV: The 150th Anniversary and Beyond, 1912–1948* (London, 1952), Part II, p. 921.
14. Gordon Martel (ed.), *The Times and Appeasement: The Journals of A. L. Kennedy 1932–1939* (Cambridge, 2000), Kennedy to Dawson, 18 March 1938, p. 263.
15. Robert Self (ed.), *The Neville Chamberlain Diary Letters, Vol. IV: The Downing Street Years 1934–1940* (Aldershot, 2005), NC to Ida, 18 June 1938, p. 328.
16. David Gilmour, Obituary of Mary, Duchess of Buccleuch, *Scotsman*, 13 February 1993.
17. *The Times*, 4 July 1938.
18. Robert Rhodes James (ed.), *'Chips': The Diaries of Sir Henry Channon* (London, 1967), 22 June 1938, p. 160.
19. Dilks (ed.), *The Diaries of Sir Alexander Cadogan*, 18 July 1938, p. 87.
20. Zetland Papers, Zetland to Brabourne, 8 August 1938, Mss Eur D609/10/35; Lord Halifax, 'Note on His Conversations with Captain Wiedemann', 18 July 1938, FO 371/217/185.
21. Zetland Papers, Zetland to Brabourne, 2 August 1938, Mss Eur D609/10/31.
22. *DGFP, Series D, Vol. VII* (London, 1956), Appendix III, 'Report to v. Ribbentrop'.
23. Hansard, HC Deb, 26 July 1938, vol. 338, col. 2963.
24. Ibid., col. 2959.
25. Ibid., col. 2994.
26. John Barnes and David Nicholson (eds), *The Leo Amery Diaries, Vol. II: The Empire at Bay 1929–1945* (London, 1988), 26 July 1938, p. 508.

27. *The Times*, 27 July 1938; *Observer*, 31 July 1938.
28. Robert Coulondre, French Ambassador to Berlin 1938–39, quoted in Paul Vyšný, *The Runciman Mission to Czechoslovakia 1938: Prelude to Munich* (Basingstoke, 2003), p. 81; Horace Wilson to Halifax, 22 June 1938, FO 800/309/194.
29. Quoted in Piers Brendon, *The Dark Valley: A Panorama of the 1930s* (London, 2000), p. 450.
30. Hansard, HL Deb, 27 July 1938, vol. 110, col. 1282.
31. *DBFP, Third Series, Vol. II* (London, 1949), Ashton-Gwatkin to Strang, 9 August 1938, no. 598; ibid., Runciman to Halifax, 10 August 1938, no. 602.
32. Ibid., Halifax to Runciman, 18 August 1938, no. 643.
33. *DBFP, Third Series, Vol. I*, Strang to Henderson, 21 July 1938, no. 538.
34. Memorandum by Vansittart, 25 July 1938, FO 371/21729/198.
35. *DBFP, Third Series, Vol. II*, Mason-MacFarlane to Henderson, 25 July 1938, no. 533, enclosure 2.
36. Henderson to Halifax, 3 August 1938, FO 800/269/219.
37. Henderson to Halifax, 26 July 1938, FO 800/269/205–8.
38. *DBFP, Third Series, Vol. II*, Henderson to Halifax, 6 August 1938, no. 590.
39. Halifax to Henderson, 5 August 1938, FO 800/314/25–31.
40. Self (ed.), *The Neville Chamberlain Diary Letters*, NC to Hilda, 13 August 1938, p. 340.
41. Henderson to Halifax, 8 August 1938, FO 800/269/222.
42. *DBFP, Third Series, Vol. II*, Mason-MacFarlane to Henderson, 7 August 1938, no. 595, enclosure.
43. Ibid., 'Memorandum Communicated to His Majesty's Ambassador, Berlin, for Transmission to Herr Hitler', 11 August 1938, no. 608, enclosure.
44. Quoted in Ian Kershaw, *Hitler 1936–45: Nemesis* (London, 2000), p. 106.

15 危机爆发

1. *DBFP, Third Series, Vol. II* (London, 1949), Henderson to Halifax, 21 August 1938, no. 658.
2. Vansittart Papers, Vansittart to Halifax, 18 August 1938, VNST, 1/2/37.
3. Chamberlain to Halifax, 19 August 1938, FO 800/314/60.
4. Sir John Simon, Speech, PREM 1/265/186, reported in *The Times*, 29 August 1938.
5. Cabinet Minutes, 30 August 1938, CAB 23/94/10.
6. Ibid.
7. Vansittart Papers, Vansittart to Halifax, 18 August 1938, VNST 1/2/37.
8. Gabriel Gorodetsky (ed.), *The Maisky Diaries: Red Ambassador to the Court of St James's 1932–1943* (New Haven, 2015), 30 August 1938, p. 119.
9. Churchill to Halifax, 31 August 1938, PREM 1/265/120.
10. Martin Gilbert, *Winston S. Churchill, Vol. V, Companion, Part 3: The Coming of War 1936–1939* (London, 1982), pp. 1123, 1139.
11. Gorodetsky (ed.), *The Maisky Diaries*, 4 September 1938, p. 124.
12. Viscount Templewood, *Nine Troubled Years* (London, 1954), p. 299.
13. Ian Kershaw, *Hitler 1936–45: Nemesis* (London, 2000), p. 88.
14. Henderson to Halifax, 13 September 1938, FO 800/269/285.
15. *DBFP, Third Series, Vol. II*, Newton to Halifax, 4 September 1938, no. 758.

16. John W. Wheeler-Bennett, *Munich: Prologue to Tragedy* (London, 1948), p. 92.
17. David Dilks (ed.), *The Diaries of Sir Alexander Cadogan, OM, 1938–1945* (London, 1971), 6–7 September 1938, pp. 94–5.
18. Dawson Papers, Diary, 7 September 1938, MS.Dawson 42.
19. Vansittart to Halifax, 7 September 1938, PREM 1/265/40.
20. Gorodetsky (ed.), *The Maisky Diaries*, 7 September 1938, p. 126; John Harvey (ed.), *The Diplomatic Diaries of Oliver Harvey 1937–1940* (London, 1970), 8 September 1938, p. 171; Gordon Martel (ed.), *The Times and Appeasement: The Journals of A. L. Kennedy 1932–1939* (Cambridge, 2000), 7 September 1938, pp. 276–7.
21. Dawson Papers, Diary, 7 September 1938, MS.Dawson 42; Dawson Papers, Dawson to Barrington-Ward, 7 September 1938, 80/24.
22. Nick Smart (ed.), *The Diaries and Letters of Robert Bernays 1932–1939: An Insider's Account of the House of Commons* (Lewiston, NY, 1996), Bernays to Lucy Brereton, 9 September 1938, p. 370.
23. Nigel Nicolson (ed.), *Harold Nicolson Diaries and Letters 1907–1964* (London, 2004), 11 September 1938, p. 359.
24. Ibid., 6 June 1938, p. 345.
25. Chamberlain Papers, NC to Annie Chamberlain, 2 September 1938, NC 1/26/530.
26. *DBFP, Third Series, Vol. II*, Halifax to Kirkpatrick, 9 September 1938, no. 815.
27. Ibid., Henderson to Halifax, via Ogilvie-Forbes, 10 September 1938, no. 819.
28. Templewood, *Nine Troubled Years*, pp. 301–2.
29. Cabinet Minutes, 12 September 1938, CAB 23/95/1/8.
30. *DBFP, Third Series, Vol. II*, 7 September 1938, no. 798.
31. Gilbert, *Winston S. Churchill, Vol. V, Companion, Part 3*, p. 1155.
32. Robert Self (ed.), *The Neville Chamberlain Diary Letters, Vol. IV: The Downing Street Years 1934–1940* (Aldershot, 2005), NC to Ida, 11 September 1938, p. 344.
33. Caldecote Papers, Diary, 'August 26th–September 19th 1938 – Munich', 7 September 1938, INKP 1.
34. Self (ed.), *The Neville Chamberlain Diary Letters*, NC to Ida, 11 September 1938, p. 345.
35. Cabinet Minutes, 12 September 1938, CAB 23/95/1/4–11.
36. John Julius Norwich (ed.), *The Duff Cooper Diaries 1915–1951* (London, 2005), 12 September 1938, p. 258.
37. Virginia Cowles, *Looking for Trouble* (London, 1941), pp. 154–5.
38. Thelma Cazalet Papers, 'Nuremberg 1938 and 1946'.
39. Cowles, *Looking for Trouble*, pp. 155–6.
40. Lord Brocket, 'Notes on Conversations with Hitler and Ribbentrop', 10 September 1938, PREM 1/249/70.
41. Norman H. Baynes (ed.), *The Speeches of Adolf Hitler, April 1922–August 1939* (Oxford, 1942), pp. 1489–91.
42. Harvey (ed.), *The Diplomatic Diaries of Oliver Harvey*, 12 September 1938, p.176; John Barnes and David Nicholson (eds), *The Leo Amery Diaries, Vol. II: The Empire at Bay 1929–1945* (London, 1988), 11 September, 1938, p. 508.
43. Nicolson (ed.), *Harold Nicolson Diaries and Letters*, 11 September 1938, p. 171.
44. Smart (ed.), *The Diaries and Letters of Robert Bernays*, Bernays to Lucy Brereton, 28 September 1938, p. 371.

45. Gilbert, *Winston S. Churchill, Vol. V, Companion, Part 3*, p. 1154.
46. Ibid., pp. 1158–9.
47. Self (ed.), *The Neville Chamberlain Diary Letters*, NC to Ida, 19 September 1938, p. 345.
48. Phipps to Halifax, 13 September 1938, FO 371/21737/39–44.
49. *DBFP, Third Series, Vol. II*, Halifax to Henderson, 13 September 1938, no. 862.
50. L. B. Namier, *Diplomatic Prelude 1938–1939* (London, 1948), p. 35.
51. Self (ed.), *The Neville Chamberlain Diary Letters*, NC to Ida, 19 September 1938, p. 346.
52. Zetland Papers, Zetland to Brabourne, 16/20 September 1938, Mss Eur D609/10/57.
53. Robert Rhodes James (ed.), *'Chips': The Diaries of Sir Henry Channon* (London, 1967), 14 September 1938, p. 166.
54. David Faber, *Munich: The 1938 Appeasement Crisis* (London, 2008), p. 284.
55. *Daily Express*, 16 September 1938; *The Times*, 16 September 1938.
56. Barnes and Nicholson (eds), *The Leo Amery Diaries*, 14 September 1938, p. 509.
57. Harvey (ed.), *The Diplomatic Diaries of Oliver Harvey*, 15 September 1938, p. 180.
58. *DBFP, Third Series, Vol. II*, Phipps to Halifax, 14 September 1938, no. 874.
59. Ibid., Lindsay to Halifax, 12 September 1938, no. 841.
60. Galeazzo Ciano, *Diary 1937–1943: The Complete, Unabridged Diaries of Count Galeazzo Ciano*, tr. Robert L. Miller (London, 2002), 14 September 1938, p. 126.
61. *The Times*, 16 September 1938.
62. Robert Self, *Neville Chamberlain: A Political Life* (Aldershot, 2006), p. 312.
63. Margesson Papers, Duff Cooper, 'Chamberlain: A Candid Portrait', MRGN 1/5.
64. 'Appreciation of the Situation in the Event of War against Germany', 14 September 1938, FO 371/21737/142–4.
65. Tom Harrisson and Charles Madge, *Britain by Mass-Observation*, 2nd ed. (London, 1986), p. 64.
66. Self (ed.), *The Neville Chamberlain Diary Letters*, NC to Ida, 19 September 1938, p. 346.
67. *Manchester Guardian*, 16 September 1938; Geoffrey Harrison interviewed in *God Bless You, Mr Chamberlain*, BBC 2, 23 September 1988.
68. Self (ed.), *The Neville Chamberlain Diary Letters*, NC to Ida, 19 September 1938, p. 346.
69. Horace Wilson, 'Notes on Munich', CAB 127/158.
70. Self (ed.), *The Neville Chamberlain Diary Letters*, NC to Ida, 19 September 1938, p. 346.
71. Paul Schmidt, *Hitler's Interpreter* (London, 1951), p. 91.
72. Self (ed.), *The Neville Chamberlain Diary Letters*, NC to Ida, 19 September 1938, p. 346.
73. Caldecote Papers, Diary, 'August 26th–September 19th 1938 – Munich', 17 September 1938, INKP 1; Cabinet Minutes, 17 September 1938, CAB 23/95/3/72.
74. Self (ed.), *The Neville Chamberlain Diary Letters*, NC to Ida, 19 September 1938, p. 347.
75. *DBFP, Third Series, Vol. II*, 'Notes by Mr Chamberlain on His Conversation with Herr Hitler at Berchtesgaden on September 15, 1938', no. 895; ibid., 'Translation of Notes Made by Herr Schmidt of Mr Chamberlain's Conversation with Herr Hitler at Berchtesgaden, September 15, 1938', no. 896.
76. Self (ed.), *The Neville Chamberlain Diary Letters*, NC to Ida, 19 September 1938, p. 347.
77. *DBFP, Third Series, Vol. II*, 'Notes by Mr Chamberlain on His Conversation with Herr Hitler at Berchtesgaden on September 15, 1938', no. 895.
78. Self (ed.), *The Neville Chamberlain Diary Letters*, NC to Ida, 19 September 1938, p. 348.
79. Ibid.

80. Chamberlain Papers, 'Notes by Sir Horace Wilson on Conversations During Mr Chamberlain's Visit to Berchtesgaden', 16 September 1938, NC 8/26/2.
81. Volker Ullrich, *Hitler: Ascent 1889–1939* (London, 2016), pp. 735–6.
82. Dilks (ed.), *The Diaries of Sir Alexander Cadogan*, 16 September 1938, p. 99.
83. 'The Czechoslovakian Crisis 1938 – Notes of Informal Meetings of Ministers', 16 September 1938, CAB 27/646/36.
84. Cabinet Minutes, 17 September 1938, CAB 23/95/3/72–86.
85. Cabinet Minutes, 17 September 1938, CAB 23/95/86–7; Norwich (ed.), *The Duff Cooper Diaries*, 17 September 1938, p. 261; Cabinet Minutes, 17 September 1938, CAB 23/95/88–9.
86. Cabinet Minutes, 17 September 1938, CAB 23/95/3/92.
87. Caldecote Papers, Diary, 'August 26th–September 19th 1938 – Munich', 17 September 1938, INKP 1.
88. Dilks (ed.), *The Diaries of Sir Alexander Cadogan*, 18 September 1938, p. 100; *DBFP, Third Series, Vol. II*, 'Record of Anglo-French Conversations Held at No 10 Downing Street on September 18, 1938', no. 928.
89. Caldecote Papers, Diary, 'August 26th–September 19th 1938 – Munich', 19 September 1938, INKP 1.
90. N. A. Rose (ed.), *Baffy: The Diaries of Blanche Dugdale 1936–1947* (London, 1973), 18 September 1938, p. 98.
91. Self (ed.), *The Neville Chamberlain Diary Letters*, NC to Ida, 9 October 1938, p. 351; Harvey (ed.), *The Diplomatic Diaries of Oliver Harvey*, 10 September 1938, p. 175.
92. Dilks (ed.), *The Diaries of Sir Alexander Cadogan*, 20 September 1938, p. 102.
93. *DBFP, Third Series, Vol. II*, Newton to Halifax, 21 September 1938, no. 1002.

16 濒临边缘

1. David Dilks (ed.), *The Diaries of Sir Alexander Cadogan, OM, 1938–1945* (London, 1971), 21 September 1938, p. 102.
2. Ibid.
3. Martin Gilbert, *Winston S. Churchill, Vol. V, Companion, Part 3: The Coming of War 1936–1939* (London, 1982), pp. 1171–2.
4. John Julius Norwich (ed.), *The Duff Cooper Diaries 1915–1951* (London, 2005), 21 September 1938, pp. 262–3.
5. Sir Ivone Kirkpatrick, *The Inner Circle: Memoirs* (London, 1959), p. 113.
6. Nigel Nicolson (ed.), *Harold Nicolson Diaries and Letters 1907–1964* (London, 2004), 22 September 1938, pp. 363–4.
7. David Faber, *Munich: The 1938 Appeasement Crisis* (London, 2008), p. 333.
8. Tom Harrisson and Charles Madge, *Britain by Mass-Observation*, 2nd ed. (London, 1986), p. 75.
9. Ibid., pp. 72–3.
10. Butler Papers, Beaumont to Butler, 21 September 1938, RAB G9/8.
11. John Harvey (ed.), *The Diplomatic Diaries of Oliver Harvey 1937–1940* (London, 1970), 23 September 1938, p. 194; *DBFP, Third Series, Vol. II* (London, 1949), Halifax to British Delegation (Godesberg), 23 September 1938, no. 1058.

12. Paul Schmidt, *Hitler's Interpreter* (London, 1951), p. 100; Nevile Henderson, *Failure of a Mission: Berlin 1937–1939* (London, 1940), p. 157; Kirkpatrick, *The Inner Circle*, p. 120.
13. Schmidt, *Hitler's Interpreter*, p. 102.
14. *DGFP, Series D, Vol. II* (London, 1950), 'Memorandum on the Conversation between the Führer and Reich Chancellor and Neville Chamberlain, the British Prime Minister, at Godesberg on the Evening of September 23, 1938', no. 583.
15. Dilks (ed.), *The Diaries of Sir Alexander Cadogan*, 24 September 1938, p. 103.
16. 'The Czechoslovakian Crisis – Notes of Informal Meeting of Ministers', 24 September 1938, CAB 27/646/91–2.
17. Dilks (ed.), *The Diaries of Sir Alexander Cadogan*, 24 September 1938, p. 103.
18. Ibid.
19. Cabinet Minutes, 24 September 1938, CAB 23/95/6/178–80.
20. Norwich (ed.), *The Duff Cooper Diaries*, 24 September 1938, p. 264.
21. Dilks (ed.), *The Diaries of Sir Alexander Cadogan*, 24 September 1938, pp. 103–4.
22. Ibid., 25 September 1938, p. 105.
23. Norwich (ed.), *The Duff Cooper Diaries*, 25 September 1938, p. 265.
24. Cabinet Minutes, 25 September 1938, CAB 23/95/7/197–9.
25. Hickleton Papers, 'Pencil Notes Exchanged between NC and Halifax', 25 September 1938, A4/410/3/7.
26. R. J. Minney, *The Private Papers of Hore-Belisha* (London, 1960), 25 September 1938, p. 146.
27. N. A. Rose (ed.), *Baffy: The Diaries of Blanche Dugdale 1936–1947* (London, 1973), 25 September 1938, p. 105.
28. Masaryk to Halifax, 23 September 1938, PREM 1/266a/122.
29. Geoffrey Cox, *Countdown to War: A Personal Memoir of Europe 1938–1940* (London, 1988), p. 71.
30. Norwich (ed.), *The Duff Cooper Diaries*, 25 September 1938, p. 267.
31. Dilks (ed.), *The Diaries of Sir Alexander Cadogan*, 27 September 1938, p. 106.
32. Cabinet Minutes, 26 September 1938, CAB 23/95/7/258.
33. Horace Wilson, 'Notes on Munich', CAB 127/158.
34. Kirkpatrick, *The Inner Circle*, p. 123.
35. *DBFP, Third Series, Vol. II*, 'Notes of a Conversation between Sir Horace Wilson and Herr Hitler at Berlin on September 26, 1938, 5.0 p.m.', no. 1118.
36. William Shirer, *The Rise and Fall of the Third Reich: A History of Nazi Germany* (London, 1962), p. 397.
37. Kirkpatrick, *The Inner Circle*, p. 125; Henderson, *Failure of a Mission*, p. 160.
38. PREM 1/266A.
39. Henderson, *Failure of a Mission*, p. 160.
40. *The Times*, 26 September 1938.
41. *League of Nations Official Journal*, Special Supplement No. 183 (1938), p. 74.
42. Nicolson (ed.), *Harold Nicolson Diaries and Letters*, 26 September 1938, p. 367.
43. John Barnes and David Nicholson (eds), *The Leo Amery Diaries, Vol. II: The Empire at Bay 1929–1945* (London, 1988), 26 September, 1938, p. 517.
44. *DBFP, Third Series, Vol. II*, Halifax to Henderson, 26 September 1938, no. 1111.
45. 'The Czechoslovakian Crisis – Notes of Informal Meeting of Ministers', 27 September 1938,

CAB 27/646/101.
46. *DBFP, Third Series, Vol. II*, Newton to Halifax, 6 September 1938, no. 794, enclosure.
47. Dilks (ed.), *The Diaries of Sir Alexander Cadogan*, 27 September 1938, p. 108.
48. *DBFP, Third Series, Vol. II*, Halifax to Newton, 27 September 1938, no. 1136.
49. Dilks (ed.), *The Diaries of Sir Alexander Cadogan*, 27 September 1938, p. 107.
50. Robert Self (ed.), *The Neville Chamberlain Diary Letters, Vol. IV: The Downing Street Years 1934–1940* (Aldershot, 2005), NC to Hilda, 2 October 1938, p. 349.
51. BBC National Programme radio broadcast, 27 September 1938, recording available at http://www.bbc.co.uk/archive/ww2outbreak/7904.shtml (accessed 20 September 2018).
52. Barnes and Nicholson (eds), *The Leo Amery Diaries*, 27 September, 1938, p. 519.
53. This point has been elegantly made by Andrew Roberts in *The Holy Fox: A Biography of Lord Halifax* (London, 1991), p. 120.
54. Cabinet Minutes, 27 September 1938, CAB 23/95/10; Norwich (ed.), *The Duff Cooper Diaries*, 27 September 1938, pp. 267–9.
55. Henderson, *Failure of a Mission*, p. 161.
56. Shirer, *The Rise and Fall of the Third Reich*, p. 399.
57. Self (ed.), *The Neville Chamberlain Diary Letters*, NC to Hilda, 2 October 1938, p. 349.
58. *DBFP, Third Series, Vol. II*, Halifax to Henderson, 28 September 1938, no. 1158.
59. Henderson, *Failure of a Mission*, p. 163.
60. Nicolson (ed.), *Harold Nicolson Diaries and Letters*, 28 September 1938, p. 369.
61. Robert Rhodes James (ed.), *'Chips': The Diaries of Sir Henry Channon* (London, 1967), 28 September 1938, p. 171.
62. Douglas-Home Papers, 'Notes on Munich'.
63. *The Times*, 29 September 1938.
64. Nicolson (ed.), *Harold Nicolson Diaries and Letters*, 28 September 1938, p. 371; Nigel Nicolson (ed.), *The Harold Nicolson Diaries 1907–1963* (London, 2005), 28 September 1938, p. 177.
65. James (ed.), *'Chips'*, 28 September 1938, p. 171.
66. Gilbert, *Winston S. Churchill, Vol. V, Companion, Part 3*, p. 1184.

17　一张纸

1. Crookshank Papers, Diary, 30 September 1938, MS. Eng. Hist. d. 359.
2. Robert Rhodes James (ed.), *'Chips': The Diaries of Sir Henry Channon* (London, 1967), 29 September 1938, p. 172.
3. 'The Crisis: Four Power Conference', British Pathé, 3 October 1938.
4. R. H. Bruce Lockhart, *Comes the Reckoning* (London, 1947), p. 9.
5. *The Times*, 29 September 1938.
6. 'The Crisis: Four Power Conference'; *Daily Sketch*, 29 September 1938.
7. Lord Home, *The Way the Wind Blows: An Autobiography* (London, 1976), p. 65.
8. Douglas-Home Papers, 'Notes on Munich'.
9. *DBFP, Third Series, Vol. II* (London, 1949), Halifax to Newton, 28 September 1938, no. 1184, enclosure.
10. Quoted in John W. Wheeler-Bennett, *Munich: Prologue to Tragedy* (London, 1948), p. 171.
11. André François-Poncet, *The Fateful Years: Memoirs of a French Ambassador in Berlin*

1931–1938 (London, 1949), p. 269.
12. Ibid.
13. J. E. Kaufmann and H. W. Kaufmann, *The Forts and Fortifications of Europe 1815–1914: The Central States – Germany, Austria-Hungary and Czechoslovakia* (Barnsley, 2014), p. 173.
14. Lord Strang, *Home and Abroad* (London, 1956), p. 144.
15. Horace Wilson, 'Notes on Munich', CAB 127/158; Sir Ivone Kirkpatrick, *The Inner Circle: Memoirs* (London, 1959), p. 127.
16. Strang, *Home and Abroad*, p. 145; Douglas-Home Papers, 'Notes on Munich'.
17. 这些言论由法国助理空军武官保罗·施特林（Paul Stehlin）回忆起。Quoted in Telford Taylor, *Munich: The Price of Peace* (Sevenoaks, 1979), p. 18.
18. Horace Wilson, 'Notes on Munich', CAB 127/158.
19. Galeazzo Ciano, *Diary 1937–1943: The Complete, Unabridged Diaries of Count Galeazzo Ciano*, tr. Robert L. Miller (London, 2002), 29 September 1938, pp. 134–5.
20. François-Poncet, *The Fateful Years*, p. 269.
21. Robert Self (ed.), *The Neville Chamberlain Diary Letters, Vol. IV: The Downing Street Years 1934–1940* (Aldershot, 2005), NC to Hilda, 2 October 1938, p. 350.
22. Horace Wilson, 'Contemporary Notes on Munich', T 273/407/4.
23. Paul Schmidt, *Hitler's Interpreter* (London, 1951), p. 110.
24. Ciano, *Diary 1937–1943*, 29–30 September 1938, p. 136.
25. François-Poncet, *The Fateful Years*, p. 271.
26. Ciano, *Diary 1937–1943*, 29–30 September 1938, pp. 135–6.
27. Horace Wilson, 'Notes on Munich', CAB 127/158.
28. William L. Shirer, *Berlin Diary: The Journal of a Foreign Correspondent 1934–1941* (London, 1941), 30 September 1938, p. 121.
29. Ciano, *Diary 1937–1943*, 29–30 September 1938, p. 136.
30. 'Account by Dr Hubert Masařík of the Munich Conference Completed at 4 a.m. on the Morning of 30 September 1938', T 273/408.
31. Ibid.
32. Shirer, *Berlin Diary*, 30 September 1938, p. 121.
33. Self (ed.), *The Neville Chamberlain Diary Letters*, NC to Hilda, 2 October 1938, p. 350.
34. Schmidt, *Hitler's Interpreter*, p. 112.
35. *DBFP, Third Series, Vol. II*, Halifax to Newton, 28 September 1938, no. 1228, appendix.
36. Self (ed.), *The Neville Chamberlain Diary Letters*, NC to Hilda, 2 October 1938, p. 350.
37. Schmidt, *Hitler's Interpreter*, pp. 112–13.
38. Ciano, *Diary 1937–1943*, 2 October 1938, p. 137; Reinhard Spitzy, *How We Squandered the Reich*, tr. G. T. Waddington (Wilby, Norfolk, 1997), p. 254.
39. John Julius Norwich (ed.), *The Duff Cooper Diaries 1915–1951* (London, 2005), 29 September 1938, p. 270.
40. Robert Boothby, *I Fight to Live* (London, 1947), p. 165.
41. Quoted in Colin R. Coote, *The Other Club* (London, 1971), p. 91.
42. *Daily Express*, 30 September 1938.
43. Tommy Woodroffe at Downing Street, 30 September 1938, BBC recording LP, 1955.
44. 'Munich', Sir John Colville interview, LSE Archive, 1/1/5/26.
45. *The Times*, 1 October 1938.

46. Zbyněk Zeman and Antonín Klimek, *The Life of Edvard Beneš 1884–1948: Czechoslovakia in Peace and War* (Oxford, 1997), pp. 134–7.
47. *Manchester Guardian*, 1 October 1938.
48. Virginia Cowles, *Looking for Trouble* (London, 1941), p. 178.
49. François-Poncet, *The Fateful Years*, p. 273; *The Times*, 1 October 1938.
50. Taylor, *Munich*, p. 59; Alexander Werth, *France and Munich: Before and After the Surrender* (London, 1939), pp. 328–9.
51. Hansard, HC Deb, 3 October 1938, vol. 339, col. 34.
52. Cowles, *Looking for Trouble*, p. 188.
53. Hansard, HC Deb, 3 October 1938, vol. 339, col. 51.
54. Ibid., col. 70.
55. Ibid., col. 97.
56. Ibid., cols 112–13.
57. Hansard, HC Deb, 4 October 1938, vol. 339, col. 233.
58. Ibid., col. 203.
59. Hansard, HC Deb, 5 October 1938, vol. 339, cols 361, 365.
60. Ibid., col. 373.
61. John Barnes and David Nicholson (eds), *The Leo Amery Diaries, Vol. II: The Empire at Bay 1929–1945* (London, 1988), 5 October 1938, p. 527.
62. Harold Macmillan, *Winds of Change 1914–1939* (London, 1966), p. 570.
63. Amery Papers, Amery to Chamberlain, 6 October 1938.
64. William Shirer, *The Rise and Fall of the Third Reich: A History of Nazi Germany* (London, 1962), p. 427.
65. Quoted in Patricia Meehan, *The Unnecessary War: Whitehall and the German Resistance to Hitler* (London, 1992), p. 180.
66. Harold Balfour, *Wings over Westminster* (London, 1973), p. 111.
67. Anthony Adamthwaite, *France and the Coming of the Second World War 1936–1939* (London, 1977), p. 240.
68. Peter Jackson, *France and the Nazi Menace: Intelligence and Policy Making 1933–1939* (Oxford, 2000), pp. 270–71.
69. Quoted in Shirer, *The Rise and Fall of the Third Reich*, p. 424.
70. Ibid.
71. Niall Ferguson, *The War of the World: History's Age of Hatred* (London, 2006), p. 367.
72. Hugh D. Phillips, *Between the Revolution and the West: A Political Biography of Maxim M. Litvinov* (Boulder, CO, 1992), p. 164; Zara Steiner, *The Triumph of the Dark: European International History 1933–1939* (Oxford, 2011), p. 619.
73. Fritz Hesse, *Hitler and the English* (London, 1954), p. 62.
74. Quoted in Ian Kershaw, *Hitler 1936–45: Nemesis* (London, 2000), p. 123.

18　我们时代的和平

1. Chamberlain Papers, NC 13/7/183, 13/7/195.
2. Chamberlain Papers, Memorandum from Foreign Office to Prime Minister, NC 7/914; Chamberlain Papers, Letter from Foreign Office to Sir Nevile Bland (British Ambassador in The Hague), 7 October 1938, NC 13/7/639.

3. Chamberlain Papers, Alex. O. Kouyoumdjian to Chamberlain, 9 October 1938, NC 13/7/720.
4. Chamberlain Papers, *New York Daily News*, NC 13/7/844; Chamberlain Papers, Buddha Society of Bombay to Chamberlain, NC 13/10/109.
5. Robert Self (ed.), *The Neville Chamberlain Diary Letters, Vol. IV: The Downing Street Years 1934–1940* (Aldershot, 2005), NC to Ida, 13 November 1938, p. 363.
6. Cooper Papers, DUFC 2/25.
7. Cooper Papers, DUFC 2/26, DUFC 2/25.
8. Royal Archives, Letter from King's Private Secretary, Alec Hardinge, to George VI, 15 September 1938, GVI/235/04.
9. Victor Cazalet Papers, Diary, 24–28 February 1939.
10. Quoted in John W. Wheeler-Bennett, *King George VI: His Life and Reign* (London, 1958), p. 356.
11. Duff Cooper Papers, Duke of Buccleuch to Cooper, 2 October 1938, DUFC 2/19.
12. Barbara Cartland, *Ronald Cartland* (London, 1942), p. 185.
13. Quoted in William Manchester, *The Caged Lion: Winston Spencer Churchill 1932–1940* (London, 1988), p. 372.
14. Julie V. Gottlieb, *'Guilty Women', Foreign Policy, and Appeasement in Inter-War Britain* (Basingstoke, 2015), p. 173.
15. Emrys-Evans Papers, Law to Emrys-Evans, 30 December 1939, MSS.58239.
16. Quoted in Gottlieb, *'Guilty Women'*, p. 187.
17. Cartland, *Ronald Cartland*, p. 185.
18. Robert Shephard, *Appeasement and the Road to War* (London, 1988), p. 230–1.
19. Kenneth Clark, *Another Part of the Wood: A Self-Portrait* (London, 1974), p. 274.
20. Cartland, *Ronald Cartland*, p. 185.
21. Robert Shepherd, *A Class Divided: Appeasement and the Road to Munich 1938* (London, 1988), p. 247; Victor Cazalet Papers, Diary, 'Munich'.
22. Harold Macmillan, *Winds of Change 1914–1939* (London, 1966), p. 573; Lynne Olson, *Troublesome Young Men: The Rebels Who Brought Churchill to Power and Helped Save England* (New York, 2007), p. 174.
23. Avon Papers, Cranborne to Eden, 9 September 1938, AE 14/1/718.
24. Quoted in Neville Thompson, *The Anti-Appeasers: Conservative Opposition to Appeasement in the 1930s* (Oxford, 1971), p. 193.
25. B. H. Liddell Hart, *The Memoirs of Captain Liddell Hart, Vol. II* (London, 1965), p. 228.
26. Martin Gilbert, *Winston S. Churchill, Vol. V, Companion, Part 3: The Coming of War 1936–1939* (London, 1982), p. 1229.
27. Ibid., p. 1216.
28. Quoted in Geoffrey Lewis, *Lord Hailsham: A Life* (London, 1997). p. 56.
29. Edward Heath, *The Course of My Life* (London, 1998), p. 58.
30. Lord Hailsham, *A Sparrow's Flight: The Memoirs of Lord Hailsham of St Marylebone* (London, 1990), p. 123.
31. Lewis, *Lord Hailsham*. p. 56.
32. *The Times*, 28 October 1938.
33. Hansard, HC Deb, 6 October 1938, vol. 339, col. 551.
34. Quoted in Keith Feiling, *The Life of Neville Chamberlain* (London, 1946), p. 375.
35. Chamberlain Papers, NC to Mary Endicott Chamberlain, 5 November 1938, 1/20/180–202.

36. Ian Colvin, *The Chamberlain Cabinet* (London, 1971), p. 168.
37. Cabinet Minutes, 31 October 1938, CAB 23/96/3.
38. Hansard, HC Deb, 1 November 1938, vol. 340, col. 73.
39. Self (ed.), *The Neville Chamberlain Diary Letters*, NC to Ida, 9 October 1938, p. 351.
40. Ibid., p. 352.
41. Quoted in Richard Cockett, *Twilight of Truth: Chamberlain, Appeasement and the Manipulation of the Press* (London, 1989), p. 101.
42. Avon Papers, Cutting sent by Timothy Eden to Anthony Eden, c. 20 October 1938, 14/1/736B.
43. Ulrich von Hassell, *The von Hassell Diaries 1938–1944* (London, 1948), 15 October 1938, p. 7.
44. Norman H. Baynes (ed.), *The Speeches of Adolf Hitler, April 1922–August 1939* (Oxford, 1942), vol. 2, pp. 1533–6.
45. Ibid., p. 1544.
46. Quoted in Ian Kershaw, *Hitler 1936–45: Nemesis* (London, 2000), p. 138.
47. *News Chronicle*, 11 November 1938; *The Times*, 11 November 1938.
48. *Spectator*, 18 November 1938; *News Chronicle*, 28 November 1938.
49. Robert Rhodes James (ed.), *'Chips': The Diaries of Sir Henry Channon* (London, 1967), 15 November 1938, p. 177; 21 November 1938, p. 178.
50. Lord Londonderry, speech to the Over-Seas League, reported in *The Times*, 14 December 1938.
51. Martin Gilbert, *Sir Horace Rumbold: Portrait of a Diplomat 1869–1941* (London, 1973), p. 440.
52. Fox Movietone News: 'America Condemns Nazi Terrorism'.
53. *DGFP, Series D, Vol. IV* (London, 1951), Dieckhoff to German Foreign Ministry, 14 November 1938, no. 501.
54. Quoted in Robert Dallek, *Franklin D. Roosevelt and American Foreign Policy 1932–1945* (Oxford, 1979), p. 166.
55. Earl of Avon, *The Memoirs of the Rt Hon. Sir Anthony Eden, KG, PC, MC, Vol. III: The Reckoning* (London, 1965), p. 39.
56. Ibid., p. 40.
57. Ibid., p. 41.
58. Quoted in D. R. Thorpe, *Eden: The Life and Times of Anthony Eden, First Earl of Avon, 1897–1977* (London, 2003), p. 230.
59. Ibid., pp. 230–31.
60. Baldwin Papers, Eden to Baldwin, 19 December 1938, Foreign Affairs Series B, vol. 124, fol. 155.
61. R. H. Bruce Lockhart, *Comes the Reckoning* (London, 1947), pp. 23–9.
62. Self (ed.), *The Neville Chamberlain Diary Letters*, NC to Ida, 13 November 1938, p. 363.
63. *DGFP, Series D, Vol. IV*, 'Fritz Hesse Memorandum', 11 October 1938, no. 251, enclosure 2.
64. 'Clandestine Negotiations between George Steward and Dr Fritz Hesse', 25 November 1938, FO 1093/107.
65. Ibid.
66. David Dilks (ed.), *The Diaries of Sir Alexander Cadogan, OM, 1938–1945* (London, 1971), 24 November 1938, p. 127.
67. Self (ed.), *The Neville Chamberlain Diary Letters*, NC to Hilda, 27 November 1938, p. 364;

John Harvey (ed.), *The Diplomatic Diaries of Oliver Harvey 1937–1940* (London, 1970), 23 November 1938, p. 223.
68. Self (ed.), *The Neville Chamberlain Diary Letters*, NC to Hilda, 11 December 1938, p. 368.
69. Ibid., NC to Ida, 17 December 1938, p. 369–70.
70. 'Memorandum Summarising Intelligence Reports on Germany by Gladwyn Jebb', 19 January 1939, CAB 27/627/177–9; Zetland Papers, Zetland to Lord Linlithgow, 22 November 1938, Mss Eur D609/9/140.
71. Dilks (ed.), *The Diaries of Sir Alexander Cadogan*, 15 December 1938, p. 130.
72. Brian Bond (ed.), *Chief of Staff: The Diaries of Lieutenant-General Sir Henry Pownall, Vol. I – 1933–1940* (London, 1972), pp. 174–5.
73. Dilks (ed.), *The Diaries of Sir Alexander Cadogan*, 31 December 1938, pp. 131–2.
74. Nigel Nicolson (ed.), *Harold Nicolson Diaries and Letters 1907–1964* (London, 2004), 31 December 1938, p. 384.

19　遭到背弃的张伯伦

1. Margesson Papers, Duff Cooper, 'Chamberlain: A Candid Portrait', MRGN 1/5 MRGN 1/5.
2. William L. Shirer, *Berlin Diary: The Journal of a Foreign Correspondent 1934–1941* (London, 1941), 11 January 1939, p. 128.
3. 'The Prime Minister in Rome', Pathé News, 16 January 1939.
4. Malcolm Muggeridge (ed.), *Ciano's Diary 1939–1943* (London, 1947), 2 December 1938, p. 200.
5. David Dilks (ed.), *The Diaries of Sir Alexander Cadogan, OM, 1938–1945* (London, 1971), 2 December 1938, p. 127.
6. Muggeridge (ed.), *Ciano's Diary*, 12 January 1939, p. 10.
7. Royal Archives, Chamberlain to HM the King, 17 January 1939, PS/PSO/GVI/C/47/14.
8. John Harvey (ed.), *The Diplomatic Diaries of Oliver Harvey 1937–1940* (London, 1970), 14 January 1939, p. 242.
9. Cabinet Minutes, 21 December 1938, CAB 23/96/12/430.
10. Cabinet Minutes, 18 January 1939, CAB 23/97/1/6.
11. Muggeridge (ed.), *Ciano's Diary*, 11 January 1939, p. 10.
12. Quoted in Keith Jeffery, *MI6: The History of the Secret Intelligence Service 1909–1949* (London, 2010), p. 310.
13. *DBFP, Third Series, Vol. IV* (London, 1951), Halifax to Mallet, 24 January 1939, no. 5.
14. Hansard, HC Deb, 6 February 1939, vol. 343, col. 623.
15. R. J. Minney, *The Private Papers of Hore-Belisha* (London, 1960), Diary, 26 January 1939, p. 171.
16. Cabinet Minutes, 2 February 1939, CAB 23/97/5/176–8.
17. *DDF, Second Series, Vol. XIII*, 29 January 1939, no. 454.
18. *The Times*, 30 January 1939.
19. 'Herr Hitler's Speech in the Reichstag', *Bulletin of International News*, vol. 16, no. 3 (1939), p. 6.
20. Robert Self (ed.), *The Neville Chamberlain Diary Letters, Vol. IV: The Downing Street Years 1934–1940* (Aldershot, 2005), NC to Hilda, 5 February 1939, p. 377.
21. Henderson to Cadogan, 16 February 1939, FO 800/270/5.

22. *DBFP, Third Series, Vol. IV*, Henderson to Foreign Office, 16 February 1939, Appendix I, part III, footnote 1.
23. Chamberlain to Henderson to Cadogan, 19 February 1939, FO 800/270/12.
24. Halifax to Henderson, 20 February 1939, FO 800/270/13.
25. Harvey (ed.), *The Diplomatic Diaries of Oliver Harvey*, 17 February 1939, p. 255; 29 September 1938, p. 202.
26. Ibid., 4 January 1939, p. 235.
27. Quoted in Martin Gilbert and Richard Gott, *The Appeasers* (London, 1963), p. 201.
28. Drummond Wolff Papers, 'Report on a visit to Berlin', January 1939, MS 709/875.
29. Self (ed.), *The Neville Chamberlain Diary Letters*, NC to Hilda, 19 February 1939, p. 382.
30. Ibid., NC to Ida, 26 February 1939, p. 387; Robert Rhodes James (ed.), *'Chips': The Diaries of Sir Henry Channon* (London, 1967), 7 March 1939, p. 185.
31. Chamberlain Papers, Halifax to NC, 10 March 1939, NC7/11/32/111.
32. Self (ed.), *The Neville Chamberlain Diary Letters*, NC to Hilda, 12 March 1939, pp. 391–2.
33. Vansittart to Halifax, 20 February 1939, FO 371/22965/199.
34. Paul Schmidt, *Hitler's Interpreter* (London, 1951), p. 125.
35. James (ed.), *'Chips'*, 15 March 1939, pp. 185–6.
36. *News Chronicle*, 16 March 1939; *Observer*, 19 March 1939.
37. *The Times*, 15 March 1939; *Daily Telegraph*, 16 March 1939.
38. Stuart Ball (ed.), *Parliament and Politics in the Age of Churchill and Attlee: The Headlam Diaries 1935–1951* (Cambridge, 1999), 15 March 1939, p. 151.
39. Daladier to Chamber of Deputies, 17 March 1939, and Daladier to Senate, 19 March 1939, quoted in Daniel Hucker, *Public Opinion and the End of Appeasement in Britain and France* (Farnham, Surrey, 2011), p. 136.
40. Cabinet Minutes, 15 March 1939, CAB 23/98/1/3.
41. *News Chronicle*, 17 March 1939.
42. Hansard, HC Deb, 15 March 1939, vol. 345, cols 446, 462.
43. Nigel Nicolson (ed.), *Harold Nicolson Diaries and Letters 1907–1964* (London, 2004), 17 March 1939, p. 393.
44. Reported in *The Times*, 18 March 1939.
45. Quoted in Robert Self, *Neville Chamberlain: A Political Life* (Aldershot, 2006), p. 353.
46. *DBFP, Third Series, Vol. IV*, Hoare to Halifax, 19 March 1939, no. 399, enclosure.
47. Ibid., Halifax to Phipps, Seeds and Kennard, 20 March 1939, no. 446.
48. Self (ed.), *The Neville Chamberlain Diary Letters*, NC to Ida, 26 March 1939, p. 396.
49. Ibid.
50. Ibid., NC to Ida, 26 March 1939, p. 398.
51. Dilks (ed.), *The Diaries of Sir Alexander Cadogan*, 29 March 1939, p. 164.
52. Self (ed.), *The Neville Chamberlain Diary Letters*, NC to Hilda, 1 April 1939, p. 400.
53. Cabinet Minutes, 30 March 1939, CAB 23/98/6/161.
54. L. B. Namier, *Diplomatic Prelude 1938–1939* (London, 1948), p. 107; Hansard, HC Deb, 31 March 1939, vol. 345, col. 2415.
55. Butler Papers, Notes, June 1939, RAB G110/28.
56. Quoted in Zara Steiner, *The Triumph of the Dark: European International History 1933–1939* (Oxford, 2011), p. 739.
57. Robert Boothby, *I Fight to Live* (London, 1947), p. 187.

58. Self (ed.), *The Neville Chamberlain Diary Letters*, NC to Hilda, 1 April 1939, p. 402.
59. Ibid., NC to Hilda, 15 April 1939, p. 405; NC to Ida, 9 April 1939, p. 403; NC to Hilda, 15 April 1939, p. 405.
60. Dilks (ed.), *The Diaries of Sir Alexander Cadogan*, 7 April 1939, p. 170.
61. Hansard, HC Deb, 13 April 1939, vol. 346, col. 31.
62. Quoted in Martin Pugh, *'Hurrah for the Blackshirts!' Fascists and Fascism in Britain between the Wars* (London, 2005), p. 284.
63. J. R. M. Butler, *Lord Lothian (Philip Kerr) 1882–1940* (London, 1960), p. 227; Ian Kershaw, *Making Friends with Hitler: Lord Londonderry and Britain's Road to War* (London, 2004), p. 278.
64. Richard Griffiths, *Fellow Travellers of the Right: British Enthusiasts for Nazi Germany 1933–9* (Oxford, 1980), p. 349.
65. Buccleuch Papers, Buccleuch to Butler, 24 April 1939.
66. Cadogan Papers, Diary, 15 & 20 April 1939, ACAD 1/8.
67. Ogilvie-Forbes to Foreign Office, 17 April 1939, FO/800/315/94.
68. Buccleuch Papers, 'Berlin, 15–18 April 1939: Some Notes and Impressions Following Conversations with the Foreign Minister and Others'.
69. Buccleuch Papers, Buccleuch to Butler, 24 April 1939.
70. Lord Brocket, 'Memorandum on Visit to Berlin, April 16–22nd, 1939', FO 800/315/103–15.
71. Self (ed.), *The Neville Chamberlain Diary Letters*, NC to Hilda, 29 April 1939, pp. 412–13; NC to Ida, 23 April 1939, p. 409.
72. Quoted in Ian Kershaw, *Hitler 1936–45: Nemesis* (London, 2000), p. 178.

20　威慑独裁者

1. Hansard, HC Deb, 15 March 1939, vol. 345, col. 488.
2. Cited in Franklin Reid Gannon, *The British Press and Germany 1936–1939* (Oxford, 1971), p. 46.
3. Ian Colvin, *The Chamberlain Cabinet* (London, 1971), p. 201; Robert Self (ed.), *The Neville Chamberlain Diary Letters, Vol. IV: The Downing Street Years 1934–1940* (Aldershot, 2005), NC to Hilda, 29 April 1939, p. 412.
4. Robert Rhodes James (ed.), *'Chips': The Diaries of Sir Henry Channon* (London, 1967), 23 April 1939, p. 194; Salisbury Papers, Jim Thomas to Lord Cranborne, 15 June 1939, box 63.
5. Report by the Chiefs of Staff Sub-Committee, 'Balance of Strategical Value in War as between Spain as an Enemy and Russia as an Ally', FO 371/22972/265–6.
6. Colvin, *The Chamberlain Cabinet*, p. 213.
7. Self (ed.), *The Neville Chamberlain Diary Letters*, NC to Ida, 9 April 1939, p. 404.
8. Ibid., NC to Hilda, 28 May 1939, p. 418.
9. Ibid., NC to Ida, 21 May 1939, p. 417; David Dilks (ed.), *The Diaries of Sir Alexander Cadogan, OM, 1938–1945* (London, 1971), 20 May 1939, p. 182.
10. John Harvey (ed.), *The Diplomatic Diaries of Oliver Harvey 1937–1940* (London, 1970), 20 May 1938, p. 290.
11. Self (ed.), *The Neville Chamberlain Diary Letters*, NC to Hilda, 28 May 1939, p. 418.
12. James (ed.), *'Chips'*, 24 May 1939, p. 201.
13. Donald Cameron Watt, *How War Came: The Immediate Origins of the Second World War*

1938–1939 (London, 1989), p. 247.
14. Self (ed.), *The Neville Chamberlain Diary Letters*, NC to Hilda, 29 April 1939, p. 411; NC to Hilda, 28 May 1939, p. 419.
15. Dilks (ed.), *The Diaries of Sir Alexander Cadogan*, 3 May 1939, p. 178; 22 May 1939, p. 182.
16. Roderick Macleod and Denis Kelly (eds), *The Ironside Diaries 1937–1940* (London, 1962), 25 July 1939, p. 83.
17. Virginia Cowles, *Looking for Trouble* (London, 1941), p. 245.
18. Nigel Nicolson (ed.), *Harold Nicolson Diaries and Letters 1907–1964* (London, 2004), 3 April 1939, p. 394.
19. Quoted in Geoffrey Cox, *Countdown to War: A Personal Memoir of Europe 1938–1940* (London, 1988), p. 109.
20. Quoted in Martin Gilbert, *Winston S. Churchill, Vol. V: 1922–1939* (London, 1976), p. 1064.
21. Martin Gilbert, *Winston S. Churchill, Vol. V, Companion, Part 3: The Coming of War 1936–1939* (London, 1982), Hugh Cudlipp to Churchill, 26 April 1939, p. 1475.
22. Victor Cazalet Papers, Diary, April 1939.
23. Nicolson (ed.), *Harold Nicolson Diaries and Letters*, 20 April 1939, p. 399.
24. Self (ed.), *The Neville Chamberlain Diary Letters*, NC to Ida, 23 April 1939, p. 410.
25. Ibid., NC to Hilda, 29 April 1939, pp. 411–13.
26. James (ed.), *'Chips'*, 13 April 1939, p. 193.
27. Hansard, HL Deb, 8 June 1939, vol. 113, cols 358–61.
28. Dilks (ed.), *The Diaries of Sir Alexander Cadogan*, 29 June 1939, p. 190.
29. *Daily Telegraph*, 8 July 1939.
30. Quoted in Watt, *How War Came*, p. 391.
31. Gilbert, *Winston S. Churchill, Vol. V, Companion, Part 3*, Major-General James Marshall-Cornwall to Halifax, 'Conversation with Count Schwerin', 6 July 1939, pp. 1553–4.
32. Ibid., 'Lord Camrose: notes of a conversation with Neville Chamberlain', p. 1544.
33. Self (ed.), *The Neville Chamberlain Diary Letters*, NC to Ida, 25 June 1939, p. 424; NC to Hilda, 17 June 1939, p. 421.
34. *DBFP, Third Series, Vol. V* (London, 1952), Henderson to Halifax, 5 May 1939, no. 377.
35. 'Conversation with Dr Kordt', 16 June 1939, FO 371/22973/31226.
36. Ian Colvin, Memorandum, 17 July 1939, FO 371/22975/3.
37. *DBFP, Third Series, Vol. V*, Minute by Ashton-Gwatkin, 7 June 1939, no. 741.
38. Horace Wilson, 'Notes on a Conversation with Herr Wohltat', 19 July 1939, PREM 1/330/32–3.
39. *DGFP, Series D, Vol. VI* (London, 1956), 'Memorandum by an Official on the Staff of the Four Year Plan', 24 July 1939, no. 716.
40. Salisbury Papers, Thomas to Cranborne, 21 July 1939, box 63.
41. Ibid., Cranborne to Thomas, July 1939.
42. 'Record of a Conversation between R. S. Hudson and Dr Wohltat', 20 July 1939, PREM 8/1130.
43. Watchman, *What of the Night?* (London, 1940), pp. 154.
44. *DBFP, Third Series, Vol. VI* (London, 1953), Loraine to Halifax, 24 July 1939, no. 425.
45. Lord Gladwyn, *The Memoirs of Lord Gladwyn* (London, 1972), p. 93.
46. Self (ed.), *The Neville Chamberlain Diary Letters*, NC to Ida, 23 July 1939, pp. 430–31; NC

to Hilda, 30 July 1939, p. 435.
47. Lord Kemsley, 'Notes of the Conversation with Herr Hitler, Bayreuth', 27 July 1939, FO 800/316/157.
48. 'Halifax Notes on Meeting with Dahlerus', 25 July 1939, FO 800/316/135.
49. *DGFP, Series D, Vol. VI*, Unsigned Memorandum, no. 783.
50. *DBFP, Third Series, Vol. VI*, 'Record of Conversations with Field-Marshal Göring', 10 August 1939, Appendix IV(iii); *DGFP, Series D, Vol. VI*, Unsigned Memorandum, no. 783; Watt, *How War Came*, p. 404.
51. Ernest W. D. Tennant, *True Account* (London, 1957), pp. 214–17.
52. 'Horace Wilson Notes on a Meeting with Ernest Tennant', 10 July 1939, PREM 1/335/53–5.
53. 'Record by E. W. D. Tennant', 31 July 1939, PREM 1/335/15–28.

21 最后一季

1. Quoted in Barbara Cartland, *Ronald Cartland* (London, 1942), p. 218.
2. *The Times*, 4 May 1939; *The Times*, 5 May 1939.
3. Quoted in Jean-Baptiste Duroselle, *France and the Nazi Threat: The Collapse of French Diplomacy 1932–1939* (New York, 2004), p. 337.
4. Henderson to Wilson, 24 May 1939, PREM 1/331A.
5. Henderson to Halifax, 26 April 1939, FO 800/270/40–41.
6. Cabinet Minutes, 18 March 1939, CAB 23/98/2.
7. Robert Self (ed.), *The Neville Chamberlain Diary Letters, Vol. IV: The Downing Street Years 1934–1940* (Aldershot, 2005), NC to Hilda, 15 July 1939, p. 428.
8. Roderick Macleod and Denis Kelly (eds), *The Ironside Diaries 1937–1940* (London, 1962), 10 July 1939, p. 77.
9. *DBFP, Third Series, Vol. VI* (London, 1953), Norton to Halifax, 20 July 1939, no. 374.
10. Macleod and Kelly (eds), *The Ironside Diaries*, 18 July 1939, p. 81; *DBFP, Third Series, Vol. VI*, Norton to Halifax, 20 July 1939, no. 374.
11. *DBFP, Third Series, Vol. V* (London, 1952), Seeds to Halifax, 30 May 1939, no. 665.
12. Winston S. Churchill, *The Second World War, Vol. I: The Gathering Storm* (London, 1948), p. 288.
13. Gabriel Gorodetsky (ed.), *The Maisky Diaries: Red Ambassador to the Court of St James's 1932–1943* (New Haven, 2015), 12 June 1939, p. 200.
14. Self (ed.), *The Neville Chamberlain Diary Letters*, NC to Ida, 10 June 1939, pp. 420–21.
15. Lord Strang, *Home and Abroad* (London, 1956), p. 176.
16. *DBFP, Third Series, Vol. VI*, Seeds to Halifax, 17 June 1939, no. 73.
17. David Dilks (ed.), *The Diaries of Sir Alexander Cadogan, OM, 1938–1945* (London, 1971), 20 June 1939, p. 189.
18. Gorodetsky (ed.), *The Maisky Diaries*, 23 June 1939, p. 201.
19. *DBFP, Third Series, Vol. VI*, Strang to Sargent, 21 June 1939, no. 122.
20. Ibid., no. 193, enclosure.
21. *DDF, Second Series, Vol. XVII* (Paris, 1984), Bonnet to Corbin, 5 July 1939, no. 100; 'Négociations franco-anglo-russes, 12 mai 1939–5 juillet 1939', 5 July 1939, no. 107.
22. *DBFP, Third Series, Vol. VI*, Strang to Sargent, 20 July 1939, no. 376.
23. Henderson to Cadogan, June 1939, FO 800/294/68.

24. CAB 27/625/269; Cabinet Minutes, 19 July 1939, CAB 23/100/6/187.
25. Self (ed.), *The Neville Chamberlain Diary Letters*, NC to Hilda, 15 July 1939, p. 428; NC to Ida, 23 July 1939, p. 432.
26. *DBFP, Third Series, Vol. VI*, Strang to Sargent, 20 July 1939, no. 376.
27. Quoted in Duroselle, *France and the Nazi Threat*, p. 357.
28. Simon Sebag Montefiore, *Stalin: The Court of the Red Tsar* (London, 2003), p. 272.
29. Drax Papers, 'Mission to Moscow, August 1939', DRAX 6/14.
30. Hugh Dalton, *The Fateful Years: Memoirs 1931–1945* (London, 1957), p. 257.
31. *DBFP, Third Series, Vol. VI*, 'Instructions to the British Military Mission to Moscow', August 1939, Appendix V.
32. Drax Papers, 'Mission to Moscow, August 1939', DRAX 6/14.
33. Ibid.
34. Ibid.
35. Ibid.
36. Ibid.
37. *The Times*, 17 July 1939; *The Times*, 28 July 1939.
38. Robert Rhodes James (ed.), *'Chips': The Diaries of Sir Henry Channon* (London, 1967), 7 July 1939, p. 205.
39. Cartland, *Ronald Cartland*, p. 218.
40. Angela Lambert, *1939: The Last Season of Peace* (London, 1989), p. 97.
41. T. E. B. Howarth, *Cambridge between Two Wars* (London, 1978), p. 236.
42. Hansard, HC Deb, 2 August 1939, vol. 350, cols 2438, 2440, 2441.
43. Geoffrey Mander, ibid., col. 2490.
44. Ibid., cols 2494, 2495; Cartland, *Ronald Cartland*, p. 225.
45. Nigel Nicolson (ed.), *Harold Nicolson Diaries and Letters 1907–1964* (London, 2004), 2 August 1939, p. 407.
46. Hansard, HC Deb, 2 August 1939, vol. 350, col. 2503.
47. Cartland, *Ronald Cartland*, p. 225.
48. Chamberlain Papers, Richard Edwards to Chamberlain, 4 August 1939, NC 711/32/38.
49. Self (ed.), *The Neville Chamberlain Diary Letters*, NC to Ida, 5 August 1939, p. 438.
50. Ibid., NC to Hilda, 30 July 1939, p. 435.
51. *DBFP, Third Series, Vol. VI*, 'Record of Interview between Burckhardt and Hitler', 14 August 1939, no. 659, enclosure 2.
52. Halifax to Chamberlain, 19 August 1939, FO 800/316/204–6.
53. Butler Papers, 'A Record of Events before the War by Lord Halifax', G10/01.
54. *DBFP, Third Series, Vol. VII* (London, 1954), Henderson to Halifax, 22 August 1939, no. 153.

22 最终时刻

1. Buccleuch Papers, Chamberlain to Buccleuch, 30 August 1939.
2. Hore-Belisha Papers, Diary, 21 August 1939, HOBE 1/7.
3. *FRUS, 1939, Vol. I* (Washington, 1956), Bullitt to Hull, 22 August 1939, p. 302.
4. Robert Rhodes James (ed.), *'Chips': The Diaries of Sir Henry Channon* (London, 1967), 22 August 1939, p. 208.

5. Nigel Nicolson (ed.), *Harold Nicolson Diaries and Letters 1907–1964* (London, 2004), 22 August 1939, p. 411.
6. Amanda Smith (ed.), *Hostage to Fortune: The Letters of Joseph P. Kennedy* (New York, 2001), Diary, 25 August 1939, p. 362.
7. Henderson to Halifax, 24 August 1939, FO 800/316/221.
8. Ian Kershaw, *Hitler 1936–45: Nemesis* (London, 2000), p. 213.
9. Nicolson (ed.), *Harold Nicolson Diaries and Letters*. 24 August 1939, p. 413.
10. Hansard, HC Deb, 24 August 1939, vol. 351, col. 10.
11. James (ed.), *'Chips'*, 24 August 1939, p. 209; Major-General Sir Edward Spears, *Assignment to Catastrophe, Vol. I: Prelude to Dunkirk July 1939–May 1940* (London, 1954), p. 13.
12. Smith (ed.), *Hostage to Fortune*, Diary, 24 August 1939, p. 360.
13. Quoted in Donald Cameron Watt, *How War Came: The Immediate Origins of the Second World War 1938–1939* (London, 1989), p. 480.
14. Paul Schmidt, *Hitler's Interpreter* (London, 1951), p. 143.
15. *DBFP, Third Series, Vol. VII* (London, 1954), Henderson to Halifax, 25 August 1939, no. 283.
16. Ibid., Henderson to Halifax, 25 August 1939, no. 284.
17. Keitel quoted in Leonard Mosley, *On Borrowed Time: How World War II Began* (London, 1969), p. 398.
18. David Dilks (ed.), *The Diaries of Sir Alexander Cadogan, OM, 1938–1945* (London, 1971), 25 August 1939, p. 201; John Harvey (ed.), *The Diplomatic Diaries of Oliver Harvey 1937–1940* (London, 1970), 27 August 1939, p. 307.
19. Hore-Belisha Papers, Diary, 26 August & 2 September 1939, HOBE 1/7.
20. Caldecote Papers, Diary, 27 August 1939, INKP 2.
21. Dilks (ed.), *The Diaries of Sir Alexander Cadogan*, 27 August 1939, p. 202.
22. Birger Dahlerus, *The Last Attempt* (London, 1948), p. 56. 关于达勒鲁斯的活动的叙述也是取自于他的 'Report on Negotiations between Great Britain and Germany from Thursday August 24th, until September 3rd, 1939', Hickleton Papers, A4/410/3/10/i。
23. Butler Papers, Lord Halifax, 'A Record of Events before the War', 1939, RAB G10/101.
24. Dahlerus, *The Last Attempt*, pp. 62–3.
25. Dilks (ed.), *The Diaries of Sir Alexander Cadogan*, 27 August 1939, p. 202.
26. James (ed.), *'Chips'*, 28 August 1939, p. 210.
27. *DDF, Second Series, Vol. XIX* (Paris, 1986), Coulondre to Daladier, 30 August 1939, no. 235.
28. Strang to Cadogan, 26 August 1939, PREM 1/331a.
29. *DBFP, Third Series, Vol. VII*, Henderson to Halifax, 29 August 1939, no. 455.
30. Ibid., Henderson to Halifax, 29 August 1939, no. 467.
31. Ibid., Henderson to Halifax, 30 August 1939, no. 502.
32. Ibid., Henderson to Halifax, 30 August 1939, no. 508.
33. Henderson to Halifax, 30 August 1939, FO 800/316/237–8.
34. *DBFP, Third Series, Vol. VII*, Kennard to Halifax, 30 August 1939, no. 512.
35. Ibid., Henderson to Halifax, 30 August 1939, no. 520.
36. Butler Papers, 'September 1939', RAB G10/110.
37. Cabinet Minutes, 30 August 1939, CAB 23/100/14/425.
38. Buccleuch Papers, Chamberlain to Buccleuch, 30 August 1939.
39. Ulrich von Hassell, *The von Hassell Diaries 1938–1944* (London, 1948), 30 August 1939, p. 44.

40. 关于这个著名的对峙的叙述取自于 Schmidt, *Hitler's Interpreter*, pp. 150–54; Nevile Henderson, *Failure of a Mission: Berlin 1937–1939* (London, 1940), pp. 269–73; *DBFP, Third Series, Vol. VII*, nos 571 & 574; and *DGFP, Series D, Vol. VII* (London, 1956), Memorandum by an Official of the Foreign Minister's Secretariat, 31 August 1939, no. 461。
41. *DBFP, Third Series, Vol. VII*, Henderson to Halifax, 31 August 1939, no. 575.
42. Anthony Adamthwaite, *France and the Coming of the Second World War 1936–1939* (London, 1977), p. 346.
43. Wacław Jedrzejewicz (ed.), *Diplomat in Berlin 1933–1939: Papers and Memoirs of Józef Lipski, Ambassador of Poland* (New York and London, 1968), p. 608.
44. Horace Wilson Minute, 31 August 1939, PREM 1/331a/82; *DBFP, Third Series, Vol. VII*, Minute by Cadogan, 31 August 1939, no. 589.
45. Dilks (ed.), *The Diaries of Sir Alexander Cadogan*, 31 August 1939, p. 206.
46. Jean-Baptiste Duroselle, *France and the Nazi Threat: The Collapse of French Diplomacy 1932–1939* (New York, 2004), p. 408.
47. Harvey (ed.), *The Diplomatic Diaries of Oliver Harvey*, 2 September 1939, p. 314.
48. Hugh Dalton, *The Fateful Years: Memoirs 1931–1945* (London, 1957), p. 271.
49. Schmidt, *Hitler's Interpreter*, p. 158.

23 绥靖的鬼魂

1. Waterhouse Papers, Diary, 21 February 1940.
2. Butler Papers, 'Recollections on the Outbreak of War, September 1939', RAB G10/110.
3. Nigel Nicolson (ed.), *Harold Nicolson: Diaries and Letters 1930–1939* (London, 1966), 3 September 1939, p. 421.
4. Winston S. Churchill, *The Second World War, Vol. I: The Gathering Storm* (London, 1948), p. 319.
5. Hansard, HC Deb, 7 February 1934, vol. 285, col. 1197; Hansard, HC Deb, 15 November 1937, vol. 329, col. 55.
6. Halifax to Salisbury, 31 October 1939, FO 800/325/14731.
7. Ben Pimlott (ed.), *The Political Diary of Hugh Dalton 1918–40, 1945–60* (London, 1986), 11 September 1939, p. 299.
8. Official Polish broadcast, reported in *Manchester Guardian*, 28 September 1939.
9. Antony Beevor, *The Second World War* (London, 2012), p. 35.
10. Wojciech Materski and Tomasz Szarota (eds), *Polska 1939–1945: Straty osobowe i ofiary represji pod dwiema okupacjami* ('Poland 1939–1945: Human Casualties and Victims of Repression under Two Occupations') (Warsaw, 2009), p. 9.
11. Major-General Sir Edward Spears, *Assignment to Catastrophe, Vol. I: Prelude to Dunkirk July 1939–May 1940* (London, 1954), p. 32.
12. Hugh Dalton, *The Fateful Years: Memoirs 1931–1945* (London, 1957), pp. 277–8.
13. Salisbury Papers, Thomas to Cranborne, 25 September 1939, box 63.
14. John Colville, *The Fringes of Power: Downing Street Diaries 1939–1955, Vol. I – September 1939–September 1941* (London, 1985), 27 September 1939, p. 28.
15. Lynne Olson, *Troublesome Young Men: The Rebels Who Brought Churchill to Power and Helped Save England* (New York, 2007), p. 221.
16. Nicolson (ed.), *Harold Nicolson: Diaries and Letters 1930–1939*, Nicolson to Vita Sackville-

442　绥靖时代

West, 14 September 1939, p. 200.
17. Salisbury Papers, Thomas to Cranborne, 29 October 1939, box 63.
18. Martin Gilbert and Richard Gott, *The Appeasers* (London, 1963), p. 342.
19. Robert Self (ed.), *The Neville Chamberlain Diary Letters, Vol. IV: The Downing Street Years 1934–1940* (Aldershot, 2005), NC to Ida, 8 October 1939, p. 456.
20. Ibid., NC to Ida, 23 September 1939, p. 451.
21. Salisbury to Halifax, 22 September 1939, FO 800/317/30–34.
22. Nigel Nicolson (ed.), *Harold Nicolson: Diaries and Letters 1939–1945* (London, 1967), 20 September 1939, p. 35.
23. Emrys-Evans Papers, Law to Emrys-Evans, 13 September 1939, MS 58239.
24. Avon Papers, Violet Bonham Carter to Eden, 13 September 1939, AP 20/7/67.
25. Nicolson (ed.), *Harold Nicolson: Diaries and Letters 1939–1945*, 26 September 1939, p. 37.
26. Ibid.
27. Salisbury Papers, Thomas to Cranborne, 28 September 1939, box 63.
28. Hansard, HC Deb, 12 October 1939, vol. 352, cols 563–5; Self (ed.), *The Neville Chamberlain Diary Letters*, NC to Ida, 8 October 1939, p. 454.
29. Self (ed.), *The Neville Chamberlain Diary Letters*, NC to Hilda, 15 October 1939, p. 458.
30. Ibid., NC to Ida, 5 November 1939, p. 467.
31. Hansard, HC Deb, 12 October 1939, vol. 352, col. 568.
32. Self (ed.), *The Neville Chamberlain Diary Letters*, NC to Ida, 8 October 1939, p. 454.
33. Hankey to Halifax, 12 September 1939, FO 800/317/7–14.
34. PREM 1/443.
35. Duff Cooper, *Old Men Forget: The Autobiography of Duff Cooper, Viscount Norwich* (London, 1953), p. 267.
36. Waterhouse Papers, Diary, 4 October 1939, 6 September 1939.
37. Buccleuch Papers, Stuart to Buccleuch, 4 October 1939.
38. Simon Papers, Diary, 13 October 1939, MS Simon 11.
39. Halifax to Lytton, 11 November 1939, FO 800/317/196–7.
40. Colville, *The Fringes of Power*, 29 October 1939, p. 45.
41. Buccleuch Papers, Chamberlain to Buccleuch, 12 February 1940.
42. Quoted in Gilbert and Gott, *The Appeasers*, p. 344.
43. David Dilks (ed.), *The Diaries of Sir Alexander Cadogan, OM, 1938–1945* (London, 1971), 23 September 1939, p. 219.
44. Lord Gladwyn, *The Memoirs of Lord Gladwyn* (London, 1972), p. 96.
45. Self (ed.), *The Neville Chamberlain Diary Letters*, NC to Ida, 22 October 1939, p. 460.
46. Ibid., NC to Ida, 5 November 1939, p. 467.
47. Ibid., NC to Ida, 3 December 1939, p. 475.

24　张伯伦的垮台

1. Waterhouse Papers, Diary, 1 May 1940.
2. Gabriel Gorodetsky (ed.), *The Maisky Diaries: Red Ambassador to the Court of St James's 1932–1943* (New Haven, 2015), 1 December 1939, p. 243.
3. Quoted in Max Hastings, *All Hell Let Loose: The World at War 1939–1945* (London, 2011), p. 35.
4. War Cabinet Minutes, 16 December 1939, CAB 65/2/51.

5. Roderick Macleod and Denis Kelly (eds), *The Ironside Diaries 1937–1940* (London, 1962), p. 176; War Cabinet Minutes, 22 December 1939, CAB 65/2/165.
6. Air Chief Marshal Cyril Newall, quoted in Nicholas Shakespeare, *Six Minutes in May: How Churchill Unexpectedly Became Prime Minister* (London, 2017), p. 56.
7. Chamberlain Papers, 'JIC Intelligence Briefings in Lead Up to Invasion of Norway', NC 8/35/64.
8. Martin Gilbert, *Winston S. Churchill, Vol. VI: 1939–1941* (London, 1983), p. 197; Paul Reynaud, *In the Thick of the Fight 1930–1945* (London, 1955), p. 270.
9. Reported in *The Times*, 5 April 1940.
10. Macleod and Kelly (eds), *The Ironside Diaries*, 9 April 1940, p. 249.
11. John Colville, *The Fringes of Power: Downing Street Diaries 1939–1955, Vol. I – September 1939–September 1941* (London, 1985), 9 April 1940, p. 100.
12. 对此最生动的叙述，请参阅 Shakespeare, *Six Minutes in May*。
13. Colville, *The Fringes of Power*, 3 May 1940, p. 116.
14. Leland Stowe, *No Other Road to Freedom* (London, 1942), p. 110.
15. Kenneth Young (ed.), *The Diaries of Sir Robert Bruce Lockhart, Vol. II: 1939–1965* (London, 1980), 2 May 1940, p. 52.
16. Nigel Nicolson (ed.), *Harold Nicolson: Diaries and Letters 1939–1945* (London, 1967), 30 April 1940, p. 74.
17. Colville, *The Fringes of Power*, 12 April 1940, p. 102.
18. Ben Pimlott (ed.), *The Political Diary of Hugh Dalton 1918–40, 1945–60* (London, 1986), 1 May 1940, p. 332.
19. Waterhouse Papers, Diary, 1 & 2 May 1940.
20. Ibid.
21. Emanuel Shinwell, *I've Lived through It All* (London, 1973), p. 157.
22. Young (ed.), *The Diaries of Sir Robert Bruce Lockhart*, 3 May 1940, p. 53.
23. Robert Rhodes James (ed.), *'Chips': The Diaries of Sir Henry Channon* (London, 1967), 2 & 3 May 1940, p. 244.
24. Nigel Nicolson (ed.), *The Harold Nicolson Diaries 1907–1963* (London, 2004), 7 May 1940, p. 215.
25. Hansard, HC Deb, 7 May 1940, vol. 360, cols 1073–86.
26. Sir Dingle Foot, *British Political Crises* (London, 1976), p. 178.
27. Colville, *The Fringes of Power*, 7 May 1940, p. 92.
28. Hansard, HC Deb, 7 May 1940, vol. 360, cols 1125–30.
29. Ibid., cols 1140–50.
30. L. S. Amery, *My Political Life, Vol. III: The Unforgiving Years 1929–1940* (London, 1955), p. 365.
31. Hansard, HC Deb, 7 May 1940, vol. 360, col. 1150.
32. Lord Home, *The Way the Wind Blows: An Autobiography* (London, 1976), p. 74.
33. Pimlott (ed.), *The Political Diary of Hugh Dalton*, 8 May 1940, p. 341.
34. Hansard, HC Deb, 8 May 1940, vol. 360, col. 1266.
35. Mark Pottle (ed.), *Champion Redoubtable: The Diaries and Letters of Violet Bonham Carter 1914–1945* (London, 1998), 2–14 May 1940, p. 210.
36. Hansard, HC Deb, 8 May 1940, vol. 360, col. 1283.
37. Colville, *The Fringes of Power*, 8 May 1940, p. 119.

38. James (ed.), *'Chips'*, 8 May 1940, p. 245.
39. Hansard, HC Deb, 8 May 1940, vol. 360, col. 1283.
40. John Barnes and David Nicholson (eds), *The Leo Amery Diaries, Vol. II: The Empire at Bay 1929–1945* (London, 1988), 8 May 1940, p. 610.
41. Shakespeare, *Six Minutes in May*, p. 297.
42. Pimlott (ed.), *The Political Diary of Hugh Dalton*, 9 May 1940, p. 343.
43. Ibid., 8 May 1940, p. 342.
44. James (ed.), *'Chips'*, 8 May 1940, pp. 246–7.
45. Major-General Sir Edward Spears, *Assignment to Catastrophe, Vol. I: Prelude to Dunkirk July 1939–May 1940*, p. 129.
46. Pottle (ed.), *Champion Redoubtable*, 2–14 May 1940, p. 211.
47. Waterhouse Papers, Diary, 11 May 1940.
48. Spears, *Assignment to Catastrophe*, p. 130.
49. Victor Cazalet Papers, Cazalet to Tweedsmuir, 9 May 1939.
50. James (ed.), *'Chips'*, 10 May 1940, p. 250.
51. Colville, *The Fringes of Power*, 10 May 1940, p. 122.

25　绥靖的背水一战

1. Hansard, HC Deb, 4 June 1940, vol. 361, col. 796.
2. Annexe to War Cabinet Minutes, Halifax to Sir Percy Loraine, 25 May 1940, CAB 65/13/159.
3. War Cabinet Minutes, 26 May 1940, CAB 65/13/20/138–45; John Lukacs, *Five Days in London: May 1940* (New Haven, 1999), p. 113.
4. Chamberlain Papers, Diary, 26 May 1940, NC 2/24 A.
5. 约翰·卢卡奇教授有说服力地主张，1940年5月24日—28日这几天是第二次世界大战真正的"命运的关键"。请参阅 Lukacs, *Five Days in London*。
6. War Cabinet Minutes, 4.30 p.m., 27 May 1940, CAB 65/13/23/175–81.
7. Hickleton Papers, Halifax Diary, 27 May 1940, A7/8/4.
8. War Cabinet Minutes, 4 p.m., 28 May 1940, CAB 65/13/24/184–90.
9. John Barnes and David Nicholson (eds), *The Leo Amery Diaries, Vol. II: The Empire at Bay 1929–1945* (London, 1988), 28 May 1940, p. 619.
10. Hugh Dalton, *The Fateful Years: Memoirs 1931–1945* (London, 1957), pp. 335–6.
11. 休·道尔顿最初日记中的引文写着："……而如果这个漫长的故事终要结束，它的结束最好不是通过投降，而是当我们在战场上翻滚而失去知觉时。"不过后来，他将其纠正为在正文中引用的那些话。请参阅 Ben Pilmott (ed.), *The Second World War Diary of Hugh Dalton 1940–45* (London, 1986), 28 May 1940, p. 28; Dalton, *The Fateful Years*, pp. 335–6。
12. War Cabinet Minutes, 7 p.m., 28 May 1940, CAB 65/13/24/189.
13. Lukacs, *Five Days in London*, p. 191.
14. Martin Gilbert (ed.), *The Churchill War Papers, Vol. II: Never Surrender, May 1940–December 1940* (London, 1994), Churchill to Desmond Morton, 1 June 1940, p. 221.
15. Ibid., Churchill Note, 1 June 1940, p. 221.
16. Hansard, HC Deb, 4 June 1940, vol. 361, cols 795–6.

后记 "罪人们"

1. Emrys-Evans Papers, Law to Emrys-Evans, 13 September 1939, MS 58239.
2. Quoted in Keith Feiling, *The Life of Neville Chamberlain* (London, 1946), p. 464.
3. Kenneth Young (ed.), *The Diaries of Sir Robert Bruce Lockhart, Vol. II: 1939–1965* (London, 1980), p. 42.
4. Michael Foot, Preface, in 'Cato', *Guilty Men* (London, [1940] 1998), p. v.
5. Robert Boothby, *I Fight to Live* (London, 1947), p. 9.
6. Winston S. Churchill, *The Second World War, Vol. I: The Gathering Storm* (London, 1948), p. viii; L. B. Namier, *Diplomatic Prelude 1938–1939* (London, 1948), p. ix.
7. Quoted in D. C. Watt, *Personalities and Policies: Studies in the Formulation of British Foreign Policy in the Twentieth Century* (London, 1965), p. 105.
8. Richard Overy, 'German Air Strength 1933 to 1939: A Note', *Historical Journal*, vol. 27, no. 2 (1984), pp. 465–71, at pp. 468–70.
9. Quoted in Niall Ferguson, *The War of the World: History's Age of Hatred* (London, 2006), p. 336 and David Dutton, *Neville Chamberlain* (London, 2001), p. 50.
10. BBC radio broadcast, 27 September 1938.
11. Ian Kershaw, *Hitler, 1936–1945: Nemesis* (London, 2000), p. xxxv.
12. Quoted in Peter Neville, *Appeasing Hitler: The Diplomacy of Sir Nevile Henderson 1937–1939* (Basingstoke, 2000), p. 60.
13. Robert Self (ed.), *The Neville Chamberlain Diary Letters, Vol. IV: The Downing Street Years 1934–1940* (Aldershot, 2005), NC to Hilda, 30 January 1938, p. 300.
14. Chamberlain Papers, NC to Hilda, NC/18/1/1057.
15. Watchman, *What of the Night?* (London, 1940), p. 99.
16. Robert Self, *Neville Chamberlain: A Political Life* (Aldershot, 2006), p. 4.
17. Margesson Papers, Duff Cooper, 'Chamberlain: A Candid Portrait', MRGB 1/5.
18. Quoted in Feiling, *The Life of Neville Chamberlain*, p. 465.
19. John Colville, *The Fringes of Power: Downing Street Diaries 1939–1955, Vol. I – September 1939–September 1941* (London, 1985), 15 February 1940, p. 83.
20. Quoted in Martin Gilbert, 'Horace Wilson: Man of Munich?', *History Today*, October 1982, p. 6.

出版后记

20世纪30年代，历史上臭名昭著的那个德国人——希特勒上台，他领导下的纳粹德国也在这一时期不断扩张侵略，法西斯势力在世界范围内逐渐壮大，欧洲乃至世界格局也随之发生了剧变。在日益紧张的局势里，忌惮战争的英国选择了以姑息、安抚为主的绥靖政策。在这样的背景之下，许多人在这个时期为了自己所持的立场而积极努力着，以张伯伦为首的绥靖派是当时英国社会的主流，他们认为只要不与希特勒发生冲突，与德国人达成协议，就能规避战争、实现和平。为此这些人不仅在官方层面付出诸多努力，还有大量业余外交官以私人名义前往德国，向虚与委蛇的纳粹官员示好。然而，在希特勒反复的承诺与失信中，人们开始质疑绥靖态度的合理性，强硬的丘吉尔派的声威日益壮大。对希特勒的幻想破灭之时，也是这个绥靖的时代结束之时。

比起对这一时期的诸多研究中那些集中于某个事件或某个大人物的书籍，蒂姆·布弗里试图将视野放大到整个时代，包括一系列相交织的事件，活跃于外交舞台上的英国政府官员、贵族和业余外交官群体。作者通过对大量一手资料的梳理，尝试探究人们是如何在尚且笼罩于战争阴影中，为着不再"重蹈覆辙"而努力之时再次走向又一场世界战争的，我们也因此得以从身处时局之中的视角去理解当时人的处境与选择，进而更为清晰地了解这段历史，也为我们观察当下、理解国际外交提供重要的参考。

本书涉及的历史人物、文化背景知识等颇为繁杂，由于编者能力有限，书中若有纰漏，敬请读者批评指正。

后浪出版公司
2024年3月

APPEASING HITLER: CHAMBERLAIN, CHURCHILL AND THE ROAD TO WAR
BY Tim Bouverie
Copyright © 2019 Tim Bouverie
This edition arranged with A.M.Heath & Co.Ltd.
through Andrew Nurnberg Associates International Limited
Chinese (in Simplified character only) translation copyright © 2024 by Ginkgo (Beijing) Book Co., Ltd.
All rights reserved

本书中文简体版权归属于银杏树下（北京）图书有限责任公司
著作权合同登记号　图字：22-2024-026

图书在版编目（CIP）数据

绥靖时代：希特勒、张伯伦、丘吉尔与通往战争之路 /（英）蒂姆·布弗里著；吕芃译. — 贵阳：贵州人民出版社，2024.3（2024.10重印）

书名原文：Appeasing Hitler: Chamberlain, Churchill and the Road to War

ISBN 978-7-221-18214-2

Ⅰ.①绥… Ⅱ.①蒂…②吕… Ⅲ.①绥靖政策—研究 Ⅳ.①D801

中国国家版本馆CIP数据核字(2024)第030448号

审图号：GS（2023）3482

SUIJING SHIDAI: XITELE ZHANGBOLUN QIUJIER YU TONGWANG ZHANZHENG ZHI LU
绥靖时代：希特勒、张伯伦、丘吉尔与通往战争之路

［英］蒂姆·布弗里　著
吕芃　译

出版人：朱文迅	选题策划：后浪出版公司
出版统筹：吴兴元	编辑统筹：张　鹏
策划编辑：周湖越　代　勇	特约编辑：张雨夏
责任编辑：刘旭芳　王潇潇	装帧设计：徐睿绅
责任印制：常会杰	

出版发行：贵州出版集团　贵州人民出版社
地　　址：贵阳市观山湖区会展东路SOHO办公区A座
印　　刷：河北中科印刷科技发展有限公司
经　　销：全国新华书店
版　　次：2024年3月第1版
印　　次：2024年10月第2次印刷
开　　本：655毫米×1000毫米　1/16
印　　张：29
字　　数：460千
书　　号：ISBN 978-7-221-18214-2
定　　价：118.00元

后浪出版咨询(北京)有限责任公司　版权所有，侵权必究
投诉信箱：editor@hinabook.com　fawu@hinabook.com
未经许可，不得以任何方式复制或者抄袭本书部分或全部内容
本书若有印装质量问题，请与本公司联系调换，电话010-64072633